民國女力

近代女權歷史的挖掘、重構與新詮釋

目錄

導論 1

第一編 喧囂

流長蜚短——解讀民國奇女子鄭毓秀的自傳 6

政治與盛氏家業榮枯——商門女性的權、產之爭 61

第二編 驚雷

戰爭中的武漢大學校園文化——楊靜遠《讓廬日記》的解讀 118

大難來時各自飛——抗戰大後方的婚姻變奏曲 190

戰爭、記憶與性別——女性口述訪問紀錄中的抗戰經驗 221

第三編　落定
女性之力——蔣宋美齡的宗教道德觀與臺灣時期的社會服務工作　252
「他者」的眼光——蔣介石日記中的女性觀　285
離散與遇合——一九五〇年代外省來臺婦女的記憶與歷史書寫　315
第四編　餘燼
五四後中國家庭變遷的思考——從施存統的「非孝」談起　344
近代中國「情」的蛻變——性別、出版文化與公眾輿論　386
後　記　425
徵引書目　428

導論

一九四四年四月，張愛玲於《天地》月刊發表了一篇名為〈談女人〉的散文，文中對「女人」這個群體，頗富揶揄嘲諷意味，有「行裡人說行裡話」的雋永深刻意涵。張愛玲明說，她受不了維新的那派「女權說」，也就是男子如何欺凌女子，而女子之所以屈居下風，是因為機會不均等。相反地，張愛玲一語道破，女性的小權小謀、小奸小詐，如影附身，無可抵賴。她說，女性的確是小性兒、矯情、作偽、眼光如豆、狐媚子（正經女人雖然痛恨蕩婦，其實若有機會扮個妖婦的角色的話，沒有一個不躍躍欲試的）。若說女人的缺點全是環境所致，近代和男子一般受了高等教育的女人，何以常常使人失望，也像她的祖母一樣地多心？張愛玲的散文如此絮絮叨叨地述說女人這樣、那樣，卻是道出了民國婦女的個別樣貌，在走出封建傳統的禁錮後，如何「獨立」、怎樣「自主」，大的歷史演變與主流論說，令那些能脫出傳統，走進「現代」的婦女們，隱然又陷入各種「新女性」理想的框架與枷鎖中。

抗戰時期，留在上海汪政權統治下的張愛玲，彷彿與戰火煙硝隔絕，她在國仇家恨濃烈的時代中，安然從容地寫下許多有關「女人」的故事及生活種種，包括她自己的及她所聽、所聞、所見的。張愛玲的寫作取向及其女人姿態，恰恰說明，近代中國歷史負載重大救亡啟蒙使命，而處於其間的諸多女性，在以男性為主體所鑄造的維新、革命、國族、西化各式各樣的巍然觀念中，或有人擁抱、或有人穿梭、或有人忽略、或有人躲閃，自成一格，結果是萬種風情道不盡，精采紛呈，不在話下。

近代中國的女權、婦女解放，與維新、啟蒙、改革、革命相依相隨，如影隨形，但卻未必忠實相伴。女人的權力、欲望、情愛、家庭，是歷史前進中時時具有顛覆力的潛流，個別女人有時順流而下，有時逆流奮行而上，終二十世紀，寫下諸多令人難以抹滅、無法忽視的人生經歷與遭遇。知識女性無疑是近代中國婦女集體中最易於辨識、善於自陳的一群，她們樂思、能想、會說、善寫，即使未曾表露女權的概念，但她們在蒙昧的現代女權摸索、追求、前進歷程中，留下深淺不一、各式各樣的奮鬥印記；與國家、社會不一定正面交鋒，卻在個人的言語行動中，挑起和歷史變動或大或小的對話、爭議，而所觸及的，從建立婚姻家庭的現代權力關係，如要求傳統向來不賦予婦女的財產繼承權，到藉勢使力，如乘近代城市公共傳播媒體崛起之便，享受成名之利，同時又不免被消費殆盡。還有更重要的，女「性」欲望的湧動，足以撩起歷史風雲，令男性大動干戈，而離愁別恨更是民國歷史最幽微並又最喧囂之所在。「解放」向來不是單調的同一方向，有的女性憑藉男性的權力位置，而得親與國家重要機樞；有的因緣際會，復得以走出女性獨特的事業發展之途。細數二十世紀，窮本溯源，在近代中國歷史風雲變幻中，情愛、婚姻從私人領域變成家國命脈所繫，婦女們豈容缺席。以上林林總總，在男性主導的大歷史走向中，婦女的個別掙扎、奮鬥，目的不盡一致，方式各異其趣，或許這才更貼近歷史的真實。

本書所收錄的十篇論文，全部是論「女」述事之作。所擇取剖析的對象，是過去向來較被忽略、或被定型化的個別民國女性，如何在「性別」視角下呈顯出新的歷史面貌與解放意義。同時，在民國女性的研究基礎之上，透析情愛、家庭這兩個與女性息息相關，既屬個人又涉及家國的社會改革，在整個二十世紀穿梭往復中，如何飽經崩解、折磨又獲重生。所有論文在寫作時間跨度上，不盡一致，惟都是近幾年來研究的心得與新作。每篇論文從初次提筆書寫，繼而付諸討論後得到一些修訂意見，再補充定稿，時間痕跡的長短、深淺銘刻於論文中，亦代表身為女性的我，在看待民國歷史中的知識女性，不斷變換的觀點與角度。「她們」炫麗多姿，令人眼花撩亂，而我所能做的，是用歷史研究的眼光投射其上，並試著把她們的身影一一形諸為文字，在歷史的偉岸中，呈現婦女特有的光芒魅力，而這種魅力與男性所鑄造的權力秩序相應相離，令人駐足留連、嘆息沉湎，雖年荒歲遠，仍令人低迴不已。

「女人」是否可劃一與「人」等同看待？這個問題從民國穿梭到現代，始終還是性別與婦女史研究的核心關注，由此推衍，歷史學術著作描寫女性，如何能不流於瑣碎而能登大雅之堂？筆者浸淫近代中國婦女史研究有年，一路上前輩提攜、同儕切磋，心中的疑惑忽現忽隱，最終卻亦有「問柳尋花，好景莫辜負」的欣悅，這些都在意領神會後，寫成了論文。不可諱言，從婦女角度來看歷史成敗得失，既有新視野，也難免就具「解構」意味。若換個角度思考婦女文化如何滲透進民國歷史的各個場域，將會發現「女性無處不在」，或言「無處不女性」。

本書每篇論文有時述及一位女性的過往，有時則是一群女性的共同遭遇，統統呈現了我對民國婦女史研究的取徑與看法，儘管稱不上嘔心瀝血之作，確是千錘百鍊的成品。如應斯響，我對民國女性看法如此，亦願閱者對我亦然。

第一編

喧囂

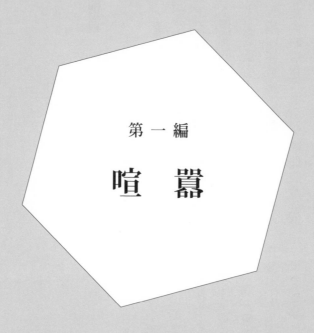

流長蜚短
——解讀民國奇女子鄭毓秀的自傳

一、前言

二〇一三年，一本名為《玫瑰與槍：百年前一位中國奇女子衝擊傳統的革命史》傳記作品於臺北出版，[1]該書封面中文書名標題外，另附有較小字體的英文書名，題為*My Revolutionary Years, The Autobiography of Madame Wei Tao-Ming*，[2]英文書名的呈現，說明這是一本翻譯書。此外，展示於封面上的，還有靠近底側字體亦略小的作者名字，標示「鄭毓秀著」。和其他著作相較，這本傳記的作者名字被縮排，變得有些不起眼，推測出版社或認為著者並非本書推銷的賣點，也許亦考慮到讀者不一定認識「鄭毓秀」是何方人物。處於二十一世紀臺灣女權運動、女性主義、性別平等議題甚囂塵上之時，《玫瑰與槍》作為書名標題，雜揉著剛強、美麗這類主流現代女性形象所蘊含的潛在誘惑力，順理成章被挪用，以之置換「鄭毓秀」這位女性傳主本尊，而成為導引暗示讀者對此傳記可套用「當代女權新觀點」，以其作為閱讀的主要門徑。

值得注意的是儘管《玫瑰與槍》的封面上中、英文題名並呈，卻無形中抹去原英文版問世的特定時間、空間。就此，其實切斷的是原有傳記閱讀時，所可能依循的「歷史性」思索參考座標。英文版出版問世的歷史參考座標既已隱沒，就使這本民國婦女的中文傳記，於跨文化、跨時代翻譯的往返歷程中，遺失了相關的「文本生產」脈絡，同時傳記內容簡化而為二十一世紀臺灣女權想像的註腳，是以只有還原「文本生產」的時空，才能破解自傳文字與傳主真切的關聯性。而還原文本生產的時空，勢必要從追溯作者「鄭毓秀」的生平入手。鄭毓秀（一八九一－一九五九）並非沒沒無聞之輩，她出生於清末民初，活躍於二十世紀上半葉的十里洋場上海，是極少數能以英文書寫自傳的民國婦女。論鄭毓秀於民國時期有過的名氣與風光，對照二十一世紀她的中文傳記問世時的「寥落清寂少人知」，足有雲泥之別。生者過往的璀燦，與二十一世紀臺灣讀者對她的陌生，這樣的遺忘與遺落，正是研究民國女性穿梭與遊走於二十世紀歷史的重要思索起點。鄭毓秀中文自傳於二〇一三年出版，這位曾叱咤一時的民國女性進入臺灣讀者的視野，儘管未必廣受矚目，但中文自傳問世可視作民國女性的歷史再現，這種「再現」由於缺乏更多歷史資料烘托，使得自傳所言難有對話，使文本從頭至尾淪為自言自語，套用歷史學訓練的說法，自傳孤證不立，其所述難辨真偽，加以書寫方式又天馬行空，與小說創作間可謂僅一步之遙。

鄭毓秀自傳並非特例，民國許多女性所寫自傳，在跨時空中重新問世，都難免有不知所云的情狀，她們所陳述的過往不似小說擺明重視情節，又不類歷史紀錄可徵可信，民國女性傳記難讀難解似是共有的特質。[3] 究竟民國女性下筆寫自傳，目的是什麼，難道真因性別使然，使她們寫出的傳記故布疑陣並且歷史參考價值偏低？或者我們可稍稍放大視野來考慮，處於近代中國女權萌芽、前進的歷史進程中，民國女性是否付出過龐大代價，包括進入公眾視野後，受困於公、私的界限模糊因而進退失據，故不得不採取矯情方式，替自己所作所為進行遮掩或變造扭曲？若能以鄭毓秀為例，拉出民國女性自傳生產的歷程、意義與歷史作用，便可能替女性自傳解讀，稍稍闢出一條新路。最重要的是，抹掉女性文字是街譚巷議的偏差印象，將婦女自傳當成是具豐富「歷史意義」的性別文本。本文的研究即期望透析並解剖鄭毓秀自傳內容，在英文版為主、中文版翻譯為輔的布局中，探索女性自傳該如何讀、怎樣解的「歷史性重建」，而所謂的「歷史性重建」，其最終目的，也是探求針對所有女性傳記解讀所可能嘗試的研究路徑。

作為一名曾顯耀一時的民國女性人物，鄭毓秀書寫的英文自傳，可說是中文傳記的「前世」，考慮英文、中文版自傳出版的時間序問題，目的是為重建文本的時空脈絡。鄭毓秀英文版自傳於一九四三年問世，當時正逢二次世界大戰如火如荼，中國已加入盟國，與英、美等西方國家並肩對抗「法西斯主義侵略」，鄭毓秀跟隨丈夫魏道明居住美國。由出版時間引起的連串歷史變動訊息，也隱然於書名中透露。英文版自傳，標題是 *My Revolutionary Years, The Autobiography of Madame Wei Tao-Ming*，原書的版權頁，鄭毓秀未署本名，而自稱是「魏道明夫人」，這一安排饒富意義，可看做是作者對當時讀者的暗示。一九四三年之前的二年，國府調動各國外交人員，魏道明本被指派為駐法大使，於一九四一年飛離陪都重慶赴任新職，後因法國被德軍占領，再被改派為駐美大使，在美履新，自此駐節華府。[4] 循此線索，就可捕捉鄭毓秀英文版傳記，實懷藏著書寫的特殊動機與目的。檢視傳記文本最後一章的標題，文字是” We Are All in It Together” （中文版譯成「同舟共濟的時代」）所表達的，身在美國的鄭毓秀，彼時是在異鄉，遠離抗日戰火，她卻奮筆張揚中國獨力抗敵的苦難艱辛，她提到：「在和平世界熙來攘往的嘈雜聲中，彷彿還能聽見有人呼救的回音，那是重慶城中空襲警報響起時，嚎啕大哭的聲音」，又說：「現在我們並非孤軍奮戰。世界上所有熱愛自由的人們都加入我們，為相同的理想奮鬥。正義最終會戰勝邪惡、殘忍的力量。」[5] 顯然鄭毓秀書寫的自傳，處處逃不開一九四〇年代中國抗日禦侮求生存、爭公理，面向國際宣傳呼號的使命感，也就是她懷抱替戰火蹂躪、河山破碎、人民啼饑的中國，爭取國際支持同情的熱切願望。按鄭毓秀的英文版自傳共有二十八章，從二十一章起，寫日本發動盧溝橋事變，中國奮起全面抗戰，東南各省難民攜老扶幼群起逃難，她也一路從上海、南京、漢口不斷西遷，最終落腳重慶，不多久又離重慶陪伴夫婿赴美，共有八章寫她經歷的戰爭生活。不可諱言，這些文字流露鄭毓秀同仇敵愾、憂民憂國的情懷，同時亦具有與同胞共存亡的強烈愛國心。抗戰時期，鄭毓秀的愛國表現，於英文自傳中流露無遺，她似頗恰如其份扮演一名國府官員配偶，對照傳記前半部，她無時無刻不沉緬於「風頭女性」光環的虛榮感，實大相逕庭。細心讀者或可發現，鄭毓秀寫抗戰爆發後的遣詞用字比起此前的書寫，更加直率、真摯，尤其是降低許多浮誇的自戀自溺，多了更接近歷史現場的平凡守分。

一九四三年以英文書寫自傳，鄭毓秀本人所訴求的閱眾為誰，這是一個值得深究的關鍵問題。試想以英文書寫自己出生成長於中國的歷程，是否有可能在文字運用上，製造出更多不明不白、不清不楚的曖昧性？尤其關涉個人爭議時，翻譯不失為是個好的遮蔽方式，況且中國當時及後來諸多閱眾未必能掌握英文閱讀的能力，就此而言，鄭毓秀出版自傳顯然不預期在中國大量流通，她鎖定的讀者，在其行文中，其實已呼之欲出。鄭毓秀自傳中的諸多篇章，她時時不忘刻意說明，這是「中國特有」的生活、文化、禮儀、倫理、習俗，這類說法，根本就把「中國」當成一個被觀看的「客體」，彷彿一位導遊引領一群非中國人來認識中國，故而鄭毓秀是面向西方的，這本自傳起始就負託著為西方介紹中國的目的，而介紹的中國就以鄭毓秀本人為中心。既是為西方媒介中國，那麼鄭毓秀自傳所夾帶出的近代中國政治與革命歷史，不論她親與或耳聞，到底該怎麼解讀呢？要回答這個問題，必須把鄭毓秀放回她活動的歷史時空中，藉由更多不同資料進行比對，並與傳記反覆對話，方能突破英文書寫以及文化跨界交織造成的虛幻，從而還原更貼近歷史人物的鄭毓秀。

鄭毓秀英文版自傳文本前後所現出的差異，提醒研究者，民國女性書寫自我的文字，是一類有意識生產的「文化商品」，既是文化商品，便不可忽略具有影響力的諸多因素暗自介入。首先，性別是否導引傳主調整觀看過往生平的視角？若男性、女性互相比較，女性是否顯示其更加關注自我形象的呈顯，這個關注使她們對社會、文化、政治的感受受到箝制，而無法更加深入究底？舉例而言，民國男性書寫自傳，個人的跌宕、墮落、挫敗，相對有較真實的表達似乎可以肯定，而行文中涉及到地方人情、社會變化、政治風雲，也確然更加寬闊明晰，典型如一九三一年沈從文寫自傳，他把自己轉變成「城裡人」之前的那段「鄉下人」經歷，寫得極其坦白，他對自己及身旁所遇的各色人等，其愚劣、奸詐、殘忍、呆傻，極盡暴露之能事，男性的自傳書寫處處流淌放恣與自由。相形之下，檢視鄭毓秀自傳，則處處是張揚誇示又或欲言又止，自傳中崇揚高度統一的道德追求，經常提到勇敢、無畏、良善等自我評價，呈現出的是沒有弱點的完美樣貌，如此反適足以引起閱眾懷疑其是否變造扭曲了某些「真相」。一個顯例是傳記初始，鄭毓秀自陳她生於一八九六年，到一九〇五年十四歲時，即「感覺自己在這個承上啟下的時期裡，扮演一個重要的角色，過渡期的時代已經開始，接受適當的教育是我未來工作的基本條件，現代世界以無法抗拒的力量引領我走過去，沒有什麼能阻止我達到目標。」[6]一位十四歲出身中國舊式家庭，未接受過系統性西式教育，未接觸任何啟蒙新思想的少女，有這樣的雄心壯志，不免令人難以置信。鄭毓秀自傳中諸如此類的人生註腳，竭盡全力將自己包裝得盡善盡美，幾無瑕疵可言，其行為動機統整劃一，無縫無隙反倒使人益加萌生好奇心，即自傳所書有無確據。鄭毓秀傳記是民國女性傳記中一個突出的典型，其牽涉的層面包括婦女書寫動機、閱眾閱讀角度與研究者重建傳主歷史位置等相關問題，若能從鄭毓秀傳記研究出發，闢出其他民國女性傳記如何解讀的可能途徑，藉以破除女性傳記所具有的諸多先天文字限制，那麼將可大大增強女性研究的深度及廣度。要強調的是，探討女性傳記如何讀、怎樣解，目的並非是抹除傳記的研究價值，相反地，是重新強化傳記的史料地位，並確立研究民國婦女史，絕不能忽略傳記提供的豐富重要歷史訊息。

操作文字以營造出另一個自我，始終是女性傳記難以擺脫的「宿命」，其因與果，當與二十世紀以來中國女性走出家門進入公眾視野，以獨立自由自命的長串歷史進程，難以切割。如二〇一三年鄭毓秀自傳中文版出版時，扉頁推薦序特別提醒讀者，不妨以「民國大女人」角度來讀鄭毓秀自傳，該序中提到：「這是一本自傳，不是小說，是真實的情境」、「這本書復活了歷史」、「因緣際會下，這位百年前的人物得以重現讀者眼前」。[7] 序的標題及推薦文字道出中文版傳記行銷的三個閱讀取徑，即「自傳非小說」、「復活歷史」以及「人物重現」，這些對鄭毓秀自傳讀法的指引，恰恰從各方面點出該自傳所顯現的破綻。為什麼鄭毓秀懷藏著特殊動機與目的書寫的自傳，不能劃為「小說」呢？一個女性在時空環境有了相當變化後，書寫自己童年、青年、壯年，到底是「折射」歷史，還是「復活」歷史？女性自傳是「重現」自我？還是「創造」自我？這些疑問無一不是與歷史人物鄭毓秀，乃至近代中國女權變遷進行對話。這樣看來，鄭毓秀自傳的讀法，顯無法只停留於文字所呈現的內容，它聯結的是「民國女性傳記」書寫、研究與再建、詮釋間的辯證關係。

二、鄭毓秀自傳中的「國家」與「個人」

鄭毓秀寫自己，並非起於一九四〇年代，早在一九二〇年代，鄭毓秀即發表了描寫自我生平的文字，原文是英文，標題是 *A Girl From China*，後上海《生活》雜誌取得鄭毓秀同意，於一九二七年該刊三卷一期以〈鄭毓秀女士自述〉為題翻譯刊登，接著循分期連載方式全文公開，直至一九二八年三卷十八期，登載完畢。目前所見《生活》雜誌上連載的〈鄭毓秀女士自述〉，其書寫的時間段落係從鄭毓秀出生至一九二五年赴法取得法學博士學位止，這段生平描述的起迄與一九四三年的英文版自傳部分重疊，而一九四三年的自傳，接續一九二〇年代自述中止的時間，添加鄭毓秀一九二五年後的經歷，包括在上海的律師生涯、出任國府委派的公職、與魏道明結婚乃至最重要的時代鉅變，即抗日戰爭爆發。

交叉比對〈鄭毓秀女士自述〉與一九四三年的自傳，有些差異浮顯出來。首先，就文字內容而言，一九四三年的自傳對許多事件細節的闡述更為詳盡，對自身行動也添加諸多「正面」評價，也就是後面自傳對過往的「不平凡」及「出色表現」，著墨甚多。其次，一九四三年的「自傳」文本比起一九二〇年代的「自述」，更加著重近代中國革命與戰爭的歷史意義，對於二十世紀四〇年代前的中國有一種俯瞰全局的視野眼光，自傳在全知方式中落筆，以致結論經常先現於事件始末，後設的意識與立場極為明顯。前、後兩份鄭毓傳自傳文字相較，恰恰足以說明，民國婦女寫自傳，如何因應時代推進移動視角。而自傳傾向操作國族「大歷史」，以印證個人「小歷史」，並放大自身的影響作用，此種書寫方式反曝露個人小歷史中許多無法令人盡信之處，鄭毓秀由「自述」到「自傳」的文字書寫，便是典型的例證。

鄭毓秀一九二〇年代的「自述」與一九四三年的「自傳」，同樣都以出生廣東省會廣州做為書寫自身歷史的起點，鄭毓秀說她成長於一個帝制時期典型官紳結合的富室家庭中，祖父卓然有識見，棄官從商，累積下巨額家產，同時造就鄭氏家族的顯赫地位。[8]到了鄭毓秀父親，則循科考出身的正途仕進，官至戶部主事。鄭氏這類數代同堂、累世共居的大家庭，在中國可說人人耳熟能詳，一九二〇年代的自述，其流傳的場域是中國城市的文化消費市場，故對大家族一筆帶過。反觀一九四三年的自傳，則花了更多筆墨說明所謂大家庭的形制，包括堂、表、姻親共居一處，還有屋宇空間的繁複層疊，包括數之不盡的房間與廳堂。[9]從敘寫出身始，鄭毓秀一九四三年的自傳文本和一九二〇年代的自述書寫角度明顯不同，一九四三年的文本特徵是面向西方發言，這種書寫角度與策略，實貫穿於一九四三年自傳中所有生平重現。更進一步來說，一九四三年的鄭毓秀寫「自己」，所營造的形象及作為，彷彿游離於傳主本人，寫作者是身在一九四三年的主體，而一九四三年前的「過往」蛻化成「他者」，「他者」在時間流逝、空間移動乃至異鄉語言中脫離寫作者，成為一個可以被揣摩、被改造、被編遣的「客體」，鄭毓秀的女性自傳在民國諸多人物自傳中，表現出作者為「主體」，過往為「客體」的換位書寫，可說頗具代表性，故而其書寫角度及內容取捨，頗值得深究。

把過往的自己當成「客體」，此一自傳書寫取角，鄭毓秀似有意為之，並且毫不掩飾。由此，顯示她自傳彷彿寫一個「女英雌」要衝破一關又一關的考驗，以證成英雌的存在。這種自傳形式，脫離中國傳記格局，模仿的是西方的寫法。到底是什麼樣的成長背景？什麼樣的時代變化與個人契機，造就鄭毓秀自傳這種西化的民國女性自傳體？要回答這些提問，必須先對鄭毓秀個人生平梗概有所瞭解，特別是其受教育的歷程。鄭毓秀少年時期進入天津一所美國女傳教士所主持的女校就讀，自此開啟她對西方生活、西式教育的認識。一九一四年，當多數中國婦女尚處蒙昧之時，鄭毓秀負笈法國留學，期間親見第一次世界大戰爆發，歐洲文明受到強烈衝擊。國外留學的背景，促成鄭毓秀在風雲際會中，成為巴黎和會中國婦女代表，她頻繁往還於中國與海外，航程中曾有短暫時日在美國停駐，鄭毓秀對於這個二十世紀國力日漸強大的國家，印象深刻。一戰結束後，一九一九年秋天，鄭毓秀回中國召募自願留法的女學生，結果共有二十多位年輕女學生願隨同她赴法。一九二〇至一九二四年，這段時期在法的鄭毓秀，處於相對平靜的環境，她致力於攻讀法學博士學位，一九二五年學成回到中國。

民初至一九二〇年代，正逢專制遠去，民國肇興，在天下混沌局勢中，各路人馬爭逐，極易創造英雄。鄭毓秀有機會在青年時期出洋留學，取得博士學位，這樣的女性受中國傳統浸染未深，西方對她的影響更形鉅大，所有一切助成鄭毓秀行事作風在民國女性行伍中風格獨具，很難不受矚目。一九二五年，當頂著巴黎大學法學博士學位的鄭毓秀返回中國時，不論她個人或公眾都熱切表現出「佳人難自棄」的追捧心態。彼時滬上各式各樣刊物，無不搶登鄭毓秀一舉一動的訊息，「鄭毓秀」這位女性的名字時時出現報端，躍入閱眾眼中的，有一大部分是攝影相片，相片中的鄭毓秀有學士服、有旗袍裝扮，走的是端莊、氣派路線，顯然，她在媒體上頗具「賣點」。民國時期公眾媒體為刺激銷路，摸索出刊登女性影像的竅門，已成風氣，惟女博士又與報端隨處可見的仕女名媛有所區隔，「學識」是附在鄭毓秀身上，被媒體視為能夠吸引讀者注意力的「要件」。和其他民國時期同樣具有海外高學歷的女性相較，鄭毓秀似較樂意爭取鎂光燈，成為公眾焦點，而不甘蟄伏於學院，無人問津。「媒體效應」之於鄭毓秀，是其一生念茲在茲，縈繞不去的美夢與惡夢。一九二〇至一九三〇年代，媒體曾極度揄揚她、謳歌她、捧紅她，關於鄭毓秀的「民國女性傳奇」席捲一時，值得注意的是媒體聯手打造的「鄭毓秀」，與現實的鄭毓秀彼此互相「模仿」、「映照」，以致閱眾、甚至鄭毓秀本人都漸漸認為「媒體鄭毓秀」就是真的鄭毓秀，這點對閱眾而言或許習以為常，民國諸多名人都可能帶來這種公眾心理效應。但對鄭毓秀個人來說，當她漸信虛、實界限模糊，而再造的形象比真實個人更「真」時，其結果便是「宣傳」掛帥，人生也是為宣傳存在，她一九四三年的自傳底蘊便是如此。

最顯著的是，鄭毓秀自傳往往誇大中國的落後、愚昧，藉此凸顯自己的傲世出塵，此點又特別深印於其自沉自溺的奮鬥回憶中。很明顯的，鄭毓秀的追憶，自始就遵循女性「獨立」、「自主」的覺悟與信念展開。不消說，獨立自主便是五四新文化運動介紹進入中國，最重要的女權啟蒙思想與行動指南之一，它也被推崇是中國女性地位提升的「良方解藥」。鄭毓秀的自我形象，十分趨新，高度西化，無處不是恪遵「獨立」、「自主」兩項指標。回望清末民初，涉及婦女獨立、自主的描寫，重要的關鍵便是反纏足及婚姻自決；這兩大要旨，在一九二〇年代的自述中平淡無奇，到一九四三年的自傳，就搭配著驚心動魄的場面。鄭毓秀遵循她寫大家庭的手法，筆觸深入事件所涉的各式各樣細節中。十九世紀末、二十世紀初中西方接觸後，中國女性纏足向被西方當作批評中國愚陋、野蠻、落後的憑據，中國廢纏足，從言論到行動，可說是洋人與本土士紳聯手對中國女性進行的大規模身體改造，因此不纏足頗能彰顯個人迎接新潮流、破除舊錮習的決心。此點，對於成長於廣東，並身歷新、舊過渡時代的鄭毓秀而言，當知之甚詳。一九四三年，鄭毓秀在中年時，以倒敘方式回溯自己幼年被迫纏足的經驗，過程不但沒有被遺忘，反而比起一九二〇年代的自述多出不少細節。鄭毓秀說家族中所有堂、表姊妹們都要纏足，自己因顧慮母親總是受到主持家務的祖母嚴督厲管，為了不讓母親為難，起初俯首貼耳，未曾反抗。但纏足的疼痛與行走不便，使鄭毓秀無法忍耐，第一天便在夜裡偷偷鬆開纏腳的布條，第二天被發現後又纏上，重新裹腳的鄭毓秀決以更絕決反抗的方式，爭取放足。於是她在私塾學堂中又鬧又叫，歇斯底里地踢喊啼哭，此舉驚動了老祖母。當這位當家的女性家長看到一個小女孩如此不溫順，怒不可遏，氣極敗壞之下，表示她不再過問鄭毓秀纏足的事，她威脅說若將來腳長得如同「大象」，就沒有人要娶。[10] 一九四三年自傳中的廢纏足，將祖母的詛咒當成結尾，鄭毓秀「反抗權威」所顯示的獨立、自主更加明確，她在自傳中不忘為反纏足所代表的自主性，再加意發揮，鄭毓秀說：「除了幾片瘀青、嗓子沙啞，還有幾晚睡眠不足，整件事下來，我毫髮無傷，再度擁有正常的腳。我贏得了第一場為自由而戰的抗爭。」[11] 爭取放足上升到為自由而戰，這個解說把西風東漸中，中國女體改良聯結到十九世紀時人仍未熟習的「自由」說，顯有任意嫁接歷史進程之嫌。

鄭毓秀自傳中任意嫁接歷史進程的例子，還有抗婚的遭遇。一九二〇年代的自述中，對於抗婚，鄭毓秀較著墨於自己具有主見，不遵守父母之命所訂婚約是她的想法，較不涉及對方人品的評價。待到一九四三年，用英文描述退婚過程，鄭毓秀便詳述各種細節，並且直白批評男方家庭及個人。訂婚儀式的場面是鄭毓秀描述的重點，她將中國「歷史文化特殊性」摻雜進各類細節中，由此呈現傳統婚俗的神祕與束縛。鄭毓秀像個導遊一樣解說到，中國訂婚後的年輕男女不允相見，但她因對訂婚儀式頗好奇，便藏身於簾幕後，旁觀一切，這種「躲著看」的窺視姿態，並非中國女性的嬌羞，而是西方女性的大膽好奇，一窺究竟。這種心態下所描寫的全部過程，是所見到的景象，都被染上怪誕色彩，無一不成為「異文化」的奇觀。鄭毓秀的筆法有如實況轉播，把事隔多年的訂婚現場裁剪成一幕幕的景觀，她說：「我聽見高亢沉悶的長笛樂聲，四匹白馬出現，披掛著飾有金色鉚釘的紅色皮革馬靴，胸前披著紅色綬帶。馬匹由身穿制服、戴小圓便帽的貼身男侍牽著，每對駿馬中間掛著幾個大籃子，裡頭放滿水果、禮物，還有送給我的金手鐲、玉胸針、耳環墜飾、珍珠髮簪，以及一匹匹亮麗的絲綢布。」[12]這些訂婚的擺飾細節乃至各種貴重聘禮，鄭毓秀一一道來，誇大隆重無比的儀式與眼花撩亂的珍寶，可捕捉的就是她的家庭及訂婚對象堪稱「富貴」，富貴如果是一種吸引力，那麼接下來鄭毓秀的舉動，就說明了她能抵拒吸引力，如此更可表明其襟懷非凡，不同於一般泛泛女流。

一九四三年的自傳，詳細描述訂婚後不久，男方通知要擇期迎娶，鄭毓秀說自己原先未以訂婚是什麼了不得的大事，直至聽聞迎娶，才感到驚駭，當時她年僅十四歲。十四歲的鄭毓秀，力拒這樣的「盲婚」，她探詢過男方的情況，各方傳來她的未婚夫是紈絝子弟，賴父蔭得了個官職，[13]胸無大志。這位素未謀面的「未婚夫」，在鄭毓秀以英文書寫的文字中，毫無可取之處。似乎是為了使西方讀者信服，一個怪異的情節進入自傳中，當鄭毓秀提到清末北京鄭家已裝有電話，未婚夫聽到後，批評說這是不正當的西方進口貨。這段情節很可能是刻意加入的，目的是說明未婚夫非常「守舊」。不過，若用歷史考證的方式把裝電話的情節，放回十九世紀末、二十世紀初的中國交通發展史來考察，恐怕裝了電話的家庭，才真是令人側目。再來，鄭毓秀寫自己退婚的決心，在於「未婚夫」不僅守舊，還不願上大學、不想出洋。西化與受教育這兩個在二十世紀逐漸成為判斷中國男性是否成材的標準，十四歲的鄭毓秀似乎將之挪移至更早的時空中，如同裝電話的情節，要未婚夫出國，不無時代錯置的嫌疑。再者一九四三年自傳又添加一段一九二〇年代自述未曾說出的話，即鄭毓秀最終自己提筆寫了一封信給未婚夫，信中提到：「你為何不娶個比較適合你的女人？我要去美國或歐洲完成學業，這看起來不符合你對婚姻的計畫。」[14]這句話很有破綻，綜觀鄭毓秀生平，她後來當然是真的去了美國及歐洲，但回到十四歲的年紀，她當時先偕同母親剛從廣州北上北京與父親團聚，在京城方始打開耳目，進入一所平常的女學校，「西化」、「留學」渺然無影，立志更屬空談。自傳文字奉行「獨立」、「自主」，這兩個五四後在中國生根的婦女啟蒙標記來寫，以致鄭毓秀自傳始終流露明目張膽的後設立場，而她慣常擇取俯瞰人生全局的視角來說明事件來龍去脈，如此自傳經常是生平後段出現的事，套入蒙昧的童稚時期，而童稚時期的記憶，又被修整得能與後面遭遇脈絡相銜接。換句話說，鄭毓秀自傳有著強烈目的導向，即打造出無懈可擊的「個人神話」。個人神話的塑造從反纏足及廢婚描述中已見端倪，但細究自傳亟欲造個人神話，並非只為揚舉過往的個體經驗，背後似埋藏著另一更深的企圖。

一九四一年，鄭毓秀伴隨被國府委任外交新職的丈夫魏道明，離重慶飛香港。儘管已多次出洋，但這次睽別祖國，鄭毓秀說夫婦兩人在情感上十分掙扎，原因是他們在戰火紛飛、中國生死存亡之際，無法與同胞共赴國難，實感憂惶。鄭毓秀此段自傳文字，抒發她對家國深懷之情，同時也旁及她所接觸的許多在抗戰中奮鬥與堅持的人物，如中國最高統帥蔣介石及其夫人蔣宋美齡，還有流離失所的庶民老百姓，前線服役的軍人。在她筆下，沒有一個中國人退卻、失望、消沉，相反地，人人在強敵威逼下，都流露同仇敵愾、寧死不屈的勇氣與決心。鄭毓秀以英文書寫所見所聞，時時強調中國文化的優勢、中國人民的骨氣，乃至社會對民主自由的信仰。[15]鄭毓秀可謂是西方文明澆灌而成的「民國女性」，更進一步來說，鄭毓秀的視角就等於是「西方」視角，她寫中國抗戰也就等於假設西方想看到什麼樣不屈不撓的「中國」，所以說自傳成書的一九四三年是關鍵性年代，鄭毓秀自覺地把自己生平套進「抗戰文宣」的框架中，從而填塞諸多有利宣傳的事件與情節。

鄭毓秀以自己人生為基底所撰成的，具有「抗戰文宣」傾向的自傳，超越抽象精神動員的喊話，它的書寫方式顯示民國婦女與國家權力間，互相幫襯、彼此消蝕的關係。國家在民國婦女身上烙印下深淺不一的形影，這指引了鄭毓秀想像自己的過程及方式，循此線索便可明白鄭毓秀回望自己的觀看視角，不在忠於過去，而是進行「整飾」。可以說，鄭毓秀書寫過去種種所要傳達的是一類民國女性的「理想典型」，她想像自己的方式出於理想典型的先驗存在，既然如此，鄭毓秀寫自身的過往，表面上有歷史前進的痕跡，事實上，卻是她「從未成長」或者「早已老去」，如此造成自傳產生許多歷史概念與情節錯置混淆，這也可以說是民國婦女書寫自傳經常出現的共同問題。一位女性把個人自傳寫成微型的民國革命、戰爭史，卻因其過度整飾的手法，而使近代中國的革命、戰爭因訊息混雜，泥沙俱下，反減損史詩光彩，淪為個人囈語，這種女性自傳所特有、造成歷史敘述破碎化及無意義的寫法，民國以來愈演愈烈，書寫變成婦女地位邊緣化的肇因，實值得進一步追究。

總之，一九四三年的鄭毓秀懷抱愛國情懷，有意替抗戰中國發聲，她以自傳向西方闡明中國正遭遇前所未有的苦難，並期望得到西方同情理解與支援。為了國家宣傳而寫自身經歷，以致她須小心翼翼地把自己人生安排成合理又正面的一連串奮鬥歷程，這些奮鬥不可能只有個人追求幸福、美滿的目的，一定要繞著近代中國大小政治事件展開，如此方能顯示鄭毓秀是如何像浴火鳳凰般地鍛造自己。在宣傳主導下，關於歷史的「理性推展」便不被看重，自傳其實跡近是「虛構的真實」，其書寫特點是全然天馬行空，又不忘要引人入勝，這些可說是傳主有意為之，讀者甚難忽略。鄭毓秀以英文寫自傳，奇特之處即一位中國女性採用非中國語言描寫其在故土的生平經歷，這使得成品本身難免具有因跨文化所製造出的奇異及不真確感，加以西方讀者想必對鄭毓秀亦十分陌生，故而自傳說什麼、怎麼說，便不須求嚴謹細密。而經過六十年左右，進入二十一世紀，當鄭毓秀英文傳記被翻譯成中文出版問世，在歷史時空變換下，當代臺灣讀者亦如一九四〇年代的西方閱眾，對鄭毓秀同樣陌生，這樣一來，中文自傳、英文自傳各自在所處時代中，因閱眾的陌生而使得文本可能被放進歷史信實的發言位置。問題在於自傳所言真的等同「歷史事實」嗎？細究鄭毓秀書寫自身過往的記述，微觀上已顯示「鄭毓秀個人歷史」被修整得過度合理又正面，閎觀上是近代中國的革命與戰爭圖景變得支離碎裂，意義不明。而微觀與閎觀綜合來看，鄭毓秀寫自己的經歷，不時把大歷史變成個人行動註腳，一旦讀者及研究者反其道而行，即將大歷史框架套進鄭毓秀自傳所有內容之上，對之一一檢覈細較，是否便能破解自傳所述之各種「自圓其說」？或許經過解構，才能使這樣一位曾名噪一時的民國女性，其生平所有是是非非被真正還原，然後吾人也才能將自傳從虛構真實中解救出來，重建傳記文字與傳主本人忠實無偽的歷史關聯性。

三、佳人難自棄：法國的中國玫瑰鄭毓秀

催生共和的辛亥革命是中華民國國史的開端，同時亦是鄭毓秀自認的未來人生道路起點。鄭毓秀的自傳，明言她身與共和肇建眾多赴湯蹈火的「起義」行動，傳中提到她個人屢屢碰到命懸一線的險境，卻總是幸運地最終能履險如夷，於此，她筆下難掩對自己勞瘁勳績的誇示。民國成立後，儘管帝制已成陳蹟，惟因軍閥專擅，割據自雄，政治上演變成群龍無首、政爭迭起的混亂局面，共和之路波折迭起，時人多體認到「革命」不是一帖萬靈丹，不過，卻可以是新朝新貴的頂上光環。參與辛亥革命，又是同盟會會員，在民國政局風雲詭譎中，變成一個具有政治知名度的標記，老國民黨黨員在「開國有功」的加持下，於政壇、社會、軍界仍可各擅其場，占有一席之地，男性尚且如此，遑論參與革命那些寥寥可數的女性，鄭毓秀便是占有這樣的優勢地位。

鄭毓秀在「自傳」中，對於自身參與締造共和的諸多行動，無不鉅細靡遺地寫其始末，道其因果，這些文字占了自傳篇幅一半以上，顯見這是鄭毓秀人生最引為自豪，並足以自傲的階段。鄭毓秀自傳所寫的，有關她曾參加的各次祕密革命行動，其敘述手法與彰顯的行動過程，與其他寫革命起義的史書，其方式及角度大不相同，可謂是自成一格。首先，鄭毓秀的視角限縮於自身，她對自己所思所想、所作所為，寫得極其細瑣，以此來代替更多全局發展的樣貌，自傲自滿的痕跡鮮明。鄭毓秀寫己重於寫事，於是便予人「細節套上歷史」的觀感，虛構與歷史的分野因此常模糊不清。而其「自傳」也難劃歸為「小說」，因有按時間編排的個人行動與歷史互為穿插，故

而文風上更接近民國報端上常現的「比附時論」。

鄭毓秀寫清末民初改朝換代的過程，並非為辛亥革命補闕或是另闢新章，她的手法更傾向從頭至尾自說自話式的獨白，大歷史雖未被遺漏，卻只是傳主行動的索引。反之，個人抉擇比起歷史發展的軌跡更見突出，這無疑是借歷史以替自己功過、是非作渲染。後世讀者若能先理解鄭毓秀的寫法，便可能產生不同的讀法，即將角度從表面轉入挖掘其內裡更深的、關於個人歷史的隱諱之處。按鄭毓秀自己說，儘管她的父親在京為官，她卻成長於南粵廣東的傳統大家庭，大家庭一切按血緣、輩分運作，「順從」是家庭成員恪遵的行為準則，尤其對媳婦、女兒與孫女諸多女性的桎梏更嚴。女孩幾乎難有什麼啟迪心智、增長見識的機會。總之，鄭毓秀童年所處的是封閉保守、很難拓展見聞的環境。按自傳，鄭毓秀接受過蒙學，也就是粗淺的經書背誦，她承認私塾受教，除增進記憶力以培養專注習慣外，其他別無所獲。[16]後來鄭毓秀稍長，伴隨母親離開廣州到北京與父親團聚。北京時期，鄭毓秀在父親安排下，進入一所女子小學就讀，就算到了輦轂重地，鄭毓秀對學校教育也未感到絲毫新刺激。[17]自傳所傳達的，鄭毓秀對中國式教育的疏離，證諸她個人後來全盤西化，從未產生中西隔閡的掙扎，也未顯出因傳統拘束而有拒此迎彼的徘徊，顯見她所受中國傳統文化浸染未深。自傳提到她拒婚後，為顧及父母親的顏面，離開北京到天津，進入一所教會女校就讀。[18]這所教會女校所學習的科目，包括英文、體育、做禮拜等等，都是過去鄭毓秀受傳統教育時聞所未聞、聽所未聽的課程，鄭毓秀自認當時才真正領悟到「教育」所帶來的刺激與長進。[19]這些孩童時代的事件，自傳未標明時間序，寫得極其鬆散，專重「意義」的闡明，崇仰西方的露骨表白處處可見。鄭毓秀對西方是毫無保留地稱頌，這點與清末民初「反對列強侵略」聲浪不絕如縷，知識分子於「中體西用」、中西文化調和中踟躕徘徊，頗不相類。

鄭毓秀自傳書寫自身教育歷程，不掩飾對西方的膜拜，循此線索，她寫革命祕密行動，亦帶著一副與西方相媲美、相提並論的眼光來過濾，即她依據西式「英雄」模型來構造每一個事件以及她的每一個舉動。「英雄」敘寫，須壓抑旁人的光采，典型如說明自己如何對政治發生興趣，其因來自「聽聞」。按鄭毓秀追憶說，她的父親喜歡帶著她出外訪友雜談，而為避免小女孩外出引人側目，她被改扮成男孩。父親這樣做竟然不是為了提升她的智識，開拓她的視野，純粹是出於「喜好」，但鄭毓秀卻「稟賦特異」，她強調和父親在大千世界活動，使她在增多見聞後，也觸發對革命的嚮往，她說：「當許多孩子在家無聊煩悶時，我卻得以專心聆聽一段段迷人的對話」、「聽不懂許多弦外之音，也沒有什麼具體的想法，但我明白自己所處的時代正面臨諸多嚴重的問題，中國正處於動盪不安的年頭。我想，自己頭一次不自覺對革命產生印象，就是在革命運動剛開始的時候。」[20]一九二七年的自述，鄭毓秀提到父親曾憤恨地跟她談慈禧主政的昏聵，[21]到一九四三年的自傳，父親則變成鎮日哀聲嘆氣、頹靡噤聲的滿清官吏，[22]二種寫法對照下，後一種寫法似乎更能顯示鄭毓秀自命不凡的根由。在無人指點迷津下，「自傳」說到晚清最後十年，帝制政權日薄崦嵫，在慈禧太后、光緒皇帝相繼駕崩後，溥儀坐上皇位，鄭毓秀彷彿解說員一樣地說明這一連串的變化，她說：「中國王朝大權，依然掌握在一個小孩手中，也就是『兒皇帝』溥儀，他父親醇親王則被任命為監國攝政王。新的佐政者與過去相同，只顧著自己的野心，不會也不願意妥協、接受現代化的力量，這力量注定會將他與他的政權掃到一邊。」[23]上面這段省思，任誰也不能相信是出之於一個垂髫女童所想所問。鄭毓秀自傳所寫的童年，確有與眾不同之處。按照自傳所說，鄭毓秀出生於一八九六年，一九〇八年時，她亦不過十二歲，換句話說，自傳的口吻、腔調、思想傾向，是長大後的鄭毓秀回溯並營造自己英雄思想萌生的「童年」面貌，而真正的童年反倒隱而不見了。依此線索，鄭毓秀把她加入革命的動機、企圖、行動、大小發展，連成順水推舟的演變。因為十二歲左右的她，已「下定決心要為國家工作」。[24]

本著「英雄」論調來寫自己，後面許多遭遇便顯得順理成章。出於自覺、自決的動機，一心一意欲接近革命的鄭毓秀，便以幾近突兀冒險的方式到處尋找革命黨人。因聽聞日本是革命策源地，鄭毓秀向父親偽稱說想到日本去看看外面的世界，即自原來教會女校輟學，攜同一位使僕東渡。算起來，若是一九一一年東渡日本，那麼鄭毓秀時年不過十五歲，這位出身京官的青春少女，任意便出門遠行，很有違常理，自傳卻無交代可能發生的齮齕，天真莽撞卻得遂其所願，令人稱奇。自傳說甫抵日本，鄭毓秀便迫不急待苦思竭想，四方探詢，竟真的如願和革命黨人聯繫上，她也正式加入革命組織，一趟日本行，鄭毓秀如假包換成了「革命黨同志」。回北京後，鄭毓秀身負「國民黨郵件情報員（英文原文如此）」工作，[25]她利用父親官銜以及北京官邸做掩護，與哥哥兩人替革命黨傳遞祕密消息，勇敢盡責地一次又一次身歷艱險，完成任務。在辛亥革命北方志士起義行動的貢獻上，鄭毓秀頗著其名。[26]

加入革命黨的鄭毓秀，在女黨員少之又少的情況下，聲名鵲起，尤其民國成立後，新時代的步伐向前邁進，「革命女性」成了民國新貴，個個厲兵秣馬，意欲大顯身手。鄭毓秀於民國初年仍一心一意要為共和奮戰，據聞民元策劃刺殺袁世凱的祕密行動，鄭毓秀是其中一員。[27]自傳中對此行動有所描述外，還提及為反對袁世凱進行五國大借款，鄭毓秀說她自動請纓去刺殺袁的財政部長，[28]惟此事之來龍去脈，其他史書及回憶的一般說法是，南方革命黨人主張對袁不採武力進攻，改行籠絡羈縻，是以黨員群往阻攔，卻受阻於袁世凱布置周詳，簽約終告達成。[29]鄭毓秀所言刺殺財政部長事，實難辨其真偽。無庸置疑，鄭毓秀係民初北方女革命黨員之佼佼者，也是改朝換代之際的知名革命女性，她對暴力暗殺，應不生疏，甚至敢躬歷施行，其激進程度往往被拿來與沈佩貞、唐群英等並列，統稱為辛亥「英雌」。[30]這些革命「英雌」進入民國後作風不改，因而處處顯出無法理性地與時俱進，[31]結果是多數趨於暗淡，乃至銷聲匿跡。在民初混沌未明、秩序崩解、新舊交雜的變亂中，鄭毓秀毅然決然選擇遠赴歐陸留學，這個決定促使她不至如同其他活躍的革命女性，在革命後就失去舞臺。出洋留學，將使這位頂著革命先進黨員光環的女性，有更寬闊、更長遠的事業發展。

參與締造共和，可說是鄭毓秀一生最可大書特書的光榮事蹟，「自傳」寫這部分頗為詳盡。而拉上中國知名人物以使個人更具舉足輕重地位，自傳中也有十分露骨的描述。如自傳強調辛亥時期，南方革命行動比北方積極，可證者是國民黨總部於廣州設立後，再遷到上海，孫中山就是當時的革命領導人。[32]這樣過早強調廣州的重要性並暗示自己與孫中山相與往還，似是一種歷史訛誤，這些時空錯置之言，大大斲傷自傳的可信度，從而揭示鄭毓秀極可能放大了自己個人的革命經歷，有變造自己成革命中堅分子之嫌，而以名人為引線，也不無「踵事增華」的意味。辛亥革命時期，鄭毓秀隸屬北方同盟會成員，實質上她並未占據重要領導地位，與孫中山接觸機會微乎其微，時任同盟會北方支部負責人的汪精衛、李石曾，才應該為鄭毓秀所熟稔，可是自傳中無任何隻字片語涉及汪，乃至對於汪刺殺攝政親王，慷慨赴難，事敗後身陷縲絏的壯烈舉動，[33]也統統略而未提，此種取決實亦顯現自傳出於傳主無所不在的「歷史審查」，而言歷史審查的立基點是一九四三年。當時汪精衛脫離重慶，在南京另成立政權，在抗日團結聲中，被唾罵為漢奸傀儡，此種敵我分野，牢牢釘在自傳的書寫中。自傳既有自我宣傳，也有民族大義，乃至二者合一自然形成獨樹一格的「障眼法」書寫。

鄭毓秀自傳回憶過往的文字，基本上極不著重歷史細節的真偽，以致她有隨意調動、安排事件始末的傾向。因之，讀者讀其自傳，實毋須字斟句酌地比對鄭毓秀所言其身與歷史事件的來龍去脈。惟對於此種歷史細節粗疏，卻處處流露自我標榜的自傳文字，實擺脫不了其施展障眼法或放出煙幕彈的嫌疑。究竟鄭毓秀何以罔顧歷史細節，而大肆渲染自己？她有意釋放的煙幕彈，到底要遮掩哪些過往？她賦予自己的辛亥革命形象，籠統而言即「英雄」與「非凡」，基於其營造形象的痕跡過於明顯，恰予人對她的寫作動機產生懷疑，究竟這樣完美的自我整飾所為何來？鄭毓秀的「自傳」是立於一九四〇年代回看自己，同時代也有許多文字同樣採取「回望」方式來談鄭毓秀，他人眼中的鄭毓秀，儘管也有辛亥英雄的一面，卻免不了多了鄭毓秀避而不提的其他面向，多面對照下，關於鄭毓秀寫自傳的背後動機及目的，便會浮顯而出了。有一個說法是議論鄭毓秀的作為較屬含蓄的意見，說鄭毓秀締造共和確曾有功，此點應加肯定，其他則另當別論，[34]此說法真可謂話中有話，耐人尋味。究竟鄭毓秀於革命衝鋒陷陣之外還有哪些「事蹟」？當革命結束後，鄭毓秀適時離開中國遠赴法國，她的秉性本就敢為天下先，又未受傳統深厚浸淫，這些特質將會把她引上什麼樣的人生道路？這些在自傳中雖然說了，但多屬片面之辭，「自傳」提供的雖說是有頭有尾的腳本，卻未必忠於人生的真實樣貌。

民國成立後，袁世凱繼任大總統，亟謀稱帝。此時期，一九一四年四月，鄭毓秀遠離中國政治紛爭，她搭乘輪船由香港出發，先抵馬賽，復由馬賽轉往巴黎，開始她的旅歐生活。自傳說到她初履法國時因不諳法語，生活頗感沉悶，後經三個月的練習，才稍能以法語溝通，始能自由外出。一九一四年年中，歐洲戰雲密布，機遇所致，鄭毓秀有了就近觀察這場堪稱發生於二十世紀初期，打破過去歷史紀錄，戰事規模龐大、參戰國家眾多的「歐洲戰爭」。歐戰爆發後，戰局不利於協約國，法國雖未全境陷入戰火，備戰狀態卻使巴黎居民極度恐慌，許多人選擇走避，而鄭毓秀卻對危在旦夕的局面無所畏懼，她依舊留在巴黎，並於一九一五年進入巴黎大學研讀法律。歐戰正酣之際，鄭毓秀臨危不懼地留在法國繼續深造，此番經歷，的確稱得上非同一般，推助鄭毓秀一躍而為中外知名的留法女性學人。[35]

是時，中國北京政潮迭起，對於是否應參加一次大戰，各派意見不一，彼此扞格牴牾，此後還釀出一連串風波。[36]為了爭取戰後中國利權能獲得保障，並破除日本一手遮天，欲獨吞德國在中國所有條約特權的圖謀，中國最終決定參戰。鄭毓秀身處法國，自傳中，她頗推崇中國參戰符合國際大勢所趨，尤其是大書特書法國朝野為中國參戰申致感謝，為此特地召開一場聲勢浩大的群眾集會。在這個中外聽眾匯聚，名流齊集的國際會議場合，鄭毓秀不憚語言隔閡，無懼眾目睽睽，昂然挺身於會場上公開發表演說。姑不論其所談為何，此一行徑堪稱震動視聽，揚名立萬。向來法國群眾的印象，咸認中國女孩固閉害羞，豈料鄭毓秀竟大膽至此。在自傳中，鄭毓秀難掩自豪之感，她自認該演講是一次成功的國民外交。[37] 鄭毓秀因勇於嶄露頭角，促使她有機會結交法國政界要員。其後，她由法返回中國途中，在美國有過短暫停駐，也曾趁機公開演講，這些演講並非受邀，都是她主動出擊。認清局勢，掌握機會，勇於表現，其「一鳴天下知」的行動與志向表現，從辛亥革命到留法公開演講，可說一以貫之。到了法國的鄭毓秀，離開北京原有的暴力政治及紛擾，漸漸確立起個人獨樹一幟的思維與行事風格。綜而言之，即她有超乎一般女性非我莫屬的自信；同時，她明白且深信「宣傳」的效用，以致所想、所說都試圖透過媒體傳播以造成風潮，對媒體的依賴、迷戀，往後將對她的人生產生鉅大影響，而如鄭毓秀這般敢「秀」的女性，民國初期實百不得其一。

歐戰尚在僵持時，大局變化卻已略可窺知，時人皆明白國際局勢對中國利弊損益影響甚鉅，鄭毓秀以法國愛國留學生身分，為國事奔忙，四處宣傳，這是她借風使力，累積個人影響的重要契機。戰爭末期，鄭毓秀無畏德國無限制潛艇攻擊，可能命喪海底的恐怖威脅，登船返回中國。此行，按鄭毓秀說法，是受留法中國學界付託，向國內解說歐戰的情況。[38] 就在鄭毓秀返抵中國後不久，歐戰宣告結束，和平會議於巴黎召開。北京政府派出以外交總長陸徵祥為首的代表團，赴歐參加和會，為使和會中國代表發言更具分量，南方也派出代表王正廷與會。據鄭毓秀的說法，她亦膺任代表團一員，所負工作是替婦女發聲，此外便是與媒體聯繫，發散訊息。巴黎和會上，列強侈言公理正義，實際上仍瞻前顧後，遷就強權，日本力爭獨占德國在中國原有利權，中國代表為示抗議拒絕簽字，並全體退席。[39] 鄭毓秀一九二七年的「自述」，僅提及和會中，她勉為努力，和會結束，她即束裝到歐洲各處旅行，[40] 簡單數語，未做其他過多說明。而一九四三年的「自傳」，鄭毓秀則穿插了一段和會進行時，她所領頭進行的關乎和會結局的重大行動，即威嚇中國代表團首席代表陸徵祥不得出席簽字。據鄭毓秀言，留法的中國工人、青年學子對和會決議至為憤慨，風聞代表團首席代表竟欲遵約簽字，於是一群人蠭集包圍陸代表下榻的住所。這群民眾係臨時結合，在群龍無首的情況下，鄭毓秀一馬當先，她說一位像祕書一樣的人物在陸宅進進出出，腋下的公事包緊緊挾持，顯藏重要文件，她當場靈機一動，折了一截約三十公分的玫瑰樹枝，枝枒露出白色樹莖，她將其抵在地面以泥土擦黑，用此代做手槍，從背後抵住祕書。此舉竟使祕書驚駭到丟下手提包，落荒而逃。陸代表被逼出面與包圍的群眾談條件，無奈群眾不願退去，在門外苦守一整夜，第二天陸徵祥接見群眾，據鄭毓秀說，雙方舌劍唇槍，這位代表終於屈服，放棄出席簽約。[41] 關於巴黎和會的爭議，既有中國民情作後盾，再因北京政府與代表團折衝過程一夕數變，最終迫使中國代表團集議拒簽和約。[42] 鄭毓秀自傳所講述的這段插曲，如戲劇般的情節，過程引人，卻好似五四運動火燒趙家樓的法國版，矛頭對準陸徵祥，對北洋外交人員頗有落井下石之嫌。

鄭毓秀自傳中對巴黎和會結束後，她個人的動向，還有一段極重要的感想表述。她說當她在歐洲旅行結束，再度踏上返回中國的行程，這趟她繞經美國，儘管在美洲停留時間不長，過去亦未曾與當地有任何淵源，依恃短時間的觀察，鄭毓秀卻在自傳中大書特寫她「當時」對美國文明油然而起的讚嘆，她坦率表白身處美國有如「回家」般輕鬆自在，因為中國革命後的建國路程與美國本質相似，兩國都同樣邁步締造新未來，再者，同屬活力充沛的民族。[43]對美國的印象良好，這些話於一九二〇年代的自述中，如蜻蜓點水，但一九四三年的自傳中，則極盡溢美頌揚，這種改寫十分耐人尋味。又自傳所說中美間如何相似、如何雷同，可謂天真露骨，明眼人都明白美國是強權、中國是弱國，這種國際現實幾無法踰越，那麼鄭毓秀以英文書寫對美國的諸多諛詞，究竟所為何來？吾人固不能否認鄭毓秀年輕時道經美國的感受，確是印象極佳，不過，一九四三年的自傳顯然在這層印象上疊加更多複雜的動機。當時，鄭毓秀的丈夫魏道明任中華民國駐美大使，負有溝通中美邦交，增進友邦對華同情諒解的使命，鄭毓秀出於夫唱婦隨對美國極盡歌頌，頗顯其獨到的幹練精明，藉由自傳不落痕跡揄揚美國文明，這是鄭毓秀前此歷練所得的經驗使然，一九二〇年代的她，當然還未嫻熟此道。

一九二〇年鄭毓秀由美國洛杉磯搭船返抵上海，後受四川省長楊庶堪之邀赴該省演講，[44]主要是傳播海外所見。這次是鄭毓秀人生難得的深入中國內地機會，她一直以來都在沿海大城市乃至歐陸活動。光憑她喝過洋墨水，舉止大方，打扮入時，進入風氣較封閉的省域，很難不引起騷動，何況她年紀尚輕，自由自在地於公眾場合高行闊步，放言高論，其言行舉止頓成輿論焦點，女學生以鄭毓秀為榜樣，有志者莫不以衝出牢籠，渡海留洋自許。按鄭毓秀說，後來四川有近二十名女學生自願跟隨她到法國留學，這些女學生的決心勇氣，令鄭毓秀大感意外，惟其中不乏貧困、生活難以為繼者，鄭毓秀為助成她們留法的志願，便努力為之籌措經費。[45]已在域外眼界大開的鄭毓秀，此時究竟有無女權保障的想法？此點於自傳中並未明言，惟從自身處境出發，她確是屢屢能夠深刻體會女性的種種桎梏，從而想方設法予以扶持。關於提升中國婦女地位，鄭毓秀並未有確切看法，她是遇之、行之，而受她啟發的這群四川留法女學生，也在不期然情況下，和鄭毓秀重會於抗戰時期的陪都重慶。按自傳所說，當年的女學生彼時已是事業有成，在各自領域為國服務，而於國難深重時，鄭毓秀見到這群女性意氣風發、豪氣干雲的模樣，頗感快慰，[46]這些純粹出於「偶然」，似非鄭毓秀抱持提升女權所得之結果。

從辛亥視死如歸，到赴法自許為民請命，這段時期和鄭毓秀接觸過的人，曾說她胸襟開闊，頗富豪俠之氣，此說用以傳達其公共表現應屬貼切。而吾人如果追問鄭毓秀豪俠般行事作風，表現於私密那面時，又是如何？在法時的鄭毓秀，名聲比起辛亥時期更見響亮，據聞她十分好客，在巴黎租賃的公寓大門敞開，來者不拒，而每當他人遇到尷尬困難的事情，鄭毓秀總樂於為其奔波斡旋，極富熱情。[47]這些論斷，在自傳中也有跡可尋，如鄭毓秀自言：「我在這兒過著愉快的生活，結交來自法國、英國、美國的幾位好友，也認識大批中國留學生，他們經常造訪我小公寓裡的房間，在裡頭坐一整晚，談的全是政治。」[48]鄭毓秀的社交生活活躍，得力於她從中國帶了一位烹調手藝出色的女僕，於是名流、公卿、友輩、同好在其寓所流連忘返，鄭毓秀自傳對此頗引以為榮：「我位於拉丁區的房子被暱稱為『小公使館』，我從中國帶了位很會做菜的女傭，通常無論是下午茶或是自助式的晚餐，都會有中國菜色。」[49]這位辛亥英雌，於法國既難掩風華，加以豪爽不拘泥的作風，發生男女相悅之事便可推見。一九二〇年鄭毓秀回到法國，入巴黎大學攻讀博士學位，這段時期，鄭毓秀在自傳中說是她人生較低調的幾年，她決定完成學業，摒除雜念，勤奮苦讀，孜孜不倦。[50]事實果真如此嗎？與鄭毓秀所說的「低調」大相逕庭的是，許多證據顯示，這段時間鄭毓秀曾在感情上有過波瀾，那就是她曾大膽追求王寵惠（亮疇，一八八一——一九五八）的軼事。

按鄭毓秀與王寵惠接觸，時間大約是一九二四年，當時王寵惠受北京政府派命前赴瑞士海牙國際法庭擔任中國代表，因事轉往巴黎，與熱情好客的鄭毓秀很快熟稔。王寵惠的來頭頗大，他出生廣東一個基督教家庭，在香港受教育，後升入北洋大學法科預科，畢業後先赴日再赴美，獲耶魯大學法學博士學位。在美期間，王寵惠得識孫中山並加入同盟會，辛亥革命結束，共和初立，王寵惠任南方臨時政府外交總長，時年僅三十歲。袁世凱任臨時大總統，王復出任司法總長，後隨內閣總辭卸任斯職。一九二二年，在北京政局擾攘動盪下，王出任內閣總理，後因軍閥各有私圖，王寵惠終究難安其位，乃辭職他往，不久便被派往海牙。[51]王寵惠是法學專家，其學識見解蜚聲國際，而他亦是革命黨人，在政界頗負聲名，地位自屬顯要。或許是法學同行這層關係的鋪墊，鄭毓秀顯對王寵惠心儀折服，以致暗生情愫，進而明目張膽地追求。後人回憶提到當時中國駐法公使陳籙，曾於言談中透露鄭毓秀已有婚姻，丈夫姓曾，任職於京漢鐵路，提醒王寵惠要與女方保持距離。[52]法國留學界顯多知悉這樁女戀男的風流韻事，以致流言蜚語傳遍海內外，甚至事過境遷的一九三〇年代，還是有許多閒談瑣憶、小說創作影射此段「緋聞」。[53]鄭毓秀對於自己的情感去向，在自傳中隻字未提，這段情感後來當然無疾而終，結局既然非如人所願，再加上感情觸發的當時，使君有婦、羅敷有夫的傳聞甚囂塵上，自傳中選擇對此密不透風，無奈知情者、揣測者文字頗多，事實還是呼之欲出。號稱豪爽大膽的鄭毓秀，對於感情確有赴湯蹈火的決心，可一旦願望破滅，她便將之從自傳中清除得一乾二淨，私密生活的真實恐怕被鄭毓秀認為有違她「英雌」形象，故而須小心翼翼說明自己當時是處於「低調」的時期，惟實際上她的緋聞八卦，沸沸揚揚，餘波盪漾，隨著她拿到博士學位回到中國，仍不時見諸報刊。

依據眾多資料比對，王寵惠是一九二四年結束外派工作回到中國，一九二〇年代的鄭毓秀自述提到她是一九二五年取得法學博士學位，[54]也就是與王寵惠分別後一年。但一九四三年的自傳，鄭毓秀聲稱自己一九二四年取得學位，[55]畢業時間被提前一年，此一改寫，自有其意義。自傳將取得博士學位提前一年，是為配合說明鄭毓秀自己鋪排的感情狀況。她在自傳中意在言外地說，與其同時取得博士學位的還有一位留法年輕男子，他的名字叫魏道明。自傳中說：「幾乎和我同時畢業的年輕男子，正是後來成為我丈夫的人，他的名字是道明・魏，中文的順序是魏道明。在我看來，他的名字象徵的意義是『清楚、明白的路』。他的天性冷靜，勤奮好學，此外，我在他的身上感受到他對同胞那股溫暖的同理心。我們在學生時代，一起度過很快樂的時光，我們天生都喜歡結交好友，也都有敏銳的幽默感。」[56]這段話明顯是專為魏道明出場而寫，同時也表達鄭毓秀對感情的忠誠，點點滴滴都有辯駁的意味。惟鄭、魏兩人後來的確結婚，但究竟他們何時開始交往，真如鄭毓秀所言，法國時期，兩人就一起度過「快樂的時光」嗎？為何多數的說法卻指向鄭毓秀心戀王寵惠，欲罷不能，於王先行回國之際，臨別仍殷殷叮囑佳人留法佇守？女性的自傳乍讀以為其頗坦蕩，揆諸其他史料，卻明白傳主費勁刪去其不欲人知的過往。鄭毓秀的自傳打破一般人認定，女性自傳寫及自身婚姻、家庭，記憶準確鮮明，而對國事、天下事多半是以管窺豹，難得全貌的基本設定。

對自己的感情、婚姻，鄭毓秀寫得曖昧，明顯掩飾許多不欲人知的祕隱。一九二五年鄭毓秀學成回國，她作風高調，媒體群起追逐，經常可以見到她的玉照見諸報端，影中人千姿百態，頗與當時對女學者的一般印象大不相同，她獨樹一幟，作風與名媛交際花近似。頂著博士頭銜，又與媒體水乳交融，各種關於鄭毓秀的正面報導、小道消息無時或已。一九二六年，上海報紙出現一則類似讀者投書的小文，該文的作者聲稱與鄭毓秀兄長熟稔，故而深知鄭毓秀諸多私人之事。文章開頭大力吹捧鄭毓秀，說她是中國第一位女博士，在追求高深學問之時仍戮力奔走國事，於法、美兩國活動時，都因表現傑出受到政要、商業鉅子激賞。接著這篇文字便以掌握內幕的口吻提到，王亮疇博士與鄭毓秀女士已在法訂婚，而正式婚禮訂於一九二六年秋天。[57] 小文說的煞有介事，證諸後來兩位博士並未結婚，可見其為捕風捉影，問題就在其就算無根無據，也屬無風不起浪，鄭毓秀回到中國後，自始就陷於謠諑紛紜中，這是她個人有意同謀，後來事業的起伏，便脫不了成也媒體、敗也媒體的命運，鄭毓秀堪稱民國女性無畏被公眾議論不休的特立獨行者。

四、千夫所指：十里洋場中的女律師

一九二五年回到中國的鄭毓秀，面臨前途事業的抉擇，按「自傳」所寫，在魏道明的建議下，兩人決定在上海合夥經營律師行。關於一位學有專精的女性，踏入一個向以男性為主的職業領域中，其必遭受層層考驗是可以想見的。民國時期，律師新興，當時人頗囿於傳統觀念，認定律師也就是刀筆，這對女性從事該業更是不利。鄭毓秀在彼時確難憑藉單打獨鬥闖出一片天，與魏道明合夥，便成為較能打開局面的嘗試。不過，自傳還是寫了許多鄭毓秀欲打入律師業，過關斬將的種種過程。當時在上海開業的律師，按規定須先考取律師執照，由於上海城區管轄權的劃分頗形複雜，包括中國城區、法國租界及公共租界三塊地域，統轄權各自獨立，互不統屬，法庭體系亦復如此，導致上海法律制度混亂，司法官司諸種程序、規定駁雜萬端。如中國法庭轄理中國城區訴訟案，其受理者只限官司原告、被告皆為中國居民之案件。若訴訟當事人全屬中國籍，卻居住於租界界內，中國法庭無權過問。而官司原告是外國人、被告是中國人，須交法租界及公共租界所設的會審公廨審理，此外，若官司原告是中國人、被告為外國人，有權審理者是被告所屬國籍之領事館或法庭。[58]上海的法律制度及法庭運作之所以萬分複雜，原因不外乎因租界所在，許多國家享有領事裁判權，因之民國時期能在上海立足的律師，多半要比其他城市更顯出不凡的能耐及精明，鄭毓秀自傳中直承說：「整個上海地區存在著混亂、複雜而又相互衝突的審判、法律以及程序，毫無疑問，這裡就是精明律師的執業天堂。」[59]

鄭毓秀初出茅廬，儘管難關迭阻，她還是一一予以克服，但對自己的女性身分在申請律師執照時，頗受刁難，耿耿於懷。她在自傳中提到，當她向北京政府遞交申請時，負責核准資格者故意延宕。[60]而在租界轄域內，她雖取得法國的博士學位，卻頻受法租界司法部門阻撓，公共租界相比要順利許多。有了律師執照，卻又面臨社會對女性能力的慣有偏見，鄭毓秀和魏道明相商，律師行的業務中，女性離婚案統由鄭毓秀接辦，其餘則交魏道明，遇到棘手問題則共同討論解決。鄭毓秀這位初試啼聲的女律師，開始在近代中國開風氣之先，獨領新潮的十里洋場，展開其專業律師的生涯。一九二五年，鄭毓秀年屆三十了，她從年少的恣意，走到中年的自足。而她的自傳走筆至中年，卻透露中年的她無改於年少的衝動與率性，這點實頗令人感到自傳缺乏更符合人性的「成長歷練」，傳主似乎遵守什麼該說，什麼不該說的準則，而該說的都是有助於使自己與正義、公理等道德感相配的表現，如寫她接辦婦女訴求離婚案件的處理過程。

鄭毓秀律師生涯的開端，是她經手第一樁由女客戶提出的離婚案。該案的案主登門尋求法律協助，開頭即淚訴與丈夫婚姻觸礁的苦狀，年輕婦女陳說丈夫在外流連，自己備受冷落，懷疑丈夫恐怕已另有妻室。鄭毓秀聽完女案主的陳述後，義憤填膺，認為婦女不應忍耐不幸福的婚姻，解脫之道就是離婚，故而她的立即反應是「勸離不勸合」，向女方保證會爭取順利離婚。自傳中，鄭毓秀描述當時她以解救婦女不幸婚姻為己任，且對此頗為自得，她說：「我很高興，因為有這個機會讓我能開始幫助在婚姻裡不快樂的中國女子，為她們爭取自由。」[61] 鄭毓秀自傳透露她極端擁護婦女具有自由離婚權，並以導引解說的方式，介紹中國婦女離婚的劃時代意義。她說：「在過去的中國，幾乎沒有人知道離婚為何物，直到一九二七年仍然十分罕見。」[62] 這些解釋是說給西方讀者聽的，自傳的筆觸在後面的篇章中不時夾雜鄭毓秀向「西方讀者發聲」的敘述法，特別是她認為所談問題涉及中國傳統文化、倫理觀念時，就不由自主帶入大套解說。在這件女案主提出的離婚訴訟中，鄭毓秀本無他念，只願助其解除婚姻關係。沒想到，當與魏道明討論此案時，魏道明並不贊成鄭毓秀力持離婚的觀點，他當頭對興致勃勃的鄭毓秀澆了一盆冷水。魏道明提醒自信滿滿的鄭毓秀，身為一位律師，不能只憑主觀意志來下判斷，解決婚姻中的困難，難道只有離婚一途嗎？而對婦女來說，其是否對仳離後衍生的生活困難，考慮得夠清楚？鄭毓秀對魏道明的質疑，頗不以為然，她認為這是因魏道明男尊女卑的觀念在作祟，而魏道明則反覆勸她要冷靜。自傳記述魏道明說：「重點並不是站在男人或女人那邊，這關係到我們事務所的原則，我們要怎麼處理離婚案件？難道我們只因為很簡單，就要幫我們的客戶打離婚官司嗎？或者我們應該站在人性的角度為他們著想，盡可能拯救更多的家庭與婚姻？」[63]最終，鄭毓秀被魏道明說服了，這樁婦女提出的離婚官司，就在鄭毓秀的協助下，夫婦間坦誠就商，誤會渙然冰釋，雙方言歸舊好。

鄭毓秀在自傳中詳細記錄她接的第一樁「婦女提出離婚案」經辦過程，其寫法特別之處，在於貶抑自己空有理想，卻對人情世故一竅不通，這與一位自小在北京城各種高官顯要場合諦聽瑣談，乃至偷運軍火，刺殺當朝大員的辛亥英雌頗不相合，鄭毓秀的自傳看似一統，卻因「人生歷練」被自傳寫得不合情、不合理，以致一統中流露太多自相矛盾之處。而鄭毓秀貶抑自己，目的無非是抬舉魏道明，這符合「妻以夫為貴」的兩性權力關係格局。寫自傳時，鄭毓秀無官無業，是一介平民，但丈夫是國民政府正式任命的一方大員，鄭毓秀自傳對魏道明頗多正面形象的描述，「政治操作」的意味頗濃，只能說鄭毓秀深信文字宣傳的效力，始終不移。

談及離婚案的處理過程，鄭毓秀連帶強調，從魏道明的提醒中，她醒悟家庭對於多數中國人來說，是不可或缺的。此段與前面自傳所提，她對大家庭尊卑有序的反抗，對祖母權威的不以為然，顯有扞格。然而若是追本溯源回到自傳所寫的一九四三年，就可能理解為何從前厭惡大家庭，如今對家庭眷戀如此之深。鄭毓秀寫自傳時，她剛從烽火漫天的中國離開，在那之前的幾年，可以想見她觸目所及都是戰火帶來的苦難，而山河破碎中最令人欷歔的圖景，莫過於家破人亡、妻離子散了。「家」是戰火紛飛下中國文化倫理不能磨滅的根柢，鄭毓秀的自傳儘管寫的是發生於一九二〇年代的事情，但反應的卻是落筆時的心境。鄭毓秀說她逐漸相信：「沒有家人，自己什麼都不是。」[64]又說：「以中國而言，家庭向來是社會中情感、經濟或甚至是政治上，最強而有力的組織。大家族緊密相依，只要家中糧食充足，家裡沒有一個人會挨餓受凍。家族裡，上自曾祖母下至小嬰兒，信仰著相同的倫理、規範、哲學與宗教，如此思想上的延續，使得世世代代的智慧不至於遺失或被遺忘。以家族為單位的系統，演進為宗族系統，這就是何以世事變化無常，中國人卻能在世界屹立數千年的原因之一。每個宗族都有其功能，像個小型的自治政府般照顧家裡面的人。」[65]戰火中告別故土，遠赴他鄉，鄭毓秀在自傳不免時時流露自己是中國人，以中國文化為傲的口氣。這些口氣有時必須與其所描述的事件剝離，方才顯得出意義，才能明白為何自傳前後時時出現牴觸。因之，自傳的事件描述幾乎都有傳主用來說明某種意義的引子，傳主言外之意，才是鄭毓秀自傳的本蘊底色。

一九二六年，鄭毓秀回到中國的隔年，國民革命軍在廣州誓師，揮軍北伐，凌厲無前地一路挺進至長江流域。隨即，國民政府宣布定都南京，新政權登場。上海這個繁華摩登商埠亦歸於新政權治下，國民政府任命的新市長就任後，新人新政於焉展開，司法亦走入新頁，上海市府發布鄭毓秀接任上海臨時法院院長，[66]這項任命可謂破天荒，因過去向無女性問鼎司法審理體系中的主官位置，鄭毓秀走馬上任，這對她個人聲譽，可謂前所未有之隆，當然鄭毓秀亦被公認是中國婦女界風頭最健人物。鄭毓秀自傳中提到，當任命案向她徵詢時，她曾考慮予以回絕，但友人卻向她鼓吹這項任命不僅是她個人榮耀，也是中國婦女揚眉吐氣的展現。當然，受執政者青睞，使原就自信滿滿的鄭毓秀，更加如虎添翼，神態飛揚。她說一位同為國民黨員的舊識，曾力勸她接受該項任命，按鄭毓秀自傳所傳達，其話語如下：「他向來明白我對中國的未來懷抱著希望，以及對於相關事務的奉獻，因此不懂我為何拒絕這個工作。然而，他強烈地感受到我接受這個職務與否，會對新政府想在各方面有所發展產生很重要的影響，不只是因為我是知名的革命家與律師，更因為我是爭取中國婦女權利的女性代表，而日後的結果亦如他所料的。」[67]揆諸國民黨在廣州召開的第一及第二次全國代表大會，皆宣言保障女權，故鄭毓秀的出線對於新政權而言，實亦有氣象一新的裝點作用。論鄭毓秀的學、經歷，若能一點一滴躬身不懈地努力，於公於私，確能相得益彰，豈料這個公職任命最終使她幾乎身敗名裂。

一九二〇年代中、後期可說是鄭毓秀人生的頂峰，她無疑可說是滬上「名女人」，有上海臨時法院院長職位加持，再憑藉她一直以來就極為擅長的社交長才，以及三天兩頭見報的熱度，鄭毓秀其人其名於上海政界、商界、文化界幾乎到處通曉，其名動公卿程度，在宋美齡未嫁蔣介石前，可謂無人可及。在接任臨時法院院長時，鄭毓秀、魏道明合營的律師行便收攤了，她的律師生涯可謂短暫。自傳寫到這裡，筆鋒一轉，提到在合夥經營律師行時，鄭毓秀對魏道明有了更深的認識，兩人互訂終身，遂於業務結束時，於一九二七年八月締結連理。[68] 鄭毓秀於自傳中自承的結婚時間，與當時報紙追踪有出入，至少一九二九年的報紙仍對王寵惠、鄭毓秀間的關係論長道短，有報導說：「鄭貌不甚美，個性活潑，甫入交際場，即獲盛譽。後負笈海外，精研法學，得博士學位歸，其名益著。王寵惠博士頗傾倒之，數年前，王抱鼓盆之戚，於鄭曾有一度之婚議，後因他故，未諧好事。現鄭年華老大，猶未適人。」[69] 同時期，關於鄭毓秀仍小姑獨處的報導，俯拾皆是，可見非憑空揑造。推知鄭毓秀在自傳中有意把結婚的時間提前，這樣的誤植頗值深究，而要解答鄭毓秀的動機，便不得不揭露鄭毓秀自傳中未寫，卻是一九三〇年代公眾道途紛傳，與論口誅筆伐的公務任職表現。

鄭毓秀以新科法學博士，先取得律師資格，後入政壇，可謂前程似錦。當時她除擔任上海臨時法院院長，還接連被遴選為國民黨上海市黨部委員，江蘇省政務委員會委員，更升任到江蘇地方檢察廳廳長，論婦女界其他人物，無人能與其活躍程度相提並論。宦途順遂，還有一件事可以證明，當國民政府在形式上完成北伐統一後，為爭取國際支持，意欲派遣外交代表赴歐敦睦邦誼，有別過去該項任務向為男性所獨占，這次竟然是鄭毓秀雀屏中選。鄭毓秀自傳中說到，她被委任為中華民國國民政府外交代表。[70] 儘管代表頭銜並非正式官派大使，其所進行的邦交，較傾向依靠私人關係來替國家辦理各種涉外事務，性質上更接近「國民外交」，但其辛勤奔波比起駐任大使應不遑多讓。國民外交仰仗的是廣泛社交與媒體宣傳，而這兩個部分對鄭毓秀而言，可說得心應手。

一九二八年二月二十五日，鄭毓秀從上海出發，赴歐洲各國履行為期近四個月的外交任務。這個工作又使鄭毓秀名噪一時，一位當時在四川聆聽過鄭毓秀演講的讀者投書報端，對鄭毓秀大加揄揚，說到：「鄭女士現已成為南京政府的要人，並且要到巴黎倫敦辦外交任務去了。」[71]這位讀者當年就讀川東師範，投書的末尾語帶感慨地說，自己數年未有長進，只育一個豚兒，鄭毓秀可就不同了，如今功成名就，魚躍龍門，這位投書者續言說：「鄭毓秀猶為女士。咳。可敬可敬，可驚可驚，獨身主義者啊。」[72]不可諱言，鄭毓秀不辭長途跋涉，為國事盡心盡力，彼時國人對其交相讚譽，但各種報導，意外揭露鄭毓秀未婚的事實，此說法與自傳所言截然不同。鄭毓秀自傳寫到赴歐陸辦理外交，時當一九二八年五月，她誕下長子。[73]按理說，生兒育女的時間，做母親的絕不至於搞混至這樣程度，可輿論卻又非一家之言，而是眾口一辭。又按常情判斷，若鄭毓秀五月產子，等於她在大腹便便情況下赴歐，任誰也難以相信國民政府會將外交重任交派給一個即將臨盆的孕婦，種種跡象顯示鄭毓秀自傳所說的結婚、生子時間皆有誤。自傳不只提早自己結婚時間，甚至連生子都一併混淆，更加令人懷疑這其中確有難言之隱。這個難言之隱，在自傳中被刻意抹去，卻實實在在存於大眾議論與同時代人的回憶中。

從法國返回中國後，鄭毓秀事業如日中天，她當選中華民國首屆立法委員，與宋美齡是僅有的兩位女委員。[74]後來國民政府著手修訂新《民法》，特設「民法編纂委員會」，鄭毓秀榮任五位編纂委員之一，且她是僅有的一位婦女代表。[75]新《民法》自修訂伊始，即參照先進國家的立法宗旨，以其作為中國改革社會的規範與指引，諸多涉及女權保障的條款，目的皆是為破除社會傳統慣例，打造新時代男女平等關係，鄭毓秀因兼具法學博士及女性雙重身分，故國府修訂《民法》時，特別倚重她能發揮所長，關於此點，自傳中亦頗現其專業素養的自豪感。鄭毓秀說：「起草過程中，委員會有責任提供國家具體的法律原則基礎，比較西方國家中高階的法律系統，亦有責任保留人民已習慣數世紀的習俗、傳統與道德原則。因此，委員會不懈地參考世界上具領導性的法律系統，評比並篩選其中的法條與原則，發現適用於中國的原則即納入民法起草內容，我國傳統習俗內的精華亦被保留下來。」[76]一九三〇年，國民政府頒訂施行新《民法》，鄭毓秀極度推崇這部新《民法》確實充滿女權提升與保障的精神，她說：「新民法成為國家正式的法律條文，保障中國女性在公民權與財產權方面的平等，此外亦享有絕對平等的政治權。」[77]鄭毓秀於助成新《民法》修訂上，功不可沒。而從法回國服務五年，鄭毓秀發揮所學專長，且有平步青雲之態，豈料就在功成名就之際，竟爆出她違法貪污、瀆職受賄的醜聞，鄭毓秀由高處迅即跌入谷底。

一九三〇年，有關鄭毓秀的負面傳聞不斷。先是上海律師公會宣稱其因違反律師章程，對其祭出送付懲戒的處置。此事起因於鄭毓秀經由李時蕊律師仲介，受委替羅步洲涉嫌遭判反革命罪名辯護，沒想到鄭毓秀後被當事人指控收了錢卻不辦事，雙方各執一詞，經上海律師公會查察後，認定鄭毓秀怠行職務，予以勒令退會重懲。此事經鄭毓秀提出呈辯後，移由江蘇高等法院進行覆審，結果是高等法院認為鄭毓秀雖有所疏忽，但律師公會所言其背棄義務等皆不能成立，故而議決上海律師公會做出的懲處無效。[78]儘管鄭毓秀被指控收錢不辦事之行得到澄清，但其名聲顯已受損。事後不久，復爆出監察委員高友唐彈劾鄭毓秀任上海審判廳廳長時，以職務之便，貪污鉅款。

此案係由上海一位平民張志平呈書揭露，其言直指當時任上海特區法院院長的楊肇熉，與前任地方審判廳廳長鄭毓秀，兩人狼狽為奸，互相包庇，在法院款項賬簿上，登錄不實，顯有吞併鉅款之嫌。此案經監委高友唐接手調查，他在詳閱法院所有來往款項簿冊後，證實張志平所指控之鄭、楊二人貪污行為，確有實據，而賬冊經手人尚有二位，一位是書記官長鈕傳椿，一位是會計主任鄭慧琛，鄭慧琛是鄭毓秀妹妹，丈夫就是楊肇熉，多層親誼關係更使案情平添許多疑點。[79]

監委高友唐查察貪污案可說追根究柢，故使鄭毓秀任內瀆職濫權等作為一一被挖出。高友唐提出的彈劾文說到：「查鄭毓秀對於詞訟案件，一手包辦，為所欲為，始則以白為黑，繼竟無中生有。民事不能拘押，則以假扣押恐嚇之。刑事不問虛實，但有控告，則以拘押恐嚇之。均為詐財或脅迫和解之工具。其所詐之財，聞已在數百萬圓。推檢中雖不乏自好之士，稍持正誼，即立予左遷，故苟且者無不俛首聽命受其指揮；法院一時有博士電話到，推事嚇一跳之謠，乃紀實也。數年以來，上海人民因受鄭毓秀惡勢力所摧殘，傾家蕩產者不知若干人，負屈自殺者不知若干人，社會之道德陵夷，法院之人格掃地，皆鄭毓秀、楊肇熉等所釀成。」[80]高友唐指證歷歷，認鄭毓秀憑藉手中權力，一手遮天，為所欲為，利用一般人畏法的心態，對官司上下其手，敗壞官箴，荼毒百姓，每一件罪狀都令人怵然。

高友唐的彈劾一出，輿論一面倒地對鄭毓秀大肆抨擊，甚至對她過往一切都予以體無完膚的責難。一篇雜誌上的文章直言鄭毓秀是無人格的女政客，留法時即運用政治手腕結識名流，以此騙取法學博士頭銜，實則毫無學識可言，返國後因緣際會取得高位，卻不知潔身自愛為女界爭光，反而喪心病狂、為所欲為。該文痛心疾首表示，鄭毓秀貪墨枉法案發生時，正逢國民政府內憂外患交迸，國勢阽危之際，公務員所作所為格外引起物議沸騰，有識者認為縱容貪污橫行，正是國事日非的肇因，鄭毓秀一人所為連帶使國民政府聲威受損。[81]另一文則以身敗名裂貫於鄭毓秀身上，所謂牆倒眾人推，頗切合鄭毓秀當時處境，該文說鄭毓秀聚合所謂「法國派」，操縱司法，黑幕重重。她在法租界的寓所，更像政治俱樂部，摩登男女群集打牌作樂，一位登門委請辦理離婚的女子，被鄭毓秀探知其丈夫頗富錢財，乃邀該名男子上門，自此男子流連於鄭宅，群雌粥粥，樂不思蜀，鄭毓秀反過來勸要離婚的太太作罷。這位女士白白損失三百兩律師費，丈夫卻更變本加厲，無可奈何，只能忍氣吞聲。該文作者不只說鄭毓秀時時奔走南京，包攬訟事，把持司法，私蓄極多，還以影射口吻說，一個無丈夫的婦人，能如此活躍，必有特殊技術，令得無數男子鬼迷心竅受其指揮，服從命令，博士之博，實非平常摩登女子可以企及。[82]貪污案傳得沸沸揚揚，鄭毓秀聲名狼藉，幾乎已無立足之地，時論對於鄭毓秀當時尚是小姑獨處，卻坐擁巨資，頗認其中必有蹊蹺。媒體上披露她已屆四十一、四十二歲，另傳言她沒有和人正式結婚，卻生過一個孩子送給別人養。[83]當時的公共媒體屢屢從旁提供鄭毓秀的正確歲數，如一九三三年，說她約四十一、四十二歲，這樣看來，自傳所言她是一八九六年生，並不真確，更合理的是一八九一年生，而後者是多人言之鑿鑿而更普遍可靠的鄭毓秀出生年。無論如何，自傳的虛構年齡，隱然也與她這段人生最灰暗低潮時期攸關，因為她在輿論撻伐，狼狽難堪時，選擇走入婚姻，[84]時間是一九三三年六月。民國女子四十多歲以後談婚論嫁，確較屬匪夷所思，高齡方始適人，難免落人以特殊原因、特殊目的的想像，故而鄭毓秀把出生年押後，實有為人生階段性發展給予合情合理安排的用心。總之，鄭毓秀自傳所變造扭曲之處，皆可謂別有用意。

鄭毓秀在公領域的表現備受爭議，連帶私領域也被指指點點。有人指其博士論文是王寵惠代作，以致口試時，對任何問題皆無法答辯。[85]還有影射她與魏道明關係，未有婚姻，卻有一子的傳聞。[86]鄭毓秀實已落入極難立足的境地，她在報上大登聲明書，惟物議洶洶，輿論認為其所說是欲蓋彌彰。而監委彈劾後，貪污案隨即進入司法調查程序。由於此案查辦手續繁冗，須經中央懲戒委員會、上海最高法院及江寧地方法院三層機構審理。期間，南京傳出消息，因傳訊上海證人出庭頗為不易，致開庭時間一再展延，鄭毓秀趁機搭船離開上海，逃匿海外。[87]鄭毓秀這一走，更加坐實她「畏罪潛逃」的嫌疑，上海那些亟呼要對鄭案「明正典刑，以申國法」者，無不痛斥厲責。另外值得關注的是鄭毓秀出國，報紙上說陪伴其身邊的只有魏道明。該報導指出，鄭毓秀抵達菲律賓後，發電回滬，申明退出律師公會並辭卸法學院院長職，電文文稿中還有一段頗顯自憐的話語，鄭毓秀說：「毓秀盈盈十五，即隨今行政院長汪精衛先生奔走革命，迄今廿餘年，於黨於國，雖不敢言功，但亦無罪，今無辜受高友唐等妄加非議，心灰意冷，將不願再履中土。」[88]這位從辛亥、留法、回國一路走來，堪稱叱吒一時的女博士，無可奈何下漸趨消沉，她暫時於公眾視野中吞聲埋名。不過，鄭毓秀絕不可能就此沒沒無聞，有朝一日，她定會再現其呼風喚雨之能事。畢竟，她適時選擇妻以夫貴的路途，嫁與年齡小她十歲的國府要員魏道明。這樁婚姻，因女大男小，女富男貴，免不了被揶揄，上海順口溜便有「便宜最是魏家兒，美女黃金兩得之」，[89]

頗富譏刺。而更有報導直言：「她是他的姊姊，而且他能夠亟登仕途，也是她的引薦於王寵惠的，當然他對她的知遇之恩，要感激不盡。」[90]總之，鄭、魏關係，外界有諸多揣測，以魏道明受王寵惠提拔，一路從司法行政部祕書長，升至次長、代理部長，最終真除部長，其後更被任命為南京市長，抗戰爆發後王寵惠任行政院院長，魏道明接政院祕書長，可謂宦途順遂，無往不利，一切種種很難說沒有倚重鄭毓秀與王寵惠兩人深厚的交情，[91]捕風捉影，流言蜚語遂始終不息。

一九三七年，抗日戰爭爆發，鄭毓秀已蟄居三、四年，當上海陷入戰火中，她當時居住法租界。眼見中國百姓在中日交戰中，被災慘重，而難民人數激增，醫藥、糧食、收容所需求孔急。自傳中鄭毓秀自承，她義無反顧投入募集物資、救助難民工作中，當時丈夫魏道明人在南京，她一女流待在危城中，直至上海風聲吃緊，才於匆忙中和王寵惠夫人一同離開上海，前往南京。[92]關於乘坐汽車逃奔南京的過程，鄭毓秀寫得可謂驚心動魄，包括夤夜出發，半路遇日機飛臨空投炸彈，她避躲田間逃過一劫。然後又因司機老李莫名的固執，竟在路上停車不前，讓他們一夥幸運留在城外，倘若進城恐難逃日機轟炸引發的烈焰焚身噩運。鄭毓秀的逃難，有車坐、有同伴、帶僕傭，還能取走家中值錢之物，與長途跋涉，車船壅塞，幕天席地的廣大難民相比，不可同日而語。不過，抗戰的苦難，確使鄭毓秀擺脫戰前的風風雨雨、流長蜚短，國難當前，她所涉的貪污及私生活的風花雪月，盡皆變得微不足道。她在自傳中，流露對黎民百姓，對前線軍士的憐憫讚佩，比起自傳前部，總是重在揄揚自身，已有些許不同。不過，鄭毓秀畢竟身處較高社會階層，她既非平民，也非知識分子，可說是國府要員眷屬，因之她所看到的戰爭景象，以及她自傳中所描述的中國戰時民心士氣，都是加了濾鏡的，加上她一貫強調「宣傳」的作用，以致抗戰在她的筆下，也較沒有血肉長城的意味，儘管她也喊愛國，卻更像戲劇表演的臺詞，少了歷史的真實況味，那些民不聊生，士氣淪喪，國府束手無策，社會崩解的歷史景象，全都隱沒未聞。

五、結論

金雄白當年於上海報業初出茅廬時，常聽聞鄭毓秀大名，言傳中金雄白拼湊出鄭毓秀應是辯才無礙、風韻不凡的絕世佳人。後逢機會，金雄白專程赴鄭寓訪問剛上任為審判廳廳長的鄭毓秀，一見之下，佳人遠不是金雄白腦中的形象，金雄白這樣說：「一見面，使我感到了意外，出現在我面前的，形態上已是一個中年婦人，身材既不窈窕，姿容了無美感，肌理又粗黑而多痣。」[93]金雄白的話頗值得玩味，其明白指陳，民國女性博得大名的，不是才華見長，就是容光照人，此可歸因於民國城市公共傳媒勢力興起，彼此競銷、競賣激烈，漸漸地以炒作名人消息來增加銷量，此為普遍手法。沈從文描述一九三〇年代的出版界，指上海小報風氣，充斥「好管閒事的淺薄者流的傳語」，[94]可為佐證。鄭毓秀回到中國後，以其一貫親近媒體的作風，對「傳語」似有如魚得水之感。當然，她很快聲名鵲起，在民國婦女中，是僅有頂著博士頭銜，屢屢占據各種媒體版面的「知識人」。西化的作風與難得的高學歷，鄭毓秀以沖天之姿，博得各方注目。

和她相較，稍早回到中國，在美國待了十年的宋美齡，也可說是滬上名媛，風頭卻遠遠敵不過鄭毓秀。宋美齡與鄭毓秀相較，兩人家世、求學歷程，可謂不相上下，惟宋美齡一九二七年與蔣介石結婚後，便恰如其分擔任中國最高領導人的妻子，其融合雍容、聰慧、典雅、美麗於一身的作為，深入人心。一九三〇年代，蔣宋美齡鮮少於公共媒體上顯山露水，到一九四〇年代，中國抗戰艱苦竭蹶時，她身負重任，於一九四二年底赴美訪問宣傳，替中國發聲，爭取國際援助。一九四二年，也是鄭毓秀陪伴夫婿魏道明在美接任大使職位之時，民國兩位具有豐厚歐美留學生活經驗的女性，風雲際會中在美國會面。鄭毓秀以中華民國駐美大使夫人身分，陪同蔣宋美齡訪美之行，[95]相信她對此工作應是游刃有餘，據聞羅斯福總統（Franklin Delano Roosevelt，一八八二—一九四五）夫人對鄭毓秀讚譽有加，說她具政治頭腦，不同於歷任中國大使夫人。[96]蔣宋美齡於一九四三年結束訪美行程，同年，鄭毓秀提筆書寫自傳，兩位在國外受教育的女性，各自以不同方式替中國抗戰宣傳，致力於爭取外援的工作。二戰時，蔣夫人訪美行，締造其一生最受世人矚目，最為人禮讚的時刻，而鄭毓秀在抗戰時寫自傳，相對內斂低調。

不過，戰後鄭毓秀又再趁勢而起。一九四六年，魏道明卸任駐美大使職，轉道東京飛回上海，記者又是群起蜂擁畢集機場，欲一睹接機的盛大排場，彼時鄭毓秀因先行回到中國，也立於接機行列中。記者見到鄭毓秀，又勾起過去滬上陳年舊事，由此稱鄭毓秀改了性質，專心在家做主婦了。不過這位主婦依舊行事高調，記者描述鄭毓秀的外表裝扮及各種行頭，形容她穿一襲灰色綢衫，足蹬約二吋半高的高跟白皮鞋，年逾半百，丰韻猶存。報上說鄭女士穿戴得珠光寶氣，滿身都是金鋼鑽，手腕戴的是名貴手錶，錶鍊鑲滿鑽石，左手戒指是鑽戒，右手則是巨型翡翠戒，還有鑽石耳環和鑽石別針，這麼多亮閃閃的飾品集於身上，記者最後忍不住揶揄鄭毓秀是個「鑽人」。[97]鄭毓秀總是一再成為鎂光燈的焦點，而一九三〇年代後，媒體對她並不見友善，常常冷嘲之外加熱諷。一九四七年，魏道明被派任為臺灣省主席，鄭毓秀隨同夫婿來臺定居，報紙又是一窩蜂的群起追逐，有人說她「生財」有道，[98]有人說她「御夫」有術，[99]有人說她「豪奢」無度。[100]一九四八年，臺灣省主席職位改由陳誠接任，魏道明以非蔣親信人馬，於國府情勢蹇迫不利之際，離臺灣赴香港，此後魏、鄭兩人政途失意，大陸政權易手後，兩人先居美，再轉遷至巴西。在異國生活，一切人生地不熟，當然談不上再出什麼風頭，種種憋屈處境，於鄭毓秀而言，真可謂是窮途末路。一九五九年，在清冷寥落中，鄭毓秀於洛杉磯過世，享年六十八歲。[101]

鄭毓秀的英文自傳，其產出時間，這個外部出版條件是完全不能忽略的研究線索，除了證明自傳何以具備強烈民族主義立場外，若再循此線索向前推進，恰恰可以說明為何傳主寫自己生平，處處現出裂縫的根由。既為抗日宣傳而寫，同時也打算寫給外國人看，所以鄭毓秀對過往生平維持著有意識的、前後劃一的修飾，這些動機使她可以把年近半百的中年自我，寫成幼稚、衝動、淺薄之徒，既不合情也不合理，如此足使人更加肯定，自傳確屬遮蔽了許多傳主不能、不願予人知道的私隱。一九四三年後，鄭毓秀未再提筆修訂、書寫自己生平，文字不復見於世，由此更可推斷一九四三年的自傳，即為特定時空下的產品，本懷有特定目的，書寫者無疑是有意創造出一位歷史「影中人」，並由此顧影生姿。為了理解歷史「影中人」的產生，顯然須對閱讀自傳，開展更多迂迴、細致的讀法。

追究起來，鄭毓秀自傳並非不真實，而是傳主想推銷的「真實」，而解答作者推銷的動機，並盡可能找到與自傳相異的說法，成為閱讀鄭毓秀自傳不能忽略的法門。本文即在自傳文本外，從別種資料去力證自傳的「影中人」，是有其原來面目的，「影中人」與歷史真實人物面目間的相互比對，成了說明該自傳寫作目的、動機、出版條件，乃至傳主及作品在近代女權發展中所具有的歷史意義最有力的說明。女性自傳須被解剖，而經解剖後的文本，方能避免以「影中人」作為歷史本尊的謬誤。挖掘鄭毓秀這位民國具高知名度女性的自傳，其文字內容如何生成，以及文本所埋藏的雅不欲人知的生平往事，展示出的是民國女性多種多樣的公眾形象與事業發跡方式，一旦能讀出自傳的言外之意，及其刻意隱瞞之處，相信對近代中國婦女如何摸索走向現代之路，將提供更多豐富而有意義的訊息。

分析鄭毓秀自我傳述，提供了近代中國女性人物傳記，該如何讀、怎樣解的可能途徑。更重要的是，運用歷史研究各種可能途徑與女性自傳進行對話，勢所必要。現今，民國人物自傳大量產出，堪稱是近代史研究大宗可觀的「史料」，但傳記所言，虛實間如何研判，時時考驗研究者的閱讀方式及研究視角。本文的研究與其是說是讀鄭毓秀自傳，更貼切的說法，應是讀鄭毓秀如何寫自傳，也就是穿透表相文字，在其他歷史敘述及資料佐證下，揭露民國女性經過的歷史，她們自書的「往事」，包含全部想說的與不想說儘管已混融一體，惟後世研究者、讀者以拆解或直觀方式，實又參與進她們的「往事重建」，無論跨時間抑或跨空間，其所產生的交流，對已逝的傳主來說，總歸是老話一句，那就是「多少生前事，留待後人評」。

1 鄭毓秀著，賴婷婷譯，《玫瑰與槍：百年前一位中國奇女子衝擊傳統的革命史》（臺北：網路與書出版，二〇一三）。

2 原書以鄭毓秀英文名 Soumay Tcheng 具名，*Soumay Tcheng, My Revolutionary Years: Madame Wei Dao-Ming,*（New York: Charles Scribner's Sons, 1943）。

3 與蔣介石有過婚姻的陳潔如，一九七一年過世。其生前以英文撰寫的回憶錄，被學者於史丹佛大學胡佛研究所所藏張歆海檔案中，意外發現，從而掀起民國史學者對該回憶錄來龍去脈的追索。按這部回憶錄，也等於是自傳，撰述根源是一九六一年陳潔如定居香港後，李氏兄弟（李蔭生、李時敏）在旁鼓吹慫恿下，合三人之力於一九六三年動筆。陳潔如寫自傳消息一出，據聞國民黨要人頗以其可能妨害領袖威信，曾多方出面斡旋，流言頗多，後來一一披露，使陳潔如回憶錄更增神祕色彩。該回憶錄後於一九九〇年代，海峽兩岸同時以中文排版問世，近代史學者多認為回憶錄史事謬誤不少，敍述全是陳潔如自說自話，學術價值偏低。陳潔如的回憶錄，性質上與鄭毓秀的自傳頗多可相參照之處。回憶錄開始有陳潔如所寫的一篇自序，其中提到陳立夫曾委婉勸她別發表，陳的信說：「敬祈萬勿發表自傳，您為中國統一所作之犧牲與多年來之沉默，堪稱為一偉大人物和忠誠國民，一旦大著出版，只會對委座（蔣介石）和國民黨造成傷害，故請保持沉默，終始如一」。陳立夫的話，點出陳潔如在特定時空寫自傳，恐怕根本就有目的，這說明自傳的「歷史工具」傾向，此點與本文所探討的鄭毓秀自傳，實如出一轍。見陳潔如，〈作者自序〉，《陳潔如回憶錄：蔣介石的第三任妻子》（北京：中國友誼出版社，一九九三），頁一三一一四。

4 魏道明駐美大使任期至一九四六年結束，他離美返國。一九四七年魏道明再被派任為首任臺灣省政府主席，鄭毓秀伴夫抵臺，任期至一九四八年結束，魏、鄭夫婦即由臺灣轉赴香港。國府遷臺後，魏、鄭兩人並未居留臺灣，一九五九年鄭毓秀於美國病逝，魏道明回臺定居，直至一九七八年過世。

5 所引者為二〇一三年中文版翻譯，見鄭毓秀著，賴婷婷譯，《玫瑰與槍：百年前一位中國奇女子衝擊傳統的革命史》，頁二二〇。英文原文為「in the middle of all the bustling peace-time noise, I hear, as if it were the echo of a call for help, the wild wail of the air-raid siren in Chungking」、「We are not alone now. All freedom-loving people of the world have joined us in fighting for the

common cause. No one can doubt the final outcome of the conflict. Rightousness will triumph over brute force」，Soumay Tcheng, *My Revolutionary Years: Madame Wei Dao-Ming*, pp.231，232。據筆者比對，二〇一三年的中文版，係照一九四三年英文版全文翻譯而來，連篇章標題及編次都一樣，而翻譯者用詞適切、通順，涉及歷史人名時，亦經核對查證，翻譯的語句頗能忠實英文原意，故本文若直接引自傳中的全文，則註明是中文翻譯版，其他關於事件、歷史變遷的詮釋，則依然以英文版自傳作註。

6 鄭毓秀著，賴婷婷譯，《玫瑰與槍：百年前一位中國奇女子衝擊傳統的革命史》，頁三八。

7 張桂越，〈民國大女人〉，鄭毓秀著，賴婷婷譯，《玫瑰與槍：百年前一位中國奇女子衝擊傳統的革命史》，頁六－七。

8 〈鄭毓秀女士自述〉，《生活》三卷一期（一九二七年），頁六。

9 Soumay Tcheng, *My Revolutionary Years: Madame Wei Dao-Ming*, p.3。

10 一九四三年的自傳中，特別強調，她的腳會長得跟大象一樣大，見 Soumay Tcheng, *My Revolutionary Years: Madame Wei Dao-Ming*, p.11。一九二七年的版本，較直白的說：「這孩子壞極了，倘使她舉動上仍舊這樣不守婦道，怕將來沒有要娶她的啊。」〈鄭毓秀女士自述〉，《生活》三卷四期（一九二七年），頁四〇。

11 鄭毓秀著，賴婷婷譯，《玫瑰與槍：百年前一位中國奇女子衝擊傳統的革命史》，頁二〇。

12 鄭毓秀著，賴婷婷譯，《玫瑰與槍：百年前一位中國奇女子衝擊傳統的革命史》，頁三四。

13 Soumay Tcheng, *My Revolutionary Years: Madame Wei Dao-Ming*, pp.24-25。

14 鄭毓秀著，賴婷婷譯，《玫瑰與槍：百年前一位中國奇女子衝擊傳統的革命史》，頁三四。

15 Soumay Tcheng, *My Revolutionary Years: Madame Wei Dao-Ming*, pp.231-232。

16 Soumay Tcheng, *My Revolutionary Years: Madame Wei Dao-Ming*, p.17。

17 Soumay Tcheng, *My Revolutionary Years: Madame Wei Dao-Ming*, p.19。

18 此校為天津崇實女塾教會學校，該校係由兩位美國修女主持創辦，入學的女學生通盤接受西方式的教育課程與西化生活方式。張玉光，〈民國女傑——鄭毓秀〉，《文史月刊》，二〇〇六年四期，頁五二。

19 Soumay Tcheng, *My Revolutionary Years: the Autobiography of Madame Wei Tao-Ming*, pp.28-30。

20 鄭毓秀著，賴婷婷譯，《玫瑰與槍：百年前一位中國奇女子衝擊傳統的革命史》，頁二七、二八。

21 〈鄭毓秀女士自述〉，《生活》三卷九期（一九二八年），頁九五－九六。

22 Soumay Tcheng, *My Revolutionary Years: Madame Wei Dao-Ming*, p.37。

23 鄭毓秀著，賴婷婷譯，《玫瑰與槍：百年前一位中國奇女子衝擊傳統的革命史》，頁四五。

24 鄭毓秀著，賴婷婷譯，《玫瑰與槍：百年前一位中國奇女子衝擊傳統的革命史》，頁四六。

25 Soumay Tcheng, *My Revolutionary Years: the Autobiography of Madame Wei Tao-Ming*, pp.48-50。

26 這部自傳初問世，即以英文於美國出版，能拿到該書者恐寥寥無幾，對書中所述情節，更可能少有人予以核對。鄭毓秀所言，許多部分是「孤證」，後來的研究者多半依據她的這部自傳，來鋪陳鄭毓秀的生平。「以訛傳訛」者頗成普遍現象，本文以各種資料比對考證，說明鄭毓秀自傳諸多虛飾、隱諱乃至錯置，研究者實不能全信其所說。目前有關鄭毓秀的研究多是篇幅較小的論文，因皆引自傳而來，故所述內容頗現重複，如張玉光，〈民國女傑——鄭毓秀〉，《文史月刊》，二〇〇六年四期，頁五一－五四。楊紀，〈行刺袁世凱的傳奇女子〉，《文史博覽》，二〇一五年九期，頁三九－四一。楊紀，〈民國傳奇女子鄭毓秀〉，《檔案天地》，二〇一五年一期，頁三〇－三一。張玉光，〈刺客鄭毓秀〉，《人生與伴侶》（月末版），二〇一六年二期，頁五二－五三。宋修鳴，〈民國女俠鄭毓秀的愛恨情仇〉，《名人傳記》（上半月），二〇一四年一期，頁九〇－九四。劉典，〈民國奇女子鄭毓秀：從女俠到女律師〉，《記者觀察》，二〇一八年二十二期，頁八六－八九。鄭毓秀的研究亦有專書，係唐冬眉著，《穿越世紀蒼茫：鄭毓秀傳》（北京：中國社會出版社，二〇〇三）。惟專書的寫法，接近於歷史小說，許多情節作者予以過多詮釋，並且對資料來源也未說明，使全書的論述偏於一家者言，而該書亦多根據自傳改編而來。

27 Soumay Tcheng, *My Revolutionary Years: the Autobiography of Madame Wei Tao-Ming*, pp.64-66。

28 當時財政總長是周學熙。五國善後大借款，可謂是在袁世凱授意下，由袁所信任的趙秉鈞、周學熙居中洽談周旋，而最終於一九一三年三月二十六日夜，在北京東交民巷匯豐銀行大樓簽訂「中國政府善後借款合同」，因是暗中進行，故鄭毓秀自傳說她要去刺殺財政總長，就實際情況推衍，可能性極低。梁義群、丁進軍，〈袁世凱統治時期的財政〉，《民國檔案》，一九九一年第一期，頁九五－一〇一。

29 李晉口述，秦嶺雲筆錄，蔡登山編，《民國政壇見聞錄》（臺北：獨立作家，二〇一四），頁一〇八－一〇九。

30 李晉口述，秦嶺雲筆錄，蔡登山編，《民國政壇見聞錄》，頁五六。

31 辛亥革命的所謂「女雌」，進入民國後，頗多放浪形駭、憤激大膽之舉，如王昌國扭打宋教仁，沈佩貞追求唐紹儀，頗為時論所訕議。仇鰲，〈辛亥革命前後雜憶〉，《辛亥革命回憶錄》第一集（北京：文史資料出版社，一九八一），頁四五〇。

32 Soumay Tcheng, *My Revolutionary Years: the Autobiography of Madame Wei Tao-Ming*, p.49。

33 蔣永敬，《胡漢民先生年譜》（臺北：中國國民黨中央委員會黨史委員會，一九七八），頁一一〇。

34 李晉口述，秦嶺雲筆錄，蔡登山編，《民國政壇見聞錄》，頁五六。

35 Soumay Tcheng, *My Revolutionary Years: the Autobiography of Madame Wei Tao-Ming*, pp.103-106。

36 段祺瑞時為內閣總理，他一意主張參戰，希圖藉此鞏固其權位，並且趁機擴軍，南方則對中國參戰力持反對。彼時南北和會正當召開，段祺瑞別有所圖，其武力稱霸終使南北和會無疾而終。俞辛焞，〈巴黎和會與五四運動〉，《歷史研究》，一九七九年第五期，頁八〇－九〇。

37 Soumay Tcheng, *My Revolutionary Years: the Autobiography of Madame Wei Tao-Ming*, pp.107-109。

38 Soumay Tcheng, *My Revolutionary Years: the Autobiography of Madame Wei Tao-Ming*, p.108。

39 陳三井，《近代外交史論集》（臺北：學海出版社，一九七七），頁二三〇。

40 〈鄭毓秀女士自述〉，《生活》三卷十七期（一九二八年），頁一九一。

41 鄭毓秀寫道：「隨著時間愈來愈緊迫，陸徵祥先生依舊文風不動，整個人一蹶不振、陰沉沉地坐在椅子上，面對來自我們四面八方言語上的炮火攻擊，最後，在快要出門之前，他總算是投降了。」鄭毓秀著，賴婷婷譯，《玫瑰與槍：百年前一位中國奇女子衝擊傳統的革命史》，頁一二〇。

42 依據學者的研究，巴黎和會中，確因國際情勢詭譎，日本發言聲量大，北京政府代表團處處屈居劣勢。陸徵祥是北京政府外交總長，出任代表團團長，自始就是真正的領導者，巴黎和會中，中方交涉的方針與手段都經他首肯，又或是他知悉同意的。陸徵祥以代表團團長身分，力持中方決策穩重周嚴，並不等於他就同意和會所做出的德國山東問題權益讓與日本的決議，而北京政府訓令他簽字，陸徵祥態度依違，後以舊疾復發住院療養，代表團工作委由顧維鈞全權代理，而顧所有決定無一不就商於陸徵祥，包括最終中國代表團拒絕簽字的驚天壯舉。鄭毓秀對於陸徵祥的描述，不盡公允。石建國，〈陸徵祥與巴黎和會〉，《歷史檔案》，二〇〇三年一期，頁一一四－一一八。

43 Soumay Tcheng, *My Revolutionary Years: the Autobiography of Madame Wei Tao-Ming*, p.128。

44 關於鄭毓秀四川之行，一位當時就讀川東師範學校的學生，曾在報紙上寫過鄭毓秀入川的經過。這位當時的川師學生說，鄭毓秀入川是因時任川東道尹黃復生的邀請，黃復生於辛亥革命時亦活躍於北方，曾與汪精衛合謀行刺滿清皇胄。鄭毓秀在自傳中只提楊庶堪，不提黃復生，應有避牽及汪精衛之意。另一個值得考慮的原因是，據聞鄭毓秀對黃復生曾有情愫，男方以有妻兒為拒，惟此說尚缺有力證據。參見〈鄭毓秀與黃復生〉，《駱駝畫報》十三期（一九二八年），頁二。〈愛黃復生而不得——鄭毓秀的苦悶時期〉《文飯》二十四期（一九四六年），頁四。

45 Soumay Tcheng, *My Revolutionary Years: the Autobiography of Madame Wei Tao-Ming*, pp.129-133。

46 Soumay Tcheng, *My Revolutionary Years: the Autobiography of Madame Wei Tao-Ming*, pp.135-137。

47 李晉口述，秦嶺雲筆錄，蔡登山編，《民國政壇見聞錄》，頁五六。

48 鄭毓秀著，賴婷婷譯，《玫瑰與槍：百年前一位中國奇女子衝擊傳統的革命史》，頁一〇二。

49 鄭毓秀著，賴婷婷譯，《玫瑰與槍：百年前一位中國奇女子衝擊傳統的革命史》，頁一三一。

50 Soumay Tcheng, *My Revolutionary Years: the Autobiography of Madame Wei Tao-Ming*, pp.138-139。

51 余偉雄，《王寵惠與近代中國》（臺北：文史哲出版社，一九八七），頁二四〇－二四一。

52 李晉口述，秦嶺雲筆錄，蔡登山編，《民國政壇見聞錄》，頁五七。

53 一部一九二〇年代刊行的小說，影射留法學人的感情私生活，頗著一時，其中陸秀女士即被指為是摹寫鄭毓秀其人。見陳辟邪，《海外繽紛錄》（臺北：臺灣商務印書館，一九七二）。

54 原文是「一千九百二十五年夏，我欣幸得巴黎大學法學博士的學位」。見〈鄭毓秀女士自述〉，《生活》三卷十七期（一九二八年），頁一九一。

55 原文是「一九二四年，我終於從巴黎大學畢業」，見鄭毓秀著，賴婷婷譯，《玫瑰與槍：百年前一位中國奇女子衝擊傳統的革命史》，頁一三一。

56 鄭毓秀著，賴婷婷譯，《玫瑰與槍：百年前一位中國奇女子衝擊傳統的革命史》，頁一三三。

57 炯炯，〈男女博士訂婚記〉，《上海畫報》九十六期（一九二六年），頁一九。

58 中國政府在租界本有其法權行使機關，即會審公廨，惟從清末到一九二〇年代，租界當局在會審公廨內派駐外國領事觀審、會審，進而在華洋爭訟案件中，外國領事往往介入主導訴訟，中國審員礙於語言及審判程序繁冗，漸喪失主審權，此情況直至國民革命接管上海，改組會審公廨為「臨時法院」方才改變。「臨時法院」自一九二六年成立，至一九二九年再改為「上海特區法院」，共運作三年。鄭毓秀一九二六年從法國回到中國，正逢上海法院改制重要時期，國民政府聘她為上海臨時法院院長，再轉地方審判廳廳長，可見對其頗為器重。胡曉進，〈自傳之外的鄭毓秀〉，《書屋》，二〇一七年四期，頁三四。

59 鄭毓秀著，賴婷婷譯，《玫瑰與槍：百年前一位中國奇女子衝擊傳統的革命史》，頁一三八。關於上海律師界，在「女權意識」覺醒後，對律師業生態乃至受理官司上的辯護立場所發生的影響，參見孫慧敏，《制度移植：民初上海的中國律師（一九一二—一九三七）》（臺北：中央研究院近代史研究所，二〇一二），頁三四二—三五二。

60 Soumay Tcheng, *My Revolutionary Years: the Autobiography of Madame Wei Tao-Ming*, p.145。

61 鄭毓秀著，賴婷婷譯，《玫瑰與槍：百年前一位中國奇女子衝擊傳統的革命史》，頁一三九。

62 鄭毓秀著，賴婷婷譯，《玫瑰與槍：百年前一位中國奇女子衝擊傳統的革命史》，頁一三九。

63 鄭毓秀著，賴婷婷譯，《玫瑰與槍：百年前一位中國奇女子衝擊傳統的革命史》，頁一四一。

64 鄭毓秀著，賴婷婷譯，《玫瑰與槍：百年前一位中國奇女子衝擊傳統的革命史》，頁一四六。

65 鄭毓秀著，賴婷婷譯，《玫瑰與槍：百年前一位中國奇女子衝擊傳統的革命史》，頁一四六。

66 時為一九二七年。劉典，〈民國奇女子鄭毓秀：從女俠到女律師〉，《記者觀察》，二〇一八年二十二期，頁八八。

67 鄭毓秀著，賴婷婷譯，《玫瑰與槍：百年前一位中國奇女子衝擊傳統的革命史》，頁一四九—一五〇。

68 Soumay Tcheng, *My Revolutionary Years: the Autobiography of Madame Wei Tao-Ming*, pp.159-160。

69 〈鄭毓秀博士的小名〉，《北京畫報》二卷五十四期（一九二九年），頁一。

70 Soumay Tcheng, *My Revolutionary Years: the Autobiography of Madame Wei Tao-Ming*, pp.161-163。

71 江石，〈鄭毓秀與黃復生〉，《駱駝畫報》十三期（一九二八年），頁二。

72 江石，〈鄭毓秀與黃復生〉，《駱駝畫報》十三期（一九二八年），頁二。

73 Soumay Tcheng, *My Revolutionary Years: the Autobiography of Madame Wei Tao-Ming*, p.164。

74 一九二八年十月，國民政府頒布「中華民國國民政府組織法」，此後行政體制陸續建置，一九二八年十一月，第一屆立法院正式開議。劉典，〈民國奇女子鄭毓秀：從女俠到女律師〉，《記者觀察》，二〇一八年二十二期，頁八九。

75 Soumay Tcheng, *My Revolutionary Years: the Autobiography of Madame Wei Tao-Ming*, p.168。

76 鄭毓秀著，賴婷婷譯，《玫瑰與槍：百年前一位中國奇女子衝擊傳統的革命史》，頁一六〇。

77 鄭毓秀著，賴婷婷譯，《玫瑰與槍：百年前一位中國奇女子衝擊傳統的革命史》，頁一六一。

78 〈江蘇高等法院檢察處宣示書〉，《上海律師公會報告書》二十九期（一九三二年），頁一七〇；〈江蘇高等法院檢察處宣示書〉，《上海律師公會報告書》三十期（一九三二年），頁六八－六九。

79 〈委員高友唐彈劾文〉，《監察院公報》十六期（一九三二年），頁一五四－一五九。

80 〈委員高友唐彈劾文〉，《監察院公報》十六期（一九三二年），頁一五八。

81 旭，〈鄭毓秀舞弊案〉，《百年》三－四期（一九三三年），頁五。

82 皓翁，〈貪污瀆職的鄭毓秀〉，《禮拜天》五一八期（一九三三年），頁八六四。

83 皓翁，〈貪污瀆職的鄭毓秀〉，《禮拜天》五一八期（一九三三年），頁八六四。

84 一九三三年滬上報紙報導，鄭毓秀「徐娘半老」居處無出，近始有與巴黎多年相知之魏道明先生結婚訊。〈鄭毓秀青春難獨守〉，《北洋畫報》十九卷九四七期（一九三三年），頁二。

85 此說法源於彼時和鄭毓秀同在法國，任滬上報紙新聞特派員並兼負外交工作的夏奇峰。夏的說法，被胡適寫在日記上，一九三〇年十月十一日，胡適日記：「後來夏奇峰也來了，他最知道鄭毓秀和王寵惠、魏道明等人的故事，談的甚有趣味。鄭毓秀考博士，亮疇（即王寵惠）與陳籙、趙頌南、夏奇峰諸人皆在捧場。她全不能答，每被問，但能說：『從中國觀點上看，可不是嗎？』後來在場的法國人皆匿笑逃出，中國人皆慚愧汗下。論文是亮疇做的，謝東發譯成法文的。」參見胡適著，曹伯言整理，《胡適日記全編》第五冊（合肥：安徽教育出版社，二〇〇一），頁八〇九。胡適日記所記的言傳之詞，是從法國中國學人圈子傳出的。與他的說法呼應的是凌其翰的回憶，凌是幫助鄭毓秀博士論文出版時的翻譯，亦留學法國。鄭毓秀法文博論於一九二七年由上海世界書局出版，書名為《中國比較憲法論》，該書的序文中，鄭毓秀寫下得凌君其翰之助，博論編成中文，非常感謝等語。凌其翰後來說，鄭毓秀獲巴黎大學法學博士學位，其實她的法文程度很糟，博士論文是王寵惠捉刀，再由中國使館祕書謝東發翻譯成法文的。引自胡曉進，〈自傳之外的鄭毓秀〉，《書屋》，二〇一七年四期，頁三四。

86 報紙的報導有說鄭毓秀在未婚狀況，產下一子。而胡適日記所記則更為聳人聽聞，胡一九三〇年十月十一日日記寫著：「她的侄兒小名阿牛，有一天撞見她與魏道明裸體相抱，她惱怒了，把他逐出。此人即前月與電影明星李旦旦結婚同赴歐洲度蜜月的。魏道明之母常逼他結婚，他無法，乃令人從孤兒院中抱一小兒來家，說是鄭博士所生。」胡適未言明，其所聽聞從何而來，根據日記上下文，應也是留法的中國學人圈子傳出的。胡適著，曹伯言整理，《胡適日記全編》第五冊，頁八〇九。

87 〈鄭毓秀案所得之教訓〉，《人民週報》六十期（一九三三年），頁一三。

88 〈鄭毓秀青春難獨守〉，《北洋畫報》十九卷九四七期（一九三三年六月十七日），頁二。

89 〈鄭毓秀倒貼魏道明〉，《戲世界》四〇三四期（一九四四年），二版。

90 〈鄭毓秀博士的御夫術〉，《內幕新聞》二期（一九四八年），頁一二。

91 〈鄭毓秀博士的御夫術〉，《內幕新聞》二期（一九四八年），頁一二。

92 Soumay Tcheng, *My Revolutionary Years: the Autobiography of Madame Wei Tao-Ming*, pp.186-195。

93 金雄白，《江山人物》（香港：青島出版社，一九八三），頁二三四。

94 沈從文，〈三人行〉，《沈從文自傳》（南京：江蘇文藝出版社，一九九五），頁一四九。

95 蔣宋美齡訪美，自抵華盛頓始，鄭毓秀即以魏道明大使夫人親身迎迓，後蔣夫人至紐約、芝加哥及洛杉磯等城市演講，鄭毓秀亦伴隨前往。見中央主辦美洲國民日報社編製，《蔣夫人遊美紀念冊》（洛杉磯：編者自印，一九四三）。

96 蔡登山，〈胡適日記中的鄭毓秀——「讀人閱史」之三〉，《全國新書資訊月刊》，二〇〇九年十二月，頁一三。

87 〈鄭毓秀不忘舊交〉，《吉普叢書》一期（一九四六年），頁六。

98 〈魏道明操守清廉，鄭毓秀生財有道〉，《珠江報》新二十九期（一九四八年）。

99 媒體稱她是「西太后老佛爺」。〈老佛爺鄭毓秀〉，《一四七畫報》十七卷八期（一九四七年），頁二。

100 當時有報導說，鄭毓秀到臺灣後，吃不慣本地的白飯與麵包，她便指定滬臺的客機要幫運她喜愛的法國小麵包，而替她承辦「運糧」的要員，必須要到她指定的店購買。媒體對鄭毓秀的錙銖生活細節，頗多嘲諷之意。〈鄭毓秀的御用麵包〉，《民法週刊》二卷十期（一九四七年），頁七。

101 楊紀，〈民國傳奇女子鄭毓秀〉，《檔案天地》，二〇一五年第一期，頁三三一。

政治與盛氏家業榮枯

——商門女性的權、產之爭

一、前言

盛宣懷被稱譽為「晚清企業一代領袖」，[1]在國勢陵夷，中國打開視野看見世界之時，盛宣懷於科考躓踣，仕途受阻情況下，因受李鴻章賞識，全力投入洋務的興辦。晚清朝野力挽危局考量下，全力推動的各類新式工商業，包括軍事、礦業乃至鐵路、銀行等，林林總總，包羅萬象，盛宣懷可說無役不與。從加入輪船招商局經營班底始，到籌組中國通商銀行止，期間，李鴻章因主持甲午戰後簽訂馬關條約，約成後備受指摘，遭罷黜貶職，李的失勢反促成盛宣懷地位上升，經營更加揮灑裕如。晚清十年盛宣懷的權勢攀至頂峰，從而樹立起清末民初，一種新的具有紳、官、商三種身分疊合的近代「豪門」。盛宣懷締造盛氏家族，此家族可謂是近代中國著名的「豪門鉅室」，其因商業、財富、社會聲望、慈善、政治活動所鋪展出的錢權交乘實力，自始便與盛氏家族命運糾纏不休。

盛宣懷於晚清執行「鐵路國有」政策，激化護路民變，使蓄積已久的反清革命成為燎原之勢，一舉推翻帝制，盛宣懷一夕間由「皇族內閣」重臣，跌落成人人得而誅之的「賣國賊」，政治的翻雲覆雨，於盛宣懷個人遭遇，昭昭在目。對盛氏來說，清末民初的波譎雲詭，開啟往後一連串家族際遇都將難逃政治播弄的坎坷道路。辛亥鼎革之際，盛氏家產即遭查封，儘管最終獲贖，卻付出了鉅額代價，這已預示無論帝制或民國，那個政府、那類政權一旦坐擁大位，他們勒逼需索錢款的手段統統如出一轍，商人實難攖其鋒，所能做的便是迂迴周旋，關於「民不與官鬥」的現實處境，商人絕對深有體會。

「商人」、「商幫」於晚清民初地位陡升，成為一類令人矚目的新興社會群體，其上結公卿、名顯四海的權力上升契機，起於洋務興辦及中國對外開放時代中，沿海口岸所提供的諸多發財致富機會，這促成了依憑財富立足是科考致仕外，另一種飛黃騰達的捷徑。商幫、商門、商會、商人在商貿富國、利民、強兵新思維中，擁有過去歷史上少見的名望與社會影響力，他們成了左右政局、造福民生的一股新興勢力，主政者無不對之曲意攏絡甚或抑制打壓。說穿了，商人的政治實力與社會地位源自於他們的財富，「財富」足令商人動見觀瞻，同樣，「財富」亦是賈禍招患的緣由。如盛氏這類一等一的巨賈富戶，其資產難以計數，一動一靜便成為主政者乃至欲分一杯羹的對手們，所覬覦圖謀的對象。民初，盛宣懷面對政府的「捐輸納餉」要脅，憑著過往清廷重臣的餘威，尚能勉予轉寰。待到一九二七年，當國民革命軍敉平華中、華南，新政權於南京肇建時，盛氏家族龐大財富，再度淪為被「虎視眈眈」的俎上肉。此時，縱橫捭闔於商界、政界、紳界的盛氏大家長盛宣懷已過世近十年，繼室莊夫人也於一九二七年九月撒手人寰，家族根本是群龍無首，面對新政權，只能任憑擺布。新政權挾「社會改革」的狂潮，還在革命推進時，就已高喊「女子有財產繼承權」，此說堪稱「石破天驚」，因其挑戰了社會慣習與傳統成俗向來認定女子是「外姓人」，只有嫁粧，不能分產的牢固家產權利觀，故所具有的超前時代「破壞力」，非同小可，對此，觀望懷疑者多，國民政府苦於無法使「新政權」、「新改革」打入人心。一九二八年，盛氏家族因分產糾紛，盛七小姐盛愛頤不服哥哥、弟弟、姪子分產不公，一狀告上法庭，此一官司給了國民政府炒作其「社會改革」一個絕佳的機會，其因不外乎是盛家知名度高，輿論關注者眾，官司判決影響層面廣。因之，盛愛頤爭產案，也就成為近代中國女子財產繼承權爭取進程中，值得大書特書的里程碑。

過去學界研究盛宣懷乃至盛氏家族相關問題者，多集中於關注盛宣懷與其主持的各種洋務，在近代中國工業、商業由傳統轉型為現代過程中的歷史意義。[2]當然，對於盛宣懷的洋務經營，究竟該給與什麼樣的評價，如爭議其是否為「愛國商人」抑或是「賣國買辦」，始終是學者論辯不休的重要主題。[3]有學者指出盛宣懷生前是個道地「歷史僻」，[4]由他經手的大小事，隻字片語盡皆保存，以致蓄積相當可觀的研究素材，上海市檔案館藏著卷帙浩繁的「盛檔」，過去已有學者應用以研究盛宣懷。近年，上檔陸續整理公布盛檔，並將其分門別類，以專篇合集方式出版，資料分殊後，研究理路更加清晰，運用上也更稱便利，學者利用檔案作出的研究日趨多樣化，[5]可說成果纍纍。舉其大者，盛氏家族榮衰歷程在檔案開放下，出現新的研究契機，所有成果中最值得注意的是針對盛宣懷的家族成員、家庭私人生活、[6]盛氏家產的結構、[7]盛宣懷的慈善作為等，所提出令人矚目的研究取向，[8]方方面面帶動新的盛宣懷研究風氣。惟目前研究中，仍然較缺乏對盛氏家族女性成員的歷史書寫，而這個問題之所以重要，是因其聯結到更寬廣的，有關近代中國商人群體中的女性地位，及婦女身處商門如何構築並運用其有別於男性成員的獨特人脈、金脈及權脈網絡，以達成各自不同的錢、權保障。

「商人」具備靈活的經營手段、高遠的視野、較開放的政治立場抉擇，自成一類社會群體，相應的，廁身其中的女性家族成員，深受習染，而究竟商戶中的女性，有著什麼的特殊際遇，使其於有別於其他女性而獨樹一格？她們的作為在近代中國追求男女地位平等的歷史進程中，占據什麼樣的位置？至少，盛七小姐盛愛頤以大家閨秀之姿，挺身控告自己親族，不惜揭露家醜，這種「氣概」不能說不與其出身商戶有關。本文的研究，主要是在既有的盛氏家族研究中，嘗試建構一條新線索，其主軸係以盛宣懷發跡歷史中埋藏的盛氏政治、商人關係糾葛矛盾做為開端，由此引出近代中國商人家產在政治操弄下，如何遭勒逼侵吞，而不斷發生的政、商間的角力鬥爭，女性又如何借力使力以圖保產，尤其當她們不甘於保持沉默或被動受擺布時，如何審時度勢，適時提出主張，甚至運用商門女性所潛藏的人脈、資源，在政、商矛盾鬥爭中鑽隙突圍。總之，商人家庭中的女性既具商門的出身背景，當她們立於政治革命、社會革新狂潮中時，是否更能乘風順浪走出不同於一般女性的行事作風？比如她們更敢於鄙視流俗，自任自為。過去的婦女史研究很少把焦點放在商門女性身上，以致無從理解女性視野中的商、政關係，究竟是幅什麼樣的圖景，而此點是本文研究欲達成的主要任務，即在構造近代女權歷史變動進程中，補上這個過去始終缺席的重要區塊。

二、盛宣懷及盛氏產業的發跡

一九一七年陽曆十一月十八日，陰曆冬至，上海灘萬頭攢動，人人爭相一睹聲勢浩大的送葬移棺長列隊伍。隔日，滬上報紙紛紛以顯目篇幅報導這場稱得上空前，也可能是絕後的大出喪。這場大出喪送的是號稱晚清民國第一大富商盛宣懷的靈柩，盛宣懷死於一九一六年四月二十七日，按照江浙治喪遺俗，死者入殮後停靈於上海盛氏老公館近一年多，才由家族當家女主人，盛宣懷的第三任正室莊德華女士，為亡夫開辦浩大的移棺送葬儀式，此時距清皇朝被推翻已經六年。據言，盛夫人認為移靈的炫耀式陣仗是表揚亡夫盛宣懷一生豐功偉業的良機，起始就不惜花費，務以豪奢為尚。首先，盛氏所用抬棺規格與皇帝相當，[9] 另出席弔喪的親朋、故舊、部屬，按三人乘一輛馬車分配，不計人數眾多，務求場面壯觀。可以說，喪禮濃縮了盛宣懷非凡多彩的一生經歷，光是送葬隊伍就包含著盛氏生前三山四海的廣泛交遊圈，包括常州同鄉、官場舊識、上海商界聞人，以及大批來自盛宣懷掌理的輪船招商局、電報局、華盛紡織公司、漢冶萍公司的部屬職員，如此構成萬眾簇擁的送葬隊伍行列，其排場果真令人咋舌，據估，送棺列伍從盛家老公館出發，緩慢前行，隊伍首尾一度綿延至少三里。

上海自開埠以來充斥五光十色、聲色犬馬的耳目刺激，各種日新月異的娛玩、奇人異事令人目不暇給，上海人對於「新」事物可說司空見慣，若要激得上海人群起騷動，除非是碰上聞所未聞、聽所未聽的舉世無雙盛舉，盛宣懷舉喪就有這種強大吸引力。由於盛氏聲名遠播，加以超高規格的喪禮儀制，使遠近百姓聽聞風聲後，莫不攜老扶幼畢集上海，以求親睹為快。盛宣懷舉喪，連帶製造出各式各樣的商機，因上海人及附近城鎮居民大批蜂擁而來，人人都恐錯過此生難得一見的壯觀場面，加上道塗傳聞盛宣懷移棺史無前例，多少也加重關於市井所傳盛家富可敵國的想像，移靈既有意炫耀財富，更加切中多數喜湊熱鬧，並且一窩蜂淺薄、追隨流行、趨新好異的小市民心理。精明的滬商當然也不放過利用盛宣懷的送葬，大發「死人財」，具商業投資頭腦者，人人使出渾身解數，把盛氏的知名度及家族用心鋪排的葬禮大場面，看作狠撈一筆的絕佳機會。

當時送葬行列所經之處，周圍遊樂場、旅館、茶館、酒樓、商肆等，無不以各種噱頭來創造商機。幾條較熱鬧的街道如南京路（即大馬路），福州路（即四馬路），本就是商業繁華、消費活躍的商業黃金區，區內的大小旅館早因外埠到上海搶看喪禮者踴躍，被搶定一空，提供用膳的大菜館及酒樓，因陽臺視野清楚，座位最為搶手，已到一位難求地步，而較普通的茶肆，則劃出「特別座」以應顧客挑選，每個位子的定價從五角到一元不等，依條件好壞收費。[10]盛宣懷大出喪的隔日，報紙的描述還流露意猶未盡的餘味，如詳記長列送葬隊伍所經過的街道，無不是人山人海，許多沿街店鋪乾脆歇業，專收取「觀覽費」，另有人趁機於各個弄口兩側搭臺設椅，依距離遠近、座位好壞酌收看資，價格頗稱公道。知名遊樂場如新世界、繡雲天、青蓮閣、昇平樓、長樂等處，皆擁擠不堪，後來者難有容身之地。除此之外，外灘洋房屋脊上，亦見人頭攢動，你推我擋。[11]盛氏移棺，簡直到了滿城瘋狂的地步，大戲院的生意出現少見的冷清情況，[12]因為戲迷不去捧場，統統跑去看出喪了。更令人匪夷所思的是，看客群聚，連老弱婦孺亦不免趨之若鶩，人潮洶湧下，釀成諸多死傷。如一位少女立在碼頭上，竟被擠下江中，屍身久未撈獲。[13]新世界則是有二個小孩跌傷，四馬路上的一位孕婦竟在推擠中意外分娩，當街生下胎兒，不幸夭亡；而在外灘大英總會前，一位來自南翔的婦人被發現因人群擁擠氣悶而亡。[14]

滬上報紙所描述的盛宣懷移棺大排場，與民眾簇擁爭先恐後一睹為快的奇景，透露盛氏其人受到公眾追捧，實與其殯儀為前所未見之高規格有關，也可說「家財」於喪儀陣仗中被赤裸裸揭示，此點可憑時人所記下眼見之各種豪奢喪儀細節，予以證明，如說旗旛、傘蓋、各色喪樂班、輓聯、馬隊、紀念碑、匾額、祭品琳瑯滿目。大陣仗具有娛玩吸引力，此點實無庸置疑。有的觀者觀察到滬上人群洶湧的瘋狂程度，即感慨小市民的熱情多半不是出於感懷死者，純粹只是湊熱鬧的心態。一首滬上狀寫世俗俚情的竹枝詞便說到：「一簇鷄毛靈柩來，但聞歡笑不聞哀。沿途路祭殷勤處，公自升天我發財。」[15]道盡時人由葬禮排場所衍生的對盛宣懷乃至盛氏家族的一般印象。而盛氏財富的號召，對於已經成立了五年的「民國」，每逢國慶日，百姓往往冷然以對，無動於衷，形成諷刺對比，這使得葉楚傖這位負責國民黨宣傳工作的黨員，忍不住發出喟嘆，他在移棺第二日，即於報上發表了一篇〈不哭盛宣懷而哭民國〉的時文，說到：「昨日盛氏之喪，人皆知其為極盛也，民國之命，如蒙風雨，患難之後，感觸尤深。他日遇民國大慶，而不能十百倍於一人之事者，是無心肝之人也，是知有金錢勢力而不知有民國之人也。」[16]而盛氏移靈如此鋪張，惹人注目，原因不外乎晚清以降，盛宣懷及盛家早為海內人所共知的「豪門」，知名度遠在「民國」之上。

一八七〇年代盛宣懷投入洋務時期，正逢清朝中央統治權威低落，地方大員崛起並掌握實權的時代。其中因功一路被擢升，後位極直隸總督兼北洋大臣的李鴻章，身居要津，權力無人能與其匹敵。盛宣懷投入李鴻章陣營，藉著這位大員擋在「朝廷」之前，促成他有機會全力計畫與開辦各種涉及經濟民生、國防軍事的新式商業、工業。而晚清覆亡前的十年，李鴻章權力萎縮，盛宣懷躍升成為權臣，在官場、商界呼風喚雨，與外人談判折衝商務與貿易，聲名大噪。盛宣懷在近代中國新興企業發展初期「官督商辦」經營模式中，以官、商兩棲方式在政、經舞臺上大展身手。事實上，晚清興起的各類實業辦理不善者多，惟盛宣懷主持經辦之企業，往往能從顛踱中逐步立穩，如此使盛宣懷得開展以實業養實業的鴻圖視野，其經辦的洋務，資金互可流通挹注，此點促成盛宣懷能夠不斷擴張其經營版圖，成為名副其實的鉅商。[17]可惜的是，儘管盛宣懷於清末主持開辦眾多新式工業、企業，並且獲利甚豐，他卻未見拋棄傳統儒家士紳既有的保守思維，也就是把經商謀利貶謫為「非正途」。於是，經辦洋務所賺得的利潤，盛宣懷遵循傳統理財的老方法，將之大半轉移於買房產、地產、經營高利貸及典當業等「風險低」的投資上，對於風險高、技術需求強、更新速度快的現代商業、工業，盛宣懷仍有所保留。出身士紳家庭，在現代化形式的「洋務」中大展身手，盛宣懷卻仍無法甩脫狹窄的儒士視野，這阻礙他蛻變為道地的「現代商人」。[18]說穿了，盛宣懷投入實業，最終仍望獲致官場高位，官場的舊習、慣例，反過頭來限制了他全力邁開新式工商業更寬廣的步閥，而盛宣懷的經歷，正說明近代中國商、官間複雜的糾葛，此脈絡不隨改朝換代而有所不同。當「商人」在晚清因「官」的庇護，而壯大成為新興的、力量雄厚的社會階層，便不可避免成為政治「勒逼」的對象，官、商間微妙的互動，是研究盛氏家族歷史發展乃至漸趨敗落，不可忽略的重要考量。盛宣懷年輕時從常州走出，展開往後一生的事業，他走的是一條與其他士子不同的道路，恐怕當時誰也沒料到，出仕之途不順遂造就盛宣懷在實業上的偉績，同時對後世產生長遠影響。

論盛宣懷的發跡，必須追溯其常州武進家鄉，常州可謂文風鼎盛，精英薈萃，歷代能臣、富商、大學問家迭出，晚清所謂「常州學派」更以提倡經世致用思想聞名，網羅了學界、政界許多重要新派人物。[19]盛家在常州當地小有名氣，其因為盛宣懷祖父及父親皆具功名，祖父盛隆是嘉慶一朝舉人，曾任浙江海寧知州，二子盛康，即盛宣懷父親，於道光庚子年（一八四〇年）通過省試中舉，復於四年後（一八四四年）再中進士，官遷至湖北武昌鹽法道，[20]此一職位係掌理兩淮地區鹽務運輸與銷售，財源可觀。盛康任官後不久，即累積鉅資在常州原籍，蓋了一所九進的深宅大院，後再於蘇州買下一處園邸，該園原是慶遠知府劉恕所屬宅邸，原名寒碧莊，一名劉園，後一名字更為當地人所習稱。盛康頗為附庸風雅，據言其效法袁枚買隋氏園，更園名為隨園之舉，蘇州劉園便被依樣畫葫蘆地改為「留園」。留園即後來盛氏子孫念念不忘、津津樂道的「故宅」，盛氏後人無論男女，皆能歷歷數道「留園」中的亭檯樓閣山水，讚其布置精巧，景致奇麗，各種細節在在顯示盛家先人的品味與財力，後世且將劉園列為蘇州四大名園之一，可見其名氣響亮。常州、蘇州兩地是盛宣懷祖父、父親發家之地，合兩代經營下，盛家已晉升為士紳之家，家族穩步邁向富足之餘，也注重培養子孫們走上學而優則仕的正途出身。惟盛家比起專重學問詩書、經史文典的名門大家，他們似乎對「經世」之道興趣更加濃厚，或許因盛康曾參與編注《皇朝經世文續編》之故，[21]促成重實務的傾向點點滴滴日益注入這個家族的子弟教養中，盛宣懷童年亦受浸染。

盛隆共生四子，盛康排行老二，任官最高，其餘兄弟皆任小吏。盛康承父望，生有六子，依序是老大盛宣懷（杏蓀）、老二盛隺懷（蕉蓀）、老三盛廷懷、老四盛寰懷、老五盛星懷（薇蓀）、[22]老六盛善懷（萊蓀）。六個兄弟中，老三、老四早夭，成年者四個，不過，只有盛宣懷最長壽，並且官運亨通，權力在清末十年達到頂峰，加以子孫枝繁葉茂，堪稱盛家實力不可小覷的「嫡長子」。常州、蘇州的盛氏故舊，在盛宣懷後來興辦洋務事業時，成了最忠誠的支持者。而盛宣懷奔波仕途，最終功成名就，不能忽略鄉誼、血緣鋪墊了他的事業基礎，尤其籌辦洋務需募集龐大資本，蘇、常士紳對此多慨然承應，互利互惠。

一八四四年，兩椿大喜之事降臨盛家，第一件是盛康中進士。再者，當年秋天，自成婚以來尚未有子息的盛康，歡喜迎來家中第一個孩子，當男嬰呱呱墮地時，闔家上下喜不自勝。一八四四年誕生的男嬰即盛宣懷，盛家自此三代同堂，其後家族人丁更趨興旺，家業欣欣向榮。不過，清廷此際卻逢內外交困，這使得官務在身的盛康時覺肩頭擔子沉重，尤其是清廷統治日漸走下坡，大小危機叢生且交相逼迫，時局陷入極度混亂。一八五一年，起於廣西的太平軍聲勢浩大，江南各省兵災戰禍綿延，戰亂使社會陷入恐慌，人民實無法安居樂業，盛家也急急想方設法躲避戰火。當太平軍進逼常州時，盛宣懷伴隨祖父離鄉逃難，時局動盪，生活難安，這種輾轉流徙直至一八六四年太平天國被碾平後，才告止歇。這期間的一八六二年，盛宣懷滿十八歲，在父長主持下，娶親成家。一八六八年，盛宣懷祖父盛隆及祖母相繼過世，父親盛康為丁父母憂，辭官回鄉，青年盛宣懷隨侍父親左右，掌理家族中大小事務。中國士紳在外發達後，習於捐資替族人設義莊、建義塾，盛家亦然。盛宣懷打理內外，處置鄰里鄉黨各種往來應酬，措置得宜。此時的盛宣懷與弟弟盛寯懷已於一八六六年通過秀才試，一八六七年因侍奉祖母，未應秋天的舉人考試。一八七三年，盛宣懷首度參加省試，不料竟名落孫山，循正途出身遭受挫折。科考起點不順遂，卻沒有阻滯盛宣懷進入官場的既定道路，他改於正途外另闢新陣地，令人意想不到的即科場失意的打擊，反令盛宣懷得以於更短時間內，在其他方面展現其非凡才能。

一八七〇年，李鴻章這位權勢逐漸上升的地方大員，以湖廣總督身分赴陝西鎮壓回民起義，於此同時，李急於搜羅人才充實帳中幕僚。江蘇籍的楊宗濂與李鴻章是兩代世交，在李鴻章提拔下，楊宗濂討伐太平軍有功，一路由道員升至京官，將赴任新職時，向李鴻章舉薦官場老友盛康兒子盛宣懷。李鴻章原與盛康並不陌生，盛康曾任湖北糧道，為湘軍名將胡林翼籌辦後勤補給，與李鴻章可說是同一陣營的屬員。據聞李鴻章亦評價過盛康，稱其是名能吏，兩人似乎有不錯交情，盛宣懷後來說父親從李鴻章處「學到」不少寶貴經驗，舉其大要如言：「府君之理財用人褒益至當，寬猛交濟，皆承文忠之教也。」[23]接到李鴻章的聘函，盛宣懷幾乎沒半點猶豫就決定赴命，那年他二十七歲，這一加入李鴻章幕僚的選擇，成了盛宣懷個人及盛氏家族聲譽日隆的關鍵。入李鴻章帳下，盛宣懷仍未放棄功名之念，一八七六年再度應舉人試，不第，這一打擊使盛宣懷此後再無意於科考。相對地，在李鴻章手下的幕賓工作，盛宣懷可說得心應手，他在李鴻章總督行營中主理來往公文函牘，兼理大小雜務，因做事精明幹練，又能吃苦耐勞，公事反應尤為靈敏，下筆即成千言書，由此，得到李鴻章的器重，李認為盛宣懷足堪大任。

太平天國亂事平定後，朝廷上下咸認辦洋務為當務之急，惟當時皇權不振，中央權力衰微，洋務籌辦大權遂轉移至各省封疆大吏手中，而其中位高權重，無人可與之相提並論者，當屬直隸總督兼北洋大臣李鴻章，[24]籌辦洋務大計，理所當然亦非李鴻章莫屬。一時間，朝野內外皆明白能與李鴻章攀上關係，就有施展抱負、加官晉爵的可能。「洋務」有其迫切性及開創性，在外人交相侵凌，威脅日盛一日的危局中，富國、利民、強兵迫在眉睫，尤其涉及軍事、國防之內河航行權，聽憑外人處置，外國輪船於中國任一河湖暢行無阻，海防已形同虛設，其他商運利益遭攘奪自不待言，林林總總，危害非淺。時人多有主張中國應自辦航運輪船公司，以挽回幾淪為外人主宰之航權。清廷既明示意欲開辦航運輪船業務，盛宣懷對此難得機會，表現相當積極。據言，他曾向李鴻章毛遂自薦，在上呈給李鴻章的航輪開辦章程中，盛宣懷滿懷激情說到：「伏思火輪船傳入中國以來，天下商民稱便，以是知火輪船為中國必不能廢之物，與其聽中國之利權全讓外人，不如籓籬自固。」[25]雖說盛的處事動機與時下輿論相較，並無更加推陳出新之處，言下卻透露遠大志向與抱負，環顧當世，並未有人在辦洋務上如此勇於出頭並不憚自我推薦之人。

洋務牽涉「現代化」技術、經營及管理，內容複雜、細節繁瑣，科考出身的官員自視甚高，莫不視洋務為末流奇巧，而「儒士集體」本就與現代知識、經驗隔閡，再加上華夏文明唯我獨尊的封閉心態作祟，主辦洋務的首腦，他們工作所遭逢的險阻困難，可想而知。就如學者一針見血指出，晚清現代商業、工業進入中國，追求利潤的目的與儒家士大夫的精神世界根本背道而馳，[26]投身洋務者被輕視鄙夷，不足為奇。盛宣懷於仕途屢屢受挫之際，轉而全力投注於洋務事業，說到底，也還是認定若能把洋務辦得有聲有色，仍有可能依恃其作為晉身之階，此點後來證明是真確的。

一八七二年，中國自辦的輪船招商局掛出招牌，盛宣懷加入此一新輪船公司的經營班底，為提高招商局的競爭能力，上海一批著名買辦，包括唐廷樞、徐潤，也被盛宣懷招聘入局任商董。輪船招商局這家中國自辦的航運公司，起步艱辛，在實力雄厚的太古、怡和及旗昌船運公司環伺下，招商局只能步步為營、見機使力，冀圖有所斬獲。所幸，「官督商辦」具有某些優勢，如承攬江、浙兩省至北京的官方漕運，及依仗朝廷不時撥下大量資金挹注等，使局面暫能維持。惟輪船招商局業務始終未見起色，局面施展不開的情況，直至併購美國旗昌輪船碼頭貨棧後，才得「雲開見月明」。購併旗昌碼頭貨棧，是一個明智卻又充滿冒險的決定，據聞盛宣懷發揮了關鍵性的作用。在招商局諸名商董中，盛宣懷是官方代表，他挾李鴻章的支持以自重，將壯大招商局實力懸為鵠的，由此，盛宣懷以軟硬兼施手段，逼得兩江總督沈葆楨籌措一百萬兩，用以支付買旗昌的第一期債款。[27]儘管盛宣懷初出茅廬，卻精明無比，他看準官督企業有朝廷支持，認定併購旗昌是難逢商機，即使財力有所不足，他也敢於「先下手為強」。後來他解釋說，併購旗昌碼頭貨棧後，憑此定可擴大航運業務，如此獲利勢必提升，所得可用來償還所欠借款，周轉儘可綽綽有餘。盛宣懷的經商才能難以埋沒，他冒險大膽又不失精細盤算，招商局根基漸形穩固。徐潤這位資歷深的買辦，年紀輕輕就已在洋行打滾，於經商之道頗具見識，據言，他曾稱讚盛宣懷：「招商局根本從此鞏固，皆盛杏翁之為功矣。」[28]

盛宣懷這位幕僚出身的李鴻章隨員，廁身於輪船招商局精明買辦、商戶間，縱橫捭闔，謀定後動，隨時間拉長，經驗積累日益豐富，尤對官、商間微妙的合作制衡關係，頗具心得。盛宣懷曾說：「中國官商久不聯絡，在官莫顧商情，在商莫籌國計。夫籌國計必先顧商情。倘不能自立，一蹶不可復振。試辦之初，必先為商人設身處地，知其實有把握，不致廢弛半途，辦通之後，則兵艘商船並造，採商之租，償兵之費，息息相通，生生不已。務使利不外散，兵可自強。」[29]看起來盛宣懷是站在商人立場發言，實際上他手段靈活，有時挾官凌商，有時又恃商脅官，見識與能力漸漸超越同儕。招商局幾位具買辦背景的商董，因經營不善，私心自用，導致弊端叢出，逐一被黜退，招商局可謂元氣大傷。[30]一八八四年，因中法戰爭爆發，李鴻章親信馬建忠執掌招商局，惟恐戰禍危及輪船航運業務，他將招商局輪船賣給旗昌。[31]戰爭結束後，李鴻章屬命盛宣懷將所賣之船贖買收回，於是一八八五年，曾因籌辦煤礦經營，短暫放手招商局業務的盛宣懷，被重新任命為招商局督辦，此後他的地位屹立牢固，無人能取而代之，招商局成為「盛家家天下」。盛宣懷權傾「招商局」，此一格局維持至一九〇二年，因父親盛康過世，盛宣懷回鄉丁父憂，袁世凱趁機削弱盛宣懷的勢力。五年後，一九〇七年，因袁受同僚排擠，招商局再度由盛宣懷掌控，期間，招商局在工商部註冊，此舉實為後來招商局擺脫官方控制的第一步。一九〇九年招商局的管轄權由原北洋大臣轉移到一九〇六年新成立的郵傳部，同時由股東選舉成立董事會，[32]招商局的官辦色彩益形減弱，經營者及股東，是轉型為商辦後的招商局後臺真正的「老闆」。一九〇九年後，招商局逐漸變成盛氏家族龐大資財中的一個重要命脈，盛宣懷是招商局幕前、幕後真正「支配者」，無可動搖。辛亥革命爆發，清廷覆滅，招商局於政治混沌中擺脫官方控制，所有商務及人事任命都由董事會掌控，盛宣懷任董事會長直至去世。一九一六年，盛宣懷故世，他的四子盛恩頤、五子盛重頤、七子盛昇頤曾先後入招商局擔任要職，盛氏子孫承先人遺蔭，控有洋務中誕生的招商局。招商局由官產轉為私產的過程，盛宣懷是主導者，他的思維與判斷，呈現鉅變中的現代企業誕生歷程。事實上，經濟變動無法與政治切割，盛宣懷在招商局中的權力升降，尤具時代特殊意義。總之，研究晚清洋務，不能忽略盛宣懷，探究中國第一首富盛氏家族興衰歷程，不能不注意洋務由官辦變民營的改變。值得注意的是盛氏主掌下，從官督到商辦商本的現代企業轉型過程並非順風順水，招商局因「官產」殘餘性質無法盡除，往後盛氏家族成員還要因這一份「家產」到手的複雜過程，與統治政權持續不斷角力周旋。

繼招商局開辦後，一八八〇年秋天，李鴻章上書朝廷，呈請於天津開設中國電報總局，隔年，天津至上海鋪線工作即行展開，盛宣懷被李鴻章委為總攬電報總局業務的負責人。[33]電報業務一如輪船航運，外人以通訊利便為名屢欲攘奪掌控，俄、英、法、美、德在控有電報海線後，一再提出「接線」，冀望於中國內地架設旱線，若此，中國官報收發將只能仰賴外人所有之線路，一切軍事、國防將毫無機密可言，國家危阽無可彌補。故盛宣懷辦電報，一開始就以「自主」為原則，不僅要利商民，更要重軍情，此中考慮如電報總局章程上所言：「中國興造電線，以通軍報為第一要；便商民次之。」[34]英國及丹麥是晚清時期，最早在中國沿海口岸架設電線的國家，其海線與埠外接通，中國在電報業務上則顯然起步較晚，許多不利情勢已經形成，盛宣懷籌思各種因應對策，除對外力保中國電線架設之權外，對內更積極開設電報學堂，以培養專門技術人才，這種高瞻遠矚的眼光，確是替中國電報工作打下良好的根基。[35]電報、電話在盛宣懷全力以赴加緊架設後，成果斐然，中國自辦電報不僅獲利豐厚，且證明了通信便利帶來種種優勢，朝野日趨承認這個事業關係重大，收歸國營呼聲時時可聞。一九〇二年，袁世凱趁盛宣懷丁父憂，所留下的權力空窗狀態，說服了張之洞把電報局轉變成國有，此轉型拖至一九〇八年，直至盛宣懷被迫帶頭出售股票，其他股東一一效法後，才算完成。與招商局不同的是，電報局自此全然脫離盛氏掌控。[36]

一八九五年，甲午戰敗後簽訂馬關條約，朝野激憤，李鴻章成為眾矢之的，曾經叱咤風雲、權傾一時的一方大員被罷黜、削權。盛宣懷原是李鴻章一手提拔的能吏，可說是李在財政、經濟上的重要臺柱。李鴻章倒臺，盛宣懷卻未失勢，原因是繼李鴻章後掌握實權的張之洞，是盛宣懷的重要靠山。早於一八九〇年，盛宣懷即與湖廣總督張之洞有所聯繫，彼時張之洞主辦的漢陽鐵廠所需煤鐵礦，皆從盛宣懷所控之礦產經營中購得。[37]自一八七五年盛宣懷首途前往湖北勘察礦脈，計畫開採煤鐵進而掌握礦產冶煉技術後，盛氏即對煤、鐵投入巨大心血，同時也漸深諳其中困難及經營訣竅。[38]一八九六年，張之洞將連連虧損且營運毫無起色的漢陽鐵廠，轉交給盛宣懷，改為「官督商辦」模式。一九〇八年，盛宣懷在朝廷批准下，將漢陽鐵廠、大冶鐵礦、萍鄉煤礦合組整併，成立漢冶萍煤鐵廠礦有限公司，這個公司以全新商辦企業名義，在商部註冊，盛宣懷是該民辦公司真正負責人，而其資金則主要來自日本銀行的大筆貸款，[39]官督商辦已無痕跡。漢治萍公司以其作為重工業原料生產基地，始終受中外各方覬覦，這也成了盛宣懷費最多心思要保全之「家族事業」。

接收漢陽鐵廠的一八九六年，盛宣懷反因李鴻章遭貶黜，而得以自由運作其已成熟的事業王國，此時，他控有輪船、電報、紡織等三大重要洋務企業。當年，光緒帝召見盛宣懷，授與「鐵路總公司」督辦職位，並擢升其至「四品京堂」，[40]由此盛宣懷展開他近十年的鐵路建設總指揮生涯，至一九〇五年年底戛然而止。接下鐵路督辦的職位，盛宣懷隨即開展盧漢鐵路的鋪設工作，鐵路興建，觸碰到路權不容外溢，以及借洋債、籌洋股的矛盾。中國商人普遍認為興辦鐵路，資本大、風險高、獲利薄，投資意願不高，而彼時朝廷國庫實已空虛，在無龐大財力支持下，只能求助於洋商，洋商又疑懼中國政府不能提供有效償債擔保，不免裹足觀望。而在「反外」聲浪日漸高漲下，國內保守士子動輒以「出賣利權」為由，抵制借洋債築路的作法，面對內外交攻情況，盛宣懷只能徐圖緩進，見招拆招了。如何能夠完成鐵路鋪建，又要謹守「無損國家利益」這條底線，盛宣懷安內加攘外，本領盡出，折衝尊俎，在無擔保的劣勢條件下，利用洋人互相競逐利益的防備心理，大玩「你去我補」的伎倆，一一談成與美合建粵漢路，與比利時合建盧漢路的協定。處於晚清中國國勢陵夷劣境中，面對強勢且資源豐厚之外人、洋商，要與之周旋談判，所受輕蔑苦況不在話下，加以朝野傾軋，盛宣懷對此深有體會，卻依舊不憚其煩，論盛氏崛起之迅速，決非倖致。

盛宣懷在洋務中鍛鍊出精明的經商手段，他已明白「財源」是各種事業的根本，尤其是國家要籌措龐大建設資本，開辦「銀行」最為可行。盛宣懷在主持興辦鐵路時，即察覺要保障中國路權、地權，必須注意資本必出自「華資」最為穩妥，此一思慮下，他便認定募集錢款最要之圖便是籌設銀行，以故，盛宣懷即奏請朝廷，儘速准允開辦中國人自有的銀行，以利國計。[41] 一八九七年，名為「中國通商銀行」的官商合辦銀行於上海掛出招牌，在盛宣懷奔走聯絡下，該行開辦資金主要有戶部出款及商股兩部分組成。儘管通商銀行在不到一年時間內，即在各重要商埠設立分行，惟盛宣懷試圖使通商銀行變為清廷「中央銀行」的企圖，卻未完全實現。後通商銀行的官商合辦色彩日益淡化，轉而走向商辦股份制，盛宣懷對此變革顯得興趣缺缺。民國以後，盛氏家族成員更形淡出銀行經營，最後當然也就漸行漸遠了。

一八九六年始，盛宣懷受到當朝重視，官位不斷遞升。一九〇〇年，盛宣懷因倡議東南互保，[42] 使華南免受戰禍牽連，於一九〇一年加封太子少保銜，此是後人以盛宮保稱盛宣懷之由來。一九〇二至一九〇六年期間，正逢袁世凱勢力上升，盛宣懷則因丁父憂及被袁刻意打壓，仕途受挫。此種情況，於一九〇七年十二月出現翻轉，彼時朝廷反袁派合力反撲，盛宣懷再度被召回京城，接任郵傳部右侍郎新職，一九一一年一月，再升任為郵傳部尚書，[43] 郵傳部的主要工作是主持全國鐵路路政。因鐵路利潤驚人，路線所到之處牽涉各省主管權，比較重要的是京漢鐵路，該線自通車後，南方各省紳商便力爭中央下放鐵路興建權，路權之爭愈演愈烈，地方、中央就鐵路財政利益應如何切割劃分，始終未有定論，風潮遂有如燎原，難以遏止。清廷中央強力主張因各省築路成效不彰，導致工程延宕且品質不良，路權絕不能下放，否則將使「擁路自重」現象愈益惡化，交通上利削弊漲。清廷以長遠國計民生考量為由，一九一一年五月，鐵路國有政策在盛宣懷奏准下正式推出。鐵路國有可說是一枚重磅炸彈，引發了各省地方士紳的激烈反對聲浪，而盛宣懷是鐵路國有政策的總執行者，他早因借貸龐大外債被認為與外人掛勾，故而輿論洶洶群起指向盛宣懷，說他假公濟私，出賣國權，抗議聲勢有如是排山倒海。事實上，鐵路國有問題棘手又複雜，地方紳商站在利益受損立場，振振有詞地唾罵主政大員，刺激了百姓的反外情緒，路政問題所涉及的福國利民考量自然變得模糊不清，若要再論鐵路國有所發揮的長遠影響，如國防、路政效率必須提升等面向，更是無人理睬了。

鐵路國有堪稱一石激起千層浪，各地頻傳在紳商帶頭下，民眾集體抗議而起的衝突事件。最終，鐵路國有使原已蓄積良久的反清革命，添加新的政治刺激，而日薄西山的滿清帝制王朝，也就在聲勢浩大保路運動中覆滅。鐵路國有所激起的民變，以川、鄂兩省規模最大，情勢最危急，果然，湖北辛亥革命的平地一聲雷，各省便揭起義旗，紛紛響應。在大勢已無可挽回之際，一度，盛宣懷寄希望於袁世凱，還期待袁能維繫大清王朝一線生機。袁、盛關係糾葛難解，兩人曾同事李鴻章，一個掌理軍事，一個掌理財政，可說是舊識。一九〇二至一九〇六年，袁世凱權傾一時，極力打壓盛宣懷；一九〇七年，盛宣懷被朝廷宣召回京，蓄勢待發，果然至一九〇八年後，就權力陡升，一九一一年，盛地位攀至鼎峰，而這段時期的袁世凱則是隱伏觀望。清廷為鎮壓南方革命軍，力促袁世凱再度出山，十月二十五日，袁在討價還價後，認時機已見成熟，決意復出政壇，朝局自此掌握在袁氏手裡。袁得勢，而盛宣懷因執行鐵路國有導致民變激盪，成為保清派欲殺之而後快的罪大惡極之人。辛亥革命爆發，盛宣懷便像一隻喪家之犬，在風雲激變中，俯首接受官場變幻莫測、政治無情的逼困。

為了保命，盛宣懷不得不避往日本。革命後局面紛亂，南方革命黨人並未打算進攻北京直搗犁庭，南北遂各擁地盤，此種割裂情況製造了袁世凱撈取政治資本的良機。民國初立，袁、盛兩人各有各的打算，袁於一九一二年三月坐上民國大總統位，他不改初衷，始終不忘趁機勒逼盛宣懷的財富，表面上，對盛卻極盡拉攏。反觀盛宣懷似乎無法在民國成立後，脫胎換骨成為新時代的企業家。究其實，晚清到共和，政制劇變，當權者也換了一批，官、商的關係在承襲帝制時期的特徵下，也增添一些更形複雜的鬥爭形式，尤其在中央統治式微後，「官」的組成流品更形混雜，加上「軍」的崛起，逼「商」力量擴展到握有權力的政府各層級。盛宣懷累積長期的「官鬥」經驗，老於世道，老於政爭，而他的財富資產不乏因清廷特許而來，在振興國家的雄圖大略下，「官」握有特許權、壟斷權，又提供大批資金，因之，商絕不敢得罪官，反之，官對商動不動就強徵、勒捐，甚至干涉人事，又或培植親信在其中上下其手，官與商的共生共腐，共存共亡，所有內情，盛宣懷這位「帝制實業家」可說了然於胸。[44]而如何與有權者分享利益，爭取維護自身資產與事業的最大利益，似乎從未難倒盛宣懷，不過，他沒料到的是民國政府標榜「民主」，卻比專制皇朝更難對付，尤其政黨挾人民群眾的力量作後盾，其打倒既得利益者的力道，幾無人能擋。

三、身前多少事、留與後人說：辛亥革命聲中的盛家

盛宣懷生前活躍於官場、商界，時人評價其手段靈活，交往廣泛，貼切的說法就是「可聯南北、可聯中外、可聯官商」。[45]又盛宣懷的活躍有無影響家族成員，特別是女性，此點值得深究。盛氏家族投入商工業前，可說是典型傳統士紳之家，婦女在這樣的家族中，只能隱身於男性功業之下，藏在外界無法知悉的「幕後」，盛氏發跡過程中，盛宣懷母親的生平無從考察，即是明證。不過，士紳之家處於清末民初世紀之交時，亦漸動搖其「內言不出」的規範，在西風東漸，國人視野漸開的新刺激中，盛氏女眷一如其他同時代的名媛閨秀，漸漸習於「拋頭露面」，她們不再沒沒無聞，知名度比起前代女性，不可同日而言。

盛宣懷一生娶有妻妾共七名，元配名為董舜畹，一八六二年嫁入盛家，董氏出身常州名門，娘家與盛家毗鄰而居，她知書達禮，嫁與盛宣懷後守分持家。[46]盛宣懷娶妻時，尚未「名就」，故而全心全意寄望科考，卻只止於秀才試而無法再進一階，隨後，便離家奔赴遙遠西北，展開漫長「事業」經營歷程。此後，盛宣懷極少回常州故里，從一八七〇到一八八一年，他成為輪船招商局的經營班底，這時期大都在江蘇及湖北等省奔波，這點可以從盛氏房產後來進行清查時，兩省房地數目高居各處之冠來證明。[47]因丈夫經年累月不在身邊，而盛宣懷的父親、祖父又都健在，於是老宅大小家務，便由董氏肩挑打理。董氏留下的資料不多，現今只知道她與盛宣懷育有三子三女，三子是老大昌頤（字夔臣）、老二和頤（字藹臣）和老三同頤（字艾臣），[48]至於三個女兒，家譜沒有記

載，名字不詳，此又說明原配董氏不出風頭，以致女兒竟查無各自名字。據盛家後代追憶，董氏顯是位名副其實的賢婦，她上奉尊長，下撫子女，性情溫和又進退得宜，故而博得家小稱譽。盛宣懷事業日有起色，他辦理洋務聲勢漸盛，這位留在家鄉的元配，卻沒有隨侍夫婿之側，夫妻顯聚少離多，而安分守己又嫻靜溫良的董氏，竟天不假年，年紀輕輕便因病過世。[49]

從盛宣懷投入洋務興辦的經歷來看，他確是南北往來，無時或已，而為了照料生活起居，元配董氏還在世時，盛宣懷已納一年輕婦人為妾，這個妾名字是刁玉蓉，[50]刁氏是安徽合肥人，資料顯示其似乎是位煙花女子。在董夫人過世後，有將近十多年時間，刁氏是盛宣懷事業大展鴻圖的得力助手，她識大體，自奉頗嚴，對於濟難扶貧，賑災恤弱，卻不惜涓滴，傾囊而出，這點被熟識者認為堪作女性表率。[51]又刁氏處事圓融，故而家族評價其為「上下讚佩」，既能應付外界，又能處理內務，這位能幹的刁夫人卻未被盛宣懷扶成正室，原因是否有如盛氏親族彼此交相傳聞所言，即因刁氏出身青樓，故難獲垂青。後世談論盛家軼事，且言之鑿鑿說因刁氏掙不到正室名分，在委屈絕望下鬱鬱以終，人死了，盛宣懷深悔悲悼，曾說佳人難再得。[52]刁氏所育只有一女，此女取名為盛樨蕙，人稱盛四小姐，盛四的名字不同於其他同父異母姊妹們所有名字皆嵌入「頤」字，別出一格，此點更令人對其名字與母親遭遇的關係，變造出更多「合理」的聯想。

刁氏死後兩年，即一八九一年，盛宣懷續娶常州莊氏家族女兒莊德華為妻，並納側室柳氏與劉氏。盛宣懷第三位繼室莊夫人，出身常州莊氏家族，是功名與書香兼具的名門世家，明、清兩朝，莊家依憑科考入仕並晉身高階者，難以計數，除此之外，莊氏家族更開創經世學派，對自強維新風氣起了推波助瀾之效，從功名跨到學術，常州莊氏家族名聲遠播。既出身「經世」學派重鎮，莊德華夫人本領修為便非同小可，她精明強幹，敢為敢當，展現有別於過去盛氏家族女性所缺乏的果決。在傳統婚制的規範下，男可多妻，女卻要守貞，丈夫盛宣懷和所有士紳一樣，不免風流自賞，導致家庭中正妻、側室間頗不相容。盛宣懷對莊夫人「曉以大義」，要其多所寬宥。[53]莊氏採取眼不見為淨的態度因應，至少是做到息事寧人。莊夫人為盛宣懷生育三名子女，按次分別是恩頤（字澤丞）[54]、泰頤與女兒愛頤。泰頤早夭，恩頤是後來上海灘富室鉅賈名人中的名人，由於其出手闊綽，排場傲人，滬上幾乎無人不曉「盛老四」之名，妹妹愛頤人稱「盛七小姐」，是民國上海名媛最受矚目者之一，雖不能與哥哥的盛名相比，但在媒體追捧下，亦頗知名。

盛宣懷另有三妾，除劉夫人、柳夫人外，最後一位進門的是蕭夫人，她本是莊夫人陪嫁過來的使婢，被盛宣懷看中，由婢進為妾。三妾所生子女分別是：劉夫人生五公子重頤（字泮臣）[55]、五小姐關頤；柳夫人生六小姐靜頤、七公子昇頤（字蘋臣）；蕭夫人生八小姐方頤。民國初年，盛宣懷家族直系後裔已是枝繁葉茂，一八六三年出生的長子昌頤，[56]早早便娶妻又納妾，生有二子四女。而盛氏家族未正式分家前，幾乎老老少少數十口全都集居一處，計其家戶人口包括盛宣懷夫婦、側室，第二代的兒子、女兒，再加上媳婦及第三代，構成一支龐大的盛家家族隊伍，人口多又財大氣粗，據言光是替盛家打理大小雜務及各房所僱傭役，加起來就有二百七十七人之多。[57]

莊氏嫁入盛家時，盛宣懷已然是權傾一方，財富過人的洋務大亨，故而華邸高第，錦衣玉食，傭僕成群，長相伴隨著莊氏一生。盛宣懷於新式工業、企業中賺得鉅額財富，這些錢多數投資於買房產，而看準租界內的房產收益可期，於是一筆又一筆的房產陸續被盛宣懷買下，[58]其中位於靜安寺路一所占地廣袤的花園洋房，被盛宣懷相中選作盛宅。這座滬上人人耳熟能詳的盛宅，豪華氣派，門前公子、千金出入，隨侍僕從跟前跟後，排場自是不凡，「盛公館」堪稱滬上一景，日間總是車馬擾攘，送往迎來，榮景無匹。中國家族的親緣觀念，賦予家長無上權威，有權有勢之家，尤其顯著。盛宣懷在世時，事無鉅細，物無大小，他和莊夫人兩人作主，家族中的個人儘管前途發展不盡相同，但頗具向心力。強勢家長有助家族凝聚，若家長離世，家族崩解便也是指顧間的事。一九一六年盛宣懷去世，盛家第二代、第三代再無人能持盈保泰，並於官場、商場上如盛宣懷般縱橫捭闔，一代名門望族一步步走向衰頹，似可推知。

辛亥清廷統治日薄崦滋之時，朝野歸咎盛宣懷，認定其為「誤國首惡」，不僅將其革職永不錄用，還下令緝查，盛宣懷如喪家犬般，連夜潛赴天津，轉青島、大連，後祕密逃往日本。[59]值此「改朝易代」之時，法律未明，惟軍權是尚，政、軍實力人物，要錢要產毫無顧忌，明目張膽，盛家處境可說是「四面楚歌」，盛宣懷被北方一息尚存的清廷通令嚴責究辦，南方臨時政府也跳出來指控盛宣懷，罪名是「禍國殃民，作惡至極」，強調其「剝民肥己」的惡跡斑斑可數，南北政體不同，卻對盛氏同聲一氣大加撻伐，盛氏難以擺脫「奸慝」罵名。隨著南方光復省分增多，南京臨時政府宣告成立，民國走向共和，盛宣懷的罪名更加牢固，他是革命黨人眼中的「帝制餘孽」，與共和站在對立面，為「全國人民所共憤」，不容輕縱。罪人既逃亡在外，對其家產則毋需客氣，應予全部查封。推翻帝制後，時局紛亂已至糜爛程度，各地握有軍權者，莫不苦於軍餉無著，經費拮据，因之抬出獻捐、助餉名義，勒逼地方財主的事件便層出不窮，而該種勒逼，又添上「共和」清算「帝制」意味的政治壓迫，故而財主人人自危。盛氏坐擁巨額家產，自然亦成為南京臨時政府乃至江蘇省省府磨刀霍霍的重點對象。

一九一一年十二月，盛宣懷抵達日本，「當家」者既畏罪潛逃，盛家處境更加岌岌可危。根據報載，新政府「強取豪奪」手段盡出，「革黨」厲行「革產」，打著「順天應人」旗幟，盛氏家產如刀俎魚肉，憑人敲詐抽徵，此種威脅自一九一一年十一月月初江蘇省宣告光復時即日漸升高。如報上刊載的消息提到：「本月（一九一二年一月十四日）係招商局開股東會，到場者均為革黨，其宗旨要在招商局借銀一千萬兩，其次將公（盛宣懷）所有股票悉收充公，計算兵費，每月需洋一千餘萬元，而所捐之餉，不及十分之一，是以到處用強硬手段，搜刮各富戶財產。」[60] 上至「南京中央」下至政界、軍界、商界，各方對盛氏龐大家產意欲「染指」者頗多，各式各樣的圖謀紛紛出籠，盛宣懷嫡長孫盛毓常竟被誘騙，其一離開租界管轄區域後，便遭綁架勒取贖金。[61] 盛氏位於江蘇省境內的房產、地產、典當、商號，這些「不動產」極易掌握，江蘇省府宣布盛氏名下所屬產業盡皆查抄。[62] 其中典當業，自盛宣懷父親盛康起，兩代累積，營業分號遍布蘇州、常州、無錫、江陰、常熟、嘉定、揚州、南京、杭州各地，又典當業實具有「金融流通」功能，大筆資金存支，利潤可觀。各地盛氏典當業遭查封後，不僅營業陷於停頓，資金也遭吞沒，損失慘重。盛氏其後在典當經營上，再難恢復以往的榮景。江蘇省都督亦查封蘇州盛氏產業，留園也包括在內，而原居於該處的盛康遺妾許氏，以及盛宣懷弟弟盛善懷及其妻張鍾秀，被告知要表態「助餉」，也就是必要捐獻一定數目的銀錢才能贖回家產，否則財產就充公。[63]「革命」改朝換代，對盛氏而言，形如滅頂巨災，盛宣懷更像是隻「落水之狗」，在日本的盛宣懷鞭長莫及的苦心焦慮可想而知，不過，他亦有不能低估的能耐，以見縫插針方式，為復產拚盡全力。

數十年的闖蕩，盛宣懷的人脈、權脈、金脈，深植厚被，其社會網絡擴展的範圍，令人咋舌，連革命黨領袖孫中山和盛宣懷都有交情，[64]論交際之廣，彼時恐無人出其右。[65]再者，南京民國政府立足實未穩固，北方袁世凱趁機攘權，此種南北爭持不下的態勢，使盛宣懷在政治操作上猶有可「鑽隙」的機會，所有不利處境也因此預伏了退路。帝制晚期以來，盛宣懷在洋人圈中就頗負聲名，而洋人不論東洋、西洋，在中國政治漩渦中，總有「一席之地」。風聲鶴唳時，洋人保護中國友人，已成慣例。南京臨時政府為攫取更多錢款，意欲使漢冶萍公司改為中日合辦，令日本銀行出貸鉅額資金，此議，令盛宣懷視作護產的可乘之機，盛氏與日本商人、商界的交誼，使其得以在南京、日本間依違兩端，從中操縱，儘管最終保產仍未達目的，但盛氏與外人的關係匪淺，此點不容小覷。為保盛公館不受騷擾，盛宣懷授意莊夫人，將盛宅豪邸中的一所附花園的房子讓給日本友人住，此外，再邀請幾位洋人免費住進盛氏上海其他房宅中，倚賴「洋人」護產，盛宣懷「挾洋制華」可謂精明，他一生於清末洋務事業中打滾，見識中國人從蔑洋、輕洋到崇洋、媚洋，對洋人在中國所具有的既是「侵略者」，又是文明上國的「使者」的矛盾形象，知之甚深，縱然引洋人自保，不免招致「卑屈就外」的罵名，[66]惟實質上對嚇退攘奪者確有絕大效果。

盛氏家族是百足之蟲，根基雄厚，與革命黨人周旋，一招未見效，一招就再起。從晚清以來一個又一個的實業擴展歷練中，盛宣懷曲意籠絡買辦，打入商人集團，並儼然形成唯盛宣懷之命是從的「商幫」，另外，一批死忠「親信」也附隨盛宣懷左右，他們打理盛氏龐大複雜的家產、企業及所有商號，論出身，有些在洋務企業打滾過，有些則屬盛氏「老管家」，[67]這些人實為盛宣懷分身，他們各司其職，盡忠職守，能幹又忠誠，盛宣懷流亡日本時，「親信」們依恃他們對盛氏產業來龍去脈瞭若指掌的本事，復加上長久累積的豐厚辦事經驗，論張羅社會關係，到處討要人情，「親信」們分工合作，齊心奔走，蒐集到許多訊息，[68]以此提供給盛宣懷做為判斷依據，護產若要論功行賞，親信們絕難被忽略。盛氏家族非一介官紳之家，三代經營，財富傲人，縱令政治波譎雲詭，盛氏依舊胸有成竹。

臨時政府成立約二個月後，盛宣懷曾在情勢極不利情況下，嘗試「討價還價」，他倚仗自清末以來「一手撈錢，一手慈善」的公眾形象，以及由此累積的聲望，挾鉅額賑款拋磚引玉，以此號召社會捐助而博取當政者的「優容」，窮政府面對此一「誘惑」，實難拒絕。「以賑換產」的策略於一九一二年春天後，因蘇、皖水災肆虐，被災慘重，當政者恐釀社會動盪之憂的籌謀下，深具吸引力。盛氏挾龐大的家產實力與政府進行「利益交換」，說明「財富」於清末民初成為定義「名門」的新指標，它比起官位、紳權，一夕間煙消雲散，無力回天的際遇，不可同日而語。不論政權輪替到誰手上，明的捐賑，暗的私酬，都不失為是一條到處走得通的道路。一九一二年三月，袁世凱在北京繼孫中山就任臨時大總統，政治風向球似乎轉為有利盛家一方了。盛宣懷順水推舟，把原本賑款疏通的對象由南方移轉至北方政要。事實上，袁政權確是對舊派人物較友善，各地紛傳原先被沒收的晚清大員財產，陸續歸還，如李鴻章蕪湖產業回歸李家，浙江都督啟封原被沒收的杭州胡慶餘藥鋪。[69]政治氣候改變，對盛宣懷贖回家產確是良機，惟盛氏「家大業大」目標顯著，索回家產似較曲折，這時盛宣懷的親家孫寶琦大大發揮了肱股作用，孫代替盛向袁世凱求情，憑著袁與孫兩重姻親的關係，彼此交誼自是非比尋常，北京方面最終首肯返還盛氏家產，惟江蘇都督於執行時遲滯拖延，盛氏對此心領神會，他答應捐助二十萬元之後，都督承允「放領」。一九一二年年底，被沒收的盛家家產終於重回盛氏手上，期間，盛宣懷付出數額龐大的「捐款」，但這與被查封的所有店業，乃至商鋪長期停止營運所損失的利潤，以及各處盛家名下的房產、地產加起來的總值相比，捐輸之款可謂是分寸之末。爭回家產的盛宣懷，心情雖說安慰，卻不免因殫精竭慮而精疲力窮，此時的盛宣懷距他去世之期僅隔一年多，爭回的龐大家產，他只有簡單的處置指示，並未留有詳細遺囑，或者他亦明白，如此偌大家業，實難避免「糾纏紛擾」，無論這紛擾是來自外部，或是起於家庭內部。

在盛宣懷為護產殫精竭慮，調兵遣將時，盛氏上海老公館的當家「女主」亦展現非凡超卓的應變能力，這位盛宣懷繼室莊德華夫人並非軟弱可欺之女流，她運籌帷幄，危機中見其「經世家學」修為，不同凡響。當蘇州盛家各處產業被查封時，留園亦難逃遭革命軍「圍困勒索」的噩運，種種危機紛至沓來，各處求援聲浪一股腦全湧入上海盛家「老公館」。丈夫遠逃日本，莊夫人坐鎮上海，只得擔起「護產」及疏通各處討救兵的任務。蘇州那邊屢屢要索鉅額錢財以解「圍」，莊夫人認為對方條件苛刻，並且給錢後也不保證不會再生「後患」，故嚴詞拒絕撥濟錢款。「生死攸關」的緊張狀況。逼得蘇州親屬不甘坐以待斃，時時派人來擾，簡直是踏穿戶庭。情急之下，莊夫人選擇離家出走、遷居外頭，[70]問題是盛家人個個都是風頭人物，如何能真正藏頭匿尾？更何況，前有嫡長孫被綁票的教訓，莊夫人沒多久又「躲」回自己豪宅，深居簡出。殊料一波未平，一波又起，上海軍事實力人物陳其美也開了口，要求盛家認捐軍餉二十萬，盛家公館前，除家丁、傭僕、千金、公子外，多了許多閒雜人等來來去去且虎視眈眈。莊夫人只能鎮日鎖藏於高門宅第中，避不見客。[71]時代巨變，似乎往往給予女人嶄露頭角的機會，革命不只是政治制度改弦更張，相應的，連社會風氣也連帶耳目一新。民國開啟女性從政、辦教育、編刊物、入學校的新氣象，婦女們的身影面目日見於報刊與公共空間。盛家女眷們，儘管出身尊貴，畢竟是處於標新立異是尚的上海，經商世家又見多識廣，她們不是噤聲不語或柔弱可欺的一群，相反地，盛家女人遇事果斷，據「理」力爭，頗有女中豪傑氣概，令人刮目。盛康遺妾許氏，因蘇州留園被革命軍占領，勒逼捐餉，她為護衛家產，使出渾身解數與來者百般周旋。走投無路後，她親自走訪上海，和莊夫人你來我往、軟求硬磨討錢。兩代盛家女人為錢鬧得極不愉快，許氏要不到分文，一狀告到盛宣懷那裡，指責莊夫人目無尊長。「盛夫人」們也有談生意稱斤論兩的本領，也懂軟硬兼施的道理，這點可以從許氏寫給盛宣懷的信中，所流露出的對錢財計算精明準確無誤的本事，一窺究竟，至於銅臭習氣，商門婦女也一點不輸給男性。許氏的信說到：「被封各店已盤抵關，幾處當鋪均止當矣。一生心血悉數傾盡，尚負累數十萬，予實不能理處。索我未亡人，孤苦伶仃，囊空如洗，負累至數十萬，破產至十數處，依然不能相抵，傷哉！予也何辜，遭此牽累，惟懇拔九牛之一毛，救我涸轍。」[72]又哭又求，不達目的誓不甘休，無奈碰見更加精明且冷靜的莊夫人，所求一再碰壁。

由財而權與由權而財，是一體兩面，相加相乘。盛氏的赫赫勢力，不能摒除與其長久建構的「同人誼屬親友圈」網絡有關。這個圈子名號響噹噹者，比比皆是，尤其是藉由兒女婚姻成為「親家」的，因關係更近一層，臨難時伸出援手，屢屢能於關鍵時刻發揮作用。盛氏家族瓜瓞綿綿，除了本支外，「男娶女嫁」伸展出去的姻親，實力不容小覷。盛宣懷元配董夫人長年居於盛氏常州祖宅，她生育的三兒三女，多與江浙富紳結親。[73]其後，包括莊夫人及其他各偏房所生子女，幾乎全在上海誕育成長，盛氏公子、千金無論是嫡出或庶出，個個皆龍鳳之軀，身價不凡，婚配對象自然亦不馬虎。前清時期，官家、名門、遺老是盛家結親的主要選擇。後盛宣懷久歷商界，商人富戶尤為盛家兒女親家的大宗。盛老四盛恩頤娶晚清名臣孫寶琦長女孫用慧為妻，這門親事效益無窮。一來，孫家係京官世家，孫寶琦與袁世凱更屬雙重姻親；[74]二者，盛宣懷所看中的孫家大千金孫用慧，曾隨父親出使英、法等國，識見不凡，且能說一口流利英語，據說慈禧太后曾召孫用慧及其三妹進宮任口譯。這位清末民初開婦女踏出國門，吸收新知風氣之先者，年齡比盛恩頤大兩歲，既已習染先進文明，孫用慧對這門由父執輩一手促成的婚姻，究竟是否能夠毫無異議順從，頗值深究，一些研究透露這位「新女性」似乎真的不甘任人擺布，惟最後仍接受安排，此間細節，目前資料仍難窺其全豹。[75]

盛宣懷的龐大家產，果真是貽禍無窮。他身前未分配家產，死後，子孫們集議分產，無奈如何分都難「公平」，從此之後，家人互控官司一樁接一樁，上海報紙揶揄他們是「官司大戶」。

清末已見商人地位日益高漲，至民國後，城市化程度使商人經商致富博得有利民生並帶動國家工業化的美名，更加提升商人的地位。商業鉅子車馬衣裘，還可左右政局，其為社會上層階級的印象已深入人心。盛家崛起於重商觀念漸流行的時代，因此兒女婚配對象，便由看重紳官轉向倚重商門，當然活動地域亦有決定性的作用。上海盛家的公子、千金，娶、嫁對象幾乎盡皆出身「江南」。盛宣懷側室劉夫人所生之盛老五盛重頤，娶的是蘇州豪紳彭家的小姐，[76] 柳夫人所生盛老七盛昇頤，娶的是清末外交界著名人物呂海寰的女兒。[77] 至於盛家千金，刁夫人親生女兒盛樨蕙，嫁的是晚清上海道道臺邵友濂二公子邵恒；[78] 劉夫人所生的五小姐盛關頤，嫁的是臺灣板橋林家的林薇閣公子，[79] 柳夫人所生之六小姐盛靜頤，嫁的是南潯富戶劉錦藻的公子劉儼庭。[80] 七小姐盛愛頤、八小姐盛方頤年紀稍幼，兩人後來皆是「自由戀愛」，不過擇嫁的男方，也不屬「平常人家」。盛愛頤嫁自己母親莊夫人的內侄莊鑄九，莊家至民國依舊被看作是學術名門，至於八小姐盛方頤，則嫁江西鹽商周扶九外孫彭震鳴公子。

從盛宣懷往上溯到其祖父，共三代厚積，造就盛氏顯赫地位以及萬貫家財。盛宣懷於一九一六年過世，彼時兒子、女兒俱已成年，盛氏後輩自小養尊處優，既乏創業能耐，更談不上守成惕勵。關於盛家公子、千金種種公開、私下的行徑，因民國「公眾媒體」發達，又喜追逐名人，各種報導莫不喜於捕捉「奇聞」以刺激讀者購閱，盛家的知名度，使其成為媒體寵兒，上海居民對盛氏家族成員自不陌生，這樣一來，便形成傳聞與真實混雜的狀況，盛氏子孫們呈現於公眾眼中的形象，多是紙醉金迷、揮霍無度的豪門行徑。如盛老四盛恩頤，風流倜儻，一擲千金，他原任漢冶萍公司總經理。漢冶萍自清末民初以來，做為中國重工業生產基地，地位重要，導致公權、私權交相介入，各方你爭我奪，盛恩頤似乎不甚措意主持該廠應掌握的輕重緩急，故也不再像父親盛宣懷於民國初年，想方設法使盡各種手段，力求保住盛家對漢冶萍公司的控制權。當然，時代變了，盛恩頤能做的確實也較「有限」。處新舊時代交接，盛氏後代亦不免於傳統與文明交融混雜所提供的各自不同選擇，商戶家族殘留有「封建舊習」，又注入「文明新息」。舉例來說，長子昌頤有功名及官銜，四子恩頤則入新式學校受教育，一九一三年且偕妻子孫用慧出洋留學。[81]盛宣懷嫡長孫盛毓常，為盛昌頤之子，作風更是舊有士子風流與洋場浪子下流兼具，分家時繼承早逝父親名下數額龐大的一筆遺產，鎮日不事生產，專意於拈花惹草，四處獵豔，風流還在其四叔之上，一九三〇年代，盛毓常被女人提告遺棄官司一樁接一樁，令人咋舌。[82]盛宣懷本支男系挾著龐大財富，故而諸多韻事始終未歇，相較之下，女系就顯得守成有道，敬慎保身。盛宣懷過世後，莊德華夫人成為名義上盛氏當家「女主」，盛恩頤係莊夫人親生，盛老四在盛家的地位自非其他兒子可比。無奈，這位貴公子生性不定，似對自己身為盛家最重要的血脈無甚理解，也不想承擔任何職責，待其親生母親莊德華夫人於一九二七年撒手人寰後，盛氏家族就任其四分五裂了。

四、名媛爭產：七小姐盛愛頤的未嫁女子分產官司

一九一六年，盛宣懷過世，留下數額可觀的「遺產」，由於他生前對財產如何分配並未有詳細的安排，只大概指出遺產的一半將撥作「善舉、祭掃、義莊」等公用，[83]此模糊的「指令」，埋下日後兒女為遺產反目的禍端。盛氏當家家長既已離世，分產勢難拖延，分產前最重要的一步是調查統計盛宣懷所有財產總值。盛過世第二年，盛氏家族組成親友會議，成員有盛宣懷遺孀莊德華女士、盛氏世交李鴻章嗣長子李經芳、故舊楊士琦、親信傅筱庵、弟弟盛善懷、莊德華夫人弟弟莊亮華等共二十多人。[84]親友會議當即議決，盛氏所有遺產按五五比，拆成兩大半，一半歸男系五房子孫均分，一半歸盛宣懷遺囑指示成立的「愚齋義莊」名下。[85]親友會議另一重要決定是成立「清理處」，由其總攬對盛宣懷全部資產進行清理、估價與造冊。盛宣懷財產的清理工作，至一九二〇年一月大致完成，晚清第一富商的資產總值終於得以公諸於世。按當時估價，盛氏遺產計一千三百五十萬兩上下，[86]這個「總數目」之得出，係經過複雜統計，因為盛宣懷的財產包羅萬象，既有「傳統資產」（房產、地產），也有「新式資產」（股票、債券、證券等），[87]而「市值」如何換算，標準如何訂定，都非易事，因此「粗估」也就難以避免。總財產數字公布後，親友會議決議在分產前，先撥出幾筆重要預留費，一是盛宣懷遺孀莊夫人的頤養費以及蕭姨太太的贍養費；二是未出閣的盛七小姐（盛愛頤）、盛八小姐（盛方頤）應預備的粧奩費，各六萬兩；三是盛宣懷葬禮花費二十萬兩。扣去上列各項後，可分配的遺產共一千一百六十萬六千零一十四兩。[88]

盛氏遺產析分，因資產性質十分多樣，以致過程耗時費日，要言之，進行資產「切割」，等於是實施現代意義的「產業體質評估」，其中愚齋義莊所分之半較無疑義，其餘資產五房要取得「平均」之數，同時必須考慮未來收益不致相差太遠，結果便只好東挪西補，最後為公平起見，是待五份劃定後，各房拈鬮分別擇受一份，所得分別約一百一十六萬兩。此次分產，盛宣懷女兒無論已嫁、未嫁，皆被剔除於分產之列。

盛宣懷曾指示，死後家產要做到「動利不動本」，[89] 此原則為愚齋義莊董事會所嚴格遵行。愚齋義莊所分得的錢款，按四、六成分劃為兩股，其中四成所生利息用作慈善事業，六成所生利息作為盛宣懷本支子孫男女讀書、婚嫁、救濟貧困、祭祀、掃墓、修理宗祠、購買田產以及義莊用。[90] 盛氏分產第一階段儘管有些困難，畢竟還稱得上「風平浪靜」，期間，北洋政府曾試圖在盛宣懷死後，趁機插手盛家產業，結果是盛家親族、故舊聯手使其鎩羽而歸，所有圖謀皆不了了之，盛家履險如夷。而盛氏親族的團結，與化險為夷的短暫平靜，在時代劇變中，顯得極其脆弱。一九一六至一九二六年家族所面臨的挑戰相對較小，但其後由南方發動的「國民革命」，其所席捲的範圍及所伴隨而來政治、社會變化，把盛家的根基沖刷得支離破碎。

當國民革命軍一路勢如破竹，以雷霆萬鈞之勢進抵長江流域時，盛家的風暴就此揭開。搭配革命氣勢如虹的軍事推進，新政權打造新社會的藍圖亦呈現於人們的視野中，「保障女權」這個頗能展現新政權破除封建帝制腐敗舊習的主張，頓時成為國民革命所到之處「傳播的福音」。一九二四年，國民黨在廣州召開第一次全國代表大會，宣布對內政策第十二條，明定法律、經濟、教育、社會確認男女平等，一九二六年的第二次全國代表大會，更列入女子有財產繼承權的法律原則。在該法律原則指導下，國府司法委員會通令全國在新法未制定前，關於婦女爭產訴訟，須秉持女子除已出嫁外，應與男子享有同等財產承繼權原則審理。[91] 按理說，盛宣懷分產已於一九二〇年完成，本不會觸及法律爭議，殊不知國民政府抵定江、浙後，地方建設、軍隊糧餉皆需大筆經費挹注。一九二七年四月，南京國民政府成立，國府、省府都有「庫偕如洗，擴濟無從」的窘境，新政權到處找財源，腦筋時時動到盛家頭上。「愚齋義莊」因具有法人性質，其所有錢款又多從事「慈善」，「慈善」一旦被導向為「捐輸於公」，那麼遭勒逼就難以推諉。而以革命作號召的國府，順勢將「反革命」者的資產，一律以「逆產」稱之，動不動就沒收、充公以及侵吞，盛宣懷是否是「貪官污吏」，尚不能辨明，但只要反革命罪名被有心人利用，財產隨時可能化為烏有。處此風聲鶴唳之時，盛家子孫決先行析分愚齋義莊留與盛家家族使用的六成，以免全部資產皆遭吞沒。

外在政治力步步進逼，盛家內憂亦隨之而至。一九二七年九月，盛宣懷遺孀莊德華夫人過世，這對盛家而言，絕對是危急時期的最大厄耗。盛家於一九二〇年，五房男嗣析分家產，分產後卻未全然析居，老公館有莊夫人主持，盛家家族仍有發號施令者。莊德華夫人的權力延續自其丈夫，因中國家庭重視輩分、排行，嫡妻配偶一般名位尊崇，等同家長，加以莊夫人熱心社會公益，救苦、賑災、濟貧不落人後，上海常有莊夫人行善的新聞報導，盛家此時堪稱尚有一度風光。可是當這位盛家「支柱」轟然倒塌時，家族便群龍無首，各自為政了。莊夫人去世後，老公館中留下一大批女眷、傭僕與聽差，亂亂紛紛，全不知該何去何從，盛家敗落已無可挽回，只能一關過一關。

當時尚待字閨中的盛七小姐盛愛頤無可奈何，成了「眾望所歸」者，不得已也只能挺身處置眼前的局面。事實上，盛家家底實已空虛，盛七小姐私有的錢款，也就是一九二〇年兄弟姪子分家前拿到的妝奩費六萬兩，數目不大，局面顯見是坐困愁城了。值此需錢孔急之時，盛家男嗣竟自行決定將愚齋義莊六成慈善基金分成五份，由各房承受，此舉，給了盛七小姐趁機討索錢財的機會。

盛家男嗣萬萬沒想到，新成立的政權，對於「女權保障」決非裝腔作勢，而是令出必行，於是一九二七年十一月啟動，延宕至一九二八年春天，江蘇省府正式核准的愚齋義莊分產，[92]便衍生出女子也有財產承繼權的控告官司，原告者是盛七小姐，被告訴者是她的兄、弟及姪子。按中國傳統的家族財產分配舊制，社會習俗行之已久的慣例是女兒不能承繼財產，男子就算只是養子都有資格分產，原因是女子非承嗣血脈者，而男子能傳宗接代，並得祭嗣，而財產繼承的前提是宗祧繼承，女兒究屬「外姓人」，只能得一份嫁粧。[93]承嗣的傳統規範幾牢不可破，是以女兒就算是血緣至親，一旦父母死後無子，通常作法也是把該戶財產交由族長代管，然後移轉給將來由族中代為擇繼的嗣子繼承，在宗祧承繼觀念下，沒有血緣的嗣子比起有血緣的女兒，更有權力處置親生父母的財產，於人倫實可說不近情理。「財產繼承權」綁在「宗祧繼承權」之下，這套作法於民間廣被接受，迄今仍餘威猶在。國民政府於革命進程中宣示男女平等，即兒子、女兒皆具有相同的財產繼承權，顯然已推翻宗祧繼承對財產繼承的限制，惟宗祧制本已根深柢固，因此女兒要爭財產繼承權，便只有仰賴政府法律相挺支持，才能與淵源久長的男系家族制度進行對抗。過去，中國家族、家庭財產分配向由家長全權支配，縱然發生糾紛，法律亦尊重家族的最終決議，國民政府擺脫沿襲已久的陳舊慣習，決以新政權、新作風爭取民心，助成女子獲得財產繼承權，師有出名，這是各項新社會改革主張中最令人矚目的舉措之一。

中國傳統家族財產繼承另有一潛在邏輯，即女兒嫁與別姓，所得父母財產即等同分割出去，而兒子娶進媳婦，財產的所有權仍歸原姓，故而嫁粧與聘金儘管都是涉及婚配的「費用」，性質並不相同，難以相提並論。民間一般咸認嫁粧是女子娘家賦予的「恩惠」，予與不予沒有定則，其權操之於娘家親族。總而言之，無論父母在世與否，未嫁女兒都無權與聞有關財產承繼的處置，已嫁女兒既從外姓，身分歸屬婆家，理論與實際都降為娘家親屬外圈，更加無權置喙。國民政府宣示女子有財產繼承權，一開始在未嫁、已嫁資格上模糊以對，[94] 惟法律超前時代已是事實，社會觀望消極亦在所難免，而要樹立政府威信並落實法律引導社會改革的施政效果，炒熱話題在媒體林立的城市，可謂是上上之策。盛家這類名聲顯赫的豪門巨室，知名度高又動見觀瞻，民眾因媒體推波助瀾，本就喜於獵奇，一旦名人爆發新聞乃至醜聞，即成民眾談資，此為新政權挪用官司，藉以強化其改革社會力度的根本考量。盛家爭產的「時代性」，就在其非一家一姓之私事，而是上升到涉及國家認定的「公義大事」。

近代上海出現一類新興由家世及財富相加而成的公子、千金群體，論到城市風華，絕不能缺乏他們翩翩風姿的穿插點綴，「上流社會階層」這個現代概念十分適合於用來說明這群「金字塔頂端」的公子、千金們，他們所構築的自成一體的社交圈以及生活內容，最顯著的共通點是他們熱衷於各類新興娛玩，包括跳舞、看電影、購物等，無一不擅。經由報刊捕風捉影的報導，乃至圖像流布又或本尊現身街頭，各種訊息使得公眾對公子、千金們的身影、名號、行徑多所耳聞。盛七小姐盛愛頤家世不凡，才貌出眾，風頭頗健，歷數上海社交名媛，盛七小姐的排名絕不落人後，這樣一位窈窕淑女，自然引來眾多追求者，傳言盛七小姐與後來在國府財經方面具舉足輕重地位的宋子文，曾有過一段「苦戀」，[95]既是苦戀，即表示無疾而終，風言風語卻不脛而走，市井議論的主要焦點是「女富男貧」所伴生出的「門不當戶不對」，這頗貼合古典小說的愛情受阻固定套路。因盛七出身豪門，男方事業剛起步，被看作「貧寒」之流，故而道塗傳說，傳得有聲有色。姑不論傳聞真偽，惟盛七小姐頗具知名度是實，且也有管道與國民黨連通一氣，這對於後來她決採法律途徑解決分產糾紛，以及外界揣測黨國為其後盾，似是推之有理，言之有據。

盛七小姐盛愛頤拋卻親情包袱，決意走上以官司爭取財產繼承權一途，議論沸然可以想見，原因是大家閨秀拋頭露面挺身維護自己的財產權，已是石破天驚，又以名流家族錢財萬貫，竟不畏家醜外揚，將陰私公開暴露，所有情節綜合起來使分產案萬眾矚目。此外，除原告、被告外，黨國有意無意從中介入炒作，更為官司添柴加薪，其沸然態勢堪稱盛極一時。一九二八年八月二十八日，爭產官司首度於上海臨時法院開庭，報紙、承審法官等都對被告盛愛頤給予顯著的優容，無論是輿論造勢抑或法律攻防，黨國是「影武者」歷歷可見。庭審的次日，八月二十九日，滬上報紙對官司有大幅報導，對盛愛頤亦有粗略介紹。《申報》的說法是：「盛女士為國民黨老黨員，對於革命工作，曾迭次參與機要，先總理在日，甚為重視。又與宋氏姊妹，相知甚深。」[96]關於盛愛頤是否為國民黨員，實無確證，而她與宋家大姊宋靄齡熟稔，應是事實。報紙的說法，與外界認定此控告案前臺、後景，處處是盛愛頤與國民黨聲息相通的痕跡，不謀而合。同日新聞，盛七小姐呈遞法院的控告全文，報紙一字不漏，原封不動照登，並給其極具「警世」意義的評語，認為此官司是「女子籲請男女平等之財產繼承權，此尚為第一起，影響全國女同胞之幸福，關係綦鉅」。[97] 盛愛頤以原告身分提出的呈文，大意是援國民黨第一及第二次全國代表大會，兩次大會所宣示的女子繼承權決議，以及最高法院所做的各次解釋為由，申明未出嫁女子有與胞兄弟同等承繼財產之權。基此，她控告恩頤、重頤（兩人為愛頤之兄）、昇頤（愛頤之弟）、毓常、毓郵（愛頤之姪）等棄姊妹姑母承繼權於不顧，擅將愚齋義莊六成錢款分成五份，實為「違法」，請令重新按七份均分，盛愛頤所提請的按七份均分，係將另一未出嫁的妹妹盛方頤計算在內。[98] 這件官司可謂是新政權最好的宣傳媒材，由於報刊大幅報導盛家女兒援引新法替自己申張財產承繼權，國民政府的政權革新形象廣為傳播，因法律審理在為盛七小姐搖旗吶喊之際，也同時吸引了眾多民眾關注，新政權、新法律、新社會，這是一次頗具效果的「名人宣傳」。

一九二八年九月五日，上海臨時法院第二次開庭審理盛愛頤控告案，當天到庭旁聽的民眾激增，法律界尤其高度重視此案，除原告、被告雙方委任律師外，江一平、詹紀鳳兩位法律界人士亦蒞庭聆審。此次開庭，原告、被告缺席，因此控訴與辯護皆交由委任律師各自陳詞，雙方演出精采的法律見解攻防戰。盛七小姐所聘律師是陸鴻儀、莊曾笏兩位，他們在法庭上先詳細說明原告提起訴訟的緣由、動機，陸鴻儀律師先定義這樁官司是盛愛頤堅持主張法律賦與之「權利」，而對於分產違背她的權利，因不服而提告。[99] 被告律師對於女子有財產承繼權，採取迴避不加反駁的防衛姿態，他突出析產時間順序之關鍵以替被告辯護，所言之要點是愚齋義莊分產已定分書，不容再推翻；又愚齋義莊遺產主體隸屬五房，此係盛宣懷死後，分產親族會議的決議，此一決議，時間上早於國民政府最高法院歷次解釋，法律既不追溯既往，當然也無理可據以重新析分愚齋義莊的六成財產。被告委任律師所提的分產與法律公布時間先後，實有模糊焦點之嫌。此點，很快就被盛愛頤委任律師戳破，並力斥其非。他們提出盛宣懷去世時，親族會議議決分家，五房所得是全部遺產之五成，這部分，盛愛頤並未主張未嫁女兒有承繼權，她的控告針對的是全部遺產五成劃歸愚齋義莊，義莊全部資產按四、六比分後，其中的六成再被兄弟均分的那部分。被告委任律師還是以「時間」差序來反擊，他們堅持義莊六成資產，既然也是盛宣懷死後親族會議所作的處置，主導權理應為五房所有，五房分產時，已撥予盛七小姐六萬兩粧奩費，兄弟實已善盡對姊妹合情合理的照顧，盛七小姐當時即無疑義，如今義莊析產，原告豈有再過問之權。被告委任律師的說法，被挑出漏洞，原因是盛宣懷死後劃歸給愚齋義莊的財產，訂有管理莊規，莊規中明定愚齋義莊之資產動用必須經過董事會同意，而五房逕行分產，置董事會於不顧，違反莊規在先，形式等同先廢除一九二〇年的分產原則，所以法律認定這是發生於國民政府女權保障法律原則訂定之後的分產爭議。

法律執行與審理，本非條文死搬硬套就能決定誰勝誰敗，許多因素如法律制定者的意向，臨審法官的判斷，乃至社會輿論，都不免影響審判結果，這件爭產官司因為牽動視聽，尤其對國民政府以法律引導社會改革具有指標性作用，其判決實非法理攻防就可斷定，何況，女子有平等財產繼承權，正適合以官司來向天下人宣告。盛七小姐爭產案，在天時、地利、人和配合下，法庭以高效率受理審決，在短時間內速審速判，按盛愛頤提出控告的時間是一九二八年八月底，九月中旬審理即告終結，臨時法院宣判盛愛頤勝訴，她的財產承繼權應受保障，因此可分得遺產五十萬兩。[100]盛愛頤爭產案以大獲全勝收場，除爭得一份遺產外，所有訴訟費還判由被告承擔。盛八小姐盛方頤本來對兄、姊、姪子們互告，姿態低調未預其爭，現眼見姊姊所得甚豐，約一個半月後的十一月八日，亦遞狀主張自己也有財產繼承權。判決結果當然一如盛愛頤，盛八小姐亦得分遺產五十萬兩。惟盛八小姐所提控告案，其內中另有隱情稍經曲折，主要是牽扯一筆盛家兄弟姪子所贈與的「留學費」，這筆錢原是盛方頤曾言明希望出國留學，哥哥及姪子們遂將十萬兩撥歸其名下，本打算此一「慷慨贈與」可抵消盛方頤主張財產繼承權的正當性，豈料法庭仍判決盛方頤勝訴。兄弟姪子們不服，於一九二八年十二月上訴高等法院復審，高等法院承審後，仍判決盛方頤有權分產。一九二九年十二月，官司再打到最高法院，最高法院審理仍維持原判，盛家未嫁女兒有財產承產權，著無庸議。[101]

盛氏家族分產官司於一九二八年八月後延燒，內憂浮顯，外患即來。一九二八年八月二十九日，江蘇省府「運動」上海臨時法院，取得接收愚齋義莊資產的法律根據。[102]愚齋義莊董事會不甘示弱，向法院提出反控訴訟，質疑省府接收於法不合。十月二十四日，江蘇省府主席鈕永建發出訓令，該訓令說到愚齋義莊莊規明定，義莊資產由董事會掌理，掌理的意思是代盛氏保管私財以及分配款項運用，全部管理方法及董事會人選都須依莊規辦理。鈕主席在訓令中直斥愚齋義莊「董事會」之非，指「董事會」存在，毫無法理根據。看起來，為吞併愚齋義莊，鈕主席事前已蒐集材料並仔細查探過「底細」，故而訓令並非憑空誣陷，而是言之「有據」。這個訓令利用盛氏子弟所說的義莊資產按「四成、六成」分兩大部分的說法，指控盛氏男嗣五房既破壞莊規在先，莊規分明就已無效，依莊規組成的董事會，顯然便須解散。又五房男嗣析分愚齋義莊六成的資產，將義莊公產變私產，根本就是不信任愚齋義莊董事會，既如此，董事會更應廢除，愚齋義莊慈善基金以及全部管理辦法、管理人員，勢必重新議定，豈又怎能再讓失去立足根據的董事會繼續把持義莊？省府在文謅謅的說理後，接著擺出當政者「順我者昌，逆我者亡」的強硬姿態，口氣不無威脅地宣令到：「今據來呈，尚欲藉口訴願，要求中止進行，意在抗拒接收。該義莊莊規及董事會既早經消滅，法律上即無此財團法人。無論如何規定，均非該董事會所能適用，屬無權代理，何得濫引不相屬之案例，資為抵抗。合亟令仰知照，著即查照前案，通知臨時法院，克日嚴厲執行，倘敢故違，應即拘傳各董事本人到案，勒令移交，毋任玩延，以重公產，切切此令。」[103] 愚齋義莊原董事會，面對來勢洶洶的省主席，擺明要吞併「資產」，他們能做是訴諸輿論同情，如在《申報》刊登啟事，還有提起行政訴訟，[104] 惟處於黨國體制日益成形的政權統治下，商人可資以保障自身財產的憑藉少之又少，面對政府的強取豪奪，除「聽命」外，難有別種選擇。而盛氏五房提取愚齋義莊六成資金後，等於宣布其與愚齋義莊切斷關聯，愚齋與盛氏分道揚鑣，義莊資產是純粹「慈善公產」，其落入政府手中，是遲早的事。鈕永建主席強硬姿態，說明走入民國後，那些十九世紀立足穩固的大家族，想要躲過大小風暴，安然度過政治催折，所要付出的代價日形龐大。就以盛氏家族來說，他們先是於辛亥革命時，遭逢「革產」衝擊，這是盛氏與政治交手的第一回合。後於一九二〇至三〇年代，再逢五四新化運動推翻大家庭的思潮風起雲湧，所幸，還能安居一隅。待至南京新政權登臺後，政治勢力就從四面八方伸入社會階層，盛氏家族所受壓迫，當然變本加厲。國府欲染指盛氏家財乃至吞併愚齋義莊，甚至宣布盛氏產業係屬反革命逆產，遝予查抄，這可算是盛氏受政治風暴摧折的第二回合，待一九四五年對日抗戰結束後，留在上海的盛氏成員及其財產，又遭復員的國府貫上漢奸、逆產罪名予以劫收，此是盛氏家業遭受劫難的第三回合。一九五〇年代後中共主政，盛氏後人及盛氏家產，在社會主義政治經濟全面改造包圍下，所有光環已盡褪去，這是第四回合的政治淘洗，至此，盛氏殘存的光華，全般付諸成為塵埃灰燼，再難覓其踪影。

五、結論

號稱晚清民初富可敵國的盛宣懷，是一代著名兼有官、紳身分的「成功企業家」。他的一生跌宕起伏，在辛亥鼎革的政治風雲變幻中，從呼風喚雨的內閣重臣跌落為人人喊打的「帝制餘孽」，亂世中，盛宣懷本領盡顯，盛氏家族從晚清到民國，成為上海灘首屈一指的豪門富戶。盛氏家族的崛起，顯示「財富」成為清末民初新社會階級形成的重要依傍，而商人、商幫、商會、商門更是一群足以和政治抗衡，引導社會變革的新興勢力。商人家族背後的金脈、權脈、人脈，構造了極其複雜的網絡，而經商長期澆灌出的視野、眼光與能耐，一切一切都造就商家中的男女處世應變具有獨特胸襟氣度。就此而言，面臨政治風雲詭譎，時局動盪不安的清末民初變局，盛家家產始終逃不了被不同政權、執政政府覬覦的命運，盛氏女系包括盛宣懷的妻子、女兒們同樣歷處危機，故而商門無犬女，當屬的論。盛氏女系在男系護產、分產行動中，始終不曾缺席，從莊德華夫人到盛愛頤盛七小姐，她們運用自身在盛家家族成員中的「親緣權力」，保護爭取所有該歸屬於自己的「財」，一點兒也不退縮，一點兒也不讓步，盛家女眷們未必懷有男女平等觀念，也未必著眼於提升女權，究其動機與行事，「商門文化」恐怕才是根源。

過去研究晚清民初的商人，極少從「商門文化」此一角度切入，當然亦忽略商門中的女性，她們的地位及表現。由於盛宣懷留下的檔案資料極其豐富，加以盛家女眷是一支人數頗為龐大的隊伍，她們的聲音與身影時時呈顯於在男系家族紀錄中。一九一〇年代莊德華夫人的「護產」行動，一度使她成為統率家族，發號施令，名副其實的「大家長」，揆諸其表現堪稱沉穩有序，思慮周密，是以家族成員咸多服膺，迄至一九二〇年代後期、三〇年代初期，盛七小姐盛愛頤以原告身分所提的分產官司，負「千金」之身力揭家醜，其當「財」不讓，令人刮目相看。盛家兩代女性所作所為，都成為理解商門文化，乃至商門中的女性在近代中國婦女高喊解放的圖景中，究竟有著什麼樣特殊的位階，十分重要的線索。尤其盛愛頤官司一路勢如破竹，最終取得近代中國第一份藉由現代法庭訴訟，而非由父母遺囑指示分留的遺產，對中國未嫁女子的經濟改善，無疑注入一劑強心針。藉盛七小姐的知名度，使女子財產承繼權廣為傳布，爾後，受此風氣影響，居於城市的女性為爭遺產挺身而出，不惜走上法庭的案例一再出現，盛愛頤爭產在近代中國女權踏步前進中，揭開新頁。

商戶中的女系比起男系，似較明白守成之道。從盛氏商門文化的建構，乃至政、商的纏鬥，再到女性護產的實踐，歷史一路向前推進。最終，見到的是近代中國政治的「革命」威力，勢不可擋，其與女權、抑商夾雜，值得更加深入探究。以盛氏為例，一九二八年的盛家分產，「國民革命」為女系撐腰，商門富戶已現分崩解體危機。分產後的盛氏，雖仍可說「瘦死的駱駝比馬大」，但近代中國革命、戰爭無時或已，大家族終會氣數散盡。一九四〇年代抗戰結束後，盛家著名的附日派在國民政府漢奸清理中，一一中箭落馬，男系比女系顯目，他們只好低調避世，噤聲不語，只求躲過政治風暴，至於家產遭「劫收」，就只能「無語問蒼天」了。時至一九五〇年代，中共土地房產國有化政策出臺，盛家後代因繳不起高額地稅，多數只能束手就擒，房產通通上繳。二十世紀末，學者到處問尋離亂時代，盛家後人鄉關何處，發現他們分散日本、臺灣、香港、美國、中國大陸，儘管都頂著「盛」姓，惟重山遠隔的後代子孫竟少相聞問，各自埋頭過著「平民」的生活，盛宣懷及民國盛氏家族的繁華都成雲煙，百年家族曾有的風光，如今僅餘斑駁。

1 王爾敏，〈盛宣懷與中國實業利權之維護〉，《近代史研究所集刊》二十七期，一九九七年六月，頁八。

2 最著名的莫如費維愷的著作，Albert Feuerwerker, *China's Early Industrialization: Sheng Hsuan-huai*（*1844-1916*）*and Mandarin Enterprise*，中文版見（美）費維愷著，虞和平譯，《中國早期工業化：盛宣懷（一八四四—一九一六）和官督商務企業》（北京：中國社會科學出版社，一九九〇）。

3 誠如王爾敏教授所言，一九四九至一九七九年大陸史學界受限於意識形態，清末民初的工商業開創者皆被貫上「買辦剝削階級」，此研究侷限至一九七九年後，因政治風氣丕變才有所鬆綁，夏東元可說是中國大陸改革開放後，投入盛宣懷研究，成果最著者。夏東元，《盛宣懷傳》（上海：華東師範大學出版社，一九八一）。夏東元的研究，出版於八〇年代，其對盛宣懷的評價是政治活動否定、企業經營活動肯定，此二分法已超越原有盛宣懷研究的框架。九〇年代後，中國大陸開放力度增強，盛宣懷對外折衝樽俎、興辦中國自有企業、維護國家利權等作為，日益獲得注意和肯定，學者與閱眾掀起「盛宣懷熱」。盛宣懷出生地常州，一九九七年成立盛宣懷研究會，二〇〇〇年召開「盛宣懷與現代化」學術討論會。上海交通大學於二〇一〇年擴大慶祝一百一十四年校慶，盛宣懷被承認是交大創始人，其銅像在交大閔行校區隆重揭幕。二〇〇七年三月，上海成立「盛宣懷檔案出版編纂委員會」及「上海盛宣懷檔案研究中心」，向公眾逐步介紹上海檔案館所藏的數量龐大的盛檔，報導稱「盛檔」將成一門顯學。臺灣關於盛宣懷研究，多與自強運動有所關聯，專門傳記著作則付之闕如，研究代表者就屬王爾敏，其主編盛檔在香港出版。參見王爾敏，〈盛宣懷與中國實業利權之維護〉，《近代史研究所集刊》二十七期，一九九七年六月，頁一－四三。

4 目前盛宣懷檔案，據估有十七．八萬件。盛宣懷經手過的，諸如日記、信函、文稿、賬冊等，甚至宴客菜單，都留有底稿，參與的實業、企業，都有文字記載，光來往書信略加統計，共涉及三千多人。盛宣懷留下的檔案，對於研究其家族史、慈善事業史、洋務運動史、近代大學教育史、西學傳播史等，皆是極珍貴的第一手資料。荊世杰，〈洋務巨擘盛宣懷的生前身後——兼論歷史人物的評價問題〉，《南京林業大學學報》（人文社會科學版）第十卷第四期，二〇一〇年十二月，頁三〇－三五。

5 上海市檔案館所典藏的盛宣懷檔案，曾出版八輯十一冊的資料選輯，各輯主題分別是中日甲午戰爭（上、下）（選輯之一）、義和團運動（選輯之二）、辛亥革命前後（選輯之三）、漢冶萍公司（上、中、下）（選輯之四）、湖北煤鐵開採總局及荊門礦務總局（選輯之五）、上海通商銀行（選輯之六）、上海機器織布局（選輯之七）、輪船招商局（選輯之八）。八輯主編是陳旭麓、顧廷龍、汪熙，上海出版社出版，出版年不盡相同。二〇一五年，清史編纂委員會推出更大部頭的盛檔選編，共有一百冊，此一大批檔案公布，帶動盛宣懷研究的興起，在檔案資料支持下，學者的研究更走向多元。上海圖書館，《盛宣懷檔案選編》（全一百冊）（上海：上海古籍出版社，二〇一五）。

6 宋路霞利用盛宣懷研究資料大量開放，連續寫了二本盛氏家族史。宋路霞，《盛宣懷家族》（上海：上海科學技術文獻出版社，二〇〇九）。宋路霞，《盛宣懷、盛康、盛毓度——百年家族》（石家莊：河北教育出版社，二〇〇二）。

7 云妍，〈盛宣懷家產及其結構——基於一九二〇年盛氏遺產清理結果的分析〉，《近代史研究》，二〇一四年第四期，頁一三六—一四六。陳詩啟，〈盛宣懷的資本及其壟斷活動〉，《廈門大學學報》，一九六二年第三期，頁一－一二一。彭曉飛，〈革命、法律與逆產：一九二八年南京協濟公典盛宣懷逆股案研究〉，《史林》，二〇一八年第一期，頁二二一。

8 王志龍，〈愚齋義莊案中的政治與民間慈善組織〉，《南京社會科學》，二〇一四年第九期，頁一三〇－一三五。

9 抬靈柩的扛夫雇自天津廣春局，共六十四人，旁觀者嘆為觀止。〈盛杏蓀出殯之盛況〉，《申報》，一九一七年十一月十九日，十版。

10 〈哄動遠近之大出喪〉，《申報》，一九一七年十一月十八日，十版。

11 〈盛宣懷出殯紀盛：萬人空巷、觀者大悅〉，《民國日報》，一九一七年十一月十九日，三版。

12 「丹桂」這家戲園子開了第一臺日戲，因無看客，旋即停鑼，其餘各舞臺日戲均只賣數十人，景況清冷。老夫，〈看出喪瑣聞〉，《民國日報》，一九一七年十一月十九日，三版。

13 〈盛杏蓀出喪之害人〉，《申報》，一九一七年十一月二十三日，十版。

14 〈看出喪樂極生悲〉，《民國日報》，一九一七年十一月二十一日，三版。

15 閒吟，〈十月四日上海竹枝詞〉，《民國日報》，一九一七年十一月二十一日，三版。

16 楚倉，〈不哭盛宣懷而哭民國〉，《民國日報》，一九一七年十一月十九日，三版。

17 經元善曾言盛宣懷獨攬輪船、電報、鐵政鐵路、銀行、煤礦、紡織諸大政，是「一隻手撈十六顆夜明珠」。夏東元，《盛宣懷傳》（上海：上海交通大學出版社，二〇〇七），頁三三七。

18 （美）費維愷（Albert Feuerwerker），虞和平譯，《中國早期工業化：盛宣懷（一八四四—一九一六）和官督商務企業》，頁一一六－一二一。

19 莊氏家族莊存與（一七一九—一七八八）是常州學派的建立者，其後至外孫劉逢祿、宋翔鳳，常州學派漸成規模，劉逢祿上承莊氏學術思想，下啟龔自珍、魏源，常州學派因此大興。王明德，〈常州學派學術譜系探論〉，《求索》，二〇一四年第三期，頁一五六－一六一。

20 王偉，《晚清第一官商盛宣懷的正面與背面》（武漢：華中師範大學出版社，二〇一二），頁六。

21 仝群旺，〈青果巷與「中國商父」盛宣懷〉，《檔案建設》，二〇一七年九月，頁四〇。

22 盛星懷死於一八九四年甲午戰爭之平壤戰役，參見夏東元，《盛宣懷傳》，頁三三九。

23 李鴻章據說曾對盛康為官之道有過提點，按盛宣懷後來的說法，父親盛康提起過李鴻章對其籌財用人有幾句話切中要害，他一直謹記在心，其言為：「將不能戰者殺之，不足惜！汰之惟恐不速！官不能籌餉者，不足惜！罷之惟恐不速！」宋路霞，《盛宣懷家族》，頁一七。

24 一八八二年，因法侵越危機增高，在家丁憂守制的李鴻章被召回京，不久，即受命署北洋通商大臣。夏東元，《盛宣懷傳》，頁三一七。

25 此為一八七二年（同治十一年），盛宣懷呈給李鴻章的章程中所寫的序言，滿懷大志。盛宣懷，〈上李傅相輪船章程序言〉，陳旭麓、顧廷龍、汪熙主編，《輪船招商局——盛宣懷檔案資料選輯之八》（上海：上海人民出版社，二〇〇二），頁一三五。

26 （美）費維愷（Albert Feuerwerker），虞和平譯，《中國早期工業化：盛宣懷（一八四四—一九一六）和官督商務企業》，頁四四－四六。

27 嚴中平，《中國近代經濟史統計資料選輯》（北京：科學出版社，一九五五），頁二二八。

28 徐潤，《徐愚齋自敘年譜》（臺北：文海出版社，一九七八），頁三三。

29 盛宣懷，〈上李傅相輪船章程序言〉，陳旭麓、顧廷龍、汪熙主編，《輪船招商局——盛宣懷檔案資料選輯之八》，頁一三五。

30 一八八三年，上海爆發金融倒賬風潮，徐潤等挪用招商局公款，以致虧空，遭撤職並追回欠款。夏東元，《盛宣懷傳》，頁三一九－三二〇。

31 夏東元，《盛宣懷傳》，頁三二〇。

32 袁世凱權力在握時，曾欲奪取招商局局權，他任親信楊士琦為總理，惟接手後，業務不振。盛宣懷後趁袁失勢時，指示鄭觀應招商股，使招商局成為完全商辦，以反對袁親信郵傳部尚書徐世昌欲將招商局收歸國有的企圖。夏東元，《盛宣懷傳》，頁三四九。

33 一八七九年，李鴻章曾詢問盛宣懷關於洋務的看法。盛宣懷認為，欲謀富強，莫先於鐵路、電報兩大端。路事體大，宜稍緩，電報則非急起圖功不可。參見夏東元，《盛宣懷傳》，頁三一五。

34 盛宣懷《擬電報局招商章程》，提到鋪電線，「固以傳遞軍報為第一要務，而其本則尤在厚利商民」。夏東元，《盛宣懷傳》，頁三一六。

35 夏冬，〈論洋務運動時期的電報局〉，《史學月刊》，一九八二年第六期，頁三三－三九。

36 郵傳部將電報局商股由官方備價贖回，盛宣懷有九〇〇股，是最大股東，他領頭以每股一七五元先釋出，股東循此辦理，電報局收歸官辦。夏東元，《盛宣懷傳》，頁三四八。

37 李江，〈百年漢冶萍公司研究述評〉，《中國社會經濟史研究》，二〇〇七年第四期，頁九七－一〇六。

38 為探勘湖北礦脈以及礦質，盛宣懷在江漢數千里「躬親履勘、冒涉炎署」，費盡苦心，同僚見此亦極佩服。夏東元，《盛宣懷傳》，頁三一三。

39 一九〇九年起，在盛宣懷主持下，漢冶萍公司以向日本正金銀行貸款方式，擴充其生產規模，直至民國肇建，南京臨時政府成立至袁世凱任大總統時期，漢冶萍成了日本人圖謀最力的產業。夏東元，《盛宣懷傳》，頁三四八、三五一、三五七。

40 授津海關道缺，盛宣懷以四品京堂候補督辦鐵路總公司，並被授予專折奏事權。夏東元，《盛宣懷傳》，頁三三一。

41 一八九六年，盛宣懷上奏，提到開設銀行可流通上下遠近之財，振興商務，為天下理財一大樞紐，欲富國富民必自銀行始。又說到鐵路之利遠而薄，銀行之利近而厚，華商必欲銀行鐵路並舉，方有把握。夏東元，《盛宣懷傳》，頁三三一。

42 他充分運用長久在洋務上與洋人建立的「交情」，各國領事也買盛宣懷的帳，當北方煙硝四起時，南方卻風平浪靜，此點在盛宣懷兒子盛同頤為父親編纂〈行狀〉時，特意放大，表揚盛宣懷提出東南互保實懷苦心孤詣之旨。盛同頤說：「方事之殷，外館被圍之際，其國人疑其使臣已盡亡，益合力致死於我，設謀之酷，有不忍言者。府君獨密呈榮相，請允許各使館通訊本國，先平其憤，而釋其疑」。盛宣懷與洋人打交道，輕重緩急，處置得宜，使清廷免於「滅頂」災難。宋路霞，《盛宣懷家族》，頁六二。

43 盛宣懷四子盛恩頤夫人產下一名男嬰，盛宣懷志得意滿，為孫子取名毓郵，字傳寶，嵌入盛宣懷所掌部門的事業名稱，頗見祖父難掩的欣悅。易惠莉，〈盛宣懷與辛亥革命時期之政治（一九〇九—一九一一）〉，上海中山學社主辦，《近代中國》第二十一輯，頁一五〇。

44 當盛宣懷由日本回到上海後，曾對友人說：「弟一年流離，歸國後田園荒蕪，家產損失。人欠我者、無可討索；我欠人者、刻不容緩，所謂窮得不乾不淨」。見夏東元，《盛宣懷傳》，三五五。

45 此為張之洞對盛宣懷的評價。劉立強、王亮停，〈張之洞和盛宣懷關係評析〉，《邯鄲職業技術學院學報》，二〇一〇年六月，頁一三－二八。

46 董家係常州官宦世家，董舜畹上過私塾，能寫會讀。仝群旺，〈青果巷與「中國商父」盛宣懷〉，《檔案建設》，二〇一七年九月，頁四一。

47 云妍，〈盛宣懷家產及其結構——基於一九二〇年盛氏遺產清理結果的分析〉，《近代史研究》，二〇一四年第四期，頁一三六－一四六。

48 因盛宣懷二弟盛寯懷（蕉蓀）早逝無後，故和頤過繼二房為嗣，不過昌頤、和頤壽不長，皆早於盛宣懷前離世。〈盛宣懷行述〉，《愚齋存稿》卷首，（臺北：文海出版社，一九七五），頁三八。

49 董氏死於一八七八年，家族記載是因產後誤服涼劑病逝。〈盛宣懷行述〉，《愚齋存稿》卷首，頁一一。

50 關於刁玉蓉，盛氏親族傳聞頗多。盛家家譜中有關刁氏的生平行狀著墨最多，似可拼湊這位女中豪傑富於膽識、寬厚慈仁、慷慨大方、謹身恭儉的大致形象。更令人稱奇的是，刁氏進門後，連元配董氏對其能耐也頗讚佩，元配、小妾間毫無芥蒂，兩人相安無事，還以姊妹相稱，可見刁氏確有過人之處。元配有容人雅量已屬不易，媵妾能不妒不怨、不藉事生端、興風作浪，更屬佳話。董氏出身名門，固守家宅，南北奔波、舟車風塵的任務就付與刁夫人。據言，盛宣懷就官之途，錙銖雜務、飲膳休眠，全是刁夫人一手調置，連公公盛康的起居都有刁氏為之周備。董夫人對刁氏幾無挑剔，臨死前，曾叮囑盛宣懷，不妨扶刁氏為正室。宋路霞，《盛宣懷家族》，頁九八－九九。〈盛宣懷行述〉，《愚齋存稿》卷首，頁一六。

51 同治十年（一八七一年），直隸水患災情慘重，盛宣懷主持賑務，按部就班，災情緩解，才幹為人稱道，成為進入洋務企業的試金石，後盛宣懷畢生最著力處，慈善事業可謂其中要項，刁夫人據言生前頗與其事，襄贊其夫。朱滸，〈同治晚期直隸賑務與盛宣懷走向洋務之路〉，《歷史研究》，二〇一七年六期，頁七九－九一。

52 一八七四年刁氏進盛氏家門，一八八九年過世，與盛宣懷共同生活十五年。〈盛氏回憶錄〉，《上海畫報》一九二七年二七八期，頁二。

53 盛宣懷於湖北勘察礦務時，寫家書給莊夫人，提到「我在此公事甚忙，本想接夫人來鄂，因是一家之主，你若來時，上海成何局面。柳去年已來過，自應派劉來，況劉既與你不和睦，我回上海又必吵鬧，我身上公事如此沉重，早晚閨房中還要與妻妾淘氣，我之精神吃不住，你之肝氣亦不能好。中年夫婦，相聚未必久長，何犯著如此鬧氣。我故將劉氏搬至漢口，暫不能帶回上海，姑且你我二人歡喜過年，再作道理。你到那時，必知我是好心也」。〈致妻莊氏家書〉（三），收於北京大學歷史系近代史教研室整理，《盛宣懷未刊信稿》（北京：中華書局，一九六〇），頁二七二。

54 恩頤生於一八九二年。夏東元，《盛宣懷傳》，頁三二七。

55 重頤生於一八九三年，夏東元，《盛宣懷傳》，頁三二八。

56 一九〇九年八月，長子昌頤死於時疫。夏東元，《盛宣懷傳》，頁三四九。

57 宋路霞，《盛宣懷家族》，頁一〇四。

58 云妍，〈盛宣懷家產及其結構——基於一九二〇年盛氏遺產清理結果的分析〉，《近代史研究》，二〇一四年第四期，頁一三六－一四六。

59 恩頤、重頤隨行。〈盛宣懷行述〉，《愚齋存稿》卷首，頁三六。

60 《新聞報》，一九一二年一月十五日，四版。

61 〈外交團保護租界住戶〉，《申報》，一九一二年三月二十八日，七版。

62 〈盛氏已失財產所有權〉，《申報》，一九一二年四月十七日，六版。

63 盛康妾許氏（名張巧珠）係盛宣懷庶母，在查封盛氏家產風聲鶴唳時，四出活動，曾欲以六百兩白銀輸送給江蘇都督府，以求能得庇護，儘管遭拒，但盛家女性個個都非善與之輩，於此可見。〈蘇垣盛氏財產查封記〉，《申報》，一九一一年十一月十六日，十一、十二版。

64 黎澍，〈孫中山上書李鴻章事迹考辨〉，《歷史研究》，一九八八年第三期，頁七五－八三。

65 盛宣懷跨紳、官、商三界，交遊廣泛，依據盛檔書信統計，其中涉及的人物達三千多人，即可見一斑。重要者如孫中山、李鴻章、黃興、譚嗣同、梁啟超、翁同龢、沈葆楨、鄭觀應、張之洞、左宗棠、丁汝昌、袁世凱、辜鴻銘、胡雪巖、詹天佑等。荆世杰，〈洋務巨擘盛宣懷的生前身後——兼論歷史人物的評價問題〉，《南京林業大學學報》（人文社會科學版）第一〇卷第四期，二〇一〇年十二月，三三－三四。

66 報紙詆罵盛宣懷是「甘為外人走狗，實屬無恥之極」。〈盛宣懷為銀行買辦〉，《申報》，一九一二年一月七日，十版。

67 如顧永銓（盛家老公館管家）、欽其寶等。盛宣懷在日本曾寫信給管家，指示到：「斜橋西首新式洋房已經租出，而從前漢冶萍公司辦事之老洋房，尚未有租戶。鄙意此處毗連自己的住宅，最好借與領事官做住宅，不論何國，不收房租，惟樓下須空出兩間，留一大餐間，鄙人回滬後，若有意外煩惱，即到此間暫避。此意務先期講明，並可訂期半年。彼既免費，又省搬動，或可易於招徠，請即商之熟識西人代為紹介，以速為貴，因東京天氣驟涼，不宜久居也」。宋路霞，《盛宣懷家族》，頁一二九。

68 親信如陶湘、陳作霖、王勛等，於盛氏爭回家產，功不可沒。朱滸，〈滾動交易：辛亥革命後盛宣懷的捐賑復產活動〉，《近代史研究》，二〇〇九年第四期，頁一一二－一二七。

69 〈呂景端致盛宣懷函〉，陳旭麓、顧廷龍、汪熙主編，《辛亥革命前後——盛宣懷檔案資料選輯之一》，頁二八五－二八六。

70 學者研究指出莊夫人在家族經世思想陶冶下，精明強幹，處變不驚，尤善於管理家財。仝群旺，〈青果巷與「中國商父」盛宣懷〉，《檔案建設》，二〇一七年九月，頁四一。

71 宋路霞，《盛宣懷家族》，頁一二八－一二九。

72 宋路霞，《盛宣懷家族》，頁一三〇。

73 唯三子同頤妻子出身湖南籍。〈盛宣懷行述〉，《愚齋存稿》卷首，頁三九。

74 孫寶琦（一八六七—一九三一），兩度任國務總理，而孫家是杭州人氏，祖上既有文風家學，又累積家資。盛家男孫中，最受優寵的莫過於老四盛恩頤，盛恩頤娶孫寶琦大女兒孫用慧，孫寶琦四子孫用岱則娶盛宣懷侄女盛范頤，盛范頤是盛宣懷四弟盛善懷的獨生女。如此一來，兩個世家親上加親，互相提攜照顧，於雙方家族都是錦上添花。

75 關於盛家為盛老四求婚的事，孫用慧一開始是非常反感的，原因在於大家族紈絝子弟作風，孫用慧頗懷戒心，何況孫用慧比盛恩頤大二歲，故始終對這門親事態度冷淡。父執輩們卻有精明的計算，盛宣懷已在北京任官多年，一心要與廷臣攀親，孫家門風與權勢都屬上選，同樣，孫家當然亦認為盛家的地位非同小可，與他們結親，雙方互惠。拗不過父親孫寶琦，孫大小姐最後還是同意嫁了。宋路霞，《盛宣懷家族》，頁一三〇。

76 〈盛宣懷行述〉，《愚齋存稿》卷首，頁三九。

77 〈盛宣懷行述〉，《愚齋存稿》卷首，頁三九。

78 〈盛宣懷行述〉，《愚齋存稿》卷首，頁三九。

79 這樁婚事，媒體極盡渲染，因臺灣林家財富傲人，盛婿是林維源二孫之一，林家家產共有一千六百餘萬，盛宣懷女婿可分得一半。而關頤的嫁粧亦排場浩大，媒體描述其「粧奩之豐，窮極富麗，為上海歷來所未有」。〈女界新聞〉，《香艷雜誌》

一九一四年第四期，頁一。

80 〈盛宣懷行述〉，《愚齋存稿》卷首，頁三九。

81 夏東元，《盛宣懷傳》，頁三五六。盛恩頤與妻子孫用慧婚後生下一子一女後，先是赴英倫深造，後因第一次世界大戰爆發，盛、孫兩人學業中輟，離開英國前往美國，期間，孫用慧於英國產下一子，於美國產下一女，國外出生的二個孩子，回到中國後，皆短命夭折。

82 盛宣懷生前，他已有孫子七個、孫女九個。昌頤子有毓常、毓理（過繼和頤，早亡）。恩頤子有毓郵、毓度、毓紱、毓英（早殤）。〈盛宣懷行述〉，《愚齋存稿》卷首，頁三九。一九三三年一女子名嚴雙琴，偕父母向法院提出控告盛毓常遺棄。〈與鄰家女之豔史〉，《申報》，一九三三年一月二十五日，十四版。

83 王志龍，〈愚齋義莊案中的政府與民間組織〉，《南京社會科學》，二〇一四年第九期，頁一三〇。

84 丁士華整理，〈盛宣懷遺產分析史料〉，《近代史資料》總第一一一號（北京：北京社會科學出版社，二〇〇五），頁一五七。

85 丁士華整理，〈盛宣懷遺產分析史料〉，《近代史資料》總第一一一號，頁一五四。

86 丁士華整理，〈盛宣懷遺產分析史料〉，《近代史資料》總第一一一號，頁一六〇。

87 云妍，〈盛宣懷家產及其結構——基於一九二〇年盛氏遺產清理結果的分析〉，《近代史研究》，二〇一四年第四期，頁一三六－一四六。

88 丁士華整理，〈盛宣懷遺產分析史料〉，《近代史資料》總第一一一號，頁一九八。

89 王志龍，〈愚齋義莊案中的政府與民間組織〉，《南京社會科學》，二〇一四年第九期，頁一三〇。

90 〈盛氏爭產上訴案判決書〉，《申報》，一九二九年二月四日，十五版。

91 王新宇，〈近代女子財產繼承權的解讀與反思〉，《政治論壇》第二十九卷第六期，二〇一一年十一月，頁一五九－一六五。

92 一九二七年十一月，盛氏五房男嗣提出愚齋義莊六成錢款由其析分，此議經義莊董事會認同，其後，便呈請江蘇省府，因其對義莊負監管之責，又因義莊位於上海租界內，因之臨時法院亦有管轄之權，對愚齋財產處置，江蘇省府還得上海臨時法院配合。省府對愚齋財產，本有「染指」之意，對盛氏五房析產順水推舟，而盛氏亦明白江蘇省府操縱法院，意在吞併義莊資產，盛氏後代不惜以購巨額庫券拉攏南京中央，用以挾制江蘇省府。待愚齋義莊六成資產被切割後，餘下四成，便是江蘇省府囊中之物，而義莊董事會不甘束手就擒，雙方一再攻防，省府行政、法律大權在握，步步進逼，義莊不過是民間財團法人，在拖延時日下，仍難逃被吞併命運。王志龍，〈愚齋義莊中的政府與民間慈善組織〉，《南京社會科學》，二〇一四年第九期，頁一三〇－一三五。

93 盧靜儀，《清末民初家產制度的演變——從分家析產到遺產繼承》（臺北：元照出版社，二〇一二），頁三七－五八。

94 錢紫涵，〈對民國時期女子財產繼承權的解讀〉，《法制與社會》，二〇一七年十月，頁二三〇－二三一。

95 盛七小姐的同母哥哥盛恩頤在盛宣懷過世後，擔任漢冶萍公司總經理，他聘甫自美國留學歸國的宋子文擔任英文祕書，宋子文有機會在盛家公館出出入入。盛家與宋家原就因宋靄齡曾是五小姐盛關頤的英文家教，兩家本就不生疏。宋子文出入盛家，與盛七小姐近水樓台，進而譜出戀曲。宋子文、盛七小姐這段戀情，並不被祝福，反對力量據說來自盛家，理由是雙方社會地位相差懸殊。盛家家勢可謂富甲一方、睥睨滬上，反觀宋家只不過靠著父親宋耀如勤奮機變才稍累積「薄財」，儘管宋家大姊宋靄齡已嫁給山西豪門孔祥熙，二姊宋慶齡嫁與孫中山，二樁婚姻都助長宋家的地位，但若與盛家相較，宋家竟只是「寒門」，盛、宋兩家地位懸殊，照然若揭。莊德華夫人認為自己女兒不可能「下嫁」宋子文，才子佳人被硬生拆散。宋子文後離開上海，南下廣州投入孫中山軍政府的陣營，盛七小姐並未與之同行。此後，宋子文於官場上十分得意，家族及他個人政治權力愈來愈大。一九二七年十二月，宋家小妹宋美齡嫁給中國最有實力的軍事強人蔣介石，宋家的政治地位上升至高點。當一九三〇年，宋子文再度回到上海，盛、宋兩家處境已非昔日可比，不過，宋子文早已娶張樂怡為妻，盛家七小姐面對此一結局，黯然神傷，爾後蹉跎經年，直至三十二歲，才另字他人，嫁的是親生母親的內侄莊鑄九。論世情滄桑，更難勝數，因莊家與宋家權勢、財勢、地位相比，簡直有如天壤。宋路霞，《盛宣懷家族》，頁一八八－一九四。

96 〈女子承繼遺產問題〉，《申報》，一九二八年八月二十九日，十五版。這件名門淑媛爭產案，備受社會矚目，報刊披露甚多。以法律上的男女平等觀點切入，敍寫此案的，參見孫慧敏，《制度移植：民初上海的中國律師（一九一二—一九三七）》（臺北：中央研究院近代史研究所，二〇一二），頁三四七－三五二。本文的書寫角度與純就法律觀點出發的描述不盡相同，其差異在於著重商門與政治間的角力，身處其間的「名媛」如何確立自身的立場，在借力使力中，引來官門、商門更多重複雜的折衝，而對盛氏家族往後際遇來說，這更不單只是一樁官司而已。

97 〈女子承繼遺產問題〉，《申報》，一九二八年八月二十九日，十五版。

98 〈盛愛頤訴請承繼遺產案判決〉，《申報》，一九二八年九月二十一日，十五版。

99 〈盛女士請重分遺產（附圖片）〉，《申報》，一九二八年九月六日，十五版

100 〈盛愛頤訴請承繼遺產案判決〉，《申報》，一九二八年九月二十一日，十五版。

101 〈盛氏析產上訴審理記〉，《申報》，一九二八年十二月七日，十五版。

102 王志龍，〈愚齋義莊案中的政府與民間慈善組織〉，《南京社會科學》，二〇一四年第九期，頁一三二－一三三。

103 〈江蘇省政府辦理愚齋義莊案經過〉（續），《申報》，一九二八年十一月十四日。

104 〈江蘇省政府特派員孟心史代理律師李時蕊關於愚齋義莊案之聲明〉，《申報》，一九二八年十二月四日，十六版。

第二編

驚雷

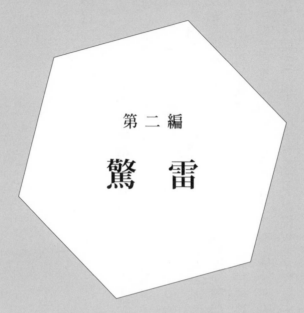

戰爭中的武漢大學校園文化

——楊靜遠《讓廬日記》的解讀

一、前言

一九三八年二月日軍進逼武漢，戰火一觸即發，為維持大學正常運作，武漢大學校方決議西遷。三個月後，武漢大學（以下簡稱武大）在川西古名嘉定，時名樂山的偏僻小縣城全面復課，所有武大教職員、眷屬、學生或循水路或走陸路，匯聚到一個陌生之地。自此，直至抗戰結束，他們齊力打造戰時樂山武大校園，並陶鑄武大校史上深具代表性，融合著崎嶇且歡樂、榮耀又困頓的「校園文化」。樂山武大與抗戰相始相終，這所高等學府在戰前已躋身中國「名牌大學」之列，武大的教育學術發展以法科、理科、工科見長，時人頗認該校校務穩定、校風保守、校園平靜，此種「校園文化」在抗戰時遷移樂山後，初期仍維持不變。武大平靜校園，到戰爭中後期，隱隱然已見風雲擾動，究竟這所與國府中央向來親近的大學院校，在戰亂中經歷了什麼？為什麼校園文化在戰爭中後期，遽生大幅度變化？又武漢大學的知識菁英，他們的戰爭經驗是否可以說明戰亂對中國政治、社會發展轉折的鉅大影響？這些是本文所關注的重點。

對武漢大學所開展的研究，目前已有不少成果，[1] 許多研究成果都提到過一項重要的資料來源，那就是戰時武大外文系學生楊靜遠跡近是按日書寫的《讓廬日記》。這部日記跨越的時間是一九四一年七月至一九四五年八月，而出版面世是二〇〇三年，距所記時間遠隔近六十年，這六十年間中國經歷天翻地覆的政治變動，日記如何躲過反右、文革，沒被「抄」走，作者並未作出解釋，而之所以認為時間因素是個重要關鍵問題，係因其牽涉到作者在日記出版前所進行的「刪節整飾」究竟至何程度。[2] 作者自承日記原文約五、六十萬字，到最終出版時僅餘二十五萬字。對研究者來說，作者所去掉的「內容」為何，實難破解；同時，日記既可刪節，當然亦能被「修整」，種種伴隨這份日記研究所遭遇的瓶頸，不可否認是極難克服的障礙。惟《讓廬日記》儘管有文本產出過程所形成的某些盲區，但因日記撰主出身自武大著名學者教授家庭，父親、母親皆是赫赫有名的知識菁英，而楊靜遠本人亦屬「知識人」，她記日記的那段歲月正與武大外文系的四年大學生活重疊，而楊靜遠自武大畢業後，不久便赴美留學，學成後返回中國繼承母親衣缽，也從事創作與翻譯等工作，[3] 這些圍繞日記主的知識人光環及傲人家庭背景，使得《讓廬日記》所記的人、事、物，都值得進一步追索與推敲，尤其對研究戰時知識菁英的心理趨勢、動態與現實遭遇，這份日記堪稱是珍稀之極的材料，其重要性就如楊靜遠在《讓廬日記》出版序中所言，她將日記公諸於世的決心和勇氣，出於考慮到關於二十世紀四〇年代知識分子的研究資料始終缺乏之，為此，楊靜遠甚至坦率直言讀者應該體會日記所記文字的時代精神，那就是她亟欲抒發的亢奮激動，亦即「真誠強烈的愛國情懷，這是與抗日戰爭的大環境分不開的」。[4]

抗戰、樂山、武大校園文化、家庭、教師、同學，各種人際關係及情感是《讓廬日記》記錄的重心。楊靜遠考入武大外文系是一九四一年，在校四年後，於一九四五年畢業。對周遭種種，年輕女學生的視野與觀察，既有直率「不識人間愁滋味」的特質，當然也避免不了「主觀」判斷。作為楊家一家之主的楊端六，他的來頭不小，據言三〇年代蔣介石曾聽講過楊端六教授所專長之經濟學課，故而「蔣介石老師」之名不脛而走，[5] 武大創校以來，楊端六曾任法學院院長、教務長，擘劃引領校務，其在武大聲望崇隆，地位頗高。楊端六夫人袁昌英女士，在武大外文系任教，她是現代中國寥寥可數，身兼教授、作家兩重身分的女知識分子，袁昌英與曾任武大文學院院長的陳源其夫人凌叔華及中文系教授蘇雪林被合稱為「珞珈三傑」。楊家父、母親的聲望地位自是不凡，而由這個學者家庭伸展出去的社會網絡，包括知識菁英、學子們互動來往、談學論政等，在日記中以殘片似、不連續的方式被記下，訊息儘管零散，卻格外生動貼近生活。《讓廬日記》的內容，最值得注意的正是知識菁英生活底蘊赤裸裸的呈現，這部分的紀錄，如能與他人的回憶錄、日記作對照，那麼女大學生日記的紀錄特質及其重要性將更加顯著。本文的目的之一，是以《讓廬日記》為主，同時儘可能梳理戰時武大其他知識菁英所保存的日記與各種文字資料，一方面探索《讓廬日記》該如何解讀的史學方法問題，特別是關注經過刪節過的女性日記如何運用，藉此以重建日記的歷史研究資料價值。總之，運用日記的限制與如何突破限制，是本文自始至終的論述主軸。不可諱言，研究時大量引用日記內容，予人以「剪裁」或「重述」日記記錄片斷的印象，這或許難以避免，惟重要的挑戰在於能夠證明這些「片斷」補足了其他資料一直以來所留下的「空白」，這才是本文所亟欲建構的日記新閱讀方式。

另一方面，以性別書寫的角度切入女性日記與校園文化研究，此設定所隱含的問題導向，一開始就深具挑戰性。揆諸近代中國女性創作的歷史，女作家以第一人稱「我」的方式講述故事情節，是個重要的創作突破，稱謂符號改變等同女性精神意志獨立的宣示，這在近代中國小說及文學創作進程上，被看作是現代女性寫作的一次大躍進。受五四新文化運動啟蒙影響，許多投身文藝創作的女作家，她們愈來愈多人嘗試以第一人稱方式行文，這種行文手法又與書信、日記這類書寫類型最為貼近。女作家們所採取的第一人稱書信、日記創作方式，逐漸匯集成一項獨特文類，評者認為該種文類與女性日常語言、感情取向及個性特質十分契合，特別是涉及到日常瑣碎細節、人際間的情感、生活遭遇等更顯相得益彰，因此書信、日記等創作類型，漸被接受極具「女性書寫特質」。女性創作偏愛採取「日記形式」，對閱眾而言，其所提供的暗示是文字具有私密性，因此成為女性抒發自己最天然無偽的方式。日記文字還隱含其為內省自白式的「發言」，這些特質是「日記」文類漸為女性所專擅的主因，而從文學創作跨入到現實生活，一位女性按日記下的「日記」，其與創作間的虛、實互掩，構成日記所被認定的具有坦白性，這是研究者不能忽略的文本特質。換句話說，女性自記的日記與女作家採取「日記形式」的創作，彼此間界限難辨，歸根結底都被視為其能「直抒胸臆」，研究上卻仍不得不注意到「日記創作」是以文學夾帶真實，這種真實放到按日所記的日記中，究竟該如何衡量呢？女作家與女性日記主，究竟如何勾聯並從而開展出更大的說與不說的閃躲空間？女性私人日記雖說缺了文學創作以為屏障，難道就可視為撰主坦白無隱的自我揭發嗎？這是研究者不能迴避的難題。

近年來，民國人物日記的公布與出版蔚為風氣，[6]惟女性日記在全體出版量中所占比例極低，究竟這麼稀少的女性日記，要如何判斷其在研究上的運用價值？一般說來，日記的重要性首先取決於日記主本人的「影響力」，影響力的定義是多層面的，不同領域占據要角的民國人物，因其牽動政治、社會、文化、經濟變化幅度不同，當然即有程度大小不一的「影響力」，公認的重要人物，其日記當然眾所矚目，比如《蔣介石日記》是中外史學研究者都想一窺究竟的大人物日記。[7]第二個考慮是個別人物日記書寫的內容，直接影響研究的設定，舉例而言，儘管日記主在某個領域具有關鍵性作用，惟其日記卻每天流水帳似的專記些「無關緊要」瑣事，這就考驗著研究上如何破解該日記，以建立其研究價值。事實是日記主的身分、眼光、視野，成為解讀日記文本不得不列入的考量，以《讓廬日記》而言，這是一份女大學生青春歲月的實際生活紀錄，「女大學生」這層身分造就日記本有的特質，它使得日記所記內容更多偏向於生活點滴、情愛感懷、同儕互動以家庭親人等方面，這樣的紀錄文字深究起來，當然缺乏深遠廣闊的政治關懷與社會批判，而恰恰是此種特質，使女性日記得與男性話語所注重的國家歷史、革命敘事形成對話，而研究戰爭時期的武漢大學，男性與女性、國族與家庭的對話，其所揭露的將是過去戰爭史研究中始終微弱的人的情感與道德掙扎的呈現。

或者，我們可以這樣看待年輕女性的日記，因年輕、因女性所以不夠「世故」，因未能深入理解政治甚至不解時局險惡，對民間疾苦更是熟視無睹，《讓廬日記》慣常對日常生活予以輕淡、白描的鋪陳，這種筆調幾乎貫穿整部日記，此點誠如作者在出版時，對自己的日記所提出的一番解釋，她說：「日記的敘述是雙向的，既有形而下的具象描繪，又有形而上的思想務虛。往往是一段實事，跟隨著一段感想評說。一個二十歲的女孩，思想認識談不上成熟，卻也不落陳規俗套，不時冒出新意。」[8]不可否認，日記確實呈現一九四〇年代戰爭中某部分「知識人」的現實處境，對知識菁英戰時遭遇的紀錄，是日記對戰爭研究最能提供新訊息之處，如何在研究中確切予以捕捉，是需要深思熟慮的。《讓廬日記》所揭露的是武大知識人許多戰爭經歷，研究者對於日記主的紀錄文本所透露的蛛絲馬跡絕不能輕忽，如何以日記補足知識分子在二十世歷史長河中的去向轉折，則是本文最終的關懷。

二、一如初衷？：樂山武大知識菁英們的榮耀與卑微

一九三八年日本侵華戰火延燒到武漢，這使得一九二八年創校並已處在安定中發展近十年的武漢大學，不得不在危急交迫聲中迅即遷校。當時，沿海多數大學幾乎全已在西南或西北選定內遷新校址，武大決定搬遷的時間晚於各大學，故而當遷校委員會前往四川勘定戰時校址時，發現長江沿岸各縣城早被其他各校相中或「占領」，[9]他們只好不斷上溯，最後來到了四川省長江末梢的航泊據點，岷江邊的「樂山」。武大遷校委員會的委員們初履樂山這個內陸小縣城，曾發出其地自然風光引人的讚嘆，儘管注意到物質條件實在窳劣，惟時機緊迫便只能屈就了。[10]選定樂

山作新校址後，武大校方即宣布全校一、二、三年級學生全部內遷，新學期將於一九三八年七月在樂山開學，至於四年級生因畢業在即，故留守武漢以完成該學期全部課程。事實上，距原訂計畫開學的七月前的一九三八年五月，武大便已遷校完畢全面復課，當時，所有武大人無人能預知他們將在樂山待幾年，一切就免不了因陋就簡。後來樂山歲月愈拖愈久，終至武大在樂山共有八年校史，直到抗戰結束後一年，即一九四六年方才遷回武漢，在原來校址復校。論戰時八年和戰前十年相較，時程上只差二年，惟「戰時武大」開展出極為獨特的一段校史紀錄，其因為師生跋涉千里、間關遠渡到川西小山城落地，其後便陷入一長串生活困頓、資源匱乏的戰時教育歷程，不斷湧現的顛沛流離感受，並受限後方小縣城侷促的空間，訊息封閉、心情苦悶、生活艱難成了戰時樂山武大人逃不開的共同命運。於此同時，戰爭造就武大人對樂山歲月不同於平時，更深的人際交往與複雜萬端的校園生活感懷，這使得眾多戰時曾於樂山武大求學的畢業校友，在事隔多年之後，提到當年的大學時光仍頗多點滴縈繞腦海，並且回憶時亦頗以某些經歷的考驗為傲。戰時樂山武大應該可以說是武大立校歷史中，最獨特也最重要的一段遭遇，它接續戰前的武大榮景，繼而又激盪出武大人更強的向心力與凝聚力，這是遍布海內外的武大校友，他們反覆提到的珞珈加樂山陶鑄而成的「武大精神」。[11]

武大既已決於樂山立足，原居武漢的教職員紛紛收拾家當行囊，風塵僕僕，攜家帶眷一路前往樂山。教職員們因各自行程安排不一，抵樂山時間便有先後之別，不過，相似的是所有人一抵樂山，第一個面對的問題是住房難覓。戰時武大校務經費頗稱拮据，遷樂山初期，校方無力籌建教職員宿舍，逼得過去養尊處優的學者教授們只好勉力出馬，他們深入樂山底層社會，踏遍各處以探求合意的住房。初履樂山的這批知識人，大家對於山城皆屬人生地不熟，多數人不得不先住進旅館，接著便抱著唯恐他人捷足先登的「搶屋」心態，東奔西跑地四處訪查，過程坎坷又磨人。任教中文系的蘇雪林回憶當時經驗，曾一語道破樂山租屋難及難的緣故，她提到該地原本人口稀少，市容並不怎麼繁榮，待幾千武大師生短時間內湧入，有房屋出租的房東無不趁機哄抬租金，供不應求，租方就處於劣勢。總之，「住」的問題是樂山知識菁英遭逢遷校換址，安居不易的第一個難關，這也成了樂山武大知識人共同的「歷史記憶」，事隔多年，每每還不能忘懷當年的「居不易」。

幸運租到房的，也是折磨連連。因樂山大部分的民屋都過於簡陋，房租不合理還屋況不佳，這使得來自大城市的學者教授們吃盡苦頭。蘇雪林憶及樂山租屋種種，縱然事過境遷幾十年了，依然滿腹苦水，不吐不快，她形容說：「有本地熟人介紹的當然要占不少便宜，否則房子壞不談，房租就貴上幾倍。所有出賃的屋子都敗得像個荒亭：地板爛了半邊，窗子東缺一扇，西缺一扇，黴爛的氣味，證明這屋子至少十年沒經人住過。看過十幾家都是一般，你不能在旅館住一世，於是只好皺著眉頭定下了。接著是找人挑水沖洗、找木匠、找泥水匠、找裱糊匠、砌新灶，誰知才住上半載，房東提出加租了。一加不是一倍，便是兩倍。聽憑尊意，可以讓你再安靜幾時，不然就乾脆請便。你那些修理裝置不能帶著走，只好白白便宜了他。」[12] 蘇雪林這位女教授是對住居格外講究的，因此她描寫屋況之敗壞，形音皆具。蘇自承她之所以注重住房的各種條件，緣於蘇家遷居樂山是一大家子人口，安家落戶頗為不易。蘇家的組合可謂奇特，早在一九三二年時，蘇雪林與姊姊蘇淑孟兩人就同住於武漢大學珞珈校區，姊妹日常生活交由蘇淑孟打理，後武大從武漢遷樂山，「蘇家」的成員除蘇淑孟、蘇雪林兩姊妹外，侄兒、侄女以及侄女的小孩也搬來同住。此外，一位從家鄉帶出來的僕人以及一位在樂山當地新僱的女傭，也算是蘇家一員，全部加起來共七口人，蘇家極具彈性的家庭組合，很可以作為中國戰亂家庭「多元化」走向的例證。[13]不過，大多數武大的教授家庭，是夫婦及子女組成，少數還有高堂在上，即使是這樣的「小家庭」，也面臨住房不順意的難題。葉聖陶於一九三八年十月底抵樂山，事前他已風聞樂山租屋不易，便在成都與當地商務印書館經理商量，請該館委轉嘉定分館職員協助租屋，沒想到抵樂山後一切仍無著落，所幸，商務的樂山分棧尚有餘屋可供暫時借住，否則拖兒帶女且有老母相依的葉聖陶一家人，可能露宿街頭了。武大遷校委員會委員之一，也可說是教授群中最早行抵樂山的楊端六，從未細想全家人的安頓之處，楊家的樂山住居問題，被延宕至袁昌英伴著婆婆、女兒楊靜遠、兒子楊弘遠一行人抵樂山後，才匆促議定。楊家後來搬入鼓樓街十六號的一所大院，這所大院是兩進的四合院格局，空間較寬敞，因此大院中除住了楊端六一家外，還容納了其他兩個教授家庭。各家分據院中一處，大致的空間分派是前院歸武大教務長周鯁生一家，後院東邊劃給經濟系劉秉麟一家，後院西邊歸楊家使用，三個家庭分立又攏緊，[14]只能說戰時遷往內地縣城的大學院校學者教授們，受限於居住空間的不盡如人意，意外地使人際關係往親密化方向推展，戰亂下的校園文化迫使學者教授們敞開大門，啟封書室，他們一個個再也無法過著「個人自掃門前雪」的離群索居生活了。[15]即使有些教師是離開家人獨自赴任的，又或單身尚未結婚，也在小山城中被迫過著群體包圍的生活。如任教於中文系的朱東潤，於一九三九年一月才至樂山武大報到，報到後，他投宿於城中心府街的一家旅館，在那裡長期租了一個房間，至於伙食則包給了離住處不遠的玉堂街街上一家飯館，儘管吃住皆簡易，卻處處見到武大人在周圍出現，[16]原因是樂山城區實在狹隘，供餐的飯館就那麼幾家，故而師生不時便在一處碰見。揆諸戰前武漢大學所在的珞珈山，學者教授們皆住獨棟洋房，住家不僅環境優美且門戶各自獨立，生活的「底細」向不外露。戰時，所有家庭中的銖錙瑣碎之事可說藏不住了，《讓廬日記》之所以能記下這麼多學者、知識菁英們的大小「私事」，原因即在此。

至一九三九年年初左右，多數武大教授都已在樂山安下家了。一下子樂山便出現近萬人的「新移民」，這些新移民懷抱著奇異、陌生又親善的心態，觀察著樂山小城所有一切。初履樂山的葉聖陶，初始即注意到該地沒有汽車在街上奔馳，僅有者是少數人力車，更多是安靜閒步的行人，和烽火連天的東南半部疆域相比，樂山「全無戰時氣氛」。[17]葉還寫到，他發現樂山沒有自來水，用電也不方便，顯示市政落後，不過既來之則安之，多數從大城市避遷樂山的知識分子皆漸明白，什麼樣的環境都須適應且變通，陸續地大家便在樂山恢復既有的教學與研究工作，並且盡可能接納這個偏僻小縣城所有的一切，包括氣候、飲食及自然風光。[18]

家務、校務才剛安頓下的一年後，一九三九年八月十九日，被認為沒有戰略重要性、空襲機會極低的樂山，意外地，於當日遭到日機猛烈投彈轟炸。這場轟炸，樂山付出慘重代價，儘管正逢暑假，師生分散各處，因此而降低了傷亡人數，惟留校的武大師生對轟炸的鉅大威脅及民眾被災的空前慘烈，還是感到恐懼震顫。據事後清理所調查出的損失統計，武大五位同學罹難，教職員及眷屬被炸身亡者十位，至於受輕重傷的武大師生人數有多少，則未有明確數字。[19]轟炸的破壞還來自隨之而起的大火延燒，據言樂山幾全陷入火海之中。[20]與樂山已產生共存共亡關係的武大，相較起來可說幸運，校產受損部分僅有靠近龍神祠的武大第二男生宿舍，因直接受炮彈爆炸波及，故被毀大半，其餘建築物所受損壞程度並不嚴重。不過，教職員私人財產損失就難以估計了，住屋被炸或焚燬的，屬重度受災者有三十多戶，包括擠了三個家庭的鼓樓街大院在轟炸後成了廢墟，所幸三家老小全都安然無恙，但「家」確定毀了，三戶的所有財產皆損失殆盡，「同院」生活不得不結束。劉秉麟一家遷住岷江對岸小山溝中的一所草房，極其不便，每逢上課都須先渡過江水湍急的岷江，萬分驚險不說，光是在渡口等渡船就得花去很長時間，待船抵對岸後，還要爬一段陡坡，上課的一趟路程費掉一個多小時。[21]楊端六、袁昌英帶著老小先是和工學院院長邵逸周一家合住一處農舍，住處離城四十里，距校路途頗遠。後來才在岷江邊一個被稱作「石烏龜」的地方，買下一戶農舍，全家搬遷至新居，改與機械系系主任白鬱筠一家同住。岷江邊的這處楊家新遷宅，依舊位於較偏遠的鄉間，八一九轟炸的恐怖災難令人不寒而慄，這使得所有學者教授擇居，都儘可能離城愈遠愈好，以此作為避開轟炸的自保之道。果然，八一九後約隔二年，一九四一年八月二十三日，日軍又一次飛臨樂山狂轟濫炸，致縣城再度面目全非，[22]而知識分子多數居鄉間，被災相對減輕。楊靜遠這位女大學生，當八一九轟炸後父母為遷居新家奔波傷神時，她尚未入武大就讀。《讓廬日記》的記述時間，起頭是一九四一年七月十四日，那時楊靜遠已隨同父母入住

「石烏龜新屋」，令她印象深刻的是該處離武大文、法學院所在的文廟，步行一趟要花一個多小時，上課、下課都要走很長的路，父親、母親卻只能安然忍耐。日記還記下新居躲得過轟炸，卻生出別種新患，那就是岷江氾濫淹水的威脅。每到夏季時分，岷江江水大漲，從上游奔湧而下所形成的洪流，隨時可能沖破堤坊漫延成災。一九四一年八月一日，江水又漲到危險水位，當日楊靜遠的日記說：「一早醒來，就有人報告岷江水漲得很厲害，快上公路了。我們急得什麼似的，連忙理東西，連鋪蓋都捆了搬上樓（自建的一平方多米的小閣樓，上面存放箱籠，一面作盥洗間），時時去看水。這次比上次漲得更高，離公路只有兩尺左右，並且不斷在漲。知道這一次不能倖免。回家後把西紅柿全採下，一個大南瓜也採了。很早就把婆送到乾爹（外文系教授陳源）家去，我們在家裡等水。晚上又把鋪蓋盤下來睡。」[23]翌日，水退了，一次危機又過了。[24]又是轟炸、又是漲水，可見「安居樂業」對一九四〇年代戰亂中的知識分子來說，簡直已變成「奢侈的願望」。楊端六、袁昌英這對夫妻檔的樂山持家經歷，完整呈現戰爭的逼迫無遠弗屆，當安定生活一去不復返時，破壞即埋藏於其中，楊靜遠日記所記的細節，便是戰爭「破壞」的間接確證。

值得一提的是，八一九大轟炸意外地令武大知識文化人走入樂山鄉間，天然景致及未受文明洗禮的鄉村人情，是武大知識人新的生活體驗，那是既美好又雜揉著落後的複雜感受。文學創作者兼教授的袁昌英，以獨到的靈性，帶領兩個子女感受鄉野自然的可喜，楊靜遠對此有極深的觸動，她在日記上說：「下午和媽媽弟弟到河邊去玩，美極了。」[25]「飯後和媽媽、弟弟到河邊沙灘上散步。弟弟、媽媽和我被一種和諧、親密氣氛包圍著。」[26]鄉居對向來居住「城裡」的知識人來說，還夾雜著諸多因「不便」而起的「不悅」。首先，「逛」樂山幾須全靠步行，居住鄉間，購買生活用品、上課、看病都須走上一長段路。加以治安不佳，當地駐兵皆難信任，樂山知識人道出抗戰大後方老百姓對「兵」的普遍畏懼心理，這與愛國主義宣揚對軍人的崇敬禮遇，[27]在不同場域並行不悖，說明各地此差彼異的社會情狀。以樂山而言，在鄉間出沒的「兵」，粗野無文、素質低落，一般人根本不知所遇到的兵是歸屬哪支部隊，或者對方是逃兵也不無可能，女學生更是見兵就躲。一九四一年八月間，樂山到處傳聞說中央軍要對付川軍，川軍聲稱其亦不甘示弱，定會殺光中央軍對抗到底，楊家聽到風聲後，憂心忡忡，深怕鄉居缺乏可靠保護，軍隊一旦火拚便只能坐以待斃。[28]除兵外，楊家鄉居的另外一個惡夢是偷盜盛行，[29]已到令人防不勝防的地步。所幸，城裡知識人的一段鄉居歲月，終歸是短暫體驗，待一九四一年十二月太平洋戰爭爆發後，日機不再動不動便飛臨樂山，楊端六、袁昌英全家毫不猶豫再度遷回「城裡」。

楊家這次選中的是蘇雪林原居的住屋，位於樂山城西的陝西街街盡頭處名為「讓廬」的一座中式樓房。「讓廬居」是楊家在樂山住得最長的一個「據點」，《讓廬日記》記的正是楊靜遠與父母同住該屋，她完成大學學業的四年時光。「讓廬」原是蘇雪林為安頓一家七口，反覆尋覓後所挑中的樓房。蘇家遷入「讓廬」時，宋姓二房東一家住條件較好的一樓，蘇家屈居破爛不堪的二樓。蘇雪林自承她與姊姊都是「不大肯將就的人」，[30]遂動手修整屋宇，兩個女人盡顯克服困難發揮改造環境的本領。據蘇雪林形容，二樓經找木匠略加修繕並裝上電燈後，結果是「煥然一新」。蘇教授又不殫煩細，穿梭川西小城問尋工匠、泥水匠、瓦匠，木匠，親自與其議價，接著施作監工，一番努力得使「讓廬」稍適人居。蘇雪林曾反省說：「抗戰居川八年，都沒有寫什麼文章，研究更無從說起」，原因是「烽火不息，生活逼人，心思欠安之故」，[31]這話雖然不免自謙，多少也反應出一位大學學者，在戰爭百事俱廢下，各種細端皆需親力親為，無奈下鍛練出學術之外的特殊能耐。蘇的例子說明知識女性或男性，她們遠離舒適的城市生活圈，乃得捲起衣袖放下尊貴的學院身分，從而與過去長久未接觸過的底層民眾大肆周旋，關於此點，蘇雪林又可謂是學者群中的佼佼者。蘇對樂山的理解似乎頗有獨到之處，至少租屋方面她顯得見識非凡，楊靜遠日記記武大教會計學的法學院年輕教授戴銘巽，曾委託蘇雪林代其租屋，蘇訪查到一處據聞許多人都看中的房子，她為捷足先登計，商請楊靜遠晚上去那個屋裡睡覺，意示房子已先被占住了。[32]一九四二年六月初，原居「讓廬」的二房東搬離，楊家人喜出望外能搬進此一「佳所」。八月初，袁昌英緊鑼密鼓地督工修葺屋宇，[33]迄月底，楊家一家人興高采烈遷入「讓廬」。[34]到九月初，法學院經濟系韋從序一家也搬進「讓廬」，這次形成的是三姓共樓的住居形態。三戶家庭於「讓廬」中各據一處，彼此相安兼能互通有無，其樂也融融，誠如蘇雪林回憶中說到：「樓下分為兩下，袁家與我各住一邊。但大客廳則歸袁家。樓上分為兩下，韋家和我各住一邊。客廳前後隔開為二下，前半歸韋，後半歸我。廚房公共。」[35]蘇雪林說她天生有傳承自祖父喜營造的秉賦，當三戶家庭在「讓廬」的空間分撥已定後，蘇雪林發揮了她善於東修西補的巧思，對屋子進行改造。比如說，為方便樓下、樓下上下出入，她購置了一架木梯子，接著便在自己這方樓下客廳後的天花板，請木工挖開一處方洞，把梯子裝進去，這樣一來自廳後便可直接上樓。而樓上有個房間的門是通往韋家客廳的，蘇雪林動手把門封死。再為了防範小偷夜間闖入，樓上所有朝向走廊開的花格窗戶，蘇雪林亦用木板全部釘死。最後一項工程是蘇雪林把緊隣韋家客廳的一個小房間，安裝上一扇大窗戶，以此隔開而變造出蘇雪林單獨的臥室，這個工程的施作牽連到的是蘇雪林令人欷歔的婚姻遭遇。一九四二年九月，與蘇雪林結婚後聚少離多、形同分居的丈夫張寶齡，從雲南轉到武大機械系任教。貌合神離並實已感情破裂的陌路夫妻，久不聯絡，竟因緣際會在戰時輾轉流離中，同居於一個屋簷下，蘇、張兩人已無伉儷之情，他們在「讓廬」中過著同食不同居的生活，戰亂下，人的情感抉擇受外在環境牽制，確屬無可奈何。

蘇雪林費盡心思東挪西補改善住居條件，事實是「讓廬居」仍然布滿種種隱患。說起來，四川氣候並不「宜人」，樂山更是溼熱難當，居住「讓廬」的住客們，飽嘗環境與天氣折磨之苦，偏偏屋子一如人，也因氣候煎熬而百病齊出，關於此點可從蘇雪林的回憶中拼湊出大致樣貌，她說：「這所屋子只是舊式民房，以建築年代過久，或因本地氣候特別潮溼之故，屋子也特別容易敗壞，簡直是一位工愁善病，喜於撒嬌的太太。無論你怎樣誠惶誠恐，鞠躬盡瘁地去伺候她，她還是不肯讓你好好過幾天安靜歲月。一場小雨，天花板便漏了幾處；過了一個黃梅天，地板便黴爛了一半；一陣風過，花格窗掉下一扇來，打碎你桌上一個茶杯，還幾乎把你的額頭砸破；老鼠在牆角拱了幾嘴，牆壁居然塌成一穴，賊伯伯若晚來光顧，只須一鑽便進，用不著施行什麼『穿箭』手段。地板下的枕木也沒一根牢堅的，人在屋裡一行動，滿屋杯盤碗盞便叮叮噹噹唱起歌來。還有蜈蚣毒蟲什麼的，自由從地板縫進進出出，冷不防會咬得你直跳。」[36] 恐怕不只蘇雪林對「讓廬」牢騷滿腹，其他幾位住客應該也是同感難耐。惟「讓廬」的破、敗、爛、壞，對照楊靜遠《讓廬日記》盈溢茁華青春、承歡父母膝下，乃至在住居中感受「往來無白丁」的美好，實屬天壤之別。大學女生日記所記的內容，自有其不識人間愁滋味的特點，畢竟年輕人的心境遠遠不同於須擔負一家生計的知識分子，其所顯示出的沉重苦悶。不過楊靜遠還是從側面觀察到知識分子求安穩的心理趨勢，她記說蘇雪林對「讓廬」儘管有各式各樣的不滿意，但與一再搬家所生出的麻煩相比，長居還是首要考量，而為一勞永逸計，一九四三年讓廬租約行將到期，蘇雪林出馬對屋主「曉以大義」談續租問題，最後終順利簽下三年租約，[37]惟三年租約尚未到期，抗戰已然勝利。蘇雪林的奔走，是武大知識分子遷樂山後，受「住」問題纏擾的一個明顯例證，愈到戰爭中後期，已無人再對戰爭迅即結束抱持樂觀心態，蘇雪林簽下長租約即是最好的說明。故而從日記所記內容可知，多數武大學者教授們已認命地守在樂山，只是萬萬沒有料到的是，待「住」的問題稍解後，緊隨而至的是通貨膨脹與物價飆漲，知識菁英們寶貴的精神與時間，又再度轉而應付並消磨於各種生活繁瑣細節上。

戰爭無止盡的拖延，國府中央羅掘俱窮，這使得公務員、教師的待遇一落千丈，幾乎人人都出現入不敷出的窘況，每家每戶亦難避山窮水盡的危機，「貧困」係因江河日下的經濟狀況而來，這可說是戰時知識分子共有的相似處境。回顧戰前居住珞珈山的武大學者教授，他們享受優厚待遇，生活無虞，與戰時相較可謂雲泥。錢歌川於戰時轉任武大外文系，他對戰前、戰時待遇的天壤之別，感慨萬千，曾描繪當時的心境說到：「從前北平的教授固不待言，就是我們武漢大學的先生們，在武昌珞珈山的時候，環境優美，住的是洋房，吃的是盛饌，居常僱用四、五個僕人，出外用汽車代步，我敢說，也就確是夠舒服了。不過彼一時，此一時，現在就大大不相同了。你如果以抗戰前的眼光來看抗戰中的教授，那簡直是時代落伍，相差太遠。猶如一個十八世紀的武士，做夢也不會想到現代戰爭的厲害呢！」[38]戰前的風光，對照戰時教授們生活條件的寒傖，直可謂人人皆「貧士」。

學生眼中，課堂上講授會計學、經濟學頭頭是道，又曾任商務印書館會計主任，任內以所學專長對該館會計進行現代改革的楊端六，於校務規劃上有守有為又處事周嚴，學生背後稱楊為「菩薩」，緣於楊師為人寬仁莊重，雖經常不苟言笑卻極和藹可親，向少板起嚴肅臉孔。[39]這樣一位被形容為菩薩的老師，在女兒楊靜遠心目中，卻變成一位錙銖必較的小氣家長。日記中記了一件家庭瑣事，即楊家某日宴客，為使客人不吃到糙米，楊端六與女兒埋頭於清撿米中的稗子，這時楊端六抱怨說他看見家中傭人背地裡偷嘴，為此，作丈夫的楊端六出言數落妻子袁昌英，責備她不該把先前行為較端正的傭人趕跑，為此，夫婦一言不和，大起爭吵，楊端山頓時心情鬱悶。目睹父母口角，楊靜遠也不知要如何勸解，[40]只能抱憾。楊家有楊、袁兩份教授待遇，惟因物價節節高漲，要過稱心如意、待人寬厚的日子真是談何容易。一九四二年，楊端六時年五十八歲，袁昌英四十六歲，兩人雖說不上風華正盛，論及教書著述仍然算得上是智識成熟、開花結果的豐收期，卻因貧困而平白生出無謂操心，這些於女兒所記日記中盡皆暴露無遺。進一步來說，戰爭的破壞豈止是有形的傷亡與物質毀損，中國當時的知識菁英為應付戰亂所耗掉的精力、時間，種種代價實難以估量。他們鎮日被困在柴米油鹽醬醋茶中打轉，和楊家相似的知識分子，可謂比比皆是，況且這種磨耗並無好轉跡象。錢歌川初到樂川時，曾以當地物價低廉，一家人可得溫飽為幸。根據他的記載，初始樂山一般的物價是，米一斗一元六角，豬油一斤二角二分，普通的知識分子家庭若節衣縮食，所領薪俸便足供一家人吃食所用。惟經過一年後，錢歌川提到，米迅漲至一石二十五元，豬油一斤漲至四元，一年間便翻了一、二十倍之多，物價漲而知識分子的待遇不僅分文未增，反因響應共赴國難號召，領到的實際薪資被打了七折。錢歌川說他每月領的薪資二百餘元，不及半月便花光了，於是舉債成了常態。值此青黃不接之時，錢歌川續言道，一家七、八口日常每日吃米就要六、七石，而米價節節攀升，領到的月薪最後連一石米都買不起。除了米價騰貴外，百物亦是高價難及，如幾根尺多長的柴，便要價一元以上，衣食住行樣樣難，知識分子只能拋卻一切，專注於食的無缺，如此卑微的要求都還是捉襟見肘，錢歌川說：「每次朋友來信勸我努力加餐，就使我感著一陣隱痛，現在當教授的，誰不是一飯一粥在過日子呢？傭人不消說，是早已僱不起了。我並不是吝惜那七、八塊錢的工價，她每月吃我兩斗米，我實在負擔不起呀！」[41]一九三八年，葉聖陶應聘武大中文系任教，初履樂山時，他也深覺當地物價低廉，頗感自喜，孰知至一九三九年年底，原來低廉的物價便無法抑制地不斷上漲，當年的十一月九日，葉聖陶於日記中記下他被物價壓得喘不過氣來的苦況：「近來物價刻刻增高，肉已至四角，菜油至六角六分，比諸去年此時漲一倍矣。」[42]漲一倍的物價，至來年更如脫韁野馬般瘋狂飆升，一九四〇年九月十五日的葉聖陶日記，他再次記下物價所創之「新紀錄」，日記上說：「今日買米三斗，每斗價十四元二角，尚不夠一個月之食用。」不及半個月，十月一日的日記又記下當時的新天價，葉聖陶說：「物價又飛漲，米每斗至十六元，油每斤至一元九，藍布每尺至三元。」物價不只漲，而且漲幅日益加大。十月一日的四天後，到十月五日，葉日記記的物價漲速更為驚人，他說：「今日又買米一斗，漲至十九元二角矣。燈下聚談家庭經濟情況，開銷益大，收入有限，即吃食一項，已不能與收入相抵。」[43]一九四一、一九四二、一九四三，三年間樂山物價失控瘋漲，通貨膨脹迅急惡化。受高物價牽累，楊家女主人袁昌英這位出身名門世家，向來養尊處優的淑媛閨秀，[44]竟自己養起雞，目的是為取得鷄蛋以補充兒女們的營養。[45]物價高漲引起人心惶惶，此時若又出現天災，真正是雪上加霜。一九四三年五月份，樂山地區久旱不雨，楊端六在家人同桌共飯時，警示到外頭極不平靜，搶劫的事變多了。[46]父母親焦額爛額地應付著生活，這種深刻不安感染到年輕女大生，楊靜遠日記中記了，她亦感受到物資緊缺危及社會秩序，五月二十四日的日記，她夾議夾敘地寫下：「還是不下雨，也是中國人活該遭殃，社會已開始生亂。這一向街上有人拐小孩，說是賣給苗子。」[47]五月樂山的這場乾旱，眼看著將觸發更大的社會動盪不安時，幸逢老天垂憐，天降甘霖，危機終於解除。

戰爭歲月邁入一九四四年，這一年，國民政府可說備受山窮水盡的考驗，社會積累的巨大民怨伺機而起，軍事、社會、政治改革無一見功，國府中央統治威望一掃而空。更加不幸的是，日軍傾全力籌謀部署發動一號作戰，國軍因師老兵疲戰蹟不佳，戰況對我方極其不利，由此更加促發民心動搖，而物價呼應似成崩盤般上揚。一九四四年五月六日，平時極少與兒女論及社會狀況的袁昌英，嚴肅且沉重地對女兒說：「這兩天米價突漲，每天漲五元，今天已五十五元一斤了。形勢非常嚴重。」[48]身處大後方的知識分子，接連聽聞前線國軍作戰失利的消息，悲觀絕望迅速漫延，所有攸關政局、軍事、社會各方面所傳出的消息盡皆令人失望，輿論已浮顯對政府強烈不滿的聲浪。一九四四年的明顯變化是，武大知識人對國事蜩螗所生出的憂心、苦悶與憤懣，匯集成對政府更加沉重的悲觀與痛責。楊靜遠當時三年級正要升上四年級，日記從旁記錄了知識分子們漸漸生出的對國府中央的觀感變化。如六月二十二日的日記記著：「湘北戰爭惡化，湖南有整個丟失的危險了。盟國戰事節節好轉，我們自己卻一天天逼緊了。人們還在自欺，高唱德國一敗日本必敗，束手等英美來幫助我們打走日本人。且不問它們將來打不打日本，目前就沒法對付過去。這形勢使人更沮喪、絕望。我怕我學的這門東西遠水救不了近火，急切需要的不是我！我不信任自己工作的價值了。」[49]一九四四年的《讓廬日記》，與前此的文字相較，較突出的顯著差異是日記所記下的，愈來愈多是知識人公開、私下熱衷議論時局，批判政務的表現，這應是情勢變化的大環境使然，而非日記主有意為之。如日記記了一次談話，即與蘇雪林貌合神離的丈夫張寶齡，曾於飯後與楊家群聚聊天，他沉重地指出中國人不爭氣，戰爭無可免，屆時人人都遭殃。[50]顯然前線戰爭的勝負訊息，時時牽動大後方的社會與人心，當傳來湘北戰事失利，衡山、藍田陸續淪陷，而衡陽也於七月初不保時，這些不經查證的一樁樁日軍戰無不勝消息，終令得後方民眾驚恐萬狀、無以得解。事實上，衡陽失陷是謠傳，[51]當時卻無人以其可能是捏造而想到要反覆求證為要，所有謠言、傳聞皆統統被信以為真，後方人心脆弱可見一斑，楊靜遠日記所記差可反應恐慌情狀日甚一日加劇擴大，無法收拾。[52]一九四四年十二月初，日軍武裝部隊進至貴州，四川已受嚴重威脅，此際，中國將全面淪陷的恐懼達於極點，「讓廬」知識分子對戰局惡化憂心焦慮、日夜不安。楊靜遠記下這一切，她提到知識人聽聞日軍攻勢凌厲，國軍節節敗退，一種待斃心態難以壓抑，日記上說：「戰事真是步步吃緊，今天廣播已打到六寨，是貴州邊境，惟一可守的南丹險要早丟了，眼看就到貴陽了，大家心亂如麻。」[53] 樂山的知識分子坐困山城，許多人開始考慮要何去何從。[54] 楊端六、袁昌英已做最壞打算，某日，他們鄭重地與女兒談及可能的避難計劃，如準備往峨眉縣郊逃，因可求助當地兩位熟識豪紳。[55] 楊端六真為這個避難計畫親往峨眉做現場勘查，後因對當地觀感不佳，主要是考慮市面太小不易生活，只好放棄避難峨眉的打算。[56] 直至一九四四年年底，楊端六、袁昌英幾可謂無一寧日，他們時刻滿懷憂慮，反覆商量再商量須找其他安全地方以求庇護。知識分子平時皆在書齋、學院中活動，論到要動員上下談何容易，故而多半只能束手無策、徒呼負負了，年輕女生的日記記下了這一切。楊端六曾躬親處理遷校事宜，舉措有條有理，安然自信，但回到私人生活的逃難安排，卻現出一籌莫展的踟躕，日記上記說：「爹爹在房中來回踱著，像被困的囚徒。媽媽說我們要拿出一些錢來投資做點小生意或別的，到哪一天日本鬼打進來，可以隱名埋姓暫時混過難關，不然學校一解散，只有死路一條。爹爹說行不通，最大的問題是看不清形勢。」[57] 知識分子面對外在變局已恐慌到要放棄教書、研究工作，改投其他營生，真可謂情何以堪。過度迫人的焦灼，使楊端六、袁昌英夫婦經常爭議不休，女兒的感觸是本來理性的父母，最終到了什麼架都能吵的地步。袁昌英曾悲哀地怨訴，家簡直變成負累，還不如拆散算了，這樣她就可以到重慶做事，到了重慶後，她一人可加入公共伙食，如此一來所有問題都簡單化了。楊端六駁斥妻子說，這種說法根本是唱高調，不過是任性妄為而已，[58]兩人吵來吵去，每每無疾而終。令人提心弔膽的日子，最終因國軍發動了有效反攻，原被日軍所占的城市一一收復，情勢大大轉危為安後，所有人才得以鬆一口氣。[59]善感易愁的年輕女學生，對一九四四年所生出的國事感懷，多半皆因父母的焦慮瀰漫於家中所引發的。《讓廬日記》所記的家中細瑣爭吵，實透露知識分子走投無路、憂心苦悶的現實心境，它與愛國主義引導下中國人民團結禦侮的高亢宣傳，構成極有意義的戰爭對話。戰爭初起之時，知識分子可說是支持國府抗敵救亡的堅強隊伍，無奈在曠日持久戰事折磨下，人心漸漸思變，加以國府社會改革力道疲乏，諸種弊病一一浮顯，只要遇到軍事作戰現出不利，已然脆弱的民心就如洪水潰堤，沖決根基，無可挽回。知識分子「私底下」籌劃「大難來時各自飛」，務先計議自保之道，卻又陷於繞室徬徨無所施力的卑微處境，在《讓廬日記》這份出自年輕女大生所記的日記文本中，如實地被描摹下來。

戰爭爆發之初，國仇連同家難凝聚起中國人民團結一心、同舟共濟、共赴國難的昂揚愛國精神。不可否認，文化菁英對此起了帶頭作用，沿海大專院校中的知識分子二話不說，攜家帶眷跟隨政府，一路前往西南、西北過去從未履足之地，在歷經千里迢迢的行旅跋涉後，就地安家落戶，同時致力恢復教學研究工作。這群來自東南省域的文化菁英與其他逃難民眾相較，他們的知識水平、文化素養是不可磨滅的無形資產，故言知識人是社會中堅，當處國家民族生死存亡之際，知識菁英便責無旁貸地被賦與更多有形、無形的重擔，包括戰亂中被視為民族命脈的文化傳承、教育復興與學術重振，都歸諸於是知識菁英的戰時使命。武漢大學的知識人，當然亦表現共體時艱的情懷。起初，他們亦不畏所有迎面而來的挑戰，不過，當挑戰愈來愈嚴酷時，離戰爭初期的堅苦卓絕便有些距離了，知識分子所做出的抉擇日益分歧，故而形形色色的遭遇與結局也就無從遮掩了。《讓廬日記》所記的，與其他知識分子留下的日記、回憶，相間相輔，由此構築出一幅複雜多面的戰時知識菁英圖像，特別是戰爭進入一九四二年後，似乎見到戰爭初起時的團結禦侮、上下一心愛國精神，漸走入渙散，楊靜遠的日記在「只緣身在此山中」的情境下記錄這些變化，儘管紀錄內容並非全面，但因其在長段時間中現出事態、人心變化的痕跡，較難加工隱飾，以致知識分子所有苦難掙扎，便被以極獨特的方式赤裸裸地揭露。

最值得注意的是楊靜遠日記記錄父親楊端六，他本是一位與國府關係密切的知識分子，卻因對時政失望而最終與國府漸行漸遠，楊端六由親國府到最終流露「中立」態度，女兒的日記成為追索其態度轉變的重要參考資料。按日記所記，戰時楊端六任國民政府參政會參政員，對重慶中央施政熱情關注。[60]在武大任教多年，楊端六十分受學生愛戴，同事亦對其頗為推崇。一九四三年，楊端六實齡五十八歲，武大已畢業的校友們崇仰端師，提前為其舉辦慶賀六十歲的壽辰盛會，[61]祝壽會可說隆重又有意義。作為女兒的楊靜遠同感父親在育人工作上的累累貢獻，她在日記中記述的楊端六，集合的特質是端正、嚴肅、穩健、一介不取。日記提到過一件事，楊靜遠的堂哥曾為了同學們計畫演戲來替湖南同鄉籌募賑災經費的舉動恰當與否，請示伯父楊端六。楊端六先是詳細詢問了此計畫是否徵詢過其他湖南教授，取得他們的同意，緊接著他便強調說義演千萬別和為娛樂而演相混淆，要表明這是名義正當的。[62]正直、端嚴、謹慎的楊端六，幾乎口不出惡言，但日記記了他私下和同僚的談話，對檯面上的政治人物，楊端六毫不客氣地表示惡感。一九四三年五月六日的日記，楊靜遠記了當天楊端六、袁昌英、蘇雪林以及蘇雪林丈夫張寶齡四人坐在一處閒談，談話中，楊端六就說到他對孔祥熙沒有好感。[63]一九四四年八月九日，日軍直逼湘、貴，戰局惡化，國府束手無策，楊端六與同在經濟系任教的劉秉麟，兩人是舊交，當日，劉赴楊家吃飯，飯後又不免群聚議政起來，[64]兩人皆坦言「孔祥熙和宋氏姊妹弄錢貪得無厭」。[65]楊端六這位參政會委員對參加國民參政會開會極其重視，經常風塵僕僕由樂山趕至重慶赴會。會期中，他不時寫信回家，信中不免述及重慶所見所聞，同時摻雜一些自身的政治觀點。女兒在父親帶領下，日記也記了她對政局有著不同於其他女學生的深切關注。[66]《讓廬日記》所記內容透露一些政治變化的蛛絲馬跡，即知識分子對重慶國民政府確是隨戰爭延續而流失信心，於此同時，延安贏得他們的好感。一九四四年九月二十四日的日記記著：「十六日的報上長篇大論地登出參政會討論國共問題，有林祖涵和張治中發言。現在有五位參政員被推選到延安視察。無論如何，事情公開了總是一個進步。」[67]「延安」自此便一再出現在過去長久以來親國民黨色彩濃厚，一個與國府向稱關係密切的學者教授家庭出身的大學女兒日記中，這個轉變格外值得玩味，若言女大生是旁觀者清，亦不為過。如就在前則日記後，相距不過幾日的十月二日，又記著：「時局形勢極惡劣，悲觀者的論調是，日本不到重慶則已，只要一打，是沒法抵抗的。國民黨軍隊的腐敗已如此嚴重。爹爹到重慶一次，眼見甚於耳聞，更增加他的悲觀。」[68]國、共對比決定了大後方知識分子的政治走向。

前述艱難窘迫的生活現實顯與政治轉向密不可分，《讓廬日記》捕捉知識菁英在滔滔議政時，又被迫不得不放下身段想方設法度過朝不保夕的生活危機。日記記楊端六、袁昌英夫婦有一次談論到處貧困之境，人當如何自處的道德議題，簡言之，「氣節」與「操守」放在戰時食不果腹、席不暇暖的同一天平上量秤，是否必須降低原有標準？女大生對「養家活口」的步步維艱只能旁觀理解，對知識分子刻骨銘心的痛苦，感受疏隔一層，故日記所記的道德評價難免好惡分明，甚至是執著於道德絕對的兩端，因此日記須與其他資料進行參照對比，才能調整研究戰時知識分子重要卻難以定位的觀察視角，亦即戰爭中的人性與情感應當如何評價。楊靜遠日記文本所觸動的深刻思考是，含帶道德審判意味的戰時紀錄資料，其不經意地以平常時期所慣用的道德評價，以此來檢視戰爭現實，是否流於苛求？

舉例而言，「開源節流」是戰時山窮水盡的教職員家庭普遍的解決難題之道，惟作法各自不同。一些教授及眷屬善用所長，開展新的「副業」，比方說文學院中文系劉永濟教授因筆墨功力不凡，他便於樂山城一家裱畫鋪中懸牌，接受代客寫字的生意。[69] 哲學系黃方剛教授的太太原是美國籍，這位外籍配偶以自己家鄉手藝調製西式炸麵卷，將其命名為「救命圈」，定價一角一個，她於街邊設攤，三個兒子幫同零賣。[70] 更多武大教授是靠兼課來補貼收入，所有人幾乎都在兼課，如此一來城裡空缺很快便補滿，於是眾人只好出城，有的甚至須遠至極偏僻鄉間的各中小學或私人家裡才得覓教職之缺。吳熙載一九四一年畢業於武大生物系，他回憶說抗戰時期許多武大教師忙於兼課，印象中歷史系楊人楩、外文系陳堯成、政治系楊東蓴、法律系李浩培、物理系江仁壽、化學系鐘興厚、生物系石漢聲等教授，皆應聘到專科學校或中學去兼課。這些學校有些位處人煙稀少的農村，來往不便並且待遇微薄，教師們卻個個不辭勞苦，一趟一趟地奔波，讀書人為五斗米折腰是戰時真實可嘆的普遍處境。

一般說來，教師身為學生表率，斯文掃地的狀況並不多見，而同僚間礙於師尊，當時及事後極少提及他人敗德的表現。《讓廬日記》卻難得地記了幾則教師出格舉動與墮落行為。如曾任武大外文系系主任的方重，日記中記他當時約集了十名左右的外文系學生，為的是要開辦一所英文補習學校，最後學生只被充做人頭，方重與他太太包辦了全部補教工作。袁昌英與女兒論及此事時，楊靜遠轉述說母親對這對夫婦所作所為十分「鄙夷」，認為老師為了自己賺錢，竟然利用學生撐台，更加令人不以為然的是學生們害怕老師威勢，只能乖乖依從。[71]日記接著記方重教授開設補習班的連番過程，學生們在背後亦議論紛紛，[72]更有甚者，方重的太太也是一位教師，其行徑亦令人瞠目結舌。[73]

樂山的封閉環境，戰爭的嚴苛逼迫，年輕女大生提到的同學們背後議論，多少提醒研究者，年輕學子心中實明白師長們普遍的困頓，故而但聞哪位師長不慕錢與權，便會得到更崇隆的讚佩。如任教經濟系的陶因，據傳樂山當地最高駐軍（三二補訓處）首長韓文源，曾出高薪商聘陶因任其私人教師，論韓文源其人在武大知識人眼中實屬地方實力派，惟行事爭議頗多，陶因在威勢下辭而未應，學生私下皆讚頌他清高。[74]錢與權在戰爭中特別顯眼，知識分子不乏為此拋卻尊嚴，務求己利者。一九四四年，武大校方收到政府撥下的一筆名為「美援華教授救濟金」的經費，名目是用以補貼教職員收入。這筆經費如何分配發放，引發了一連串爭議。武大校方處置程序是先推舉三位委員，即校長王星拱、經濟系楊端六及樂山當地著名的黃海化工社孫顧問，由他們三人會同商決發放名額及金額。[75]起初公布可得補助的教職員名額約二十多位，每人每年可領金額從八萬至十二萬不等。沒想到此一消息傳開後，未在領取名單上的同僚深感不平，抗議風波愈演愈烈。與楊家私交甚篤、來往頗密，還認了楊靜遠作乾女兒的凌淑華，她並未在武大任教，只因丈夫外文系教授陳源不在津貼名單上，她便不顧交誼，滿含不平恚怒之氣，向楊端六提出抗議。[76]知識分子自書的資料，幾無人論及這次風波中，同僚彼此難掩的濃厚「銅臭味」及「小心眼」心理，惟《讓廬日記》卻原原本本記下武大知識菁英們各種斤斤計較的表現。武大的這樁「美援華教授救濟金」經費分配爭議，始於一九四四年十二月中，持續延燒至一九四五年一月初才告平息，期間，不時便有人登門造訪楊端六，意欲爭取自己「應得」的分額，楊靜遠印象實在深刻，她在日記中記著：「為美援華教授救濟金事，爹爹惹一身麻煩。沒有派到的都紛紛吵嚷，現在他們想請求委員會准許把這筆錢平均分配給所有的教授。」[77]「錢」分配公平與否，重點不是訴求正義應被忠實信守，而是它攸關一家老小的溫飽，教授們力爭到底，究屬不得不然。

困守樂山小城，加之貧困交迫，要維持尊嚴節操，其付出的代價何其高昂，尤其貧、病、弱有如三位一體，隨時便從天而降，令人寒慄。樂山地處川西僻遠之處，缺醫少藥可以推想，又以天氣溼熱，令來自東南省域的知識人吃盡苦頭，各種擾人的疾病如影隨形，無處不發，其狀如蘇雪林所說在樂山「容易被病抓住」。[78]楊端六到了樂山後，腿痛之病不時發作，[79]這些還稱不上是「大病」，無以施治只有靠忍耐支持。另有些病就熬不住了，哲學系黃方剛教授本來體格魁梧，身材壯碩，豈料因患病導致身體日益消瘦，加以吃住無從改善，終因肺病惡化不治身亡。[80]黃方剛壯年去世，遺下外籍配偶及三名稚齡子女，景況實頗淒涼，聞之令人不忍。[81] 氣候潮溼使肺病極易惡化為重症，因肺病去世的除黃方剛外，史學系吳其昌、外文系費鑒臨也全因肺病而走至生命盡頭。[82] 肺病奪人命的嚴重威脅肇因於營養不足，武大知識菁英吃不好、住得差，就此撒手人寰的還有中國著名潛水艇工程師，任教武大機械系的郭霖，他堪稱才華橫溢，竟也因積勞成疾又無錢補充營養，雙重打擊下，不幸罹患黃膽肝炎，最終死於肝硬化。[83] 郭霖去世後不久，任教礦治系的王胡子也因貧血症去世，追究其之所以患貧血症的直接原因也是營養不良。[84] 戰亂的樂山武大，幾乎年年都傳出教師因病過世的噩耗，令人欷歔扼腕。一九四四年五月，數學系蕭君絳教授過世，令武大人頗為震撼。原因是這位蕭老師從年輕時便自學成醫，具深厚中醫根柢，武大師生不少人生病是由蕭老師診治開方治癒的，師生因此暗地裡稱他是武大校醫，楊家亦同樣受過他多次醫惠，[85] 這樣一位著手回春的高明中醫，其過世實令武大人不捨，楊靜遠已看到過那麼多師長們遽爾離世，惟對蕭老師的過世，她所生感慨特深，她於日記上記著：「蕭伯伯死了！這樣熟識，他的聲音、說話的態度、姿勢，他那談笑風生的豪邁氣概，他的才能、氣節，他那硬脾氣，可又那麼好心腸。我們這一家被他救過多少次命！我怎麼也想不到他會死去！說是腸瘺。累死的，餓死的。」[86] 試想戰時武大知識分子在樂山挨到一九四四年了，算算已在當地待了近七年，抗戰卻完全看不到結束的跡象。精神、身體所承受的痛苦愈來愈深，儘管大多數人仍努力堅守勤奮著述、育人不倦的工作崗位，可是這顯然不能說明每一位知識人、每一個家庭所有的生活真相，《讓廬日記》的可貴，在於女大生揭開了知識人過去向少暴露的「走投無路」、「客死異地」，乃至「鑽隙逢迎」的諸般卑屈、犧牲與逝去。

長時期的樂山居，反應戰爭拖延下引起的人心浮動趨勢已難抑扼，比較明顯的是武大校務自一九四三年始，便出現人事變動頻繁，教職員離職、離校、出國的情況有增無減。[87] 凌叔華原本在丈夫陳源出洋後，打算在樂山安居靜待，後來就再難耐小縣城的無出路，她經常往重慶跑，四處託人探聽能否啟程赴美。[88] 和樂山相比，陪都重慶代表消息靈通、代表前途可向外拓展，一九四四年年底，人在重慶的凌淑華去信樂山楊家，提及陪都氣氛樂觀，各方人士都極鎮定，面對戰局並未現慌亂。反觀前述所言樂山在消息重隔下，人心浮動，社會不穩，幾可謂惶惶不可終日，形成鮮明對照。而如楊家在未收到凌淑華來信之前，楊靜遠日記還記著樂山充斥著無端揣測，令人大起恐慌，其記下的情況是：「真不可思議，難道貴陽會來一次大戰嗎？」[89] 樂山人咸認中日大決戰迫在眼前，顯示愈是消息不通，愈感滅頂的壓迫，終至無所適從。袁昌英因此常勸丈夫楊端六出樂山赴重慶謀事，理由是重慶是中央行政中樞，機會多又能打開社會關係。一九四五年二月，三民主義青年團評議會通知袁昌英，該會議決增補十三名評議員，袁昌英亦列名其內。這段時期，「袁教授」屢次表明她想離開樂山前往重慶，做母親的焦慮實為袁昌英最核心的思量，這點於女兒楊靜遠日記中充分顯現。日記中說母親袁昌英幾乎已難掩其近乎頑固的態度，堅持赴重慶，她以國民黨中宣部要聘她任編輯，認為這絕對是赴陪都後事業能有大發展的好機會，她打的算盤是一來可以真正做點事，二者可藉此多認識些人，以替楊靜遠、楊弘遠兩姊弟的未來鋪展出平順道路。對妻子的「決心」，楊端六的態度是不置可否，袁昌英面對丈夫的冷淡，只能反覆抱怨不去重慶，一直留在樂山就是困守，好機會稍縱即逝，而這對女兒楊靜遠的職業和前途實關係重大。[90]

楊家一方面把重慶視作是大展身手、打開局面的去處，另一方面，對國府中央又生出離心離德的疑慮。任教經濟系的戴銘巽具國民黨籍，他是楊家經常往來的座上客，屢屢在與楊家人談及黨務時，表達他對三青團的不滿，甚至坦率嚴詞批評，他力勸年輕學子，與政黨有關的事越少沾邊越好，並直言加入三青團不會有出息，因為他們根本做不出什麼事業來。[91]與楊家人議論時事，戴坦白無掩，從不稍加收斂修飾。有一次論及黨派作風，戴教授的發言，被楊靜遠記在日記上：「戴說他看清了將來國民黨和三青團是無可救藥的，因內部已腐化得不可收拾了。他說C・P（中共）在中國一定占大勢力，最好能使雙方調解合作。他說將來中國唯一的出路是介乎三民主義和共產主義之間的，在經濟上最合適的是『合作制度』。」[92]

知識菁英對國民黨及國民政府失望顯非冰山一角，武大校園政治擾攘的跡象日益顯著。年輕學子公開、私下漸漸出現對中共、對蘇聯深感興趣的趨向，開設俄國相關課程的繆朗山，廣受學子青睞追捧，他的課極熱門搶手。一九四五年二月，一些流言開始於武大校園內漫延開來，道途紛傳警備司令部要抓繆朗山教授，他因而被迫離職。[93]外文系聲望極高的朱光潛，對事情經過顯不明就裡，有次他到楊家拜訪，提到他想出面挽留繆朗山，楊端六暗示朱光潛，此事內情並不單純，要先弄清校方處置的意向。[94]又有一次袁昌英對女兒楊靜遠說，繆朗山事件難以判斷其與政治牽連究竟如何，有人說校方實出於忌憚繆朗山過於受學生擁戴，至於其是否為共產黨員，並不是處置的重點。[95] 繆朗山最終仍離開了武大，所有真相隱而難明，諸多揣測未因繆朗山離職而止息。繆朗山事件是個徵兆，指出武大校園慣有的「平靜」以及對政治長久的疏離，似有一去不復返之勢，當抨擊國府聲浪日漸集結，親蘇、親共的師生掛出招牌，由「右」向「左」轉的傾向愈加明顯時，就意味著這所戰前以理科、工科教研見長的大學，其平穩校風已受到鼓盪，而其激烈程度端視國府威信低落狀況而定。

三、青春無悔：樂山武大學子的歡樂與困頓

《讓廬日記》所記的樂山武漢大學學生群像，因日記主就讀文學院外文系，母親任教外文系，父親任教經濟系，故其對文學院、法學院的人事物所記較詳，對理學院、工學院的狀況言及者相對較少。事實上，戰前武漢大學明示其立校宗旨係注重培養理、工人才以因應國家建設所需，此一武大辦學方針至戰時益加發揚光大。樂山時期的武漢大學，理、工兩院學生大約是文、法兩院學生的三倍。自校方議決遷校後，一九三八年三月始，原來在武漢珞珈山的武大師生陸續分散西遷，至七月，王星拱校長宣布「國立武漢大學」在樂山正式復校。教職員工及師長各自忙於分頭安家，學生們則全部住校。遷校後，為儘速疏解大批學生迫在眉睫的住宿需求，校方以應變方式就地取材，因陋就簡，在極短時間內「無中生有」地完成一幢幢克難式的學生宿舍。戰爭時期來到樂山就讀武漢大學的學子，對宿舍有很多百味雜陳的深刻記憶，事隔多年後，仍津津樂道。[96]

樂山城內、城外空房緊缺，學生欲自行在外租屋頗不易，故而幾乎皆住學校宿舍。因武大男學生人數一面倒，大約是女學生八、九倍之多，故校方興建了六處男生宿舍，分散樂山城內。六處男宿舍中有五處是借用當地廟宇房舍甚至商店，住的條件十分牽就，可想而知。[97]其中男生第六宿舍是武大校方唯一破土興工新蓋的，地點卻位在離校園十分僻遠之處，上課步行到教室要費時一小時，住在那裡的多是理、工學院學生，每日匆忙來去，「求學之路」堪稱遙遠艱辛。既是新建，第六宿舍被形容是男生宿舍中最「富麗堂皇」與最「舒適寬闊」，其環境按照男學生們諸多描述拼湊出來的大致樣貌是，宿舍依山而建，主建築包括三排寢室，每排大約有十個房間。房間的內部配置是安裝有四張上下鋪的木床床位，各排列於左右兩側，單側兩張平行床相接之間，即各上、下鋪同高之處，架有木條連結，形成格柵，內中可放行李、日用品等，學生們頗喜愛這個巧妙施工，以其不但節省木材，也對空間進行了有效利用。[98]與三排宿舍中最高一排平行的房舍，是專為學生讀書自習所蓋的大自修室，大自修室內安放了一張張特製的自修桌，自修桌兩側各有長凳一條，桌面設有大圖板，可供四人同時自修或繪圖。[99]武大遷至樂山後，圖書館設於文廟中，與文學院、法學院、教務處、校長室擠在一塊，館內座位有限，學生自習並不方便，因之宿舍的自修室便成為學生課餘最常流連的場所之一。除了第六宿舍外，其他男生宿舍不是光線不足，就是狹隘潮溼，一位學生回憶說所住的宿舍內安滿床鋪，晚上擠進宿舍，猶如進了輪船的五等艙。[100]文、法學生所住宿舍，桌凳俱無，學生自修便有許多因地就宜作法，如有人在牀上疊起被子作書桌，有人反背箱子，有人在膝上放一塊板子，有人就於過道燈光照耀下往復來回地走動閱讀。[101]戰時讀書求學環境儘管艱苦，但點點滴滴都有「得來不易」之感，「刻苦」與「患難」造就武大學子對戰爭歲月求學的「榮耀」與「驕傲」。

一九二八年成立的武漢大學，至一九三八年遷往樂山前，有將近十年是處於安定快速發展時期，當時校園坐落於依山傍水、景色宜人的武昌東湖邊，在幾任校長的經營下，校務蒸蒸日上，學院逐步建置，各系所持續增聘海內外優秀師資，再以迎頭趕上的企圖心，蓋起一棟棟教學與研究所需校舍，同時積極與其他有名大學競爭招生。[102]校務健全，校風穩健，實力日受矚目，至抗戰爆發前，武漢大學已被認可躋身中國一流大學之列。[103]武大自創校以來，在社會科學與理、工科上的教學與研究成績尤為突出，可說是一九三〇年代中國大學教育提倡「實學報國」理念的最佳示範。[104]「實學」到了抗戰，因國防軍事、經濟工業建設掛帥，更具時代意義，武漢大學理、工科畢業生投入戰時國防工業等基礎科學研究中，點滴積累，乃至後來著有成就者，昭昭在目。[105]或許是因注重「實學」，武漢大學校園文化在戰前與戰爭前期，相對中國其他名氣響亮的大學，都更顯得「平穩沉靜」。[106]還有人提到過戰時武漢大學，說校園中時時可見學生仍有不少穿一襲長袍馬褂者，校風可謂「復古守舊」。[107]

到一九四〇年代，武大還厲行「嚴男女之防」的女舍管理規定，這亦說明保守校風其來有自。許多武大學子追憶男女學生間恪遵「男女有別」之教，男學生、女學生於公眾場合，絕對保持距離，以避免引來議論與側目。[108]不過管理雖嚴，武大女學生宿舍依舊留下了無數「青青子衿，悠悠我心」的瑰麗戀愛傳記，其情其景就如一位武大畢業男校友在事隔多年的當下，仍忍不住深情款款地回想到：「（女生宿舍）由於門禁森嚴，儼若宮廷深院，而住在裡面的多是男士愛慕、崇拜、追求的倩女，在眼目中，高貴得猶如帝王公主，又位於白塔街，故好事者稱之曰『白宮』，以示其神貴難進，深得同學們喜愛。」[109]提起武大女舍「白宮」，男學生一致認為該處門禁森嚴，外人只能隔牆遠眺，難窺堂奧。女舍負責通報女學生有訪客來訪的門房，學生皆叫他「老姚」，論知名度絕不下於武大校長。男學生對「老姚」可說敬畏有加，原因是「門房」主宰著男女學生間的「友誼」進展得否順利，當遇到男學生被所愛慕的女學生峻拒時，「老姚」有時也充當起「戀愛導師」。[110]「白宮」是武大開放校園環境中相對孤立隔離的建築，加以又有門房坐鎮，武大女學生私生活便受層層屏障，這令懷春少男們更覺窈窕淑女格外難逑。

白宮盈溢著各種浪漫傳說，撇開這些，真正住在「白宮」中的女學生，個個卻滿腹苦水。一九四〇年，齊邦媛考進武大哲學系，在引其人入勝的個人回憶鉅作《巨流河》中，提到新生報到後，入住被分發的寢室，其震撼可謂不小。大學一年級新生，多半剛離開父母妥貼的照顧，齊邦媛對女舍粗糙簡陋，多年後仍縈繞腦海，無法忘卻，她說：「我跟學姊們帶著那些可笑的鋪蓋捲進了宿舍大門，似乎是向老姚報到的。他告訴魯巧珍她們到二樓，領著我們過一個小小的天井，左邊角落一間屋子，指著最裡面的一個上鋪床位的上鋪說，『你住這裡』。那床靠著屋子唯一的窗子，我原有些慶幸，但很快發現，這窗開向白塔街，為了安全起見，由外面用木條封住了。這一夜，天一直沒有亮，亮了我們也不知道。……我們那間房是全宿舍最好的選擇（如果可以選擇的話），上下鋪木床相當單薄，學校倉促遷來，全市的木匠都忙不及做課桌椅和床，但相較於男生，女生已得了許多優待。我們兩人都瘦，但是翻身或上下，床都會有些搖動。上鋪沒有欄杆，我總怕半夜會摔下去。有一天半夜，我突然發現床微微顫動，便向下問：『你也睡不著嗎？』趙曉蘭說：『我每晚聽你躲在被裡哭，我也好想家……。』從此，我和她有一種相依為命的感情。」[111] 齊邦媛的真切感受，削減不少男學生寄託情思的「白宮傳說」浪漫色彩，女生宿舍的實際環境，令人不敢恭維，惟住的好壞又視年級而定。回憶中有人提到她們大學四年的時光，在宿舍也等於是由「地獄」到「天堂」全部歷程。其情其景就如一位畢業多年的女學生所憶及的：「女生宿舍是由一棟西式四層樓（教會的房子）的三、四層及與其毗連的幾間普通平房和飯廳的二樓組成，當時女同學有百餘人，占在校同學的十分之一。西式樓的一、二層仍歸教會使用，三、四層質量好，每房住六至八人，均單鋪，要到三、四年級時才能住進。飯廳樓上及幾間平房大都為木質結構，冬冷夏熱，雙層鋪，房間大小不一，質量較差，住的是一、二年級的同學。新入學一般住最差的房間和床位，到二年級就能換一較好床位，或從上鋪搬到下鋪，或從房門口搬到房內較好位置。四年畢業離校，騰下洋樓內的床位，能讓三年級的同學搬去住，一般快要到畢業時，就有低年級同學來預訂床位，同房間居住的同學偶然性組合較多，基本是三、四年級不同系的同學雜居一室，洋樓宿舍光線充足，冬暖夏涼，抗戰時期能住上這樣的宿舍確是不錯的了。」[112]

楊靜遠於一九四一年入學，一九四五年畢業，在校四年幾乎都住家裡，但女同學間喜於構築私密空間的偏好以及比起男生更有互吐心事的需求，這些使得楊靜遠經常出入或乾脆借住女舍，因此她對女舍環境亦頗關心。日記中，楊靜遠詳記了宿舍分配的準則，大致是一、二年級生，盡皆被分配住洋樓腳下的中式平房，平房「潮溼、破舊、骯髒，像王宮下的雞窩」，愈往高樓處，居住條件愈佳。她的同班同學王夢蘭升上四年級後，住的房間頗「令人豔羨」，日記上詳記該房的雅緻，說到：「只有兩人睡，靠窗放兩張小桌子，鋪了白臺布，光線好極了。坐在桌前，可以眺望整個嘉定城，望到對面的江、峰，眼界很廣。」[113]

糟糕的女舍居住環境，實實在在考驗著嬌滴滴的女學生們，尤因宿舍熱水供應不足，女學生對此不便，感認其為「難以忍受之苦」，熱水主要是為清潔、飲用所需，故而儲熱水成了每日女學生的重頭戲，個個清晨起床即摩拳擦掌，嚴陣以待。宿舍環境惡劣實無改善可能，尤其女舍的廚房與廁所毗鄰，一旦滋生傳染病菌，後果便不堪設想。一九四三年，樂山傷寒流行，女生宿舍感染者持續增多，數名學生在染病後，病況急遽惡化，因缺乏醫藥予以及時治療，七個學生陸續病逝。[114]楊靜遠的日記記下女舍因爆發傳染病而引起的死亡威脅，她說：「宿舍裡病了好幾個女同學，有一個化學系四年級學生叫陸道蘊，傷寒很重，高燒華氏一〇六度，腸子已出血。」[115]一般說來，女學生比起男學生，更講究環境衛生及飲食清潔，「白宮」女學生的回憶幾乎無人提到「寄生蟲」襲擾問題，反觀男舍，就有男學生道出其中飽含各種殺之不盡的恐怖「訪客」。

四川多鼠遠近皆知，鼠輩橫行令人防不勝防。老鼠不僅咬衣物、咬書本，也會咬人，當晚上燈火熄滅後，老鼠常肆無忌憚鑽進被窩中，令人既痛恨又害怕。蘇雪林曾回憶說：「當夜間老鼠鬧得厲害時候，你起來把牀沿拍拍，吆喝幾聲，牠們不理，跳踉暴躥如故。……到冬天牠們還要到你被窩來取暖，當你午夢初迴，把身一翻，便聽得『撲托』一聲，有一物下床而去；或你的手偶爾一伸，會觸及毛茸茸的一團。這種可惡小動物，強來與你枕畔邊遺下幾顆棗核形的東西，那就更弄得你哭笑不得。」[116]除老鼠外，學生們集體住宿，更難避免臭蟲、跳蚤肆虐，弄得被褥經常是血跡斑斑，在缺乏殺蟲劑除蟲的情況下，只能依靠太陽曝曬減輕災害，一位男學生曾描述他有次翻過棉被另一面，見到成堆臭蟲，頓時頭皮發麻。男學生宿舍的衛生條件極其可慮，一旦各種傳染病如瘧疾、痢疾、傷寒猛然流行，綿延數月幾不可免。

惡疾對營養不足的學子而言，無異是雪上加霜。戰時學生伙食差，眾所皆知，以武大為例，校方供應的米糧，是抗戰時期大學生口耳相傳的「八寶飯」，[117]米飯中甚至夾雜泥沙，根本難以下嚥。為了改善伙食質量，少數手頭較寬裕的學生，自行合組辦起伙食團，其方式是米飯仍由學校供應，菜則幾個人合夥採買。自辦伙食團的菜色自然較有變化，有時甚至可吃點肉，至於無力自辦者，在公辦伙食團飯、菜皆差的折磨下，解饞方式就是上館子。樂山的小吃有那麼特定幾家是學生公認的價格便宜，口味獨特，這些小吃成了學子津津樂道的「人間美味」，其在舌尖上殘留下的美好，縱使在六十多年以後，還有人念念不忘。[118]小吃的記憶與回想，透露了武大與樂山縣城這個棲居八年之地的物質緊密關係。小小樂山縣，武大校園占據了可觀的空間，當時座落樂山的高等院校還有另外兩所，[119]他們皆無法與武大的規模相比。為數不少的武大學生在樂山待滿四年，畢業後才離開，因此樂山寄託著他們濃濃的青春情感，尤其戰時的師生互動、同學交誼，乃至課餘休閑、吃飯、娛玩，無一不烙印上樂山的街、巷以及當地的自然風光、地景山川及氣候物產。可以說，「樂山空間」蘊育了戰時武大的校園整體文化，確是的論。

抗戰時期的武大學生，多數是隻身一人待在樂山，父母不是在戰亂中自顧不暇，就是因郵路不通失去聯繫，家庭經援斷絕者可謂普遍，故貧困成了學子們共同的處境。國府教育部為救濟貧困學生，設立了「貸金制度」。[120]這項為扶持貧困學生而有的救急措施，原本立意良善，不過施行時，流弊卻層出不窮。首先是大後方物價年年衝天似上揚，貸金縱有調漲卻仍趕不上物價上升幅度，這使得學生領取貸金的心態產生偏差，多數人的想法是「有總比沒有好」。最為人詬病的是貸金制度發放浮濫，領取者的資格審定太過寬鬆，導致申請的學生數不斷膨脹，一些生活條件較佳的學生也在領取之列，而真正貧無立錐之地者所能得到的金額又遠遠不足。[121]據統計，一九三八年，教育部發放貸金予需救濟的學生，人數計約二．九萬人，至一九四二年止，經過四年，申請貸金的學生數成長近一倍。[122]以武大而言，至一九四五年為止，全校共有四百九十六名公費生領到全額貸金，一百九十三名自費生領到膳食補助貸金，三百八十九名來自戰區學生領取額外貸金，各類貸金領取人數共計一、〇七八人，而武大當時學生總數是一、三六四人，貸金發放之浮濫可見一斑。[123]貸金領取資格過於寬泛，使學校及國家付出龐大經費，對此，學生亦有批評此制度不盡合理、公平，[124]歸根結底，那些時時斷炊無以為繼的學生所領到的貸金可謂杯水車薪，而家庭尚可供應接濟並景況可稱自足者，混入貸金領取隊伍，所拿到的補助便是一筆多餘的零用錢，他們將之用來增加課餘的「享受」，奢侈行逕引人側目。不過，貧困普遍還是武大多數學生的現實處境，同學間依靠著各種關係建立起來的友誼，諸如同系、同鄉、同寢室，此皆促成彼此能於急難中伸出援手。[125]戰亂中求學，同學更加重視互相砥礪，又親如家人般問病視疾，因為在異鄉困頓條件下，同學才是真正的「近鄰」，尤其學習上，物資極端匱乏，圖書、紙張、印刷設備樣樣缺，課餘學習格外需要共同幫助，這些克難中打造出的同窗情懷，使得樂山武大學子縱使畢業多年，散居世界各地，只要談起學誼，還是會有一籮筐的「佚事」傾倒不完。[126]

經歷戰爭的大學生念念不忘處於戰爭烽火中，他們憑毅力克服艱難環境，孜孜不倦地應付課業學習的不平凡青春歲月。為了完成學業，許多人需在課餘找份工作用以貼補學雜、生活費等，同學雖說年輕力壯，不幸因操勞過度而生重病乃至身殞者，比起戰前人數還是大幅升高。不幸客死異地的學子，他們伴隨同樣也在樂山辭世的師長們，一起安葬於樂山武大公墓，該公墓被武大人稱為「第八宿舍」。樂山武大的「第八宿舍」是戰亂中國，一所大學學子和師長們身處偏僻縣城，堅持弦歌不輟，終究避不了油盡燈枯悲劇下場的象徵。與武漢九省通衢地理位置相較，樂山小城無疑是窮鄉僻壤，戰前知識菁英的生活堪稱五光十色，各式各樣的聲光化電娛樂垂手可得，戰時，偏居樂山，師生的文娛活動走不出「小縣城」的侷限。由於樂山供電不穩，因之與「電」有關的休閒娛樂無不成為學生眼中重大的「盛事」，比如說看電影。樂山當地原有的電影院，於一九三九年八一九轟炸中，慘遭焚毀，其後新電影院雖蓋起，惟其場地及設備實難與沿海城市相比，學生對此卻已頗感雀悅，大家喜孜孜地迎接新影院落成，視其為樂山最高級的展演場地。[127]新影院不時穿插各類文娛表演，因當時影片來源困難，復以受缺電限制，電影極為珍稀，一旦公告要放映電影，學生每每為之騷動。[128]一九四一年太平洋戰爭爆發後，西方影片進入中國較前便利，樂山影院盛況有增無減。[129]觀看電影可說是戰時較「奢侈」的享受，對莘莘學子來說，另有些文娛活動，比起電影更加經濟實惠，而一樣具有「聽覺視覺」娛樂效果，此即學生社團公演。最受歡迎的武大學生社團演出，當屬京劇社，社員個個練就精湛劇藝，舉凡唱念、做打、身段、鑼鼓皆臻職業水準，在樂山名聞遐邇，每次演出，不僅校內師生大飽眼福，樂山民眾亦趨之若鶩，熱烈捧場。

樂山時期的武大教授人數最多時達一百二十人，[130]文學院、法學院、理學院、工學院，諸多蜚聲中外的教授齊集樂山。回顧武大創立時，一批留學歐美，受西方文化薰染頗深的教授齊集，濟濟多士，奠定武大良好學風。到抗戰遷校樂山後，一群「元老級」教授們，包括文學院劉賾、劉永濟、陳源、朱光潛；法學院周鯁生、劉秉麟、楊端六；理學院王星拱、石聲漢；工學郭霖、譚聲乙等，成為武大精神指標，有些學生在入學前已久慕各人大名，而有學子係專為追隨某師考入武大者，這些專意追隨師長的青澀學子們，入學後，親炙名師門下，更加激起有志者認真向上的決心。武大名師們賡續過去校風，合力打造戰亂下的樂山武大做為師生共榮的一方學習、研究淨地。此一淨地，意味著精神世界與現實劃開些許距離。樂山時期，教授們各自於校外各處，包括城裡、鄉間分別租屋，上、下課時間，教授們匆匆來往於大街上，學生隨時隨地都可能與師長偶遇，老師的身教便不再只限於課堂上，教室外亦頗生動。樂山武大教授們的住居有個共通點，那就是幾乎無一不簡陋，普遍環境不佳下，反因此充分表露主人真實個性與生活底蘊。學生與教授因為通通擠在一個小縣城中，往往幾步之遙就行至某位教授的家門口，所有門庭皆無高牆大院摒擋，有的只是柴房木門，這便促成師生關係得以更親近。學者教授們私下如何卓爾不群，怎樣勤奮不怠，或具有何種安貧樂道、苦中作樂情操，學子得親見親聞，其感化力量格外重要。有些教師家庭待學生如親生子女，照拂有加，師生相處如春日朝陽般和暖，戰時樂山武大可說具備現今大學校園規劃為人讚賞的「大學城」基本形貌，也就是武大人遍布樂山，武大校風、學風更使縣城充盈書香文化氣息。

武大是當時中國西遷大學中，少數非屬教會大學體系，教會活動卻相對活躍的學府，校園中的宗教性社團表現亮眼，其中一九三一年成立的「珞珈團契」，係校內基督徒自願性組織，深受學生歡迎。樂山時期武大的校園團契，於中國與英、美結成並肩作戰的盟國後，更加贏得學生好感。與世界其他大學校園團契相似，武大團契的主要活動偏好於舉辦歌詠、音樂欣賞、戲劇表演等。樂山一地自十九世紀末西洋傳教士便已履足，縣城中建有一、兩座教堂，這些教堂是武大團契聚會及舉辦活動的主要場所。戰時樂山當地的幾位西方傳教士及教友，他們更是與武大師生建立起密切關係，由於內地的中國民眾普遍都窮苦，神職人員相對握有較充裕資源，故而其不時邀請武大師生同至教會，饗以精美點心。[131] 校園團契因有西洋友人優越的「物質」支援，每次辦活動自是一應俱全，如音樂聆聽會的推出便是一例。武大學生服務處舉辦的音樂聆聽會經常借團契室的場地與設備，屢屢吸引武大師生熱烈捧場。按楊靜遠日記所記，一九四四年三月十一日當晚的音樂聆聽會共持續三小時，全程播放完 Faust（古諾歌劇《浮士德》）共十六張唱片，估計當日有一百多人把場地內外擠得水泄不通，這可說是武大最熱門的活動了。[132] 為應師生需求，同年九月二十六日又再次舉辦唱片音樂會，時間仍然長達三小時，楊靜遠的感想是大家都流連忘返。[133]

與校園團契關係深厚，也是武大社團中，入團學生人數可觀的是「聯青合唱團」。[134] 聯青合唱團幾乎每週都需集合練唱，他們練唱往往借用的是洋人的宅邸。[135]一九四四年十月二十一日，楊靜遠日記記她加入聯青練唱，當天與一群同伴進到一處她首次造訪的洋宅，[136]該洋宅令她印象頗為深刻，於日記中，她記下：「陳（聯青總幹事陳仁寬）說以後我們的會址就在這裡。這美麗的、舒適的洋人住宅，一間房裡有風琴，一間房裡有樂山惟一的鋼琴。小小的溫暖的房間，充滿一種 luxurious tenderness and mellowness（奢侈的溫馨）。」[137]在樂山落後的生活條件中，洋宅、鋼琴、練唱，這些因素全體構築了聯青合唱團彷彿係沙漠中出現的綠洲，有種「世外桃源」的奇幻存在感，此種奇幻存在附著於大學男女學生的青春時日中，沒有戰爭煙硝味，也沒有現實苦況的難堪味。一九四三年五月二十八日聯青合唱團舉辦音樂會表演，男團員一律身著白西裝，女團員全體著淺藍褂子，表演單鄭重印著獨唱、合唱等等節目流程。教會、聯青合唱團、歌唱表演等使武大學子得於小縣城中化身為西化紳士、淑女，並且模仿其舉止打扮，這些奇幻感使楊靜遠在日記中感慨到：「如果生活真像一支歌，只有和諧優美而沒有一切顧慮多好！」[138]聯青合唱團的男女學生在各種條件幫襯下，幻化成「紳士」、「淑女」，這種虛、實間造成的心態變化，自然而然影響到聯青團員的男女交往方式，這個社團中的成員流露少數有別於樂山男女學生的拘謹束縛，他們一般崇向文明交友，也就是以共同興趣做前提，在社團開放自由共處中，表白內心的愛慕之意。[139]

在校園團契與聯青獨領風騷下，樂山武大師生每逢西方節慶到來時，便可觀賞到一場場別出心裁的慶祝活動。楊靜遠剛入學之初，即和同學入樂山當地的浸禮會練唱聖詩，為的是預備聖誕節的表演。[140]一九四四年十一月，早於聖誕節來臨前的一個月，學生練唱活動已如火如荼進行。[141]聖誕節前夕，武大校園各種慶祝活動琳瑯滿目，其中十二月二十四日入夜後，基督教團契所辦的同樂會是所有活動的重頭戲，因為上臺演劇或歌唱的同學人數眾多，楊靜遠在日記中生動地記著，女同學尤其興高采烈，她們個個皆「頭上生腳，心裡長草」，非常在意能否在晚會上大出風頭。[142]遇每年新曆年，聯青團員更是排演了各種歌舞節目，以與武大師生共同去舊迎新。一九四三年一月三日，聯青主辦一年一度的新年聯歡會，這堪稱是武大師生共同澆灌的奇異文化景觀之至盛，楊靜遠的日記如實記下當日的歡快：「丁景雲的七面紗舞也來了，可惜舞得大不如昨天，也許因為缺少燈光、服裝、舞台的關係吧。女聲獨唱，彭XX，我要說她學得一身美國歌舞明星的皮毛，唱些酒店女招待的歌，態度既嫌輕浮，聲音也不穩重，唱時聳動肩膀，覺得肉麻。劉嘯雲比她像樣多了。」[143]西方的現代藝術品味與表演欣賞模式，在校園團契及聯青合唱團媒介下，出現於落後封閉的樂山，儘管合唱團在唱宗教聖樂、藝術歌曲外，[144]也挑了一些抗戰愛國歌曲作為「應景」的表演曲目，[145]卻無改教會、西方文化、大學文娛聯手在樂山所構造出非屬當地的城市文化體驗，各種音樂會對樂山民眾可說聞所未聞，遑論欣賞。古典樂、歌詠、戲劇的菁英化取向，區劃出大城市、小縣城間的界限，而這些全然是武大師生所打造出的自我陶醉場域，既身在樂山又可說不在樂山，這種奇異感隨處可見，比如學生在樂山所具有的「泡茶館」經驗，是另一明證。樂山武大的男學生熱衷於「泡茶館」，同學常說若要找某人，繞著校園周圍遍尋不著時，那人就必定在茶館內。茶館既是學生休閒兼學習的空間，故而有人在彼處高談闊論，也有人埋頭寫論文。樂山茶館的茶資極便宜，不分貧富貴賤，人人皆可負擔得起，只要費少數錢便可占據茶館內一席之地，窮學生也得享此樂，故令武大人驅之若鶩。許多武大學子後來回憶樂山的茶館享受，仍念念不忘一碗茶喝到夕陽西下的快意。茶館中原來的顧客是一批樂山本地人，這些本地人卻向未被學子們視為同好者，他們在學生的視野中徹底被抹淨，以致幾乎無人在回憶中提及過樂山本地人的行狀，更不要說有人曾試著深入理解本地人的生活了。辦聯歡會、泡茶館與遊樂山風景名勝，就樂山武大知識人而言，皆出於同一心理狀態，那就是立於「外來者」的立場來「介入」當地所有一切，因此其眼光雜揉著天然、質樸、新奇、落後等各種評價也就不足為奇了，樂山對武大人而言從未自他鄉、異鄉變成為「屬地」，縱使樂山大佛、凌雲、烏尤、大渡河等景致，已是武大知識人熟稔不過的去處，卻擺脫不掉其不過是武大人樂山居的山水背景陪襯，並非入肌入裡的生命共存體。總之，武大知識菁英實難拋卻其身為城市人、文化人所具有的「文明前端」心態，以致對於遷居小縣城便處處流露借覽風光、借占物資的集體傾向。

從個人角度來看，武漢大學遠遷後方，年輕學子與家庭受限於空間的阻隔，關係自難緊密，五四新文化運動揚舉的個人「自由」與「獨立」，在戰亂中成為真正的現實，惟這種現實未必美好，反布滿荊棘，特別是擁有自由後，女大生和男大生相比，其所面臨的陷阱與誘惑，足令其失足墮落。楊靜遠日記以女性特有的纖細，記下了戰亂時代中，女學生面臨課業、交友、婚姻三個人生重大選擇時，所具有的特殊時代精神樣貌，即堅定與徬徨共生，信心與迷惑共存。《讓廬日記》中提到過齊邦媛，兩人同樣畢業自戰時以辦學良好著稱的南開中學，[146]齊、楊兩人曾共居過同一寢室，後齊邦媛於楊靜遠入武大後，也考進該校哲學系就讀，高中時代的學姐、學妹再度於大學中相逢，見面後彼此格外親切。[147]齊入學後一年，有一次她對楊靜遠坦承，她並不喜歡待在樂山武大，實在是過不慣，主要原因是齊邦媛立志宏大，按楊靜遠的日記所記有關齊的描述是這樣的：「齊看不慣這小小的封閉的地方，瞧不起這些狹隘猥瑣的人，她想轉學。」[148]在楊靜遠這個旁觀者眼中，大學時代的齊邦媛，對自己應該學什麼又或如何學，已有定見，若說這種未在家庭家長護持下所生出的「獨立性」，足以代表一九四〇年代的女大學生她們所具備的共同時代氣質，並不為過。日記還記了另一位女大生，名叫劉君若的，她是武大教授程迺夷太太劉君素的親妹，和楊靜遠亦屬南開同窗，後考上西南聯大，楊靜遠說劉女積極上進，向不依賴他人，為了補貼自己上大學所需費用，她於課餘兼職，教授駐紮昆明的美軍中文。[149]同樣也是南開中學畢業，後就讀西南聯大的王瑛蘭，與楊靜遠交好，曾應楊靜遠的請求，替她打聽同校一位名叫戚光的男同學其品行風評等訊息，原因是這位戚姓男同學寫了一封情感熾熱的信，表達欲與楊靜遠為友的意圖。[150]楊靜遠日記所記的周圍女學生朋友圈，除了肯定南開確實辦學優良，以致人才備出，更重要的是大後方的大學女生，她們來自同一高中的機會增高，如此更增添互相惕勵、彼此鼓舞的親密學誼，且能激發更遠大的志趣或至發揮異性交往的情報打探功能，這類女大學生在戰亂中因空間緊縮而構築出的親暱性，是戰前分散大江南北的女同學較難擁有的。

樂山的武大校園和武漢時期相比，缺乏一棟棟傲然的雄偉建築，好處是人際關係被導向開放自由，這助長了學生間互動更形熱絡，各系間一有風吹草動，傳播便極其快速，又私人休閑貧乏下，大家特別喜歡傳些同學的風流韻事，尤其是受到矚目的女學生，有點什麼動靜便會吹皺一池春水。有一段時期，樂山武大出現一位風靡一時，顛倒眾生的外文系校花，其人其名連已畢業數十年的老校友，想起、談起都還是讚嘆當時女校花所刮起的旋風。[151]外文系校花堪稱是樂山武大持續最久的傳聞主角，提到這位女同學的威名，連已年近耄耋的樂山武大校友仍回味無窮，而關於女學生行逕的轉述，這部分最詳細可據，幾乎可說以親臨現場轉播形容亦不為過的，當屬楊靜遠的日記了。外文系校花在楊靜遠日記中頻繁出現，她的名字叫冼岫，[152]外號是「武大皇后」。在封閉又沉悶的縣城校園中，「武大皇后」幻化成了學子們情欲想像與道德衡準的參照。「武大皇后」豔冠群芳，外表的優越性使其感情史受到同學熱議，在一傳十、十傳百的捕風捉影、加油添醋下，內容極為豐富。楊靜遠日記記一九四四年寒假，冼岫由樂山前往成都，學期開始後返校，冼回校後流言便傳出，說她在成都已和一男人同居。這些學生間的風言風語，虛實參半，校方卻置若罔聞，概不介入，由此可見一九四〇年代中國大學對學生私生活的學務管理，傾向是私事私理，原則上尊重個人抉擇去向。校花生性浪漫，她與人同居之事，楊靜遠於日記中記得一清而楚，這可說是女大學生日記與其他武大資料相較起來，最顯特殊之處，也就是其對情感關注著墨甚多。[153]對於當時多數女大生來說，同居不能算是普通之事，因此武大女同學對校花的行為，紛紛提出各自的道德評斷。[154]校花花邊新聞沸騰喧嚷了近一年，眼見議論有偃旗息鼓之態，孰知一九四四年年底，又傳出校花行將結婚的消息，才剛趨於止息的議論，又因女方所選擇的結婚時機與結婚對象等可疑問題，炒起另一波話題，楊靜遠日記記了因校花結婚事起倉促，顯非經深思熟慮而做出的決定，故同伴們皆引以為鑒，彼此警惕著「不可重蹈覆轍」。[155]「武大皇后」所發生的人生起伏，雖非大後方普遍女學生的共同遭遇，惟其呈現出的女大生在親緣、地緣鬆綁下，每踏出一步即可能使她走上的是一條陷阱處處的坎坷道路，確反應了戰時年輕女性的部分處境。縱然洗袖在大後方還有一位兄長洗群，[156]兄妹間卻疏於往還，幾同陌路，原因是洗群做為一名話劇導演，經常流動四方，自顧不暇，而其亦在已婚狀態下，與同劇團的另一女演員路曦發展出親密關係，[157]足見手足之情、異性之愛，於戰亂中日益混沌不明。

《讓廬日記》著重於記述各種戰時情感經驗，日記尤其捕捉了一部分一九四〇年代，菁英父母處於時局危殆、社會動盪不安、家庭經濟困窘的處境下，如何以身作則，並且拋卻傳統家父長威權的作風，戮力建立新的「開明坦誠」的親子關係，進而發展出父母、子女間現代家庭情感開放交流的親密關係模式。楊靜遠的母親袁昌英，生於一八九四年，袁家屬湖南長沙望族，袁昌英早歲留學英國，後再度赴法，年輕時受到西方文明洗禮並走過五四女權意識覺醒時期，她是中國少數兼有作家及女教授雙重身分的知識婦女。無疑地，袁昌英曾是一位五四新女性，嫁給楊端六後，她一變而建構出中國新母親的情態樣貌。當楊家全家遷至樂山後，原本不近庖廚的「袁教授」，放下書本，捲起袖子投入家務勞動中，自此練就一番做家庭主婦的本事。[158]同時，在教學及研究上，「袁教授」也從未放鬆過。[159]更重要的，對兒女前途，這位新式母親更是費心費力，她在女兒還在大學就讀時，即為其前途苦心焦慮盤算，女兒升上大四後，袁昌英好幾次赴重慶積極打點奔走，[160]半點不容差錯，除此之外，還經常在朋友圈中打聽有無任何出國機會，後巧逢武大劉迺誠教授訪美結束後復職，袁昌英從劉迺誠處得知美國密歇根大學（Michigan University）提供獎學金給留學生，她二話不說趕忙要楊靜遠準備資料，樣樣都要她親自檢閱，[161]而為張羅女兒學費，袁昌英還計畫賣房換錢。[162]楊家母女關係極親密，這在楊靜遠日記中記之甚詳，值得注意的是袁昌英不抱「養兒防老」觀念，她毅然決然把身邊的孩子推向遠方，縱令是女兒，她也不以結婚為第一考量，重男輕女的想法更是無跡可尋，袁昌英以女兒也應具有更高深的學力，憑此以走向獨立自主，因此可以說若無五四獨立新女性，就沒有一九四〇年代獨立新母親，這當是歷史連串變化使然。

若言袁昌英是位開明新母親，那麼楊端六同樣具有現代父親的新精神樣貌。日記中記的一個例子可用做說明。有一次，楊靜遠把一位男同學給她的信，遞給父母親看，楊父看完之後，嚴肅鄭重地告誡女兒，說這個男孩並不單純，應該是個左傾分子。[163]楊端六稱得上是當時赫赫有名的大學者，國民政府對他頗為禮遇，這位大學者的公眾形象，溫和蘊藉，寡言少語，在家時，卻一變而為大小事都上心，總是對女兒不斷絮絮叨叨的囉唆父親。在楊靜遠日記中，透露與中央、地方各方勢力盡皆周旋過的父親楊端六，[164]提到政治「每不受控制地」露出高度警覺，如他經常勸戒甚至屢屢攔阻女兒交友，認為其應該要當心對方的政治「洗腦」。[165]一九四四年後，武大長久以來較沉寂的左傾學生社團日趨活躍，反應國共間的政治角力態勢已生出傾斜，公開或私下，學生間已流行傳閱共產黨或具左傾思想的文字或讀物。一九四四年六月，武大社團中政治色彩濃厚的壁報聯合會舉辦大會，提列的討論主題有「言論自由」、「論聯合政府」等，[166]顯係針對國民黨施政所發抒的不滿言論。武大與其他知名大學相較，學生對政治向較冷感，這與長久以來師長的處置方式有關，武大的學生事務管理極少對左傾學生在校內展開不利政府宣傳，乃至藉談話、文字傳閱方式鼓動同學親共等表現，祭出封查手段或是進行干涉。不過私下，知識分子還是有他們信之、守之的立場與觀點。[167]一九四五年六月二十一日，當日楊靜遠和同學們出遊樂山大佛寺，一位長時期提供各種左傾讀物給楊靜遠閱讀的歷史系男同學胡鐘達，又把毛澤東、朱德於中共黨中央第七次代表大會的二份講詞，〈論聯合政府〉及〈論解放區戰場〉交給楊靜遠。這兩份講詞拿回家中，偶然間被楊端六、袁昌英看到，父母聯手對楊靜遠進行嚴肅認真的「政治導正」。[168]楊端六拿掉慈父的形象，換上一副嚴厲不容置辯的臉孔，對女兒足足訓斥了兩個鐘頭，日記記下楊端六作為高等學府名重一時的教授，雖對國民政府舉措不滿失望，對國家前途灰心沮喪，卻不能遽爾切斷長久的政治臍帶，日記記下父親內心複雜的爭戰，說到：「他（楊端六）說不提那方面對錯的問題，現在擺在面前的是個實際問題，這就是無論我將來會走哪條路，無論將來政局會怎樣變化，至少在目前，我沒有插足任何一方的必要。我分辨我根本沒有要參入哪邊，不過要和他們多接觸、多了解。他說這是夢想，他們的真正祕密，不會讓我知道的。可是在接觸一步步深入時，就不容易擺脫了。我起先是憤憤然，漸漸平靜後，覺得這話對我是很有益的，它冷靜了我的頭腦，使我客觀地去學習，不致給刺激得盲目衝動起來。」[169]楊、袁這對學生眼中向來和藹可親的武大教授夫婦檔，顯對政治已厭惡之極，一九四五年七月四日，那位親共的歷史系學生胡鐘達到楊家拜訪，兩位教授竟對一位上門學生大擺臉色。[170]《讓廬日記》所記的這些知識分子家國情感變化，絕不瑣碎，若配合更多已公布的武漢大學研究資料，或是移動視角，從近代中國校園文化、家庭政治情感史變遷的角度切入，那麼《讓廬日記》所記述的內容，便可看作是理解戰爭對知識分子所產生的劇烈衝擊，究竟至何程度的忠實記載。戰亂的拖延如何使知識人有了不同的選擇，而這些選擇又導致何種結局？總此而言，武大樂山的知識菁英，他們在戰時何嘗不也是集體譜出一部屬於他們自身的校園「未央歌」。

四、結論

武漢大學自一九二八年創校後，眾多教職員齊心合力，將其打造成中國一流高等學府，逐漸地，武大聲譽日隆，教學、研究成績備受肯定，這段穩定期大約持續到一九三七年告終。一九三八年五月，原在珞珈山、東湖畔的武大，遷至四川樂山，戰時校史就此拉開序幕，直至一九四六年戰爭結束後，才再度於武漢復校，戰時武大共歷八年又六個月。武漢大學初創時，由於幾位重量級的規劃成員與國民黨淵源深厚，[171] 第一任校長王世杰後來更轉任國府教育部長，人事關係所營造出的戰前平穩發展，奠定下戰時武大能夠屹立於偏僻的四川鄉間，在物資、經費俱缺下，師生仍能堅守教育救國、弦歌不輟的立校宗旨，而令一代又一代的學子進入小縣城的高等學府，在其中埋頭奮進，四年後離校進入社會，貢獻所長報效國家。

武大與其他中國知名大學相較，更重視「實學」，法科、理科、工科的教授群，不乏留學歐美，學歷亮眼而富國際聲望的學者。在這群學者教授的帶領下，武大校風穩健保守，學子勤奮純樸，一九四〇年代大批武大畢業生投入中國國防工業、科學技術領域，默默耕耘，表現卓著。戰前與戰爭初中期平靜的武大校園，在戰爭曠日持久的拖累下，日現危機，尤以落後封閉的樂山小縣城漸令知識菁英備感壓抑困頓。一九四四年是樂山知識人由寧靜走向擾嚷的重要變化轉折期，主要觸發是源於國府社會改革力道不足、軍事土崩瓦解似的失敗使然，外在局勢日趨惡化，沉重地籠罩著樂山武大知識菁英，《讓廬日記》清晰地記錄下這一連串按時間推移所起的變化。當長期以來與國民黨較親近的知識菁英們，萌生諸多悲觀失望乃至消極疏離，「延安」順勢而起，吸引了他們的注意力，學生的動態亦如師長，也具有同一心理趨勢，以此而論，回顧由抗戰延續而來的內戰，其後知識菁英的去向抉擇，其發展不過是更加確立這種已然在抗戰後期形成的知識群體集體轉折。

《讓廬日記》從一個女大學生的視野中，鋪展出中國正在茁壯的高等教育，戰前全力於羅致人才以應國家建設所需，而更多知識菁英專心致志於學術研究，期於眾多莘莘學子進入高等院校後，能夠早日開花結果克盡所學報效國家。不幸的，所有一切因戰爭而扭轉了方向。《讓廬日記》記載了無數進入高校的武大知識人，他們在戰時共同移轉到樂山賡續著教與習，惟因所有條件俱已日益傾頹變壞，故而每個個體都逃不了必須於嚴酷惡劣環境中掙扎、磨練，幸者破繭成蝶，不幸者黯然殞滅。知識人的感情、心理、道德倫理等層面的戰時經驗，向來是抗戰史書寫中，最難捕捉的一環，他們經常被淹沒於各種政治、軍事、文化堂而皇之的話語下，以致無從聽聞。《讓廬日記》這部二十五萬字的女大生日記，大大有別於其他研究戰爭知識菁英的現有材料，因其著重寫情、寫人、寫道德情境，女大學生所記下的不乏是知識人在與現實交手後所生出的各種複雜樣貌，這使得戰時的知識人得以脫出單一面向，呈顯出更多卑微、困頓的真形實態。從真形實態角度來看，戰時知識人已對戰後政治何去何從做出選擇了，而後不論是國共內戰，抑或是一九五〇年代後的政權對峙，皆不過是戰時經驗的極端化走向而已。

不可諱言，高等教育機關與知識菁英確屬國家命脈，他們的走向牽引社會的民心向背，同時亦可撼動政權的存續。因此研究一九四〇年代戰爭中的大學，就等於解釋了一九五〇年代後，國共勢力消長的肇因及往後的結果，易社強（John Israel）關於西南聯大的研究，[172]即發抒這樣的觀點。同樣地，進一步思考《讓廬日記》逃過幾次政治風暴，安然於二〇〇三年出版面世，日記撰主在出版時甚至坦言，其期待研究者透過日記所記，重新建構一九四〇年代知識菁英有血有淚、驕傲又卑微的戰亂處境。問題是，對一九四〇年代的戰亂予以放大鏡般的特殊關注，可否產生對知識菁英歷史命運變化更深刻的理解呢?跨過一九四〇年代，二十世紀還有漫長的下半葉要走，知識菁英的磨難以後見立場來看，從未見消解，反更現酷烈。楊靜遠作為《讓廬日記》的原撰主，一九五〇年代以後不免在政治風暴席捲下，歷經世變劫難，風霜飽嘗，甚至親見母親袁昌英於一九五七年被劃為右派後，遭摘一切頭銜，教授已非教授，終至潦倒卑微到被驅趕回鄉，結局是孤身慘然而亡。[173]

《讓廬日記》這份日記自有其不同於其他資料所具有的文本獨特價值，惟吾人亦須警覺，文本的撰主既動手刪修過，亦表示其難免夾帶某些個人或說或不說的他種目的。如何避免盡信一家之言，這只能依靠與其他多種材料進行比對查核，特別是在解釋重大歷史事件的作用意義時，與已有的研究做對照是必要的考量，如此方能避免蹈入迷途，虛妄附和之主觀理解。作為女大生的私人紀錄，《讓廬日記》的內容仍值得細細玩味，稱其餘音裊裊亦頗貼切，因為日記處處流淌年輕女性觀看世事的直率、坦白，這些文字特點也暗示著世人對年輕女性記事慣常流露輕視，因此而不免疏於防備，殊不知不寫政治，反賦與政治格外明晰的圖景。當研究者去除層層遮掩並對日記進行抽絲剝繭後，其所映照出的歷史長河中的知識菁英在短暫時期中的遭遇，實實在在暗藏的是更長遠的變化訊息，這使得《讓廬日記》所記更加熠熠生輝。走到這步，日記研究方法的考慮便退到次要了，其引發吾人更深刻的思考是，近代中國大學教育、學術發展、知識分子與政治間反覆地角力，究竟將何去何從，這才是二十世紀中國乃至今日依然重要的關懷

1 業餘史學工作者張在軍，連續出版三本書，《苦難與輝煌：抗戰時期的武漢大學，一九三七—一九四六》（臺北：新銳文創，二〇一二）；《西遷與東遷：抗戰時期武漢大學編年史稿》（臺北：秀威資訊科技，二〇一三）；《堅守與薪傳：抗戰時期的武大教授》（臺北：新銳文創，二〇一三）。三本書涉及戰爭時期的武漢大學。作者在資料蒐集上，用力頗勤，對於抗戰八年，武大遷校樂山以及樂山的武大教師群動態，有很全面的梳理。惟其書寫對於武大戰前、戰時學風變化，或是更系統性的校園文化描寫，乃至樂山這個小縣城的區域空間對塑造戰時武大校風的影響，或是後方政治、軍事變化牽動武大師生動向等等更系統化、脈絡化的歷史發展缺乏縱深解釋。事實上，樂山武大這群知識菁英在戰亂中經歷的心理轉折，他們個別的戰爭經驗，屬於戰爭中的「人」的情感、遭遇、抉擇，這些對於補充近代中國戰爭與社會、乃至學術與政治或民國高等教育史等歷史發展軌迹，都是重要的篇章，研究書寫必須緊扣這些歷史脈絡。更重要的，一九四〇年代的戰爭，預示了一九五〇年代後兩岸高校教育所受的衝擊，乃至知識分子與政治不斷拔河的命運，而本文正是在前人研究武大的基礎上，結合其他更多歷史關懷的重要脈絡，試圖在二十世紀更長遠的視野中來理解武大戰時校史。關於中國八年抗戰中的「人」，Diana Lary 的著作，提供了全景式的視野。**Diana Lary**, *the Chinese People at War: Human Suffering and Social Transformation, 1937-1945*,（New York: Cambridge University Press, 2010）。

2 楊靜遠，《讓廬日記》（武昌：武漢大學出版社，二〇〇三），頁八。楊靜遠自承日記曾有四次「大手術」，由她動手進行刪節，歷時三載，顯見頗費心思。這也使研究者不得不生出些許「警覺」，究竟這四次大手術取決的標準是什麼？楊靜遠並未說明。日記撰作主在日記生成後的「加工」，使日記多少具有「創作」成分，不過這類「創作」，與文學所強調的「虛構」創作仍有極大差異。舉例而言，楊靜遠曾把一九四〇年代，她於赴美深造前後，寫給戀人的信集結出版，題為《寫給戀人，一九四五—一九四八》（北京：商務印書館，二〇一五）。她的書序〈寫在前面〉，提到「情書」與「日記」原是個人隱私、情感歷程的文字紀錄。沒想到，後來很長一段時期，「情書」成了政審資料，思想檢查、交代歷史問題都依靠「情書」，這樣的「政治證據」，終於在政治風暴平息後，復歸為原來私人情感紀念品。一次巧合，楊靜遠發現一位報紙上極受揄揚的女工程師，曾是她於美國留學相識並於當時就高度讚佩的女科學家。跨越時空，「情書」記載下後來偉大的國防工業女工程師，當年年輕時的精神樣貌。這樣的觸動，使楊靜遠重新定義自身的「情書」，她認為這是一份「歷史紀錄」的原始素材，粗糙、殘缺，夾泥沙俱下，卻不失是「實錄」。楊靜遠的反省，可謂深刻。同樣地，運用她的《讓廬日記》，也需肯定這份日記素材所具有的價值，在於其直抒胸臆、原汁原味、片斷、坦率，直白，在記錄「當時當地」的前提下，再怎樣刪修，所具有的文本特質仍是無法改造的。

3 楊靜遠，〈寫在前面〉，《寫給戀人，一九四五—一九四八》，頁一－六。

4 楊靜遠，《讓廬日記》，頁六。

5 張在軍，《堅守與薪傳：抗戰時期的武大教授》，頁二〇〇。

6 知識分子的日記出版尤多，由於內容所涉重要，尤其受到學界重視、矚目，例如近年陸續出版的《吳宓日記》（北京：三聯，一九八八—一九八九）。《顧頡剛日記，一八九三—一九八〇》（臺北：聯經出版社，二〇〇七）。《許壽裳日記》（臺北：國立臺灣大學出版中心，二〇一〇）。《鄭天挺西南聯大日記》（北京：中華書局，二〇一八）。《梅貽琦西南聯大日記》（北京：中華書局，二〇一八）。《夏鼐日記》（上海：華東師範大學出版社，二〇一一）。蕭軍，《延安日記》（香港：牛津大學出版社，二〇一三）。除了知識分子外，個別人物牽涉事件不廣，惟對某些特別領域，具有「填空」價值的日記，如李滌生，《國民黨下級軍官的日記——從江南到東北，一九四六—一九四八》（北京：華文出版社，二〇一二）。董毅，《北平日記》（北京：人民出版社，二〇〇九）。本論文所分析的《讓廬日記》，因撰作主楊靜遠的來歷，具有知識分子日記的特徵，同時，又不能與其他知識分子知名度相較，因而以《讓廬日記》作研究素材，不得不先反省大量出版的日記，若撰作者並不是什麼赫赫有名的人物，影響力並不大，研究者該如何著手，如要避免論述被日記牽引，以致意義不明，乃至論述破碎化，甚至研究淪為日記的「複製品」，這是本文最關注也是極力避免的研究方法陷阱。

7 政治人物的日記，因權力位階及參與重大決策，重要性較易彰顯，近年十分受學界重視，較重要的如：《陳克文日記，一九三七—一九五二》（臺北：中央研究院近代史研究所，二〇一二）。《翁文灝日記》（北京：中華書局，二〇一〇）。《陶希聖日記，一九四七—一九五六》（臺北：聯經出版社，二〇一四）。《王世杰日記，一八九一—一九八一》（臺北：中央研究院近代史研究所，一九九〇）。而政治人物日記最受學界矚目的，當屬蔣介石日記，原因是撰作主是二十世紀中國政治領袖，日記記錄時間由一九一五持續至一九七二年，只有中間少數一、二年散佚，如此完整又是出自一位大權在握的政治領導人物之手，日記所具有的史料價值，以及其足以釐清、解開、說明、發掘近代中國許多重大歷史問題，層面之廣、涉及之多、認識之深，除政治史研究者外，其他各方面不同領域的歷史學者，也多想一窺其內容。

8 楊靜遠，《讓廬日記》，頁六。

9 如重慶有中央大學、復旦大學；綿陽有東北大學；江安有國立戲劇專科學校；宜賓更進駐了中央研究院歷史語言研究所、社會科學研究所、同濟大學以及營造學社。政協西南地區文史資料協作會議編，《抗戰時期內遷西南的高等院校》（貴陽：貴州民族出版社，一九八八）。

10 一九三八年二月二十一日武大校務會議議決西遷方案，二十四日得教育部批准，二十六日武大遷校委員會成立。四月二日，第一批遷校委員會委員楊端六等六人抵樂山。駱鬱廷主編，《烽火西遷路》（武漢：武漢大學出版社，二〇〇八），頁一六－一八。

11 臺灣的武大校友會成立於一九四五年，當時來臺校友人數少，直至一九四九年，大陸易幟，武大校友來臺人數增至四〇〇人，分散全臺各處。一九七五年，武大校友會理監事倡議發刊校友通訊，定名《珞珈》，三個月出一期，以蒐集各地校友消息及動態。事實上，武大校友會支持的《珞珈》，其每期多有校友抒發對母校、對同窗、對師長、對前後屆學長姊、學弟妹的記憶與感懷，一九八〇年後，大陸的武大校友在該期刊上刊載的文字，大幅提升，與兩岸關係的變化有關。《珞珈》堪稱長壽，共出一百七十期，時間由一九六四至二〇〇九年。該刊每期卷終，都有校友通訊，故舊探詢久已失聯的師友消息，有喜有悲，畢竟兩岸經歷許多政治變化，校友們學誼至深，情意殷殷，令人動容，武大校友確有極強向心力。據筆者翻閱全部《珞珈》所得印象，校友對「樂山武大」的回憶與佚事特別豐富，全部一百七十期，幾乎每期都有人談「樂山」、說「樂山」。在兩岸開放後，中國大陸的武大校友披露了一九四九年後許多教授們的經歷及遭遇，數量儘管不多，但這所大學的教授們，在歷經戰爭摧殘後，並未真正獲致安穩，依舊飽受磨難，對考察中國知識菁英的群體遭遇，意味深遠，故而若研究侷限於短暫歷史時期，那麼對校園文化的理解也可能流於表面。

12 蘇雪林，〈煉獄——教書匠的避難曲〉，蔡清富編，《蘇雪林散文選集》（天津：百花文藝出版社，一九八八），頁二三〇。

13 學者研究戰時家庭，提到為避傷亡、為逃兵役、為躲日軍的屠殺，家庭的形式變成極有彈性。戰爭促使家庭處於不斷「打散」、「重組」的過程，當然家庭成員，也未必講究什麼血緣、輩分等等。參見 R. Keith Schoppa, *In a Sea of Bitterness: Refugees During the Sino-Japanese War,*（Cambridge: Harvard University Press, 2011）, pp.1-33。

14 張在軍，《堅守與薪傳：抗戰時期的武大教授》，頁二〇二。

15 武漢大學內部也有人事紛爭。樂山時期，有所謂「湘軍」、「淮軍」之別，主要依出身省籍來劃分。「淮軍」的領導是校長王星拱，「湘軍」領袖是教務長周鯁生。據言，王校長拉攏系主任，周教務長則鞏固院長級，惟這一層的勢力較難掌握。如陳源掌文學院時，中文、外文、教育三系系主任與院長不合，陳源只好從院長位置下來，下臺同時牽動許多文學院人事變化。這些人事，在楊靜遠《讓廬日記》中幾乎全無確切線索，武大教授們的回憶錄或日記，則多少隱約透露些許內情，如朱東潤，〈朱東潤自傳〉，《朱東潤傳記作品全集》第四卷，（上海：東方出版社，一九九九），頁二三〇－二六〇。

16 〈朱東潤自傳〉，《朱東潤傳記作品全集》第四卷，頁二三三。

17 葉聖陶，〈嘉滬通信〉第一號，《我與四川》（重慶：四川人民出版社，一九八四），頁七九。

18 葉聖陶「安家」後，就侍候老母暢遊風景如畫的樂山。樂山又稱「嘉州」、「嘉定」，此地歷史名勝遺跡不少，樂山大佛尤為著名。葉聖陶伴老母，「渡江訪凌雲寺，觀大佛，登東坡樓。山深秀，多樹林，該佛雕刻殊平常，而其大實可驚」；「嘉定名勝，首推烏尤，次為凌雲。……烏尤土名烏有，象形也，黃山谷嫌其不雅，改為烏尤。然烏尤何義，迄今尚未之知……全山蒙密樹，尤多楠木，大者五六圍。從樹隙外窺，則江水安瀾，峨眉隱約雲表」。葉聖陶，〈嘉滬通信〉第二號，《我與四川》，頁八三。

19 張在軍，《苦難與輝煌：抗戰時期的武漢大學，一九三七—一九四六》，頁二三四。

20 楊端六的老母親，行動不便，在敵機飛臨萬分緊急之時，周鯁生教授長子周元松，時當十六歲，二話不說，背起老人就向外就跑。「三姓同院」在危難時互相援助，超越家庭界限的扶助，是戰時人際交往比起平時更親密的寫照。張在軍，《堅守與薪傳：抗戰時期的武大教授》，頁一六九。

21 彭迪先，《我的回憶與思考》（重慶：四川人民出版社，一九九二），頁一〇五。

22 楊靜遠，《讓廬日記》，一九四一年八月二十三日，頁八。

23 楊靜遠，《讓廬日記》，一九四一年八月一日，頁五－六。

24 楊靜遠，《讓廬日記》，一九四一年八月二日，頁六。

25 楊靜遠，《讓廬日記》，一九四一年十二月一八日，頁二五。

26 楊靜遠，《讓廬日記》，一九四一年十二月二一日，頁二五。

27 按照何應欽的估計，八年抗戰，四川徵兵共二，五七八，八一〇人，是全國之冠，中央極力宣傳四川為抗戰供給了大量「人力」，公開宣傳對川軍頗多肯定。段渝主編，《抗戰時期的四川》（成都：四川出版集團巴蜀書社，二〇〇五），頁二八。

28 楊靜遠，《讓廬日記》，一九四一年八月七—八日，頁六。

29 偷盜猖獗，往往盜盡家產，令人恐慌之極。日記記了這麼一段：「楊家鄰居白教授遭夜盜，家當損失慘重，小偷偷了一隻白瓷面盆、一頂帳子、一隻溫水瓶，還有杯子、肥皂、毛巾之類，損失近千元，本已不多的傢俱，連面盆都要向楊家借，窘迫不已。」楊靜遠，《讓廬日記》，一九四二年八月四日，頁七八。

30 《學府紀聞：國立武漢大學》（臺北：南京出版社，一九八一），頁二三四。

31 《學府紀聞：國立武漢大學》，頁二三六。

32 楊靜遠，《讓廬日記》，一九四一年十二月二十四日，頁二六。

33 楊靜遠，《讓廬日記》，一九四二年八月十六日，頁八〇。

34 日記記：「清早醒來，知道自己已住在城裡，有點高興，有點惋惜」。楊靜遠，《讓廬日記》，一九四二年八月三十一日，頁八二。

35 蘇雪林，《浮生九四——雪林回憶錄》（臺北：三民書局，一九九一），頁一三〇。

36 蘇雪林，〈抗戰末期生活小記〉，李家平選編，《蘇雪林文集》（北京：燕山出版社，一九九八），頁三五四－三五六。

37 據說，蘇教授很得意自己和房東談到一個很「合理」的價錢，她付了一萬元。楊靜遠，《讓廬日記》，一九四三年七月十二日，頁一四四。

38 錢歌川，〈救命圈〉，《錢歌川文集》第一卷（瀋陽：遼寧大學出版社，一九八八年），頁五四二－五四四。

39 楊端六指導的一位研究生，記了一則十分有趣的楊師「幽默」。袁昌英有段時間因病在家調養，學生群往探視。袁教授說，病因不明，多日高燒不退，直至發汗如浴，方略覺爽可。楊教授忽於旁插話道：「何浴之有，最多不過一小盃耳！」學生深覺好笑，袁教授亦笑不止。王善同，〈懷念楊公端六〉，《珞珈》第九十八期（一八九八年一月），頁一七－一八。

40 日記記：「我心裡萬分沉重，覺得爹爹太可憐了，辛苦一世，到晚年還事事不如意。媽媽也是，總要拂著他的意思作事，但這能怪媽媽嗎？她是一點錯都沒有。」楊靜遠，《讓廬日記》，一九四三年四月二十九日，頁一二八。

41 錢歌川，〈救命圈〉，《錢歌川文集》第一卷，頁五四二－五四四。

42 商金林編，《葉聖陶抗戰時期文集》第二卷（北京：人民教育出版社，二〇〇五年），頁四八。

43 商金林編，《葉聖陶抗戰時期文集》第二卷，頁一〇五。

44 袁昌英，生於湖南醴陵鄉紳家庭，家境富裕。一九一六年留學英國愛丁堡大學，取得文學碩士學位。畢業後回中國，與在英結識的楊端六結婚。袁昌英在北京、上海兩處教書大約五年，期間生下女兒楊靜遠。一九二六年再度赴歐入巴黎大學深造，二年後離法回到中國。一九二九年進入武漢大學外文系任教，是該校元老級教授之一。〈母親袁昌英〉，楊靜遠編，《飛回的孔雀》（北京：人民文學出版社，二〇〇二），頁六五－一一二。

45 日記對楊靜遠吃到媽媽餵養的雞下的蛋，有生動的描寫：「雞生了一個蛋，媽媽、弟弟留給我吃了，其甜無比。」楊靜遠，《讓廬日記》，一九四一年十二月十一日，頁二四。

46 楊靜遠，《讓廬日記》，一九四三年五月七日，頁一三〇。

47 楊靜遠，《讓廬日記》，一九四三年五月二十四日，頁一三四。

48 楊靜遠，《讓廬日記》，一九四四年四月六日，頁二二一。

49 楊靜遠，《讓廬日記》，一九四四年六月二十二日，頁二三八。

50 楊靜遠，《讓廬日記》，一九四四年六月二十三日，頁二三八－二三九。

51 這是誤傳，衡陽是八月失守的。戰事消息混亂，也可見後方緊張惶恐，傳言未經證實即到處散播，或可解釋成百姓對政府已然失去信心。

52 日記記：「衡陽已失守，我陷入更深的憂愁，真正的關頭逼上來了．國運步入這麼一個狹窄的黑洞，越走越遠，連維持現狀都不能，幾時才能好轉？」楊靜遠，《讓廬日記》，一九四四年七月二日，頁二四〇。

53 楊靜遠，《讓廬日記》，一九四四年十二月二日，頁二九三。

54 日記記：「一天晚飯後，父親講到生活，嘆氣說如果政府不發米貼，小保姆請不成了，家事自己做。楊靜遠的弟弟問道，讀書怎麼辦？楊父答說，還讀什麼書，教什麼書。」楊靜遠，《讓廬日記》，一九四四年五月六日，頁二二三。

55 日記記：「這地方有幾種好處：不要當衝，鬼子兵或不至於去；依靠地方勢力，受當地人危害較少；靠近一個縣城，職業較容易找，不致餓死。這樣，如果日本打進四川，我們就成了淪陷區的人，等於活埋了，苟全性命，忍氣吞聲等待光明。」楊靜遠，《讓廬日記》，一九四四年十二月四日，頁二九四。

56 楊靜遠，《讓廬日記》，一九四四年十二月七日，頁二九五。

57 楊靜遠，《讓廬日記》，一九四四年十月十四日，頁二六二－二六三。

58 楊家父母這次是於武大一位年輕教授在場時，大鬧口角意見。「戴銘巽先生來，爹爹和媽媽竟在他面前大鬧意見。」楊靜遠，《讓廬日記》，一九四四年十二月十六日，頁二九八。

59 日記記：「消息稍好，大家都有喜色。這半月來一天緊似一天，每個人神經都給拉得緊綳綳的，隨時要斷。」楊靜遠，《讓廬日記》，一九四四年十二月九日，頁二九六。

60 張在軍，《堅守與薪傳：抗戰時期的武大教授》，頁二〇〇。

61 武大畢業的校友，對端師祝壽會盛況，事隔多年依然歷歷在目。據校友的回憶，「祝壽會出席者除經濟系師生外，還有特邀來賓，共二百餘人。師居首席，背後牆上懸一由學生用彩紙自製的大『壽』字，字下有所有參加者的簽名。端公春風滿面，含笑向賀壽者一一道謝，並高興地與各級同學分別合影留念。」王善同，〈懷念楊公端六〉，《珞珈》第九十八期（一九八九年一月），頁一七。

62 楊靜遠，《讓廬日記》，一九四四年一月三十一日，頁一九二。

63 日記記：「談到孔祥熙要來嘉定，又說起他在成都同各大學展開談判的故事。我們都恨他恨得要死，我罵他是董卓，肚子可以點燈。」楊靜遠，《讓廬日記》，一九四三年五月六日，頁一二九。

64 劉秉麟教授和楊端六教授兩人指導武漢大學研究生在戰時進行經濟問題研究，研究生提出〈現代經濟學之新趨勢〉、〈The Thories of Economics Planning〉、〈通貨膨脹與戰時財政〉等研究報告，都經過兩人評閱。涂上飆，〈論民國時期武漢大學研究生教育的特點〉，《武漢大學學報》（哲學社會科學版），第六一卷第四期，頁六〇〇。

65 楊靜遠，《讓廬日記》，一九四四年八月九日，頁二四六。

66 日記記參政會開會消息及情況，恐怕師長的政論有潛移默化效用。日記記：「這一陣《大公報》好看極了，因為參政會空前未有的熱鬧。由於言論自由了，參政員紛質問各部長，揭穿一切黑幕，來勢極洶。每天報上都有特別報導。可是實際上不過是出口氣，不會生多少效」。楊靜遠，《讓廬日記》，一九四四年九月十八日，頁二五六。

67 楊靜遠，《讓廬日記》，一九四四年九月二十四日，頁二五七。

68 楊靜遠，《讓廬日記》，一九四四年十月二日，頁二六一。

69 張在軍，《苦難與輝煌：抗戰時期的武漢大學（一九三七—一九四六）》，頁一三三。

70 吳貽穀主編，《武漢大學校史》（武昌：武漢大學出版社，一九九三），頁一四八。

71 楊靜遠，《讓廬日記》，一九四四年一月三十一日，頁一九三。

72 一位對楊靜遠有好感的男同學考昭緒說：「方先生是名譽校長，不出頭，太太是教授，同學們完全盡義務，不享權利。可惜報名的人太少，因為學費太貴（二千五百元，三個月），同時又有朱牧師競爭。」楊靜遠，《讓廬日記》，一九四四年二月十九日，頁一九六。

73 有天晚上，楊靜遠親眼見方太太與兩個洋軍人並肩行走，洋軍人伸手摟女方的腰。楊靜遠和母親袁昌英說這件事，袁昌英判定兩個洋人應是美國空軍，他們把方太太看做是 Handson Maid（陪軍人玩樂女郎）。日記記：「這位夫人真越來越 rotten（腐敗）了。」楊靜遠，《讓廬日記》，一九四四年十月二十六日，頁二六八。方重教授及太太的作為，缺乏其他資料印證。

74 楊日記記一位女同學王夢蘭說：「韓文源曾請他（陶因）教書，他拒絕了。另外兩個像方重和某某就答應了。聽說每星期三個鐘頭，一月五百元哩。軍人有了錢有了勢，就想和文人結交，博個名聲。文人欠清高的就何樂而不為。像陶因這樣清高的有幾個？」楊靜遠，《讓廬日記》，一九四二年四月九日，頁四八。

75 楊靜遠，《讓廬日記》，一九四四年十二月十七日，頁二九九。

76 楊靜遠，《讓廬日記》，一九四五年一月六日，頁三〇八。

77 楊靜遠，《讓廬日記》，一九四五年一月十日，頁三〇八。

78 蘇雪林，〈煉獄—教書匠的避難曲〉，蔡清富編，《蘇雪林散文選集》，頁二三三。

79 日記：「爹爹的腿痛（坐骨神經炎）得極厲害。我給他擦了一次藥，也沒有什麼效力，看著他那樣痛苦，真不忍心，但是一點辦法也沒有，可憐的老爹，唉！」楊靜遠，《讓廬日記》，一九四一年十月一日，頁一三。

80 陳俐，〈抗戰時期武漢大學教授群體的文化選擇〉，《郭沫若學刊》，二〇〇五年第四期，頁九－一七。

81 楊靜遠，《讓廬日記》，一九四四年一月十七日，頁一八八。

82 楊靜遠，《讓廬日記》，一九四四年二月二十四日，頁一九七；一九四五年二月九日，頁四一五。

83 日記：「他（郭霖）得病不到一個月，想不到死了。一個人的生命是如此脆弱的。」楊靜遠，《讓廬日記》，一九四二年二月二十一日，頁三八。

84 楊靜遠，《讓廬日記》，一九四二年九月二十六日，頁八七。

85 楊靜遠，《讓廬日記》，一九四一年十月三日，頁一四。

86 楊靜遠，《讓廬日記》，一九四四年五月十四日，頁二二七。

87 一九四三年，文學院哲學系教授兼系主任、文學院院長高翰轉任國立重慶大學教授。工學院院長、並任土木工程系、機械工程系、礦冶工程系系主任的邵逸周教授，亦離校轉任政府部門工作。曾任文學院院長的外文系陳源教授，離武大赴英主持中央文化協會工作。經濟系與馬寅初齊名，學界並稱「南陶北馬」的陶因教授，離武大任職國府教育部。這幾位武大教授名聲響亮，離校他就，震撼不小。一九四四年，外文系方重教授赴英講學、機械系重要臺柱譚聲乙教授離武大轉任中央交通部參事。張在軍，《堅守與薪傳：抗戰時期的武大教授》，頁七四－八二、九六－九九、一二九－一三二、一九六－

一九九、二九二－二九七、三〇八－三一一。大學人事更替浮動頻仍，戰時更甚於平時。

88 楊靜遠，《讓廬日記》，一九四四年十一月十八日，頁二八七。

89 楊靜遠，《讓廬日記》，一九四四年十二月四日，頁二九四。

90 楊靜遠，《讓廬日記》，一九四五年二月二十一日，頁三一八－三一九。

91 楊靜遠，《讓廬日記》，一九四四年十月十八日，頁二六四。

92 楊靜遠，《讓廬日記》，一九四四年十一月三十日，頁二九二。

93 楊靜遠，《讓廬日記》，一九四五年二月六日，頁三一三。

94 楊靜遠，《讓廬日記》，一九四五年二月十五日，頁三一七。

95 楊靜遠，《讓廬日記》，一九四五年二月八日，頁三一五。

96 一位武大畢業男校友回憶樂山時期，他所住的「國立武漢大學男生第五宿舍」，各種細節如在眼前。第五宿舍是一座古老中式樓房，即使豔陽高照，宿舍內仍然陰暗。住宿者俱是「名士派」，泰半不到日高三丈不起身，非至三更夜半不肯就眠，好事者將宿舍取名「黑宮」。因「黑宮」光線差，進了宮門，首先是一股陰霉氣味迎面撲來，而且日靜夜鬧。黑宮住客，有西裝革履，也有長袍大褂，任隨君意，共有二、三十位住客，三年中未曾謀一面者甚多，彼此相處甚得，無為而治，優遊自在。作者說：「回首當年，瞬已念載，偶一念及，仍不禁心嚮神往，我愛黑宮，更愛母校那種自由的風氣。」叔愚，〈我是「黑宮」客〉，《珞珈》第三期（一九六四年七月），頁九。

97 男生分住六處宿舍，分別是校本部文廟對面的樂山財務委員會第一男生宿舍，借龍神祠改建的第二男生宿舍，叮咚街私人捐贈龍興絲廠被改作第三男生宿舍，露濟寺廟宇改為第四男生宿舍，興發街原范氏打米廠改建男生第五宿舍（這個宿舍條件最差，是學生口中的「黑宮」），斑竹灣新建第六男生宿舍（理工學院學生住，條件最好）。張在軍，《苦難與輝煌：抗戰時期的武漢大學，一九三七－一九四六》，頁一〇四－一一六。

98 魏懷樞，〈母校生活雜憶〉，《武大校友通訊》，一九九七年第一輯。轉引自張在軍，《苦難與輝煌：抗戰時期的武漢大學（一九三七－一九四六）》，頁一一四。

99 魏懷樞，〈母校生活雜憶〉，《武大校友通訊》，一九九七年第一輯。轉引自張在軍，《苦難與輝煌：抗戰時期的武漢大學（一九三七－一九四六）》，頁一一四。

100 叔愚，〈我是「黑宮」客〉，《珞珈》第三期（一九六四年七月），頁九。

101 徐博泉，〈抗戰時期樂山武漢大學師生生活一瞥〉，中國人民政治協商會議樂山市委員會資料研究委員會編，《樂山文史資料》，第三輯（四川省：中國人民政治協商會議樂山市委員會資料研究委員會，一九八八），頁二一。

102 武漢大學前身可以上溯自一八九三年，湖廣總督張之洞在湖北武昌創辦「自強學堂」始。一九〇二年自強學堂改為方言學堂，一九一二年方言學堂再改為國立武昌高等師範學校，一九二三年九月，升格為國立武昌師範大學，一九二四年更名為國立武昌大學，一九二六年十月，武昌大學與國立商科大學、國立醫科大學及省立文科大學、法科大學和私立中華大學、北京中俄大學合併成為「國立武昌大學」，一九二七年一度改為「武昌中山大學」。一九二八年，國民政府改組武昌中山大學，成立「國立武漢大學」，校務步入新發展階段。武漢大學校址位於東湖之濱、珞珈山上，校園建築經周詳規劃，整體布局完整，氣象一新。初創時期的武漢大學，已具文、法、理、工四個學院，後再加一個農學院，共有十五個系，二個研究所。王世杰任武大校長時，就提出要把武大辦成「一所有崇高理想，一流水準的大學」。龍泉明，〈序：走近武大〉，龍泉明、徐正榜主編，《走近武大》（重慶：四川人民出版社，二〇〇〇），頁一－一三。

103 一九二八年三月五日，王世杰受命任武漢大學校長，五月履任。王校長任內除擴建教室、實驗室、學生及教職員宿舍、圖書館、體育館、合作社等，更重要的是邀聘國內外各科教授專家到校任教，武大規模宏闊、設備完善、師資優良、校風純樸、環境優美，在當時全國公私立大學中，罕見其匹。陶英惠，〈中國名人傳——王世杰〉，《珞珈》第一一二期（一九九二年七月），頁一－九。

104 一九三三年武大原校長王世杰升任國府教育部長，校長一職由化學系王星拱教授接任。王星拱教授治校，有明確的主張，他認為大學教育要適應社會的發展，要適應世界上進步的大環境，不要適應國內落後的小環境。一種學術之影響於民族的興衰及國家之隆替，往往都是在數十年之後，所以辦教育要有深邃的眼光，他主張大學要養成「研究實學」的風氣，即是在教學和科研上，擺正理論與應用的關係。受科學訓練、注重實學教育的王星拱校長領導武大，自戰前一九三三年至一九三七年珞珈山時期，乃至戰時一九三八—一九四五樂山時期，對塑造武大學風，打造良好教、學氣氛，功不可沒。楊樂生，〈王星拱與樂山「武大」〉，《武漢文史資料》，二〇〇五年五月，頁二五－二六；龍泉明，〈序：走近武大〉，龍泉明、徐正榜主編，《走近武大》，頁五。

105 這批理工人才，於一九四九年後，對中國大陸及臺灣的工業、經濟發展有不可磨滅的貢獻。中國大陸方面，包括原電力工業部副總工程師陳尚文、西安電訊工程學院原院長黃貽訓、武漢長江水利水電科學研究院原副總工程師劉大明等。臺灣方面，前經濟部長、中鋼董事長趙耀東，一九四〇年畢業自武漢大學機械系。楊樂生，〈王星拱與樂山「武大」〉，《武漢文史資料》，二〇〇五年五月，頁二五－二六。趙耀東，〈悼詹紹啟同學〉，《珞珈》第一二三期（一九九五年四月），頁九－一一。

106 戰時武大校風「良好」，學生少問國事。有識者以國家危亡，學子靜心求學，究竟「合宜與否」，不無疑問。葉聖陶曾提到戰時武大校園寧靜，緣於武大校務主持人標榜「安心讀書」。據言武大學生入學時，曾簽署絕不游心外騖之志願書，故走入學校，空氣恬靜，似不知中國有驚天動地之血戰也。葉聖陶，〈嘉滬通信〉第二號，《我與四川》，頁八三。

107 主要是指中文系學生。中文系兩大名師劉頤、劉永濟，舊學深厚，著重文言文，提倡「國粹」，學生追隨兩位劉師，崇尚復古，蔚為風氣。張在軍，《堅守與薪傳：抗戰時期的武大教授》，頁一七－二三。

108 楊靜遠的堂姊，在日記中被稱做「宜姊」的，本名楊宜福，曾警告堂妹楊靜遠武大風氣不好，只要男生、女生常在一起，議論就來。楊靜遠，《讓廬日記》，一九四三年十一月七日，頁一六九。

109 顧煥敏，〈樂山拾景（五）〉，《珞珈》第一二〇期（一九九四年七月），頁六六。

110 張翼伸，〈回憶樂山的「白宮」女舍片斷〉，《珞珈》第一三三期（一九九七年七月），頁二九。

111 齊邦媛，《巨流河》（臺北：天下遠見，二〇〇九），頁一六八－一六九。

112 張翼伸，〈回憶白宮女舍片斷〉，《珞珈》第一三三期（一九九七年七月），頁二八。

113 楊靜遠，《讓廬日記》，一九四一年十一月二十一日，頁一九。

114 張翼伸，〈回憶白宮女舍片斷〉，《珞珈》第一三三期（一九九七年七月），頁二九－三〇。

115 楊靜遠，《讓廬日記》，一九四三年七月六日，頁一四一。

116 蘇雪林，〈抗戰末期生活小記〉，《蘇雪林文集》，頁三五四－三五五。

117 學校供應學生食用的是「平價米」，米質粗糙，被學生戲稱「八寶飯」，原因是米粒中大量摻雜砂石、稗穀。日記記：「這向宿舍裡飯壞極了，盡是稗子，每餐飯要吃四十分鐘。一碗熱飯挑到後來變得冰冷，而餓著肚子也不想吃了。可是不得不耐下性子挑，因為不挑有得盲腸炎的危險。」楊靜遠，《讓廬日記》，一九四三年十二月二十七日，頁一八一。

118 畢業於樂山武大的校友，回味無窮的是，河街舊飯鋪的「棒棒雞」、叮咚街的「豆腐腦」、紫雲街角的「抄手」與「三和泥」。這些有名小食，屬四川本地味。還有外江人設的點心鋪，如五芳齋的燻魚排骨麵、全家福之維揚早點，有干絲、小籠包、貴妃雞等，此外，玉堂街大茶館的千層糕。城外，「黑宮」男生第五宿舍附近有一「湯圓」小店，因路遠，較不為人知。「吃食」向來都是校園文化不可或缺的一環，證諸今日各大學，仍復如此。鄧光掄，〈雋味小吃憶嘉州〉，《珞珈》第三期（一九六四年七月），頁六－七。

119 樂山還有中央技藝專科學校以及江蘇蠶專，另外為躲避日軍轟炸，四川大學一度由成都望江樓遷到峨眉山下，與樂山距離頗近。一九四二年，四所高校合辦運動會，在樂山地方成為轟動一時的大事，四校學生為爭取榮譽，無不全力以赴，還打探「敵營實力」。顧煥敏，〈一九四二年樂山大專院校運動會拾遺補缺〉，《珞珈》第一二二期（一九九四年十月），頁二二一－二二五。

120 一九三八年十二月，教育部公布〈公立專科以上學校戰區貸金暫行辦法〉，只要是公立專科以上學校學生，只要有明確證明需要救濟者，可以向所在學校申請貸金。貸金分全額、半額，依照當時膳食價格，全額每月八至十元，半額每月四至五元不等。申曉雲編，《動蕩轉型中的民國教育》（鄭州：河南人民出版社，一九九四），頁二四七－二四九。

121 楊家有父母兩份教授薪水，到一九四三年九月，袁昌英建議女兒楊靜遠下學期住校，並申請貸金，楊靜遠説這樣就「和別的同學一樣」。楊靜遠，《讓廬日記》，一九四三年九月十六日，頁一五五。

122 申曉雲主編，《動蕩轉型中的民國教育》，頁二五一。

123 張在軍，《苦難與輝煌：抗戰時期的武漢大學（一九三七—一九四六）》，頁一四九。

124 武大曾參加辛亥革命的訓導長趙師梅教授，為人公正廉介，他負責學生貸金發放工作。一位武大學生回憶，他來自戰區，到樂山後，所帶衣物損壞殆盡，請家人寄來衣物，郵寄遺失。家中再寄一套華達呢灰色中山裝及一雙皮鞋，又有美國友人自美返國，送給他一支鋼筆。這些「行頭」似乎被趙教授看在眼裡，故而下學期公布公費領取資格，該生列入乙等。實際是該生已行裝蕭然，身無長物，伙食已感拮据。該生以自己苦況難捱，跟趙教授報告，下學期便被改列甲等。「評等」的依據如此模糊，流弊便難避免。于極榮，〈懷念趙師梅先生〉，《學府紀聞：國立武漢大學》，頁一七二－一七五。

125 林春森，〈記戰時母校生活二三事〉，《珞珈》第一二二期（一九九五年一月），頁二五－二八。

126 黃鎡，〈雪中送炭、義重情深：記我在樂山最後一段歲月裡一件往事〉，《珞珈》第一二二期（一九九五年一月），頁二九－三三。

127 樂山電影院到底有幾個，校友們自己都說不清。按楊靜遠的日記，一九四一年已記同學集體去看電影。另一位校友孫法理卻說，八一九大轟炸後，樂山城影院毀於炮火。直至一九四三年，才在一片瓦礫堆中，重建樂山電影院。孫法理，〈樂山時代的文化生活〉，《珞珈》第一一二期（一九九二年七月），頁三四。

128 日記記：「電來了，滿室光明，我們快樂得跳起來。同學們許多都去看電影。」楊靜遠，《讓廬日記》，一九四一年十一月十四日，頁一七。

129 日記記：「晚上全房（宿舍）都去看五彩卡通《小人國》，……除了飽一時眼福外，能給我什麼呢？我不能為它花錢。」楊靜遠，《讓廬日記》，一九四四年四月十八日，頁二一四。孫法理回憶進口的英美片，還有《月宮寶盒》、《蛇蠍美人》、《格列佛遊記》等。孫法理，〈樂山時代的文化生活〉，《珞珈》第一一二期（一九九二年七月），頁三四。

130 張發林，王中全，〈名師薈萃譽學林〉，《武漢大學報》，二〇〇八年十月三十一日，轉引自張在軍，〈楔子：大師雲集樂山城〉，《堅守與薪傳：抗戰時期的武大教授》，頁一三。

131 日記記：「去殷牧師家，人到齊後就一同玩遊戲，熱鬧極了。這次我已經習慣了，很自然地跟在裡面玩。中間又吃了許多好點心，最好吃的是sandwich（三明治），夾的肉醬。」楊靜遠，《讓廬日記》，一九四一年十一月二十九日，頁二一。

132 楊靜遠，《讓廬日記》，一九四四年三月十一日，頁二〇二。唱片音樂會再次舉辦，依舊人滿為患，一些人不得不坐外面草地椅子。這次唱片欣賞安排了講解員顧耕，是聯青團員，也在武大學生服務處工作，楊靜遠心儀他很久。楊靜遠，《讓廬日記》，一九四四年九月七日，頁二五三。

133 日記記：「渾身酸累，可是太好聽了，尤其在有了一次初識後，更能領悟它的美妙。」楊靜遠，《讓廬日記》，一九四四年九月二十六日，頁二五八。

134 入團人數最多時達四、五十人。張在軍，《苦難與輝煌：抗戰時期的武漢大學（一九三七—一九四六）》，頁三七三。

135 他們全體到一個外國老洋婆子家裡，看到一人住一大幢房子，心裡不平。日記記：「下午三點鐘，黃幹事和陳仁寬領我到女舍後面的外國人家，大概是那討厭的老洋婆子的房子，陳告訴我她一個人住這一大幢房子，我心裡很不平。」楊靜遠，《讓廬日記》，一九四三年四月二十九日，頁一二七－一二八。

136 屋子位在大夫第，以前是 Brimingstoll 家，現住一位英國太太。楊靜遠，《讓廬日記》，一九四四年十月二十一日，頁二六六。

137 楊靜遠，《讓廬日記》，一九四四年十月二十一日，頁二六六。

138 楊靜遠，《讓廬日記》，一九四三年五月二十八日，頁一三七。

139 楊靜遠自己曾經追憶與丈夫顧耕是在聯青合唱團相識，兩人練唱的位置相鄰，奇妙的好感火花，悄悄點燃。顧耕來自天津，是一名貧困且前途未卜的窮學生，比楊靜遠小一年級，楊靜遠出身名教授家庭，畢業後準備出國，說來兩人「門不當、戶不對」，楊靜遠卻忍不住主動向這位男學生表白，兩人確認心意，後來幾經轉折，終成眷屬。這一切，許多年後，楊靜遠寫來仍是情意深刻。楊靜遠，〈引子〉，《寫給戀人，一九四五—一九四八》，頁一－八。

140 樂山有三個基督教會：浸禮會、衛理公會（或稱美以美會）、內地會。楊靜遠，《讓廬日記》，一九四一年十一月十三日，頁一七。

141 聯青練唱聖誕節歌曲 And the Glory（韓德爾《彌賽亞》中的「光榮頌」），除聯青團員外，還有教會洋人和非團員參加，聯青有四個男孩子是長沙雅禮中學畢業，雅禮是美國耶魯大學的結盟子校，休息時間四個男生唱了三條耶魯大學的歌。日記記：「陳仁寬、王宗華、朱明、凌忠揚四人四重唱，他們都是雅禮畢業的，唱了三個耶魯大學的歌。」楊靜遠，《讓廬日記》，一九四三年十一月十一日，頁一七〇。

142 日記記：「要參加晚會的女同學都心浮意躁，真像王大主任（王文田，南開中學女生部主任）所說的『頭上生腳、心裡長草』。」楊靜遠，《讓廬日記》，一九四一年十二月二十四日，頁二一六。

143 楊靜遠，《讓廬日記》，一九四三年一月三日，頁一〇六。

144 楊靜遠，《讓廬日記》，一九四三年四月三日，頁一二四。

145 如「我所愛的大中華」、「墾春泥」、「勝利進行曲」以及「行軍樂」等。日記記：「法文課後立刻回家，吃了兩個餅就到團契室參加聯青合唱團唱歌。」楊靜遠，《讓廬日記》，一九四三年三月十九日，頁一一七。

146 這所戰時由張伯苓在重慶創辦的中學，以師資優良、教學嚴謹著稱。楊靜遠前後屆學伴，畢業後考上不同大學，楊靜遠與其中一些人持續保持聯繫。南開女學生在楊靜遠日記中，奮發向上、堅持學習者頗多。楊靜遠，《讓廬日記》，一九四四年三月六日，頁二〇一。

147 日記記：「齊邦媛長高了些，也胖了些，樣子還沒變。她一看我就說我變了，不像以前那麼皮了。」楊靜遠，《讓廬日記》，一九四三年十月七日，頁一五八－一五九。

148 楊靜遠，《讓廬日記》，一九四四年三月六日，頁二〇一。

149 楊靜遠，《讓廬日記》，一九四四年九月二十二日，頁二五七。

150 靜遠入學不久，即有一位就讀西南聯大的男同學名叫戚光，開始寄信及照片，想和楊靜遠交朋友。楊第一次收到戚光信，署名是東湖中學（戰前屬武大附中性質的中學校）同學。楊靜遠，《讓廬日記》，一九四一年十月二十七日，頁一五。接著，戚光又寄來照片。楊靜遠，《讓廬日記》，一九四二年三月一日，頁四一。王瑛蘭回信勸楊靜遠不要和戚光深交，語重心長，令楊靜遠感動不已，日記記：「她真好，對我是一片赤誠。……我一定要聽她的話。」楊靜遠，《讓廬日記》，一九四二年五月十八日，頁五九。

151 楊靜遠的日記記了許多「冼岫」的事，「冼岫」在別的同學記憶中，有稱「冼德岫」者。楊靜遠第一次聽到冼岫名字，是一天走在路上，冼岫迎面而來，旁邊同學馬上以傳播要聞似的方式竊竊私語，說冼岫的男朋友，已和某女子非正式結過婚，並且有了小孩，男方把妻子丟在五通橋，和冼岫出雙入對。楊聽後，當天日記記下：「我說冼真可惜，長得那麼美而不知自重。」楊靜遠，《讓廬日記》，一九四二年十月十八日，頁九一。

152 張翼伸，〈回憶樂山的「白宮」女舍片斷〉，《珞珈》第一三三期（一九八七年七月），頁二九。張翼伸稱她與冼岫同年進武大，不過不同系，冼岫入學後「名噪一時」。

153 楊靜遠聽聞一切，日記以女學生特有的細膩敏銳筆觸，描述對男女關係的困惑：「黃經畹告訴我，岫在成都和楊修倫在一起，他們訂婚是因為不得已。楊對她一點不忠實，她一離開，他馬上就找女朋友。我聽了非常難過。我為岫憤憤，像她這樣漂亮、聰明的人，配給一個空軍已是委屈了，他還做對不起她的事。至於岫自己也會糊塗一時，不能把握，我不能想像她已不是一個清潔的女孩子。」楊靜遠，《讓廬日記》，一九四四年三月二十八日，頁二〇五－二〇六。大約兩個月以後，冼岫和楊靜遠主動說到成都同居的事，冼岫說她已有九天沒收到男方的信，說他們感情冷淡是上個暑假開始，一見面就吵架，楊靜遠聽著，日記：「我雖不認識楊，卻直覺地感到他和她不相同也不相合。」楊靜遠，《讓廬日記》，一九四四年五月二十一日，頁二二八。

154 與楊靜遠交好的一位外文系女同學，有次提到冼岫的事，說成都那男人已經結婚，岫受了他的騙，把感情交給了他，他不過玩玩而已。日記記：「她說武大同學，無論男女，沒有一個對她（冼岫）印象好的。……她還以為在別人心目中留下一個美麗高貴、可望不可及的影子，哪知別人把她看得這麼低。」楊靜遠，《讓廬日記》，一九四四年七月二十五日，頁二四五。

155 男方在銀行任職，浙江上虞人，年紀較長。楊靜遠感嘆說這是「紅顏薄命」，當天日記寫了很長一大段心中感受：「王（冼岫結婚對象）雖算得上端正，可是沒有絲毫英氣。初看上去很正派，仔細考察，那冷冷的眼光裡表現著世故、經驗、應付現實的本領，沒有詩，沒有幻想。……上帝救我，岫會嫁個銀行家！她這一生給楊賊毀了。她的愛情夢破了，她變得可怕cynic（玩世不恭）。如果沒有真正的愛，那就是物質享受！物質享受，她走了無數漂亮女孩子最終走的一條路——嫁給了金錢」。楊靜遠，《讓廬日記》，一九四四年十二月十九日，頁二九九－三〇〇。

156 楊靜遠，《讓廬日記》，一九四四年四月二十日，頁二一四。

157 團員對導演私生活，頗表不滿。楊靜遠，《讓廬日記》，一九四四年七月二十四日，頁二四五。

158 楊靜遠記袁昌英一日做了羊凍、還有一碗和菜，是紅蘿蔔、楠菜、洋油合起來煮，還有一碗油渣炒豆豉，冬莧菜湯，「都非常好吃」。楊靜遠，《讓廬日記》，一九四一年十二月四日，頁二一一。

159 袁昌英自認自己是主婦、是母親還是一個教授，生活終歸一個字，「忙」。忙卻不願放掉書寫，她於一九四三年應商務印書館邀稿，開始著手編著《法國文學》，預計十萬字，於一九四四年成書。袁昌英，〈忙〉，《袁昌英作品選》（長沙：湖南人民出版社，一九八五），頁二五七－二五九。又楊靜遠日記記：「上午回家，幫媽抄文章，她的《法國文學》一書，已完成。」楊靜遠，《讓廬日記》，一九四四年一月一日，頁一八五。

160 日記記：「六點鐘媽媽突然回了。……說起重慶的許多新聞。重慶現在繁華極了，到處是錢，到處是人，川流不息，熙來攘往。……媽媽說為我打聽工作。現有一處張沅長先生（前中大校長）提到的中宣部國際新聞處新聞學院，一種半工半學習性質的學校，兩年後畢業，如成績好保送出國。待遇不很好，可是有前途。」楊靜遠，《讓廬日記》，一九四五年五月一日，頁三四九。

161 楊靜遠，《讓廬日記》，一九四四年九月二十九日，頁二五九。袁昌英幫女兒打字，再將所有成績、介紹信、申請書一併寄往美國。楊靜遠，《讓廬日記》，一九四四年十月三十日，頁二七四。

162 楊靜遠實不願如此增加家裡負擔，她說她要考公費，袁昌英不以為然。她勸女兒說，不要太拘泥，應該要抓住各種門路，如果有機會考公費當然最好，但現在國家根本就不送文學院學生出去，一旦呆等，幾年一過，年紀一大，一生就完了。頗有主見的袁昌英，為籌措女兒出國費用，執意要賣他們全家在八一九轟炸後，所買的那處「石烏龜」農舍。楊靜遠，《讓廬日記》，一九四四年九月十九日，頁二五六。

163 楊靜遠，《讓廬日記》，一九四二年六月二十日，頁六六－六七。

164 楊端六任武大遷校委員會委員時，據聞曾與樂山的地方幫會勢力周旋。張在軍，《堅守與薪傳：抗戰時期的武大教授》，頁二〇一。

165 原在歷史系就讀的胡鐘達後轉入外文系，主動接近楊靜遠，把《延安一月》、《西行漫記》等書借給楊靜遠。楊靜遠，《讓廬日記》，一九四五年三月二十五日、四月二日，頁三三五、三三九。胡鐘達後來頻頻找機會，要與楊靜遠討論所閱各書。楊靜遠，《讓廬日記》，一九四五年四月十二日，頁三四四。

166 日記記武大六個壁報團體開聯合討論會，題目是「言論出版自由」，對校方提出請停止檢查壁報；對全國則發表宣言，響應各大學及文化界當前言論出版自由運動。楊靜遠，《讓廬日記》，一九四五年三月三日，頁二三三－二三四。另外，武大學生還舉辦「風雨談」座談會，討論「聯合政府」。楊靜遠，《讓廬日記》，一九四四年六月三日，頁二二三。

167 武大教授中，左傾立場顯著者，並未受到校方干涉。如史學系楊東蓴教授、經濟系彭迪先教授，都有自由講學的空間。張在軍，《堅守與薪傳：抗戰時期的武大教授》，頁一八七－一九六；二一三－二一八。

168 日記：「他們都對我的行動表示非常擔憂。我頂了幾句，說他們蒙蔽我的眼睛。爹爹不能再沉默了，他一邊解釋一邊教訓地說了兩個鐘頭。……它冷靜我的頭腦，使我客觀地去學習，不致給刺激得盲目衝動起來。爹爹一句話說得很有意義，他說政治和戀愛很相像，相處久了，就不能脫身。」楊靜遠，《讓廬日記》，一九四五年六月二十一日，頁三五八。

169 楊靜遠，《讓廬日記》，一九四五年六月二十一日，頁三五八。

170 日記：「兩點不到胡就來了，媽媽坐在門口看卷子，不滿之意形於色。」楊靜遠，《讓廬日記》，一九四五年七月四日，頁三六二。

171 一九二八年七月，國民政府大學院明令籌設國立武漢大學，聘任的籌備委員會有劉樹杞、王星拱、李四光、周鯁生、麥煥章、黃建中、曾昭安、任凱南，劉樹杞先代理校長，從籌備委員選任，已見國府與武漢大學淵源深厚。周宏濤，〈國立武漢大學簡史〉，《學府紀聞：國立武漢大學》，頁六。

172 易社強（John Israel）著，饒佳榮譯，《戰爭與革命中的西南聯大》（北京：九州出版社，二〇一二）。

173 單先太，〈袁昌英教授晚年在醴陵〉，《珞珈》第九十八期（一九八九年一月），頁一九－二三。

大難來時各自飛

——抗戰大後方的婚姻變奏曲

一、前言

一九二九至一九三一年國民政府編修頒訂《民法》，該律典從立法精神乃至法律條文的具體內容，皆仿製自歐洲大陸法典。[1]這部新《民法》的出現，將「個人權利」的概念，帶入現代中國，尤其是有關婚姻的各類法定權，如結婚、離婚、繼承等，新法皆注入有別於傳統的現代立法精神，最明顯的是廢除清代執法所重視的男主女從權力架構，轉而奉行男女為同等相對個體的平權觀點。《民法》雖源於西方，但亦有適應中國社會現實的考量，尤其表現於婚姻權中，在納入五四新文化運動提倡男女以愛為出發的婚姻論後，《民法》成為國府用來塑造並引導社會朝一夫一妻婚姻制邁進的良方解藥。為廢除傳統的一夫多妻制，《民法》法條明言通姦、重婚可做為離婚的依據，相較於清代離婚律例，新法對妻權維護，昭昭在目。又《民法》頒定之時，國民政府同步修訂《刑法》，有關重婚及通姦，更以條文羅列確言觸犯者必須擔負一定刑責，[2]無論柔性或剛性立法，目的皆為矯正傳統男性多妻納妾的陋習，從而使妻子在法律保障下，獲取更完整獨立行使的「配偶權」。

國民政府頒定新《民法》與新《刑法》，兩法互相支持、補充，在塑造現代中國的婚姻及家庭上，可謂洋溢進步理想。從法律與社會塑造的觀點來看，保障婦女具有自由離婚權，是否即等同婚姻中的男女相對關係能真正平等？這是本文研究所要探究的核心問題，而一九三〇年代，新法初行，隨即抗戰爆發，當時代從承平轉入戰亂，處於軍事至上並且經濟日益惡化的環境下，社會秩序幾難避免瓦解，如此，法律的運作又如何進行呢？更明確地說，戰爭迫使中國婚姻與家庭出現裂變、解體，法律既有導引社會的作用，那麼戰時的亂象又如何挑戰法律的執行？當戰爭迫使政府行政制裁力削弱，法律的赫阻性與社會的婚姻實踐究竟走到什麼樣的關係？本文擬鎖定抗戰的大後方空間地域，探討戰爭下的社會大眾，他們實際處境與婚姻立法、執法間的交鋒，進而解釋戰時婚姻現象所具有的，由戰前連結戰後所出現的過渡性意義。中國地域廣袤，為使研究所討論的焦點更明確，故而本文所舉的婚姻案例，皆集中於戰時大後方的四川省或是陪都重慶，地理空間含括的是國府戰時較能控制的轄域，因此，這些婚姻案件，主要顯示的是國府治理、法律執行、民間習俗與戰爭破壞各個因素間複雜的互動面向。

婚姻在一九三〇年代，曾在國家主導下，朝向一夫一妻的西方現代文明配偶制前進，而當通姦、重婚等被視作離婚的合法根據，多妻、外遇所受到的約制相對提高，走入婚姻的男女雙方，日漸接受婚姻關係的核心價值是五四標舉的「愛」，更重要的還有法律規範的「忠誠」，這種風氣漸在城市成形。一九三〇年代的城市社會，實已漸露婚姻革新的曙光，這個生機卻於戰爭爆發後，受到嚴重挑戰，其因是戰火波及廣大地域，以致眾多家庭妻離子散，屋毀人亡，家庭是婚姻穩固的基礎，也是命脈，家都毀了，婚姻便成了無根浮萍，只是這些「浮萍」究竟以什麼面貌呈現，必須進一步追索。而當這些「浮萍」一一呈顯後，便可說明戰爭造成的社會瓦解如何波及個人，而這些個人遭遇實說明了「苦難」的真實樣貌，研究戰爭的社會史與社會中的人，不能忽略實際的婚姻案例，因其中揭露的是各種真切的、因戰爭而起的「民不聊生」遭遇。戰亂下，一個月的變化有時超過十年的流轉，一番逃難，一場轟炸，都可能造成人生的「奇」、「巧」遭遇，這些尤其反應於情愛、婚姻情狀中，本文即試著將每個人都須面臨的「終身大事」，作為考察戰亂社會鉅變的主要線索。

二、國難婚姻：婦女們的流離遷徙、同居、通姦及遺棄

民初以降，小家庭制度即被提出以代替傳統大家庭組成，五四新文化運動開啟對於大家庭制度的猛烈抨擊，其攻擊不乏集中於大家庭男性縱欲多妻的現象，而小家庭為一夫一妻基於愛情的兩性結合，彼此自然而然應該信守婚姻的忠誠，[3] 小家庭的理想蘊含著新婚姻道德，即男女皆不可在婚姻之外與異性發生性關係。對於已婚婦女來說，傳統的婚姻道德本就責之婦女以嚴格貞操規範，到了民國提倡小家庭，男性的貞操亦被納入婚姻理想中，並且視之為家庭穩固的根本，也就是說，小家庭的建立，不是來自婦女婚姻貞操的放鬆，而是要求男性婚姻道德與女性一致，兩性婚姻道德應

取同樣標準。[4]五四知識分子提出婚姻中的兩性都應信守「貞操」，此論說發揮西方理想夫妻關係的精神，成為國民政府修訂《民法》婚姻篇時，遵之不疑的根本原則。理想小家庭自五四新文化運動後，即成為改良中國婚姻制的根本原則，不過揆諸社會一般狀況，一九二〇年代，男性多妻納妾還時有所聞，顯見五四以「理論」約制社會的力量尚嫌不足。一九三〇年後新《民法》、新《刑法》陸續公布，法律具有懲處禁制的「剛性作用」，對社會風氣的引領，較道德勸說、思想啟蒙更有立竿見影之效。當多妻蹈入「重婚」、「通姦」的法律犯罪定義時，一般人確有所顧忌，不意，「同居」卻因具備五四婚姻觀的愛情至上論，加以不受法律「形式婚」成立後所受到的拘束，一時竟有「趨之若鶩」之社會情態，有識者頗以為憂。[5]戰前同居風潮方興未艾，戰爭爆發，更成燎原之勢。

國民政府新法的另一重點，是賦與妻子和丈夫同等的離婚權，這個法律觀點依然是承襲自五四新文化運動對傳統女性地位低下的批判，進而呼籲提高女權的觀點言論。新法公布前，中國社會各階層「男主女從」的基本婚姻權力結構牢不可破，婚姻守貞的規範對女性的約束力強過男性，因此我行我素蓄妾的男性，大有人在，其中不乏國民黨員。黨員三妻四妾無異損害了國民黨自一九二六年北伐後營建的革新政治形象，以致由黨內黨員發起的婚姻自清，頗能作為時代婚姻改革趨向的指標。一九二七年國府奠都南京，中樞所在聚集了一批親國民黨的菁英婦女，她們與國府黨政軍關係密切，對所有涉及婦女權利的國家決策與法律主張，發言聲浪極高，並且對捍衛女權亦團結緊密，寸步不讓。南京菁英婦女們的「戰鬥姿態」，引發與國府立法機關對《刑法》修定通姦罪刑時，一場你來我往的交鋒。[6]

一九三〇年代，有關男女婚姻同負貞操義務的觀點，在《刑法》修訂時，被南京菁英婦女視為國民政府落實保護女權的立法核心精神，特別是針對社會上仍有男子違背時代風潮肆行「納妾」，為有效根絕「納妾」歪風，她們力主只有明定一夫一妻之外的異性關係是犯法的，要以「通姦」或「重婚」罪論處，如此於法有據，才是治本之道。婦女們振振有詞地強調，較早頒訂的《民法》婚姻條例中，已然否定婚姻關係中妾的名分及地位，而《刑法》修訂時，卻未對納妾者處以明確罪刑，並訂定應有的罰責，豈非是法律徒具名義，卻乏實質約制力，為德不足。當一九三四年立法院著手進行《刑法》法條研訂時，由婦女們帶頭，輿論對納妾應視為通姦，頗有沸沸揚揚之勢。「納妾」的產生淵源已久，其與中國大家庭制相生相長，是傳統男系宗法制籠罩下，為求多子多孫而盛行於社會的普遍風氣。不過，「納妾」除有傳宗接代的迫切需要外，也不免男性藉此滿足個人性欲的傾向，此點尤是南京婦女發動對「納妾」劇烈攻擊的重要論點。婦女們把「通姦」與「納妾」視作法律上的同等婚姻犯罪行為，針對的就是當時社會中男性比起女性更易犯「通姦」罪行，故立法要赫阻的是男性，而非女性。問題是男性通姦涉及到與其互通的女性也難逃罪責，而「妾」在這波立法爭議中更是無處申冤，當改革言論亟欲掃除妾制時，造成「妾」女性群體也淪為「受害者」。在改革婚姻聲浪中，她們的權利、地位勢必一併被犧牲，這個結果說明一九三〇年代婚姻革新的迫切性，使所有必須從長計議的婚姻變革細節都遭漠視，如此不顧社會現狀，高懸改革理想的立法，當社會秩序瀕臨崩解，法律就可能變成具文了。

新《刑法》終在公眾熱議下，納入通姦、重婚有罪的罰條，一夫一妻制的現代婚姻理想取得絕對權威。法律的頒定，適逢城市文化蓬勃發展。一九三〇年代以來，出版品的商業化色彩日益濃厚，城市諸多媒體行銷時不乏明揭「情色」作號召，情色的文字、圖像與影像於公眾媒體上大量曝光，男女關係的描繪，在報刊雜誌與休閒娛樂聯手操縱下，洋溢了聲色犬馬的誘惑力。傳統蕩檢逾閑的禮教規範，男女演出不少偷雞摸狗、紅杏出牆的戲碼，以求滿足個人私欲，不過弔詭的是，禮教大防，卻愈是禁制，偷情與多妻制仍相併而行，似無偃旗息鼓之狀，顯見婚姻內容與情欲解放很難分割。一九三〇年代，城市情色橫流，性可以公開言說或自行其是，如此一來反倒使婚姻的配偶關係與聲色犬馬的追逐有所區隔，一夫一妻除由法律明確規範外，在城市商業化的消費刺激下，心理、生理及情感從色欲游離出來，成為婚姻理想的重要元素。[7]總之，一九三〇年代從公共議題到國家塑造，「理想家庭」的模型日益浮顯，一夫一妻的婚姻形式蔚為城市主流，資產階級踐行從婚制、婚禮到兩性關係集合起來的婚姻革新觀，風潮漸盛，多妻或蓄妾被逐步掃進歷史垃圾堆。城市的婚姻、家庭理想，充滿「現代性」，與農村間形成落差，彼時影響中國婚姻、家庭型制的是城、鄉不同的經濟、文化空間，以及男女不平等的社會現實，男性主導著社會變革的力道與方向，無庸置疑。不過，這時婚姻、家庭理想已然明確浮顯，意味有朝一日，婦女教育、經濟地位提升，改革前進的廣度及深度將指日可待。不幸地，抗日戰爭爆發，一九三〇年代的婚姻改革成了未竟之業，引導婚姻改革的新《民法》、新《刑法》面對國無寧日、政權統治廢弛的混亂局面下，只能束諸高閣。

《民法》頒布實行後，對中國社會的衝擊，表現在「重婚」與「離婚」因法律介入，成為兩個密切勾聯的婚姻變革現象，不可諱言，婚姻改革的良窳成敗仍視男性作為而定。[8]戰前法律賦與婦女自由離婚權，不過，立法的良善美意，不免「曲高和寡」，這是婦女的客觀處境使然，原因在於彼時婦女經濟能夠獨立者少，又離婚絕非光采的事，離婚者受人非議亦可想見，若加上子女撫養問題枝蔓龐雜，無一不使婦女離婚權的行使相對受阻，不過此狀況卻不能作為法律對女權保障未起重大作用的論據。實際案例顯示，婦女尋求法律途徑更能達成「離婚」目的，尤其面對嚴重的婚姻暴力威脅時，法律主持「公道」昭昭在目。城市的婦女提出離婚訴訟，其原因多起於虐待，虐待屬婚姻暴力。這個現象自清代到民國，始終都是婦女訴離的主因，家庭暴力不論是丈夫或公公、婆婆造成，傳統中的婦女習採息事寧人方式隱忍，況且民風認之為家常便飯，除非已出人命，否則婦女終身受荼毒。到一九三〇年代，在新法庇護下，婦女毋需一味讓步，她們可以挺身主張離婚，離開暴力家庭。[9]戰前少數的訴離案，已見到法律確實漸成為婦女婚姻地位、權利的庇護傘，而婦女有自由離婚權對婚姻、家庭漸走向「文明」，其影響是可預期的。只不過當一切剛起步時，便爆發對日抗戰，婚姻改革受到戰爭拖累至為顯著。戰火持續的初期，少數城市還在國府控制下，如上海一地的離婚訴訟案，仍能得到依法裁決的結果。不過，戰爭對婦女的衝擊已如狂浪襲來，無可迴避，光看婦女訴離的主要原因，在各地已見戰前的「虐待」外，「遺棄」案例日漸增多，就可略窺一、二了，[10]戰爭中的男女應驗前人所說的「夫妻本是同林鳥，大難來時各自飛」的洞見之情。

由戰前到戰時，透露兩性婚姻關係變化的主導因素已漸不同，這個趨勢隨戰局擴大愈演愈烈，因為更多對婚姻的打擊紛紛出現。戰線拉大後，戰區範圍日廣，兵荒馬亂中，家庭離散，夫婦間分隔兩地者人數激增，音訊斷絕，生活艱辛，經濟陷入困頓，生活無以為繼的苦難處處可見，而婦女處境比男性更為慘酷，這些都使婚姻從實質到形式備受考驗。承平時期，個人情欲除主觀意向外，也受到家族、親屬、鄉鄰集體「監管」。戰時在流離狀態下，使原有社會網絡斷裂，遷移不定，甫抵一地又因戰局變化遷往他地，外在環境使婚姻道德淪喪，顯而易見的是「已婚」在戰時社會紛亂下，其認定變得極為困難。因男女關係難以釐清，一男一女從一地逃往另一地，若未有鄉親、友朋、同事等社會網絡圍繞，那麼兩人究竟是否為合法夫婦，還是同居、通姦、重婚，實難辨就裡。另一方面在紛亂情況下，與婚姻有關的社會罪惡受到鼓舞，偽婚、誘拐、私奔、買賣也比平時猖獗，上述現象，追根究柢，婦女的受害程度大過男性。

同居、通姦、重婚無法抑遏，助長戰爭下男性不受束縛的風流自賞，受害甚深的就是已婚婦女。她們面對丈夫的到處留情，也只能黯然苦吞，只有極少數婦女能回敬以同樣的「外遇報復」。抗戰一年左右，東南省份盡陷敵手，許多難民四面八方湧入武漢，戰局失利，戰端隨時一觸即發，這種特殊的「滅頂」感受激起武漢的男女，對異性熱烈的渴望。武漢在撤退前夕，年輕未婚女性和已婚男性名流要員勾搭，同進同出，蔚成風氣。[11] 報紙被民族大義占滿，未有隻字片語涉及社會風氣端正問題，一切制裁譴責機制付之闕如。這樣一來，已婚婦女遭丈夫冷待，擱置一旁，只能向壁流淚，徒呼奈何了。如有人有樣學樣，效法丈夫在外交「男朋友」者，則往往會被友朋指摘議論，證明女性的婚姻貞操即使在戰爭的亂局下，亦不可能與男性等同相待。戰時，女性外遇一如傳統所說的「背夫在逃」，仍然罪無可逭，即使沒有了「官府」執法，習俗的威勢仍不可小覷。

《民法》的法條明訂婦女行使離婚權的條件之一，是丈夫與他女同居或發生關係，妻子即可依此提出離婚，並要求男方給付贍養費。可是隨著戰火蔓延，各處郵路被阻，音訊難通的情況益加惡化，丈夫就算和其他女性同居，妻子難以掌握真確情況，要取得丈夫和女性同居的證據談何容易。而天涯一方的夫婦，若生活可以捱下去，極少妻子動用離婚權；相對的，戰時丈夫的「絕情」有更多便宜行事的空間，一旦男性已結交其他女子，固守家庭的妻子面臨被丈夫「遺棄」的可能性大增。戰爭中最常見的婚姻關係是，孤身在外的已婚男人，在他地與另名女子同居，不意已婚事實走漏，為避免兩女相爭的局面，丈夫逼迫原有妻子離家，卻不願離婚，這樣一來，離家的妻子還保留已婚身分，這限制了她們與其他男子同居，因為社會及道德束縛仍強，而沒有真正離婚，妻子拿不到丈夫經濟上的補償。戰前，也有妻子被迫離家，這類遭丈夫惡意遺棄的婦女，所能依恃替自己爭取地位權益並主持「公道」的，就是夫家的親屬，以及自身娘家的家長。戰時，勞燕分飛，家人四散，偌大的中國，幾個政權分立，無一法律系統可以通貫於各處，婦女權利保障的依恃渺然不存。許多新的「靠山」，只好從親屬圈之外找尋，如想方設法求得黨政軍高層撐腰。尤其戰爭所造成軍事至上風氣，使軍政當局易成為婦女認定的強有力「靠山」，識字者把「冤情」洋洋灑灑書之於筆端，然後再以「上書」方式投向軍政高層，大聲鳴冤。有一個案例，案主是一位受過不錯教育，頗有「文化」的婦女，名叫周邦本，她因流落到大後方，周遭無親無友，丈夫竟結交新歡，這位新寵得寸又進尺，誣指周邦本通姦，還聯合其他人串證說周是漢奸，案情曲折詭異，周邦本一人難敵眾口，遭判刑入獄，在獄中，這個弱女子絕不甘心蒙受不白之冤，把一封封陳情書呈遞給軍政高層，軍政部部長何應欽收到周女的喊冤信，下令徹查，[12] 結果如何則不得而知。

戰時，各種平時的「道德」約束都在崩解、重建中，包括婚姻涉及的倫理層面。戰前，法律定出婚姻成立的要件，首重成年男女雙方彼此同意，如此即否認家長有權替子女締結婚約或擇配。子女與家長對婚權一長一消並非絕對，一般說來若家長與子女同居一處，兩代間對婚姻對象的選擇，尊重家長的意見仍屬常態，而婚約的效力仍沿襲傳統，視其如同婚姻成立的保證，這種「保證」與家長對子女婚姻深具影響是相生相成的。[13] 戰時，逃難人口無處不有，家庭中年輕一輩逃離淪陷區，轉往內地，導致東南省域出現眾多老弱婦孺構成的「留守家庭」，出逃的青年，走出親情圈住的家庭、家族羅網，投向廣漠人海，婚姻的自由隨之而來。許多例證顯示，戰時婚姻自由在社會中上階層可說「史無前例」，男女載浮載沉，交往密切，共賦同居，彼此間的義務與權利隨人而定，他人無置喙餘地。家庭、婚姻任其自生又自滅，婚姻道德如海市蜃樓。[14] 下層社會的戰時婚姻自由則填塞更多犯罪情節，騙婚、背夫逃家、夫或妻生死不明、典賣、典休、同居、再醮等，幾乎傳統曾出現的婚姻形制統統復活，而無論上中或下階層，其共同趨勢是戰時男女易合，當然也易離。

戰爭把所有複雜的社會關係變成簡易、速成，什麼男婚女嫁是合兩姓之好，統統不再講究。女性結婚，多出一位逃難的同伴兼幫手，比什麼都來得有用。一位親歷戰爭的婦女回憶說，逃難時要擠進人滿為患的火車，丈夫起碼可以托著自己塞進車廂，當時才感到結婚有個男人做伴逃難，實在是必需的。[15]這樣的苦難與隨時從天而降的威脅，使戰時萍水相逢的男女，互相抛灑情網，至於「通姦」、「重婚」縱然已知情，也無改初衷。陳克文，這位在武漢親見男女愛得混亂的國府行政院公務員，一針見血指出年輕的女性若有好環境，必然走上好道路，問題就是戰爭下「好環境」不復存在，於是走上好道路的機會微乎其微。[16]在戰爭逼迫下，婚姻成了人性的試煉場，引火自焚者不在少數。

一九三〇年代因城市出版商業化的走向，尤其是上海，報業林立，導致各報間競爭激烈，在追求營利的考量下，擴增廣告版面是手段之一，於是更多有關個人婚姻成立或解除的聲明，都採報刊廣告公諸大眾。這個作法本不具法律效力，惟經由白紙黑字刊登啟事，並且認定「眾所周知」，其效力對城市住民而言，未必比法律所具的效力低。戰前報刊刊載的婚姻廣告，宣告男女兩人結合的聲明相對簡易，至於離婚啟事則多了更多「切割」的說明，大部分內容除明確宣布夫婦兩人已解除配偶關係外，更要強調各自財產和此後婚嫁不得有所干涉。[17]戰前的婚姻廣告，於戰時更見高漲態勢，而戰爭中，「解除同居」這類的啟事頻見報端，比起離婚聲明，「解除同居」所涉及的男女關係更具曖昧性，因為同居有婚姻之實而無結婚之名，關係結束卻又刊一廣告聲明，足證這類關係在社會中具有相當「正當性」，這正好說明了戰爭中的男女關係，雙方所認可的「婚姻」，脫出國家、法律、習俗的束縛，其形式及內容交由個人決定。「同居」風氣在大後方社會已成燎原之勢，以致國府行政院也不得不訓令下屬單位，負起端正社會風氣之責，結果顯然是言者諄諄，聽者藐藐。[18]

戰時大後方，社會大眾的婚姻充斥我行我素的情況，在缺乏良善戶籍制度管理下，居住在一處的男女究竟是什麼關係，實無從調查追蹤。國民政府面對戰時外交、軍事、經濟各方面問題，已焦頭爛額，至於民間婚姻關係的混亂、龐雜，也只能視之為「妨害善良風俗」，而加諸社會軟弱無力的道德說服，另外是訓令報紙不准刊登同居成立或解除的廣告。國家的行政司法權在戰時，對婚姻的「治理」，顯然是處於極被動的位置。在報紙刊登同居狀態的聲明，是戰時民間發展出的「婚姻自律」，其憑證作用足以作為日後男女雙方一旦發生糾紛時的解決依據，並得以成為延聘律師強制執行的立足點。同居期間，雙方還是有一定程度的共同生活義務，且必須遵守同居所發展出來的規範，這個規範比較像是戰亂時代兩性間的義理、情感，而非平時的法律及倫理，一旦情感破裂、義理不在了，男女都有解除同居的平等自由。戰後，一份典型的解除同居聲明如下，「竊民曹治明現年二十五歲，籍四川武勝縣人，民職業麵食，住美專校街一三二號，情因民先年曾與沈茗英同居數載，現以雙方意見不合，甘願脫離同居關係，後男婚女嫁各不相涉，現以登報聲明，中間不虛，持此備案，具呈人曹治明，及《和平日報》一份。」[19]它由男方提出，但顯然同居男女事前已達成協議。協議同居及協議分居，應是最無爭議的兩性結合與仳離方式，只要雙方願意接受其結果，旁人無權插手。而分居不論是男方署名、或女方署名、或男女聯名，若雙方沒有提到財產分配，或是否有子女，大概能夠判斷兩造之間沒有糾紛，又或者彼此條件已談妥無甚爭議。總之，戰時協議分居如同協議離婚，是男女之間較普遍的「離婚」方式。現國府訓令不准報紙刊登婚姻狀態的啟事，這種「障眼法」，只不過使同居轉入「地下」，說明了政府無力管束，乾脆來個眼不見為淨，可是其後果是沒有報紙廣告作依據，男女一旦發生糾紛，便成各說各話，進入警局或告上法院，就勢必是「公說公有理、婆說婆有理」，於是政府的管束便與戰時社會的實況脫節，婚姻這個私領域是證明國家法律治理潰決的線索。

戰時的一夫多妻在社會中時時可見，免不了具有強烈的「時代特徵」，那就是有多妻的內容，卻顯示一夫一妻的外在形象。因為傳統的多妻是眾多妻子「齊聚一堂」，抗戰時，則因遷徙輾轉，男性駐停各地而導致某地、某市新出現一位「淪陷夫人」、「抗戰夫人」，儘管也算「多妻」，但諸多「妻子」，無法遷住一處，必須各自分散，這種特殊重婚型態，說明了戰爭牽累婚姻幅度之深之廣。[20]戰時中國，遷到大後方的中上階層已深受戰前一夫一妻觀念制推動的影響，承認其為家庭成立的原則，夫婦關係中的元配，在友朋中受到尊重，而以風流自居的男性也不敢攖一夫一妻制之鋒，因而紅粉知己、女朋友成為外遇的別名，如此觸犯重婚罪者，少之又少。又法律上的「重婚」罪，有極嚴格明確的界定，因為重婚涉及犯刑罪責。按《民法》所定義的婚姻是「法律上公認基於一男一女之承諾，以終生共同生活為目的，而結合之關係」。顯然，一夫一妻是婚姻的根本，「重婚」的定義也就是與元配未離，又再婚的意思，不僅《民法》予以否決，且觸犯《刑法》所定之重婚罪，其罪刑即《刑法》第二三七條所言：「有配偶而重為婚姻，或同時與二人以上結婚者，處五年以下有期徒刑，其相婚者亦同。」《民法》明言重婚可為前一次婚姻離婚之根據，後一次婚姻更可據此撤銷，而法律上沒有承認的男女結合，又不能稱之為「婚姻」。總之，「重婚」的定義必須前婚與後婚皆是法律所認定者，方才成立。又按《民法》主張配偶之一方重婚時，他方得為請求離婚，乃至損害賠償及贍養費之請求，所涉法條包括一〇二五條言：「夫妻之一方，以他方有重婚情形者，得向法院請求離婚，惟娶妾並非婚姻，自無所謂重婚。如妻請求離異，祇得以其他理由，而不得援用此項規定。」又因重婚而元配欲請求離婚，《民法》尚有其他追加的條件，即第一〇五三條言：「對於重婚之情事，有請求權之一方，於事前同意，或事後宥恕，或知悉後已逾六個月或自其情事發生後已逾二年者，不得請求離婚。」同條明定贍養費的請求，要合於以下條件，即「至於夫妻無過失之一方，因判決離婚而生活陷於困難者，他方縱無過失，亦應給與相當之贍養費」。也就是說，贍養費之請求，須具備二個條件，一為須請求人無過失，二為須因判決離婚而陷於生活困難者。綜上所列，重婚確為請求離婚的根據，但離婚之訴又有許多限制，如「事前同意」或「事後宥恕」，皆不得為之。「事前同意」，在法律上的解釋為縱容其行為，或知其行為而不為制止之意，宥恕即表示容忍配偶一方之惡劣行為，二者都取寬泛的解釋，如此一來，因配偶重婚，依循法律達成離婚並取得贍養費確有許多阻礙。[21] 戰前已少見以重婚訴離的案例，戰時有些夫妻重山遠隔，音訊全無，更多是受經濟、情感、倫理崩壞的波及，婚姻有名無實，根基動搖，通姦都無從界定了，「重婚」之訴，簡直是紙上談兵。

戰前諸多名人婚姻，包括蔣介石與宋美齡一九二七年大婚，都依據《民法》所定義的婚姻，昭告公眾，他們所遵循的如認定結婚是契約，需尊重男女兩方當事人的意願，又要有公開儀式，才能正式成立，無一不是依法而行，可說法律實把婚姻引向保障女權的方向，而這一切在戰時化為烏有。戰時的婚姻以實質關係為判斷依據，法律主導的「形式」，只有在發生糾紛而鬧上法院時才有作用，[22]可以說戰時的婚姻法律框架仍存，其作用卻已微乎其微。法律名詞如「通姦」、「重婚」到了社會中，被演繹成側室、如夫人、姨太太等，這些是傳統婚姻中的常見關係。可見離亂中，婚姻家庭這些呈顯人性的私領域，復舊如昔，暴露《民法》、《刑法》儘管現代、儘管文明，卻超脫中國當時社會實況甚遠，戰時這種懸殊落差更徹底現形。另一方面，大後方一向與沿海隔絕，其社會狀況與經濟態勢，在抗戰中意外地得與西方文明接榫，呈顯的是生活在傳統倫理架構下的民眾，其原有習俗、人情、禮法遲早是要遭遇法律的修正，尤其婚姻、家庭逃不了國家、政治權力的介入。戰時，司法體系失能，人口劇烈流動，經濟惡化，法律、人倫、禮法的約制力同受削弱，當大批的東南居民來到大後方，他們重構了戰時婚姻家庭的圖景，傳統的婚姻型制看似全部呈現於一時，仔細追究，一夫一妻有潛在的牽引力，於是婚姻亂象便不是傳統的復活，而是戰爭下的還魂而已。

三、婚姻處置「中央化」：川省各級政府機構與民眾婚姻調解

《民法》、《刑法》明訂，婚姻相關權利可由配偶尋求司法途徑予以公正評斷。抗戰時期，淪陷區、上海孤島與大後方各有不同的司法體系，國家的執法機構支離破碎，一般百姓在流離遷徙之中，原戶籍所在地與後來居住地不相統屬，司法執行上實有極大困難。惟法律的統整儘管渺不可期，但許多傍隨法律所生的婚姻觀念已然逐漸傳佈，這是戰時一切崩解中，所閃現的建設苗頭。大後方的國府帶著沿海的現代婚姻理想進入四川，引發的現代與傳統鄉俗間對婚姻關係的改

造拉鋸至為顯著。戰時重慶婚姻案例顯示，男女若發生糾紛，在雙方無法達成「離」或「不離」協議時，便求助於第三方介入，這是傳統解決婚姻問題的慣常傾向。「第三方」一般係指親族長輩或地方上有頭有臉的知名人物，底層社會求助調人介入解決婚姻難題，而非訴諸法律，其因在於婚姻牽涉眾多親鄰，礙於親緣關係緊密，尤其是婦女出面請求調解是希望挽回夫妻關係，甚過絕裂。調解者一般顧全夫婦間的「情義」，並且也努力撮合雙方都能接受的條件。採取法律途徑，從傳統習俗看來，形同宣告恩斷義絕，這對生活在鄰里之隔的男女有極大的壓力。

戰時陪都重慶，底層社會的婚姻關係深受傳統習俗束縛，不過因戰時帶來更複雜的人際交往，使婚姻問題有時逸出鄉里長久以來的「經驗」，甚至上升至國家問題的層次。如一個案例中的婦女說到，夫婦感情原本平穩，後因婆婆唆使，丈夫娶進另一名女子後，關係惡化，婦人遭到丈夫拳打腳踢，主動求去。男女雙方經兩場民間調解，再由江北地方法院判決離異，男方應付給女方生活費四千元。事後，男方置若罔聞，女方拿不到生活補助，只好出外傭工，沒想到婆婆又上門胡鬧，要索女方的薪資，這名婦女忍無可忍，只好求助於住區所在的基層行政單位。[23] 該名婦女的遭遇在國府轄域內，有了不同於傳統的新處置方法，甚至有了現代法律作依恃。鄉里人儘管也還介入調解，最終的解套還是依靠法院判決男方「適當」的懲處，用以補償婦女在婚姻中的「受害」。儘管案件的筆錄中，這位婦女陳述自身遭遇時，並未套入什麼「現代女權」的概念及想法，相反的，她完全以傳統婚姻關係來理解自己與婆婆、丈夫所發生的衝突，被婆婆逼迫，她所要的結果其實是息事寧人，並未援法來爭取丈夫未給的「生活費」，傳統的關係約束在這個案例中仍歷歷可見。

然而，受理單位卻以「現代」觀點來解決此案，要男方付生活費，也可說是女方得到一筆「贍養費」，這樁川省婚姻糾紛案的解決，實顯示婚姻「現代化」在大後方已露一線曙光。另一個案例是女方態度強硬，擺明要替自己在婚姻中所受的不平待遇，爭取公權力對男方「嚴懲不貸」。這位控訴者是女性蕭淑瑩，她嫁給一名軍人為妻，這位軍人名叫張寰清，是留日軍校生，戰時任軍官，風流自賞，處處留情，與多名女性有染，後遇到一女劉景賢，以女方財勢雄厚，父親張筱坡唆使兒子與劉女「結婚」，此事被元配蕭淑瑩知悉，蕭女不甘長期受騙被辱，寫了洋洋灑灑一紙長狀，道出事件原委投諸軍法總司，請其秉公依軍法將張寰清這個「人類蟊賊，軍界腐蠹」從嚴究辦。蕭女在訴狀中強調國難當前，應肅法紀而維人道，全篇言詞，充滿「現代女性」衛權不屈、理直氣壯的控訴。[24]總之，大後方的婚姻案例，在戰爭的逼迫中，已見文明婚姻觀透過各層級政府機構，向底層社會滲透。縱然國家行政治理職能不彰，但對大後方的婚姻觀念改革，仍有形塑之功，重慶尤有此一趨勢。

就重慶一地而言，地方上發展了足以代表國家力量的另類仲裁機關，他們行使了各類與公眾生活相關的行政制裁權。戰時行政治理亦有一切從簡的趨向，司法機關介入婚姻糾紛解決，在案例中少之又少。反之，政府各層級的機關與地方行政力介入婚姻調解與仲裁的情況大大提高，這些政府單位及負責人員，儘管不在法律體系內，卻難免以現代觀念來處置婚姻問題，於是重慶一地的婚姻調解，便在公部門介入下突破傳統鄉俗的封閉限制。一般民眾面對婚姻糾紛，傾向求諸與自身或配偶有關係的政府機關或行政單位來介入解決，這是抗戰時期重慶婚姻調解的一個特殊現象。民眾的取擇，多半認定這些機關組織是丈夫或妻子的「保護人」，因為配偶的職級隸屬於該單位，婚姻糾紛的當事人對排難解紛的主持人選擇，不乏出於長官對部屬有權管教與規訓的想像。例如有一案例，受害婦女是方巫氏，她具名向重慶市財政局控告在該局任房捐徵收員的丈夫萬德周，「停妻再娶，折子逐母」，犯了重婚罪。方巫氏的控訴書對丈夫萬德周的「惡行」揭露無遺，指其不給家用，而她迫不得已出外幫傭，後因重慶遭日機連番轟炸，傭工工作被迫中止，返家後卻遭丈夫和他的哥哥串謀逐出家門，兩人所育兒子已成年，卻被隱匿隔離，母子不得相見，方巫氏以不甚通順的文字寫到：「……（萬男）將氏逐出，男犯三條，女犯七出，何條證據由伊信口憑吹。……如伊停妻再娶，私犯國民政府法令，敢重婚，由伊所許，隨要隨不要。……無根無據不給生食費，就催脫離，那有此理，故特據前來申請鈞局請予作主，飭伊給生食費。」[25] 這封陳情書呈給財政局，在方巫氏看來，丈夫任職機關是唯一能夠替她主持公道的對象，這個觀念在戰時似乎頗盛行，婦女持此看法，其與傳統社會視縣令為父母官者，如出一轍。可說，當中央政府遷駐重慶後，與當地住民開展社會、經濟、軍事、社會、文化各方面密切交往，除了徵兵徵糧外，與地方老百姓打交道，婚姻、家庭是最常出現的地方治理問題。

抗戰時期，一方面呈現中上階層各式各樣婚姻形態，千奇百怪的亂世悲歡離合，任憑個人自便自由，另一方面地方婚姻爭議的案例，卻又顯示人民對於公權力有相當程度的依賴，可以說婚姻秩序崩解的態勢下，公部門對底層社會的諸多保障，其扮演的角色要比過往任何歷史時期都重要得多。許多案例說明國家法律在戰時往往淪為上層說教，其效力實須倚靠與民眾實際接觸與受理糾紛的下層政府機關，包括重慶定為陪都後，新劃的各級行政基層單位，如政務、警務，尤其是保、甲、警分局及區公所等。這些組織直接面對百姓的各類婚姻糾紛，它們才是法律所追求的現代婚姻制度，向社會下層推展的主要憑藉。不過，重慶發生的婚姻糾紛，內容有時極複雜離奇，因隨流入人口暴增，跨省區的男女婚姻糾紛所聯結的犯罪情節，遠超過地方層級政府機關所能理解乃至釐清案情的可能。結果是跨省的男女騙婚、逃家等，在基層警、政單位受理後，其處置往往如石沉大海，男女備案後，便宣告「辦完」，點出戰時社會法律治理的空洞性。有一案例是一男一女因同居而生出糾紛，他們向重慶市警察局第二分局上遞調解單，該案留有警察的完整訊問筆錄。糾紛案的女主角，名叫陳淑華，二十八歲，湖南籍；男主角名叫李明昭，二十六歲，重慶本地人。案發經過是陳女扭送李男至警局，她向警察表示自己從湖南逃出，到沙市時遇到李明昭，李男要陳女同赴重慶結婚。兩人到重慶後，陳女的首飾全被李男騙光，並且李男對陳女生活不聞不問，這就是為什麼陳女要把李男扭送警局的原因。警察訊問陳女，首飾被李男騙去了，有什麼人知道？陳女回說，她的首飾全是在湖南訂製的，包括一只金膀圈有一兩重，一只金戒指有兩錢三分重，住在黃桷埡郵政局王子云等人，他們知道這件事。警察又問到，你的住處有沒有證據？陳女回說：她原來的丈夫叫王金玉，在七十五軍任營長，後於前方陣亡，在沙市與李男相遇後，兩人相偕來到重慶，沒有結婚，不過同居是事實，還有介紹人，女方堅持她是被騙婚詐財。警方傳訊男方，被女方指控為騙子的李男喊冤說，兩人因意見不同吵架，經過親友從中調解，已達成各不干涉協議，他沒有騙取女方首飾，並且在重慶的一切生活費都是由他支付的，他向警察表示兩人有脫離同居關係的證據。[26]女方說同居關係存在，男方說兩人已解除同居，警方未表示更相信哪一方。這個案子就只做了筆錄，警方希望的是兩造息事寧人，因為跨省追查實無可能。從筆錄文字來看，女方尋求警方協助解決婚姻糾紛，其口供重點有二：一是被詐騙錢財，二是兩人有同居的實質關係。而從警方訊問所提問題及判斷來看，只要男方能提出解除同居的證據，其他一概模糊以對，而筆錄原文，實也透露警方傾向相信男方多過女方。[27]在戰時社會飄來盪去的女性，總不免被懷疑其素行不良、動機不明，代表政府執行治理權的基層行政單位亦不免存此偏見。

過去的研究較少注意到國民政府在重慶的地方行政，如何與戰時民眾生活結合。從婚姻案例來看，各種各樣的婚姻組合、糾紛型態與變異的男女關係，成為了重慶地區各級行政單位戰時迎來的新工作。譬如，保甲長經常是男女婚姻家庭問題處置中的主要見證人，有時甚至從旁觀者一變而成了涉入者。警分局則愈來愈難切割婚姻糾紛與社會治安的複雜關係，因為一般人的家務事所涉內容龐雜，要釐清男不歡、女不愛的糾葛與犯刑，成了日常警務工作的大宗，如重慶地區警分局的一件筆錄，就可說明戰時重慶警察的工作要項是「清官要斷家務事」。這個案例是一位名叫譚良珍的婦人，她找上重慶警察局第十分局，控訴自己丈夫謝煥卿在婚姻中的各種惡行。這位姓謝的男子於婚後不久，逃到已是淪陷區的漢口，再娶一名熊氏女為妻，譚良珍和謝煥卿兩人因此而感情失和，謝男對譚女詈罵不斷，甚至動手毆打，新進門的熊氏則在一旁搧風點火，謝男還試圖甜言欺騙譚女不妨移居漢口，他解釋說因為「日本人的統治比重慶更加安樂」。譚良珍不願意離開重慶，結果是遭到謝男更嚴重的家庭暴力，男方不僅拳腳交加，還揮刀威脅。隔壁鄰居名叫陳花子的，看不慣謝男的惡行惡狀，出面攔阻，才制止了可能發生的命案，譚女向警分局泣訴謝男無情無義，同時出示甲長李雲波的作證簽名。[28]這個案例的案由是戰時頗常見到的兩女爭一男，可是案情的發展牽涉到淪陷區、國府統治區兩個政權的轄域，涉案的謝男為了誘騙元配離開重慶，竟說出「日本人統治比較安樂」，這個陳述頗值玩味，一方面顯示老百姓戰時流動的方式極自由，逃到後方又跑回淪陷區的，並未有任何把關或限制。另一方面，私人領域的發言與國族口號「寧戰死而亡，也不願屈辱而生」，有明顯落差。戰爭是生死掙扎，絕非喊喊口號而已，落到每個人存亡情欲間所作出的選擇，往往便是人性不同的現形。

抗戰後期，重慶許多地區浮顯男女解除同居已是司空見慣，而各地區的區公所亦受理同居分手的報備呈文。大部分呈文報備的內容皆十分相近，主要包括男女名字，同居起迄時間，分手理由，財產分割內容等，典型如下面一份曾澄波與錢金蓉解除同居關係的呈文，文字部分寫著：「緣民曾澄波於民國三十三年與錢金蓉同居，情感尚稱和好，不料近來發生不睦，雙方取得同意於本月十三日經憑保甲證人解除同居，由澄波給金蓉國幣貳佰萬元，又贈送四德村九十一號附小院一座，內部傢俱悉行在內，由金蓉領訖，雙方親友已在未在，不得異言。嗣後男婚女嫁各不相涉，除分呈備案及登報外，理合檢同解除同居啟事（中央日報一份），會同報請鈞所鑒核備案，謹呈重慶市第四區區公所。」[29]向警分局或區公所報備呈文或請其代轉提訴，是否必須另行繳費，目前尚未有較明確的資料。但已有研究指出，戰前的民事調解所需費用不高，[30]按當時一般勞工的薪資來換算，普通人都可負擔得起，這可以解釋戰時重慶婚姻糾紛訴狀中，工人、農民為數頗多。

除了男女雙方已達成協議的「和平分手」外，其餘有爭議的，手續則稍微複雜。一般各地分駐所及鄉公所接到男方或女方提出的陳訴後，即傳集兩方做簡單的訊問，然後再根據所說案情及筆錄，要麼約請相關人士進行調解，要麼就是轉交法院。就目前案例看來，逕行調解的數量要遠多過移送法院者，主要原因是法院收費較昂貴，其次，戰時的離合都有速請速決的傾向，當事人及承辦者都感受到這種戰時壓迫性。調解比起進法院更省時省力，在「夫」或「婦」提訴後，那意味著雙方已難繼續共同生活，還有更常見的狀況是男方或女方突然「失蹤」，下落不明，逢此狀況，曠日費時的訴訟如飲鴆止渴，於事無濟。

重慶中下層行政機關，其調解婚姻糾紛的判斷依據，多少受現代法律制定所依據的婚姻觀念約制，儘管過程與處理手段十分類似傳統鄉紳公斷，尤其處置結束時，還要求夫婦兩造由親友或鄰里陪同，一起到鄉公所或警察局共同簽字作為調解見證，幾乎所有訴案調解單最後部分除了男女雙方簽字同意外，出席戚友個個皆需用指印畫押或簽名落款，顯示重慶地區的婚姻案即使由公部門主持調解，惟其方式仍儘可能尊重傳統鄉俗。這一套現代觀念與鄉俗融合的婚姻處理程序，可說明文明法律規範下的婚姻概念在戰時重慶底層社會已見其影響，而傳統鄉俗「公道自在人心」的調解作法，亦仍受借重，總之，現代與傳統接榫在重慶底層婚姻處置中已然萌芽。

從已有的案例來看，一九三一年《民法》頒布後，各種新式的夫婦平權概念，諸如一夫一妻制、通姦、遺棄、離婚贍養費、重婚等字眼，已成為百姓描述婚姻與受理糾紛機關經常引用的辭語，這些辭語實鑲嵌於中國新式法律概念之中，它的傳播與引用，亦可謂是戰時婚姻糾紛的仲裁逐漸走向「國家化」的線索。從法律用語到成為大眾有意識的婚姻犯罪定義，是重要突破，戰時的軍人婚姻糾紛頗能代表這一演變過程。抗戰時期，為穩定出征將士的軍心，保障軍人權益，國府對征屬的婚姻維護列有較嚴格的規範。一九四三年八月，國府頒布「出征抗敵軍人婚姻保障條例」，申明：「出征抗戰軍人之妻，在夫出征期內與人重行結婚者，除撤銷其婚姻外，處七年以下有期徒刑，得併科三千元以下罰金，其相婚者亦同。」[31]出征離家的軍人，若配偶獨居，無其他親屬共居，一旦妻子和他人同居甚至重婚，實無從得知，因此該條例明定旁人可以代替告發，並得由非配偶之第三者提起訴訟。立法所涉方方面面，無疑是對軍人家屬行集體監視之實，征屬一舉一動無所遁形。重慶有一個案例是一名征屬劉楊氏，她的丈夫被徵召入伍，獨居的年輕女人不久即和當地的「地痞」，名叫廖仲賢的，出雙入對，儼然形同夫婦。左鄰右舍的其他征屬看不過去，集體舉發說劉楊氏沾污了征屬名聲，違背政府法令，眾人吵嚷不休，鬧至該區警察分局，警員以上門調查戶口為由，親往查察，結果一開門即見到廖仲賢與劉楊氏同睡一床。消息傳出，征屬集體物議沸騰，咸認劉楊氏行為不軌，連累征屬聲譽，不願大事化小，連袂齊集互助會控訴劉楊氏。所謂的互助會，是指案發所在的重慶市第二區征屬互助會，該會幹事也是征屬，名叫劉德賓，這位男性征屬（因兒子出征）頗有威望，他把征屬提出的抗議情節，轉達給重慶市出征軍人家屬優待委員會。據聞，征屬優待委員會的主任委員（賀國光），迅即將該案轉至重慶地方法院，並附上建議，請其依法究辦，[32]下文如何，並不清楚。不過，一位出征軍人家中的年輕太太，因通姦而人人喊打，案情中無人透出一絲同情憐憫心態，這種集體監視的「暴力正義」頗值得注意。戰時征屬往往被看做是為國「犧牲」，這類犧牲交換「榮耀」，複雜的處境，使同為征屬的群體對其他「敗行」征屬予以同仇敵愾式的監視，戰爭的道德衡準不是放鬆，便是趨向極端，此為一明證。

因征屬婚姻糾紛可由第三方代行訴訟，不限自訴，因之，有無挾怨報復究難分辨。另有一個案例是兩位重慶本地居民，名叫鄭大順、黃治中的，聯名呈文於出征家屬優待委員會，指控任職財政部部直接稅處的工友余海榮，蒙騙一名征屬女子（所呈未列名），兩人逕行結婚。這兩名「第三方」指控者說，這位女子的丈夫在前方殺敵衛國，余海榮竟趁此空隙和軍人之妻結婚，若任其逍遙，以後只要有青年上戰場，家中妻子便可隨便就和他人結婚，動搖軍心莫此為甚，故請「澈查究辦」。這個案子的受理單位大筆一揮，就將原函呈轉重慶實驗法院，得到法院院長親覆的一封回函，聲明已將案情移送院檢察處，一切依法偵查。[33]本案受理機關，不問涉案的女方名字、住處，顯然不欲「介入」，而代告訴的兩人，與前方軍人或後方留守征屬是什麼關係，他們的職業是什麼，與所控告的男方涉案者，有無過節，這些統統擱置毋論。本案案情很可作為戰時人心沉浮，關係難辨，是否出現有心人假「正義」、「愛國」之名，背後行其他非分意圖的重要參照案例。戰爭使所有原來在戰前穩定秩序中逐漸萌芽滋長的「公民」道德，土崩瓦解。從國族大義出發而必須力保軍人的婚姻穩定，這是戰時軍事社會動員的「必要之惡」，只是單身嬌弱少婦處在四面八方皆是不明力量包圍下，有心人以欲、以情、以財相誘，蹈入陷阱已屬可悲、可嘆，還須面臨「人言可畏」及「國法難容」下場，豈非雙重嚴重懲罰？抗日戰爭，全民都以某種方式作出犧牲，女性征屬的犧牲，過去從未好好正視，從案例中顯示的女性諸多遭遇暴露戰爭受損最慘重的，要算是人性的「變異」。

四、結論

抗戰時期，因戰亂而導致中國婚姻與家庭進入一個極不穩定的時期。戰前，小家庭制度的理想在城市大幅度的傳播，加上國民政府新《民法》與新《刑法》的頒布，使得一夫一妻制、夫妻有平等離婚權、男子不得蓄妾等新婚姻道德和制度，逐漸成為國家建設新家庭的依據，只不過理想與社會現實尚有極大落差。一九三〇年代的普遍情況是整體教育尚屬落後，復以社會保守觀念習俗仍有強固束縛力，結果是婦女在婚姻中的配偶權雖受保障，無奈實際運作時仍遭遇層層阻礙。惟不可否認，法律引導社會大眾的婚姻朝文明、開化的方向前進，其作用已有跡象可尋，故而應該可以評價這時中國婚姻改革已邁出大步。

抗日戰爭使一九三〇年代的婚姻改革受到重挫，而戰前已有的婚姻亂象在戰時更見失控。抗戰爆發後，因東南沿海省域淪陷敵手，戰火紛飛下，婚姻、家庭備受考驗。而隨著戰爭規模的擴大，親族四散、音訊不通、夫妻拆散、經濟困頓、生活無著幾成常態，「婚姻」從形式到內容都起了前有未見的劇烈變化。戰前有些不良風氣，如男女同居，即使在法律的剛性約束下，仍有萌芽之勢，戰時的離亂助長「同居」之風。同居者在報紙上登廣告、在政府機關報備，以致公眾中亦視「同居」為「結婚」的一種形式，這一轉變已可窺見戰爭對婚姻的衝擊。同時戰爭中，傳統曾出現的各類奇形怪狀婚姻形式，如重婚、賣婚、納妾、平妻、通姦等，幾乎全部復活。而在人口大遷移下，男、女轉徙不定，若非熟人，萍水相逢者實難判斷一男、一女關係親密，究屬何種類型的「婚姻」。

戰時國民政府打著「以空間換取時間」的戰略，將中樞遷往重慶。這個以政治、軍事為出發點的遷都考量，影響著四川省這個一向與外部隔絕的省域，有機會在中央控制下，展開戰時的社會「現代化」。以婚姻習俗與型制改革角度來看，國府治理下，在四川重新劃定各級行政單位，而警察、戶政機關成了川省民眾各式各樣婚姻糾紛的「投靠所」。這些基層行政單位在受理婚姻糾紛並為之調解的過程中，連帶把新《民法》與新《刑法》所定義的新婚姻觀傳輸到底層民間。由此，四川的傳統婚姻結構便開始與現代法律定義的婚姻理想接榫，此現象尤以陪都重慶最為顯著。故而研究抗戰大後方的婚姻變化，除了注意婚姻崩解的狀況，亦不可忽略婚姻觀念與制度，也亦步亦趨的走向現代化。總的來說，戰爭的婚姻變動，有社會階層、區域空間的差異，也有傳統與現代蛻變拉扯的變化存在，萬不能一體視之。

1 王楊，〈南京國民政府對西方社會本位民事立法思想的繼承與改造〉，《中外法學》，一九九九年第二期，頁一一一－一一四。

2 一九三四年立法通過《刑法》草案第二三九條「有夫之婦，與人通姦者，處一年以下有期徒刑，其相姦者亦同」，而有婦之夫與人通姦，不加處罰。該立法實偏離國民黨保護女權的宣示，一九三四年始，許多婦女團體與公共輿論都以已婚男子通姦應與已婚婦女通姦，受同等刑罰為訴求，督促立法院重行修訂刑法的通姦條文。後於一九三六年，關於通姦的罰刑規定，改訂為男女皆同。談社英，《婦運四十年》（臺北：自印本，一九五二），頁四二。

3 Susan Glosser, *Chinese Visions of Family and State, 1915-1953,*（California: University of California Press, 2003）, pp.1-133。

4 典型如胡適所寫的〈貞操問題〉，《新青年》五卷一號，頁一〇－一九。

5 金石音，〈新流行「同居」之弊害〉（續），《婦女共鳴》第四十九期（一九三一年），頁九－一九。

6 Lisa Tran, " Sex and Equality in Republican China", *Modern China*, Vol. 35 No.2（March 2009）, pp.191-223。

7 Susan L. Glosser, *Chinese Visions of Family and State, 1915-1953*, pp.134-166。

8 一九三〇年代國民黨中著名的婦運史專家談社英，明確指出中國是「重婚國」，而重婚可說是男性的專權，女性連夫死再嫁都受到道德約束，遑論一妻多夫的「重婚」。而民國改訂新法，輿論及立法者往往強調「重婚」必須以法律方式禁止，同時要賦予男女同等「自由離婚」權，如此便可導中國傳統婚姻入現代化。就此，談社英提出不同意見，她認為法律上禁止「重婚」並賦予男女「自由離婚」權，等於是替丈夫「合法解套」，若丈夫別戀，本來夫妻感情不壞的，為了另結新歡，便強要離婚；又或者丈夫故意在日常生活中，對元配百般刁難，使其難以容身，自動求去，對外宣稱是妻求去，不是妻被棄，也只是為了可以再娶新婦入門。如此一來，婦女寧可丈夫選擇「重婚」，這豈不是「自由離婚」造的惡果嗎？談社英的話，已點出婦女的婚姻權，在法律上得保障，卻未必能與現實社會處境，以及傳統習俗約制相抗衡。談社英，〈婚姻中之重婚與離婚問題〉，《婦女共鳴》第二十三期（一九二九年），頁一二－一八。

9 Kathryn Bernhardt, "Women and Law: Divorce in the Republican Period", in Kathryn Bernhard & Philip C. C. Huang eds., *Civil*

Law in Qing and Republican Chian, （California: Stanford University Press, 1994） ,pp.187-214。

10 筆者在重慶檔案館所見的戰時婚姻糾紛，包括重婚、騙婚、離婚、同居等等共約二百多個案例，至少三分之二是女方主動提出的，目前尚未進行詳細量化分析，只能就初步整理得出一個概略看法。

11 陳克文日記一九三八年四月九日，記「周孝伯昨言，五日晚同晚飯吃醉酒之陳小姐，已與彼有肌膚之好，真所謂一見鍾情矣。道鄰今日又言，外交部職員林小姐可以五十元易銷魂一度。嗚呼！非常時期，一切都非常化矣。……六時半，羅努生來電話，約至『美的』喝茶。至則馬君武、羅君強、鑄秋、張道藩、禾子、黃瑩均在，數人已微醉。混女人、吃、喝、跳舞，已成為這一群人國難之生活矣」，參閱陳方正編，《陳克文日記，一九三七—一九五二》（上冊），（臺北：中央研究院近代史研究所，二〇一二），頁二一二－二一三。

12 《關於周邦本申請開釋上軍政部的呈》，重慶市檔案館庋藏檔案，檔案號〇一〇八／〇〇〇五／〇〇二四四／〇〇〇〇。（一九三九年三月）

13 羅家倫夫人張維楨家中的小妹張蓉珍女士抗日戰爭爆發時，嫁給張秉孫。張秉孫出國留學前本訂有一門親事，後因留學，在美八九年才回到中國，女方家長認為男方喝過洋墨水，自己女兒是舊式婦女，不懂英文，就退聘禮、退親事，男方才得自由。在口述歷史的訪問紀錄中，不少女性表示，中上階層的家庭，對於婚約極為看重。〈張蓉珍女士訪問紀錄〉，羅久蓉、游鑑明、瞿海源訪問，羅久蓉等紀錄，《烽火歲月下的中國婦女訪問紀錄》（臺北：中央研究院近代史研究所，二〇〇四），頁一八－一九。

14 陳克文日記中記錄了許多行政院同僚與孤身逃難女子的情感糾葛，同事之間彼此知之甚詳，舉一例為一九三八年一月二十四日，陳克文東道宴客，到者有孔為明小姐，及其他好友六人，其中羅君強亦在場，席上談論孔小姐婚事及如何保持美麗，陳克文記曰：「他們都說有好環境，孔小姐必然會走上好道路的，不過一個弱質少女，遠離家庭，前途是很可慮的。」接著，三月二十九日，晚飯後，羅君強出示孔小姐從廣州的來信，陳克文記曰：「字頗遒勁，一片深情，竟與君強結不解緣，亦意想不到。君強頻頻嘆息，此事如何了結，既不願欺騙夫人，又不能並娶同居。此亦國難姻緣之一也。」陳方正編，《陳克文日記，一九三七—一九五二》（上冊），頁一七六、二〇七。

15 〈張王銘心女士訪問紀錄〉，羅久蓉、游鑑明、瞿海源訪問，羅久蓉等紀錄，《烽火歲月下的中國婦女訪問紀錄》，頁七九。

16 陳方正編，《陳克文日記，一九三七—一九五二》（上冊），頁一七六、二〇七。

17 一九四〇年，上海律師事務所，有一份律師書寫的離婚協議，由夫妻兩方共同署名，協議中稱夫為A方，妻為B方。A方及B方同意結束婚姻，根據協議結果，雙方須遵守的事項如下：

一、兩人的婚姻自簽署協議書後即結束，自此，雙方自由嫁娶，另一方無權干涉。

二、自簽署離婚協議後，任何一方不能要求另一方的財產。兩方各自負起婚前所欠債務，無論其是否為家庭花費或個人所用，另一方不涉入。

三、所生小女兒，僅四個月大，歸B方（妻子）撫養、教育及監護。

本協議共有五份副本，雙方各自持一份，其他則交律師事務所，以做日後證明參考文件。參考 Kathryn Bernhardt, "Women and Law: Divorce in the Republican Period", in Kathryn Bernhard & Philip C. C. Huang eds., *Civil Law in Qing and Republican Chian*, p. 192。

18 行政院注意到社會上登報同居的風氣，曾明令內政部禁止，唯內政部似乎亦無法可管，內政部行文重慶市政府，其文為：「副院長於六四二次院會中，對於現時我國婚姻有男女同居，竟聘律師公開登報啟事者，此種惡風任其流行，影響所及不堪設想，飭會同有關機關研究一補救辦法等因，查婚姻禮，本部已擬有婚禮草案呈院核准公告之，類亦均有詳明規定足資適用，今後當更事倡導舉辦，以期普遍推行，防止騙婚、重婚等一切不合法之婚。至男女同居本不能認為正式婚媾，聘請律師公開在報上登載同居啟事，此種惡風應予速禁，通飭全國不准登載……按修正出版法二十二條規定出版品不得為妨害善良風俗之記載，同法第六十五條並規定以廣告啟事等方式，登載於出版品者，應受前條所規定之限制，嗣後各地報紙如遇有登載前項妨害善良風俗、男女同居之啟事，應由地方政府依法取締，嚴加禁止，一面並依照部頒集團結婚辦法普遍舉行以資倡導而端風尚。」〈關於禁止男女同居聘請律師公開登報啟事并普遍倡導集團結婚的公函、訓令〉，重慶市檔案館庋藏檔案，檔案號〇〇五三／〇〇二九／〇〇〇八九／〇〇〇〇。（一九四三年八月）

19 〈關於與沈茗英脱離同居關係上省七區區公所的呈〉，重慶市檔案館庋藏檔案，檔案號〇〇五七／〇〇一二／〇〇〇七九

20 參閱呂芳上，〈另一組「偽組織」：抗戰時期婚姻與家庭問題初探〉，《近代中國婦女史研究》第三期，一九九五年八月，頁九七－一二二。

21 劉清波，《重婚與通姦之法律觀》（臺北：國立政治大學出版組，一九六四），頁一－四六。

22 李朋，〈重婚與通姦之法律觀〉，《法律知識》第二卷三、四期（一九四八年），頁一－六。

23 〈關於請查辦張韓氏控告張長發重婚案上北碚管理局的呈〉，重慶市檔案館庋藏檔案，檔案號〇〇八一／〇〇〇六／〇二六三二／〇〇〇〇。（一九四五年十月）

24 〈關於究辦張寰清、劉景賢重婚的呈、批、代電〉，重慶市檔案館庋藏檔案，檔案號〇一〇八／〇〇〇五／〇〇二四四／〇〇〇〇。（一九四〇年五月）

25 〈方巫氏、重慶市財政局關於准予起訴方德周重婚的呈、批示〉，重慶市檔案館庋藏檔案，檔案號〇〇六四／〇〇〇八／〇三四四四／〇二〇〇。（一九四〇年九月）

26 〈重慶市警察局第二分區受理陳淑華、李明昭同居糾紛案的呈解單、訊問筆錄〉，重慶市檔案館庋藏檔案，檔案號〇〇六一／〇〇一五／〇三五五七／〇二〇〇。（一九三九年七月）

27 筆錄在男方說明兩人在重慶的生活費是他支付的，也否認動手打人，並且還送了一些首飾給女方，警察就不再追問「暴力行為」的細節，顯然較傾向相信男方的說法。見〈重慶市警察局第二分區受理陳淑華、李明昭同居糾紛案的呈解單、訊問筆錄〉，重慶市檔案館庋藏檔案，檔案號〇〇六一／〇〇一五／〇三五五七／〇二〇〇。（一九三九年七月）

28 〈關於受理譚良珍控告謝煥卿犯重婚罪上重慶市警察局第十分局的呈（附保狀）〉，重慶市檔案館庋藏檔案，檔案號〇〇六一／〇〇一五／〇一〇六八／〇一〇〇。（一九四四年三月）

29 〈關於登報解除同居關係上第四區區公所的呈（附公報）〉，重慶市檔案館庋藏檔案，檔案號〇〇五七／〇〇〇七／〇〇〇五八／〇〇〇〇。（一九四五年八月）

30 Kathryn Bernhard, "Women and Law: Divorce in the Republican Period", in Kathryn Bernhard & Philip C. C. Huang eds., *Civil*

Law in Qing and Republican Chian, pp.195-198。

31 〈關於抄發出征抗敵軍人婚姻保障條例的訓令、公函〉，重慶市檔案館庋藏檔案，檔案號〇〇五三／〇〇〇二／〇一五三五／〇〇〇〇。（一九四二年八月）

32 〈關於依照出征抗敵軍人婚姻保障條例嚴加懲處廖仲賢的呈、公函〉，重慶市檔案館庋藏檔案，檔案號〇〇五三／〇〇二九／〇〇三三九／〇〇〇〇。（一九四四年十一月）

33 〈關於報送余海榮騙婚的來往公函〉，重慶市檔案館庋藏檔案，檔案號〇〇五三／〇〇一三／〇〇〇三六／〇一〇〇。（一九四四年十一月）

戰爭、記憶與性別

——女性口述訪問紀錄中的抗戰經驗

一、前言

有關戰爭與性別的研究，愈來愈多學者強調女性經驗對於戰爭史書寫的重要性。[1]就中國抗日戰爭的研究而言，有別於長久以來許多論述集中於政治外交、民族動員、軍事作戰及經濟決策，不少學者提出應該關注普通人的「戰爭經驗」，後者是國家之外的人民歷史，它所體現的是戰爭下人們的「真實生活」，如此可以彌補戰爭書寫始終缺乏的人性感受與日常變化。[2]

不可諱言，女性經驗在過去戰爭歷史的記述中極容易被忽略，在抗日愛國的大旗下，女性往往以固定的作為及形象現身於歷史書寫中，不論是戰爭暴力的犧牲者，或是戰爭勞動的貢獻者，都千篇一律地回應著民族愛國聲浪下的特殊宣傳需求。戰爭時期，國家即有意擴大張揚女性的犧牲奉獻，戰時的報紙、雜誌、政府文書幾乎同聲一氣地塑造戰時女性的形象及作為，這些戰爭文本的訊息，與國家的抗日聲調相當一致。至於某些不具備強烈民族意識，只求個人生存的普通百姓，他們的聲音多半埋沒在民族復興的集體呼號中，亟待挖掘。

戰時，不乏書寫自身戰爭經歷的文字，其表達的內容與觀點在大時代國仇家難籠罩下，難免與政治、軍事、經濟等國族聲浪交雜，隱沒而難以分辨。待時移勢轉後，在時間淘洗下，曾經歷戰爭的人們對自身經驗的陳述，便出現較多參差雜音，而這些「再現」戰爭的表達，以口訪紀錄形式留下的，至今為止數量最多、內容也最豐富。戰爭親歷者的口述訪問內容，他們描述戰爭的時機是於戰爭結束數年之後，依據回憶一點一滴地撿拾「過去」。而過去聯結著現在，以致戰爭對個人的學業、事業、家庭等生活、生命經驗的劇烈影響，也會摻雜進口述訪問紀錄中。值得注意的是，儘管戰火早已止息，戰爭年代已遠去，可是戰爭遺留的震盪卻未全然消逝，大至國家社會，小至個人團體，都在戰爭下解構、重建，卻無法回復到戰前的圖景。口述紀錄的文字多屬戰爭經歷者的「記憶」，其生成過程中，受訪者「還原」的戰爭，難以避免深受後來諸多經驗以及他人觀點的影響，因此口述紀錄的文本不能完全等同還原戰爭的歷史現場。解讀時，顯須注意這些紀錄更貼近的是戰爭記憶如何形成，以及民眾戰爭記憶與國族歷史間的複雜對話，由此折射戰爭對二十世紀中國，所造成的翻天覆地、餘威猶在的巨大衝擊。

口訪紀錄既有上述特性，運用此類資料研究戰爭，就必須注意與其他戰爭文本交叉比對；其次即注意口訪敘事的限制，尤其是女性的戰爭記憶，極富「性別」所產生的自述特徵，如對婚姻、家庭、個人情感細節的重視。不可否認，女性戰爭記憶向來是戰爭史中最「瑣碎」的部分，如何將瑣碎變成重要的戰爭經驗描述，同時亦使其得與其他戰爭文本共構平民的戰爭史，是本文主要的目的。更深入來說，女性能書會寫者比例不那麼高，寫了還願意將個人私密示眾的，就更難得一見。惟在年月重隔下，願開口談自己過往的女性，相對較多，因此口述是重現婦女戰時經歷不可忽視的資料。當然，戰爭時婦女受限於活動空間，前線戰火猛烈的地區，少見她們的身影，更罕能親歷其境，何況開口談過去的女性，一般也是生活於特定地域內的戰爭倖存者，所見所聞多半是圍繞著個人及家庭，亦有其侷限性，但這卻是理解戰爭中人民心態的重要線索。本文的目的，即是挖掘解讀女性口訪紀錄，解釋普通女性戰爭回憶的特殊之處，試圖補充過去戰爭研究中，極度私人化的女性經驗之不足。更進一步來說，女性以回憶方式所提供的戰爭經驗，有哪些裂縫、又有哪些整飾，這是本文研究上，另一個關注之點。

二、出路：婦女口述的社會流動與婚姻變遷

近代中國沿海的城市吸收大部分的就業人口，更由於教育資源的高度集中，促使青年人普遍由鄉村移往城市。在眾多女性口訪資料中，出生於民國最初十年的女子，她們早期的教育與生活史，反應上了上述趨勢，同時亦具顯著共通之處，民國以來，女子接受教育漸成為風氣，一般家庭在經濟許可下，都不反對女子進學校讀書，只是女子受教育的難度與程度，反應出大城市與小村鎮間的差異。大城市中的家庭，周邊教育體系完整，從幼稚園、小學、中學、師範到大學，甚至至各種專門學校普設，女子入學較不受長途跋涉，同時需孤身離家所帶來的風險所阻。[3]至於小村鎮則往往僅有不具規模的小學至中學的私校或公立學校，欲升上高中或師範以上的高等院校，

勢需前往鄰近更大城市。這種城鄉流動的模式，造就出女性受教育與其生活城市化經驗緊密聯結。

入學讀書，不僅提升女性個人的經濟、就業能力，更重要的是超脫家庭，建立更廣泛的社會關係聯結。進入各級學校後，師長、同學構築女性有別於家庭的生活空間，近代中國女性在學校環境中所形成的「女學生」身分，及身處其間所感染的新式思想與文化，全都深深烙印於個別女學生的生命軌跡中，[4]許多女性強調這些影響伴隨一生。口訪資料中，女性憶起戰爭來臨前的生活，也禁不住對過往學校的一切心馳神往，特別是強調個人在校所受的陶冶與教導，謂其終生受用。如江淑昭女士，一九三四年考入南京女子法政專校，她回憶當時全體學生住校，每天晚上按規定須參加晚自習。同校一般同學家境皆算小康，而她那班集合了來自十八個不同省分的女同學，大家同住、同習、同膳，女學生愛講話、愛聊天，學校生活堪稱熱鬧活潑。[5]

安穩求學的環境因戰爭到來，受到嚴重衝擊。女性對自己求學之路被戰爭打亂的記憶，尤為深刻。原因是學校對年輕女性而言，除教育外，更重要的是，亦屬安全的托庇之所，這種感受的深刻性，女學生要遠超過男學生。儘管事過境遷多年，因戰爭而打亂一切學習與生活，女學生的失望、恐慌流露於口述訪問中。一些受訪者提到，她們的學業在抗戰時被迫中斷，自此同學各有各的克難打算，有的人不得不輟學，有的人決意跟隨學校搬遷，各大專院校為躲避日軍侵略進逼，在戰火不斷延燒下，一遷再遷，所選擇的復校地點大多是遠離敵人炮火的鄉間，於是深山中、水澗邊便立起了簡易校舍，求學的學生不免千里迢迢，行旅多艱，因此而中途轉入其他學校插班又或重考者，比比皆是，求學階段被迫切成數段者，亦非罕見。一位女性回憶說，她從江蘇逃到合肥，再轉長沙，最後在該處念完高中。[6]戰時各級學校內遷數目者眾，東南省域本是近代中國文化教育資源重鎮，而為躲避戰火，大批文化教育機關及人員撤往西南、西北，這股流動趨向帶起文化深入鄉村，教育就地成形的克難風氣。而和戰前大不相同的是，戰時的女性，打破離鄉入城的社會流動模式，她們反過頭來向內地集中，有時離家更遠，加以通訊被戰火阻礙，年輕女性不再擁有安穩的求學條件，她們孤身在外，選擇進入哪所學校就讀、復學，往往加入更多學習一技之長及謀求工作的打算。[7]

戰爭所造成的社會失序，嚴酷磨練著女性，她們回想彼時的經歷，幾乎都會共同憶起，家庭不再是避風港。戰爭中，集體暴力加諸於女性的威脅，令人不敢掉以輕心，靠近戰區的年輕女性尤要藏躲，外表裝扮的改頭換面勢所必然。同時，社會身分的轉換，也是迫切中可行的手段，最直接的方式是結婚。口訪中，受教育的女性提到，原本她們對自己的未來有許多想像，尤其是婚姻，未必是她們認定非行不可的選擇，也有人提到即使要結婚，婚齡也必須完全由自己決定。這一切從「自由自主」出發的人生藍圖，因戰爭來到，便成好夢一場了。在兵匪充斥的戰爭環境下，女性結婚，組成家庭，並非以情愛來考量，生死交關，你依我伴，更重要的是維護保障女性貞潔。戰爭中的婚姻，又似繞過五四的情愛至上論，喚回傳統「嫁漢」的「生命共同體」價值。為了減輕逃難的風險，許多家庭倉促地替家中女性找對象成婚，女性在環境惡化下，只能俯首聽命，受教育的女性放下趾高氣揚的姿態，她們有的中斷學業，有的頂著高學歷，拋卻工作事業，撫幼持家。戰爭中的男性，其結婚與否的選擇，與平時並無太大的不同衡量，只是戰火降低一般人的人生期待，談婚論嫁所重視的「門當戶對」，已失去立足根基，如汽車司機竟成搶手貨。戰前報刊上調查出的男女擇偶要件，依次排序是家世、名望、學歷、經濟、外表，[8]到戰時統統效力大失。

抗戰爆發後，政府單位、機構、工廠紛紛遷往內地，連帶著影響大批人口必須跟著走，[9]這又與逃難不同，因為牽涉其中的關鍵因素是工作與職業，而非只是恐懼日敵又或不願受日本統治，這類民族情感可以解釋。男性比起女性，更不得不屈就工作職業的移轉。當戰爭爆發之際，已結婚的夫妻，要麼收拾行囊，一起往大後方走，要麼就是勞燕被迫分飛，一個走、一個留，以此為暫行之計。同行的夫妻，若沒有其他親友結伴，他們便須在廣漠人海中緊密地相依相隨，從離家起，就開始了冒險、困頓、挫折，各種考驗屢見不鮮，行程阻礙重重亦所難免。夫妻「同心協力」不是口號，也非理想，它是真正的戰爭現實。許多女性回憶，她們在逃往大後方的路上，好不容易擠上已人滿為患的火車、輪船，吃足苦頭。而沒有交通工具時，只能靠步行，途中，有時在入夜後，錯過歇宿的旅店，又或者到了一處偏遠村鎮，全部可住的地方都被逃難的人占滿，走投無路。偏偏女性身體在這種困苦惡劣條件下，復以舟車勞頓，經常導致一場大病跟著而來。[10]夫妻本是同林鳥，用來形容戰爭中那些風塵僕僕，爭先往大後方遷移的男女，可謂貼切。戰爭的困阨，從外部助成小家庭的緊密凝聚，也使婚姻在現實中經歷磨難而更加可貴。離家幾千里後，夫妻成了彼此最信賴的依靠，而一些例子說明，妻子來不及和丈夫一同前往大後方去的，後來也想方設法，輾轉迂迴地復求團聚。[11]如戰時與丈夫暫時分離的徐留雲，她在口述中提到，十八歲時和丈夫訂了婚，原本預定一九三七年十二月就要結婚，卻因抗戰爆發，一切都變了調。而她的未婚夫在戰亂中，四處流轉，不斷換地方住，工作也一變再變，直至落腳四川才算安定。這段時間，徐留雲一直在家等待未婚夫消息，後得知對方已在四川安定下來，便不慮其他，跋涉千里從上海到四川以與丈夫團聚。一九三九年，徐留雲與未婚夫補辦了被戰爭拖延的結婚典禮。另外一個例證是國軍將領胡宗南與妻子葉霞翟，兩人一九三七年相識於杭州，本應完成的「終身大事」，因抗戰爆發，緊接著國共內戰而拖延數年，真正成家時是一九四七年。胡宗南、葉霞翟的婚事真是「敵虜未靖，何以家為」的寫照，而婚後，在國無寧日中，亦難言如何安定美滿，一直到兩人隨國府遷臺，才稍能言家室之樂。[12] 因戰爭環境而締造千錘百鍊的夫妻情義，各自的犧牲奉獻，書寫戰時情感比平時更為銘心刻骨，可以想見。

戰時夫妻關係，走向緊密相依的，只是其中一個面向。更多的例證是間關萬里，音訊全無，於是男再「婚」、女再「嫁」，而所謂婚、嫁，不少是瞞著對方自己已有家室的事實。因為通郵、通信的阻礙與不便，[13] 以致人們可以移到一地後，便彷彿與自己過去切斷，尤其是戰爭曠日持久下，助長今朝有酒今朝醉的心態。本來婚姻、家庭受到社會網絡、親情集體制約，戰爭中這些綁縛日漸式微。原來是安定社會的根本基礎，如今一一失效，加以擺在眼前的盡皆是骨肉離散、居無定所、收入不穩，人心也就難免跟著浮沉。戰爭環境中，大江南北的百姓在異途相遇，使婚姻結合大有機會突破長久以來省籍、語言的限制。至於女嫁男家，妻隨夫居，也不那麼有效了。流離時，不論夫或妻都是異地的異鄉人，女性不再是「嫁出去的女兒，潑出去的水」，男女關係的自由，竟至空前程度。抗戰時，時人面對周遭紛紛亂亂的男女結合，同命鴛鴦，露水姻緣等說法不脛而走，而稱「淪陷夫人」、「抗戰夫人」的，更成戰爭中常見的社會現象。[14] 結婚、同居、通姦、納妾、平妻，所有中國曾經出現的婚制在戰時幾乎全般復甦，在異鄉以「配偶」關係現身的男女，若是各有隱瞞，那麼旁人很難釐清他們究竟是哪種關係。

儘管戰前國民政府已頒定新《民法》、新《刑法》，合法婚姻必須是一夫一妻制，重婚、通姦都屬「犯罪」行為，可依法裁決，甚至處刑。[15] 一九三〇年代，在法律引領下，中國現代婚姻閃現文明西化的曙光，一洗傳統時期多妻多妾及男子有權出妻，女子無權訴離的落後現象，沿海城市得風氣之先，尤見新婚姻理想從報刊到現實社會，受到廣泛支持。[16] 戰爭使一九三〇年代的婚姻理想夭折，戰爭所造成的傷亡、人口流動、戶籍散亂，使法律無從施力，司法調查淪為紙上談兵，而法庭傳喚當事人也不過是徒具形式。一九三八年，國民政府移駐重慶，終至戰爭結束，其統領的地域主要是西南及華中少數省分，在軍事至上的時代，國府實難著力於社會秩序的建立，對婚姻、家庭的混亂現象，也就只能任其枝蕪龐雜，各行其是了。國家法律的強制力一旦減弱，那麼婚姻中男女雙方權利、地位的保障便付之闕如。戰時一切都走到了於法無據的窘境，可是卻未必囿於過去長久慣習，即男性總是在婚姻約束中占有較大的便宜。戰爭的處境，女性求生存的憑藉比起男性更少，這使得女性不乏以「婚姻」為手段，交換男性的經濟支持，曹聚仁稱這個現象為「餓死事大，失節事小」，道出戰爭極端狀況下的道德困境。[17] 戰時在國府行政院任職的陳克文，在他的日記中記下武漢會戰前，各地難民薈集，國難當頭，聲色犬馬卻畸形似蓬勃，每每熟識友人聚會酬酢，談到的話題都是某小姐已與某要員或名流同居，甚至生子，當事人在場，彼此也全無顧忌，心照不宣，而有「外室」並非男人獨擅，女人也不遑多讓。[18] 年輕未婚的女性，依隨一個有錢有勢的男人，以抵消戰爭的風險，婚姻的維持時間及實質內容皆複雜。「賣身」、「捨情」、「假單身」、「偽夫婦」各種現象交錯。[19]國民政府對社會的婚姻亂象，無從約制，惟對出征軍人的家庭，因涉及前方軍心穩定，故訂下較嚴格的婚姻規範。尤其針對軍屬的離婚權，更是設下諸多限制，許多男性出征前線，音訊斷絕，後方家庭的妻子扶老撫幼，既無收入又無支援，真正是貧無立錐之地，卻不能提出軍人丈夫「遺棄」來訴請離婚。[20]不少例子的結局是年輕的軍屬逃家，她們飄泊於社會中，自生自滅。

戰爭中的婚姻，表面上因形式紛亂似乎已到解體程度，究其實，卻反而走上「實質重於形式」的道路，原因還是因「戰爭磨難」，戰時徵兵、徵糧、物價飛漲、兵連禍結，朝不保夕的感受主宰全社會。它助長人們產生另一種傾向，即緊握可得的成果，其餘則聽天由命。女性若能正式嫁人，亦會有異於平常的認命。一位女性在口訪中提到，她丈夫不知所終後，便與幼女相依為命，母女兩人無目的逃難，途經一個省城，因緣際會下，決意委身當地一位素未謀面的地主，當他的小老婆。[21]戰時的婚姻成立，也不再如平時那麼注重儀式禮節，物資缺乏之下，能省則省，一切從簡。許多人在報紙登一廣告，做為夫婦關係成立的憑藉，問題是廣告除昭告社會外，並不具約束力。但登報宣告夫妻關係成立，竟日益成為戰時婚姻確立的流行手法，乃至儘管男女同居，也登報正名。「歪風」盛行，逼得國府內政部不得不以嚴正聲明，力遏此種貌似正常，其實投機取巧的婚姻宣示。按重慶市政府依內政部所下達的行政院指示，曾發出一篇皇皇訓令，提到：「副院長於六四二次院會中，對於現時我國婚姻有男女同居，竟聘律師公開登報啟事者，此種惡風任其流行，影響所及不堪設想，飭會同有關機關研究一補救辦法等因。查婚姻禮，本部已擬有婚禮草案呈院核准公告之，類亦均有詳明規定足資適用，今後當更事倡導舉辦，以期普遍推行，防止騙婚、重婚等一切不合法之婚。至男女同居本不能認為正式婚媾，聘請律師公開在報上登載同居啟事，此種惡風應予速禁，通飭全國不准登載……按修正出版法二十二條規定出版品不得為妨害善良風俗之記載，同法第六十五條並規定以廣告啟事等方式，登載於出版品者，應受前條所規定之限制，嗣後各地報紙如遇有登載前項妨害善良風俗、男女同居之啟事，應由地方政府依法取締，嚴加禁止，一面並依照部頒集團結婚辦法普遍舉行以資倡導而端風尚。」[22]

為了挽回已氾濫成災的同居現象，國府大力提倡集團結婚，這種婚姻由官方出面主持，自新生活運動開展後，即一躍成為國府認定最理想的婚姻儀式。集團結婚的嚴肅、簡樸，與抗戰的同仇敵愾、愛惜民力頗有呼應之處，故亦有不少年輕人聞風景從。相對的，戰爭使社會階層兩極化的現象亦趨顯著，豪奢之戶，大擺婚宴，以示嫁女娶媳的隆重者，自亦不少。一位受訪的女性回憶說，因她的父親是重慶市的官員，她嫁的對象又是當地富甲一方的鉅商。訂婚宴已邀客數百名，到正式婚禮時，迎娶的隊伍有十八頂花轎，婚禮上主婚人、證婚人、男女伴郎伴娘一應俱全，宴席設在大飯店。[23]是否這樣隆重的儀典，就對戰時婚姻的穩定較有保障？恐怕不見得。戰時的人們實在無法預測外在環境會突然發生何種變化，如一九四四年年中後，日軍發動一號作戰，攻勢凌厲，直抵貴陽，四川等大後方人心驚惶，大有亡國之際不遠的悲觀心理。已然在後方安居數年的民眾，又重新跌入戰火蹂躪的痛苦折磨中。女性的恐慌更有增無減，在戰爭狀態持續幾年下，謠言、風聞傳來傳去，人們多少聽到說淪陷區的女性，在敵人鐵蹄下，成為性暴力的犧牲品，東南各城鎮被占領後，屠戮受辱成為戰爭中女性人人自危的共同恐懼。許多女性受訪者，儘管立足戰爭結束多年的當下，她們回憶中，仍難掩對所聽聞到的女性受蹂躪傳聞的驚惶，她們說當時不斷有人在議論，某家的鄰居女性受敵威脅，保不住貞潔，事後抵不住他人異樣眼光，加上自責甚深，有的選擇自殺，有的乾脆不婚。[24]可以想見這些傳來傳去的女性戰爭遭遇，不論是否親見，都對一般女性產生恐怖異常的感染力，這又因大部分女性受貞潔觀的約制，牢不可破，即使事隔多年，一旦碰觸這個話題，依然還是感同身受。

民眾的敵我意識有時在環境壓迫下，與國家民族大義背反。愈來愈多資料顯示，東南各省的百姓，他們於戰火初起時，逃往鄉下，等到敵人進占後，打聽到社會已較安寧，他們便又回到原居地生活，此後終抗戰八年，都身處淪陷區。[25]淪陷區的情況當然十分複雜，有的人是積極附日，有的人是採取消極態度，不合作也不抵抗，只求安居樂業。[26]留在淪陷區的女性，她們在口訪中透露，當時只想到能夠存活才是眼前真正的現實，儘管也恨日本人，盱衡情勢後，還是選擇留下。[27]有學者研究指出，女性一般說來，她們的敵我意識與愛國行動要比男性淡薄，[28]口訪的紀錄，似乎與這個觀點若合符節，不過，也不能以偏概全，也有女學生抵死不願居住淪陷區，與家庭絕裂而走。[29]戰後復員，留在淪陷區的民眾，背負附敵的指責，他們被看成對國不忠，以致淪為被歧視的對象，受到從大後方復員的人民不公平的對待，這是整體的印象。[30]若更細部來區分，戰時身處敵陷區的女性，在「清算」淪陷區附敵的政治風暴下，是否因「性別」而來的偏見，如以其與政治沾不上邊，反倒較能躲過戰後復員下，政治、社會道德審判的譴責？學者已對較知名的「女性漢奸」，她們各種身分認同複雜性，有極細膩的研究，[31]問題是那些默默無聞，戰時在淪陷區過著如同戰前生活的女性，在距離戰爭已長達數十年後的今日，究竟如何回憶自己過去的選擇，尤其當所謂「附敵者」的集體再現被拆解，而戰爭書寫愈來愈注意考慮個人生存的現實需求時，淪陷區女性道出的戰爭經驗，是否正悄悄地使抗敵禦侮全面主宰的戰爭正當、正義性削弱？不可諱言，女性的淪陷區經驗，隱然已挑戰抗戰史的一貫書寫，其帶來的視角修正，值得進一步深思。

三、戰時生活：陪都重慶的婦女口述經驗

許多經歷戰爭的女性受訪者回憶，她們在戰爭逃難中最深刻的經驗是不少初認識、素昧平生的陌生女性，在其遭遇困難，進退不得時，適時伸出援手。女性與女性交往，在戰時混亂失序中，比起男性間更容易卸下心防，當屬的論。逃難是戰時回憶的重要篇章，許多人追述，當沿海城市陸續淪陷後，民眾扶老攜幼轉徙內地，比較幸運的，可以計畫一家老小同行，他們的行李還包括較值錢的家當，甚至被服等。[32]不過，告別家園後，所有嚴酷考驗才正開始。投入逃難的行列後，四面八方都是不認識的陌生人，這時同鄉關係又成為人與人信任感的來源，「他鄉遇故知」是戰時離家逃難的人們難得的安慰之一，不過就算「故知」也並非真的是故知，只因為彼此是同族、同鄉乃至同省這層關係，已足慶幸。全家要共同行動，在戰時舟、車擁擠，行宿克難的情況下，實非易事。以致途中，大部分家庭都勢必分成幾批，各自籌謀，而不幸在人流中被沖散或走丟的，並非罕聞。

抗日戰爭全面爆發後，中國人民的苦難隨之鋪天蓋地而來，女性尤其身臨戰爭所引發的重重危機。接近戰區的家庭，擔心年輕女兒受辱，要她們儘快逃躲，作這種打算的又以中、上階層家庭為主。出身良好的女性，過去向來養尊處優，戰時卻必須面對失去家人保護，孤身闖蕩的局面，她們的恐懼、不安，事隔多年，仍印象深刻，成為女性戰爭經驗中最常傾吐的一段遭遇。[33] 不過，患難見真情也是女性難以忘懷的離家求生記，尤其提到面臨突發的急難，無計可施，徒呼奈何時，恰遇陌生女性伸出援手，這對被逼成戰時難民的嬌弱女子來說，的確是永生難忘的經驗。[34]

據統計，抗戰有幾千萬人跨省區、跨地域遷移，[35] 他們有的離開原有的故鄉親屬圈，有的拋卻城市建立起來的社會網絡，歷盡千辛萬苦抵達大後方，遠離日軍戰火，就地落腳。四川因地理位置優越，加上國府中樞遷駐重慶，沿海工廠、政府機構、各級學校陸續在川省覓地復原，於是大江南北的流離人口，大量集居於川省，尤以重慶短時期內，湧入幾十萬人，這種趨勢不斷攀升，直至戰爭結束前，已成數倍增長。[36] 逃到大後方的眾多百姓，好不容易可以稍稍喘口氣，首先浮出的問題是尋找住房。四川省過去向與外界較為隔絕，川人生活相對簡樸，如今大量沿海難民入省，這些「難民」與四川省民眾頗多相異之處，他們習染較深的「現代物質」與「城市娛玩」風氣，對四川各種簡陋不便，迭有怨言，連「陪都」重慶的生活條件，也都不那麼令他們稱心如意。[37] 川人同樣也對大量入川的東南省域人口，生出不滿，他們有人認為這些人在剝削利用四川，甚至把他們捲入戰火。中國老百姓集結在「民族團結禦侮」這面大旗之下，現實生活中暴露你爭我奪，或許這才是真正的戰爭人性。就以搶租房屋為例，重慶一地，因川人口中的「下江人」湧入，導致房租一夕之間漲價數倍，當地原來租屋的百姓，也受到高房租波及，變成受難戶。而川人認為有些「下江人」來歷不明，租屋時又挑又揀，本地屋主哪管什麼民族大義，對這些異鄉客祭出苛刻租約，[38]顯然戰時大後方「民族融合」有待時間考驗。大批單身女性逃難者，要找棲身之所更是難上加難，在沒有保證人、沒有經濟收入情況下，可說處處碰壁，走投無路的，只好求助政府機關、社福團體或同鄉會。[39]

好不容易在大後方安頓下來，在戰爭何時結束無法預期情況下，大部分百姓不思其他，便在異地找份工作，養家活口。女性自己一人或跟著丈夫的，便開始建立起與過去生活斷裂的，新的逃難友誼網絡。男性、女性的戰爭回憶中，較大的分殊是女性受訪者著重提到她們在大後方落腳後，左鄰右舍的情況，這些近在咫尺的居戶，在戰爭中因同病相憐的處境使然，易於產生比起平時更親密的交往，同時因物資不豐，更加能夠互相協助，度過各種困難。女性的生命經驗如生育以及家庭勞務，有許多部分可以交互傳授，以致她們對於戰時建立起的女性交往，感受更為深刻。[40]新婚年輕少婦，一切家務對她們來說皆是從頭學起，在操持不熟練下，因生硬繁瑣而變成沉重負擔，心理、身體都受折磨，此時，若有一位有經驗的年長女性從旁指導，如川籍年長女傭的幫手，便如同是一場及時雨。[41]而女性第一次生育，是生命的全新誕生，過程更令人惶恐，戰時，延醫不便，入院困難，求助異地產婆，一來人生地不熟，探尋困難，又因語言障礙亦頗難安，左鄰右舍年長並有過生育經驗的女性成了最好的幫手，許多女性感念她們最無助時，其他婦女挺身給予的協助，因困苦與危難，中國婦女以異於平時的方式，建立社會交往圈。抗戰勝利後，緊接著內戰，許多家庭再度跨海遷移到臺灣，這種戰時女性所具有的深密支援交往，賡續到島嶼。[42]

戰時大後方，仍躲不過日機頻繁的空襲。重慶市從一九三八年始，每年四月至十月因天氣狀況較佳，日機不時飛臨上空投彈，以致人民日常生活大受干擾，久而久之，不得不發展「適應」空襲的生活方式。[43] 空襲的破壞，不只是炸彈落下時的爆炸威力所造成的傷亡、毀損，更具毀滅性的是因爆炸而引發的劇烈燃燒，往往蔓延一大片區域，其損害難以估量。重慶是日機重點轟炸對象，政府為減少空襲中的人命傷亡，除了不斷開挖防空洞外，更努力向民眾宣傳空襲時，行動的步驟與因應方法。建立各種言簡意賅的戰時「常識」，用以指導民眾生活，這種政府與社會溝通訊息的方式，於戰時大行其道。[44] 以躲警報來說，一般老百姓被灌輸如何根據政府升空的汽球顏色來判斷緊急的程度，接著便依循警報聲行動，女性的任務是在平日準備好一個因應空襲的「小包袱」，裡面裝的當然是最值錢的家當。由於空襲時間不定，敵機飛臨重慶時，有的人可能在學校，有的人則是在工作，而在家的主婦則負責照料老人、幼童，你攙我扶儘可能躲入附近的防空洞中。有時為防日軍空襲時間持續太長，得有餘裕者，還自備飲食入洞。

「躲防空洞」是戰時大後方百姓共同的生活記憶，重慶市區人口稠密之處的防空洞，遇空襲時，人滿為患，大家你推我擠，又洞中通風不良，裡面空氣污濁，再加上飲食、排泄物混雜，時間一長，人人不耐，婦孺兒童嬌弱之軀，更是苦不堪言。而為安全計，防空洞外有防護團員巡守，空襲時不准隨意出洞，這樣一來，一旦防空洞內發生意外或苦臭沸然，便易滋生人群踩踏，擠壓撲跌，尤其群眾不受控地蜂湧搶出洞口時，往往釀成婦女、兒童、老人受害慘重。[45] 空襲雖不像前線炮火紛飛，死傷枕籍，但生離死別亦隨時可能從天而降。一位女性口訪者提到，她的兒子因身體不適，要去看醫生的途上，正遇敵機來襲，她只好拖著病兒跟著大家躲進防空洞。而進洞的人太多，空氣不流通，孩子竟一命嗚呼，[46]可謂悲慘。防空洞儼然成為人們日常生活的重要場域，因此有不少女性回憶說，經常躲防空洞，大家變得熟悉，共同照拂一大群孩童，嘰嘰喳喳，也有意外的親切感受。重慶周圍的鄉村地區，亦有空襲威脅。一位婦女說到，戰時她的家在合川，該地沒有防空洞，民眾統統往樹林中跑，逢大白天時，大家耳語說燒火做飯，會成為日本飛機明顯目標，無人敢冒大不韙，只好挨餓。有些襁褓中的嬰兒，因母親跑得太急，受到驚嚇啼哭不止，惹來對敵機轟炸過度恐懼的鄉人喝斥，可憐稚兒缺水又缺乳，後來大大影響身體發育。[47]

空襲時如何走、如何躲，已漸成反射動作，惟空襲後別有另外一種震撼，時時不同。日軍於一九三八年至一九四〇年輪番密集轟炸，重慶簡直成了「彈藥窟」。炮火下，屋毀房倒，死傷者難以計數，出洞後重見天日的百姓，往往極目所見都是殘缺不全的屍身，而回到住處，所見到的景象，也可能是所有一切盡成瓦礫，心血蕩然無存。幾次日機較瘋狂的轟炸行動過後，更可說是慘絕人寰，如一九三九年五月三日及四日的連番大轟炸，重慶幾乎無一片淨土，百姓只能搖頭嘆息，無語問蒼天。戰爭的醫與藥，都極其珍稀，而且儘可能用來支援軍事，這就使後方的救護資源受限，面對死傷，百姓頗有「習以為常」的鎮定，戰爭中，人命貶值，而且血肉模糊的慘狀隨地可見，以致人們都變得「麻木」了。一位女性受訪者說，她曾被空襲丟擲的炮彈碎片擊傷，卻沒錢看醫生，所幸後來自行痊癒，傷口應頗嚴重，因為拖延了頗長時間，不過回憶者卻以幸運自居，因為在其回憶中，充斥的是更多不幸被炸成屍塊四處紛飛散落的其他百姓。[48]

女性對於轟炸生活，所記得的多半是極為瑣碎的生活細節，因為性別處境使然，大多數婦女對生活中的「便利」與「不便」，有比男性更深刻的感受，因此女性的戰時回憶，也就更接近平民戰時日常生活的點滴呈現。空襲使許多人財產損失慘重，而公用設施更是建了再毀，人們努力在重災後，再拾生活秩序。轟炸後因水源供應不足，餐廳、小吃攤被迫歇業，同時也使轟炸後的大火無法迅即撲滅，只能任其燃燒，更多房屋因而付之一炬，缺水又導致災後收拾工作窒礙難行，缺糧復缺水的窘境，女性對此頗多著墨。重慶市當時另一棘手的問題就是，轟炸製造的「空襲難民」一波又一波，他們晚上沒有安身睡覺的地方，[49]許多人隨意占個空地，搭起天棚便倒身而臥，時間一久，即垃圾堆積、鼠蠅叢集、臭水四溢，加之空襲中死亡的民眾，來不及運走的，到處橫倒，暴屍處處。[50]無家可歸的難民及無人認領的死屍，這些不僅影響觀瞻，且易滋生傳染病菌，戰時的「陪都」，深入城市的大街小巷，入眼盡是破敗及困頓，婦女們提供真實的生活描述。她們說，貧民的棚居，環境惡劣，人與野狗、野貓、老鼠、跳蚤和蟑螂共處，加以重慶的夏天又熱又濕，蚊蠅肆虐，又無洗澡沐浴身體的場所，去澡堂根本是奢談，[51]女性口訪資料揭開戰時重慶悲慘、恐怖、骯髒的底層生活面貌，對照國府中樞的宣傳，要把重慶打造成中國寧死不屈的抗戰精神堡壘形象，可謂天差地別。[52]

戰時，國家對外、對內宣傳，強調民眾跑空襲，鎮靜自若，安然忍耐，這也許亦屬部分的真實。不過，當戰爭遠去後，更多關於空襲之下，百姓有形、無形的損失、傷痛，卻難以遮掩。戰時，重慶熬過日機密集、無差別轟炸，國內外媒體都可見一幀幀相片，呈現中國百姓在戰火下，不屈不撓地沉默抵抗，為中國抗戰注入史詩般的壯烈。[53]而女性的口訪回憶，並不足以抵消重慶屹立於戰時，其具有的重要民族禦侮象徵。只不過當戰爭歲月遠去後，一般平民的聲音得以突破聲浪高亢的愛國呼號，而使屬於百姓的戰爭實景得以浮顯，這些也應納入戰爭歷史的書寫，以建構起戰爭方方面面的全貌。空襲下，底層民眾的真實生活處境，也能說是另一類「一寸山河一寸血」的寫照。

戰爭中後期以降，經濟惡化，物價開始飛漲，加以大後方徵兵、徵糧，無時或已，這使得家戶中的男丁人手奇缺，[54]種種不利因素影響下，一般人的生活條件迅速下滑。戰時的大後方，婦女在特殊境遇中，顯然擔負更多家庭經濟重擔，她們不得不在日益貧困的情況下，省吃儉用，撙節物資，這幾乎是婦女們共同的回憶區塊。一位婦女是重慶本地人，憶及戰爭開始時，因「下江人」大量到來，食物和生活必需品價錢已然上漲，[55]這個趨勢伴隨戰爭拖延，有增無減。許多婦女都提及她們絞盡腦汁，想方設法，務求開源節流。在戰爭貧窮逼迫下，婦女們無不拿出十八般武藝，做這、做那，不嫌苦、不喊累，戰爭推動了近代中國難得一見的，婦女集體出門勞動的景象。一位婦女回憶說，她的丈夫是人力車夫，在物價飛漲壓力下，原有收入遠遠無法應付支出，她為幫助家計，到一戶有錢人家去做幫傭；[56]另一位婦女也因家庭用度無以為繼，毅然決然出門找工作，她自言什麼活兒都願意做，無論是洗衣服、搬運垃圾或縫補，樣樣皆可。[57]戰爭使中國從上到下，走上一條崎嶇難行的求存道路，苦難是現實，而苦難中造就婦女在平時難見的本領與潛能。一位婦女提到平時衣食不缺，但戰爭中的米價沖天般漲個不停，丈夫的工資根本趕不上糧食的漲幅，自怨自艾解決不了問題，於是她靈機一動，想到自己養雞生蛋來節省購買食物的錢，意外地一段時間後，還能存下一筆錢，她以這筆錢作為資本，用來放貸以賺取利息，不料遭逢幣值狂貶，最終竟血本無歸。這一長串過程，都可看作戰爭下，婦女新的能力開發與「自我解放」。戰時，女性對家庭經濟已非略盡「棉薄之力」，她們被逼必須走出禁錮，打開視野向外擴展。二次大戰的歐洲、美國，女人在後方填補男人上前線留下的工作空缺，由此為女性提高政治權、經濟權等，奠定有利的基礎。[58] 揆諸中國戰時的大後方，女性釋放勞動力，並且填塞各種行業，這股趨勢實與歐、美狀況相去不遠。而當抗日戰爭於一九四五年結束，中國婦女在戰時所展現的能量，也已令人刮目相看，其後內戰爆發乃至進入一九五〇年代，兩岸婦女依舊持續進行各式各樣的「解放」，其身影殘留著抗日年代的深刻痕跡。

一些女性口訪的聲音，實也陳明在政府所主持的婦女動員中，給了女性參與抗戰工作的機會，這種磨練不全然只是愛國的層面，在婦女個人生命中亦留下深刻的影響。如有一位年輕女性，過去與婦女工作向無淵源，戰時加入中國婦女慰勞自衛抗戰將士訓練團，她回憶說當訓練團團員從武漢轉移至重慶時，沿途每每有各單位提供的協助，並得有妥善安適的照料，比起路上見到的面黃肌瘦的眾多難民，自己一天有兩頓飯吃，還有制服可穿，簡直天差地別。[59] 的確，政府主持的婦女工作，使眾多女青年學有所用，還居有定所，在一切破壞中，努力一點一滴拼湊建設的可能，婦女在戰時所投身的工作，盡皆有此傾向。而戰後，那些曾經付出的心血，就有明顯的貢獻浮顯出來。如由蔣夫人宋美齡女士領導的兒童救濟工作，各地在戰火中搶救了不少難童，他們經過一站又一站轉運，到達大後方後，被安置在各地的兒童保育院中。[60]雖然被救出的兒童人數比例不能算非常高，但一個一個兒童都代表著文化、民族薪傳之火得以延續，其貢獻不能以量計。女性口述中，有人特別感念自己被送進保育院，在那樣外在動盪、朝不保夕的混亂時代中，保育院如同一方淨土，院中完善的教育，健全的飲食以及安排的勞動，為戰爭孤兒開啟具有希望的未來，使他們跨過戰爭時，得以立足社會。[61]兒童保育的成果，戰爭回憶比戰時紀錄更具「生命輪廓」，過去對保育院研究，多是著重組織、運作方式，乃至其社會救濟的工作目標等，所有描述集中於戰時。而口訪紀錄顯示，有些來自保育院的孩童成長後，回顧他們的生活，提出他們的人生在戰後的受惠之處，適足以凸顯戰爭縱然已結束，其影響可以跨及數代，甚至滲透至今。以戰爭回憶來解釋戰爭下特殊的社會現象，能說明現象更長遠的變化過程，而若單單集中於戰爭年代，忽略戰後人們的經驗重現，將使戰爭史降低人道、人性面向的考量。

戰爭不全然是破壞，在其以鉅大力道衝擊舊有社會結構及秩序時，已閃現重建新社會的一絲曙光。口訪資料顯示，婦女在勞動上獲得更多大顯身手的機會，是為重要例證。還有更值得一提的是，大後方原本與沿海隔絕的環境，因東南人口的遷徙，得以帶起文化、社會風氣、習俗各方面的交流。流入大後方的女性，戰前不乏居住在新思想、新教育薈萃的城市者，她們在現代物質、精神文明薰陶下，無論穿著打扮、行事作風，乃至婚姻、社交都脫去保守限制，加以離家數千里，更有獨當一面的氣概，這些都是身居內地的婦女們望塵莫及的。本來重山遠隔，老死不相往還的兩群婦女，因緣際會在大後方混融，這對大後方的文化生機、精神革新無異是注入一劑強心針，尤其發生在婦女身上的改變，都非政治、軍事等涉及國家禦侮求存的大事，而戰爭高舉國家存亡之爭，婦女的錙銖瑣事無人掛懷，這使婦女的自由大開其門。內地的婦女，從城市婦女們那裡知道自己所處的地位，可以用各種方式來提升改善，而許多傳之久遠的習俗，根本就是歧視女性，如女孩子不必受教育，[62]女兒沒有財產承繼權，父母包辦婚姻，[63]甚至童養媳等。社會的趨向開明，以婦女覺醒做指標，西南地區在戰時開啟了現代文明洗禮的契機。更難能可貴的是大批教育機構遷移西南，提供當地婦女更多受教育的機會。向來偏居內地的女學生，毋需向東南闖蕩便可在家鄉升上高等院校。[64]一位長於四川的女孩回憶，她高中畢業後，竟得以升入北方遷到重慶的朝陽大學，深自慶幸。[65]一位重慶受訪者說，她當時考入江津白沙國立女子師範學院國文系就讀，特別借錢購置了一匹陰丹士林藍布，央人裁製兩套短袖旗袍，打造自己成為和東南來的大學女生一樣的形象，[66]這是過去想都未想過的事。東南地區的大學女學生，連同教育機構西遷，她們在校園中帶給西南有志女青年的，不只是學問、文化上的交流，對女性而言，物質的滲透亦是精神革新的催化劑。

內陸婦女受到物質進步的吸引，前仆後繼的追求「摩登」，這也源於許多女性拜工廠、機構內遷之賜，提供就業機會，使得內地婦女得以自力更生，經濟自足。收入對所有年輕女性來說，是獨立的根本，她們的自我認知、家庭角色、社會參與與國家意識都跟著收入，而悄悄起了變化。一位女性受訪者提到她當時在重慶工作，收入不錯，生活方式與過去母親相較，更加不受束縛，如下班後和女同事相約去玩樂，都是新鮮的體會。這段記憶從另一面顯示，戰爭帶給人們的經驗多種多樣，而女性絕非只有受苦受難的苦楚。若謳歌全民忍辱負重，終贏得抗戰勝利，與表達在戰時個人獲得新的自由與機會，同是訴說戰爭經驗，那麼回顧戰爭，就不再只有民族大義這樣一種視野，年輕女子戰時過的「摩登生活」，也足發人深省。女性口訪資料，隱然突破抗戰的集體愛國主義論述框架，不過，有些女性所說似乎是較具「普遍」傾向的生活經驗，有些則是高度個人化的遭遇，研究上運用口述訪問資料，勢必經過更謹慎、細心的耙梳，否則將使平民經歷永遠自外於戰爭史書寫。又或相反地，平民的戰爭經歷一旦進入戰爭研究，將導致戰爭變成各說各說，因此而失去捍衛民族尊嚴、維護國家主權的重大意義。若無數犧牲在戰場上，以鮮血填壑，寸土必爭的軍人是戰爭的主角，那平民的戰爭位置又在何處呢?尤其是婦女，若沒有透過「戰爭歷史」的學術視角來理解其戰時經歷，那麼恐怕註定她們永遠進入不了戰史研究了。

四、結論

八年抗戰，不可否認是中國由上到下全民共赴的國難。過去的歷史研究，對於戰爭戰役、國民政府的民眾組織動員、戰爭宣傳以及國際外交等等方面，有著豐碩的成果，惟有關女性參與戰爭，則始終無法突破婦女犧牲貢獻的單一角度。近年來，隨著性別理論與各種新史料的出現，女性在中國抗戰中的生活及其戰爭經驗逐漸浮起，成為補充抗戰研究的重要脈絡。以女性眼光來看待中日戰爭，或是著重呈現戰時的女性面貌，似乎為抗戰歷史打開另一個視窗，構造另外一種景象。

如果戰爭研究書寫要深入普通百姓的一般生活，那麼對女性戰爭經驗的理解就屬必要。誠如學者對一次世界大戰德國的社會研究所指出的，女性在食和住之間的選擇與掙扎，反應了德國戰時社會經濟變動的真實面貌，物價高漲、住居不易與食物縮減是國族政治軍事宣傳中看不到的戰爭實景。[67]同樣的慘況，亦出現於中國女性有關戰爭的口訪資料中。

女性的戰爭記憶，與抗戰大歷史敘述間的回應與背離，在在提醒研究者與讀者，戰爭中全民皆是犧牲者，而犧牲的程度與幅度，又非僅僅考慮戰爭狀態的結束即可全般掌握，「戰後」也應該列為戰爭研究的範圍。尤其是社會秩序瓦解、重建的過程，反應出的婚姻、家庭這些與民眾切身相關的劇烈變動，其實訴說的是更貼近戰爭中的真實人性與生命，而這些主題在女性口述資料中出現的篇幅遠大過男性。因之，女性的口述經驗補足的是許多戰爭史書寫篇章中長期的空缺，包括戰爭對中國社會帶來的衝擊，其破壞的是什麼，而在破壞中閃現的重建契機又是什麼，同時這些破壞、建設，又如何延留滲透到戰後乃至一九五〇年代以降，所有軍事、政治、經濟的新走向中，這些思考都值得再進一步挖掘與解釋。

女性口述戰爭經歷的資料，近年來數量頗有增加。因女性在戰時、戰後同屬邊緣，她們所述的戰爭記憶，一般說來最能構築戰時老百姓的日常生活，但相反地來看，這種特徵卻又隱然顯示女性的戰爭口述資料太過瑣碎，太多細節，難以建立「歷史性」的觀點，如何分辨女性所說的，那些是大多數人的相似處境，又有些則屬高度個人化經驗，一旦被納入戰史，女性經驗是使戰爭研究更加多元化呢？還是侵蝕了戰爭的民族魂，甚至削弱禦侮求存的神聖性呢？這些衡量實在無可忽略，並且應納入戰爭研究的寬廣視野中來考量。

1 這些學術研究，有些觸及記憶，有些強調性別，而記憶、性別與戰爭三者相連，是極具挑戰及亟待開展的學術領域。Margaret Randolph Higonner, Jane Jenson, Sonya Michel, and Margaret Collins Weitz eds., *Behind the Lines: Gender and the Two World Wars*,（New York: M. E. Sharpe, 1989）. Emily Yellin, *Our Mother's War : American Women at Home and at the Front During the World War II*,（New York: Free Press, 2004）. Yinan He, "Remembering and Forgetting the War: Elite Mythmaking, Mass Reaction, and Sino-Japanese Realations, 1950-2006", *History and Moemory: Studies in Representation of the Past*, 19.2（2007）: 43-74。

2 李丹柯，《女性，戰爭與回憶：三十五位重慶婦女的抗戰講述》（香港：中文大學出版社，二〇一三），頁一－四一。

3 例如張蓉珍女士家族從蘇州遷到上海。她本人一九一五年出身於上海，家中兄弟姊妹都是畢業自上海各大學，受到上海環境重視英文的影響，兄姊亦不乏出國留學繼續深造者。羅久蓉、游鑑明、瞿海源訪問，羅久蓉紀錄，《烽火歲月下的中國婦女訪問紀錄》(臺北：中央研究院近代史研究所，二〇〇四)，頁一－一〇。

4 Paul J. Bailey, "Unharessed Fillies: Discourse on the Modern Female Student in Early Twentieth – Century China"，羅久蓉、呂妙芬主編，《無聲之聲III：近代中國的婦女與文化，一六〇〇－一九五〇》（臺北：中央研究院近代史研究所所，二〇〇三），頁一三五－二八九。

5 羅久蓉、游鑑明、瞿海源訪問，羅久蓉等紀錄，《烽火歲月下的中國婦女訪問紀錄》，頁四七。

6 李丹柯，《女性，戰爭與回憶：三十五位重慶婦女的抗戰講述》，頁一三五－一三六。

7 一位出生江蘇的女學生杜潤秤，獨自一人離家出逃，幾經波折，到達貴陽。到了貴陽，形單影隻，考慮將來能謀取一份工作自足，她放棄升入大學，改考郵政學校，後入郵局工作。逃到後方的杜潤秤沒有他人意見可供參考，前途的事全由自己考慮選擇。參見杜潤秤，《杜潤秤戰時日記》（未刊稿）（民國歷史文化學社計畫出版中）。

8 潘光旦，《中國之家庭問題》（上海：商務印書館，一九三四），頁五七－六八。

9 戰時四川除了伴隨工廠、學校、機構大量戰爭型移民外，國民政府為加速工業、經濟建設，還訂有獎勵科技人才內遷條例，專門技術工人如車工、鉗工、鍛工、木模工、翻砂工都有特殊優待辦法，這類戰爭技術移民來自各省，亦集中遷往西南。參見段渝主編，《抗戰時期的四川》（成都：四川出版社，二〇〇五），頁八六。

10 民國著名女文學家兼教授林徽因，係民初政界聞人林長民之女，留美，後嫁梁啟超子梁思成，兩人亦屬事業搭檔。抗戰爆發後，梁、林兩人從北京轉天津，一路南逃，到了湘、黔交界的晃縣，林徽因病倒，所幸受到也在當地候車到大後方去的年輕空軍飛行員仗義相幫，騰出空房，還有碰上一位也在逃難的女醫生，才使林徽因病得以好轉，而時間已耽擱了兩週。丁言昭，《驕傲的女神：林徽因》（上海：上海書店，二〇〇二），頁二三九－二四〇。

11 羅久蓉、游鑑明、瞿海源訪問，羅久蓉等紀錄，《烽火歲月下的中國婦女訪問紀錄》，頁二五八－二六九。

12 胡為真，〈楔子：一次穿越國運的旅行〉，收於胡為真講述，汪士淳撰寫，《國運與天涯：我與父親胡宗南、母親葉霞翟的生命紀事》（臺北：時報文化，二〇一八），頁一－二。

13 一位口訪者提到戰時很多地方的郵政系統都癱瘓，往往便與家中失去了聯繫。李丹柯，《女性，戰爭與回憶：三十五位重慶婦女的抗戰講述》，頁一三〇。

14 呂芳上，〈另一種「偽組織」：抗戰時期婚姻與家庭問題初探〉，《近代中國婦女史研究》第三期，一九九五年八月，頁九七－一二一。

15 按國民政府訂頒的《刑法》，規定夫妻其中一方與人通姦，他方除得請求離婚外、並得請求法院處以刑法第一一三條之通姦罪，男女同賦此權。見趙鳳喈，《中國婦女在法律上之地位》（臺北：稻鄉出版社，一九九五），頁一六七。

16 Lisa Tran, "Sex and Equality in Republican China," *Modern China*, Vol.35 No.2（March 2009）, pp.119-223。

17 抗戰時期，曹聚仁作為戰地記者，足跡遍踏中國。一次經皖南，投宿於一個旅店中，因只餘一個房間，需和別人搭鋪。房間共有兩張床，曹睡一張，另一張是一名中年婦女帶著一位年約十六歲的少女，半夜時，婦女要女兒睡到曹聚仁床上，竟以此而成就「好事」。隔日，才知這對母女欠旅店六塊大洋，由店中夥計出主意，要那位婦女如此行事，以求抵償欠款。儘管平時亦可能出現女性被貧窮所迫因而賣身的情況，但這個情節的母親加女兒，顯然是陷於逃難路途中，進退失據。無庸置疑，戰爭對女性貧困處境，有加深加重的催化力量。曹聚仁，《我與我的世界，浮過了生命海：曹聚仁回憶錄（修訂版）》（上），（北京：三聯書店，二〇一一），頁四。

18 如一九三八年九月二十二日，陳克文日記記：「鑄秋告我，羅隆基太太王右家對他暗示，她確有另外一個情人，這樣她和羅隆基這次的糾紛便更加複雜了。不過現在似乎她已經與羅隆基重歸於好，因此大家對於羅氏的印象固然壞，對於右家的觀感也似乎不見得很佳了。還有孔小姐對君強那種絕無條件的追求，絕無條件的同居，據鑄秋說也是右家的暗示。」見陳方正主編，《陳克文日記，一九三七—一九五二》（上冊）（臺北：中央研究院近代史研究所，二〇一二），頁二八八—二八九。

19 呂芳上，〈另一種「偽組織」：抗戰時期婚姻與家庭問題初探〉，頁九七—一二一。

20 《關於抄發出征抗敵軍人婚姻保障條例的訓令、公函》，重慶市檔案館庋藏檔案，檔案號〇〇五三／〇〇〇二／〇一五三五／〇〇〇〇。（一九四三年八月）

21 李丹柯，《女性，戰爭與回憶：三十五位重慶婦女的抗戰講述》，頁一二〇。

22 《關於禁止男女同居聘請律師公開登報啟事并普遍倡導集團結婚的公函、訓令》，重慶市檔案館庋藏檔案，檔案號〇〇五三／〇〇二九／〇〇〇八九／〇〇〇〇。（一九四四年）

23 李丹柯，《女性，戰爭與回憶：三十五位重慶婦女的抗戰講述》，頁一四三。

24 這是余文秀的口訪資料。羅久蓉、游鑑明、瞿海源訪問，羅久蓉等紀錄，《烽火歲月下的中國婦女訪問紀錄》，頁一二三—一二六。

25 R. Keith Schoppa, *In a Sea of Bitterness: Refugees During the Sino-Japanese War*,（Cambridge: Harvard University Press, 2011）, pp.9-33。

26 淪陷區的居民心態及外在表現，傅葆石以上海為例，將之區分成不同類型，這個研究範例可以做為其他淪陷區的參照。傅葆石著，張霖譯，《灰色上海，一九三七—一九四五：中國文人的隱退、反抗與合作》（北京：三聯書店，二〇一二）。

27 裴王志宏女士的訪問提到她及她的家庭並未離開日本控制下的北平，雖然日本進行物質管制，但一般人的生活基本上仍如戰前一樣，無甚太大變化。羅久蓉、游鑑明、瞿海源訪問，羅久蓉等紀錄，《烽火歲月下的中國婦女訪問紀錄》，頁一八八—一九七。

28 婦女的天性，使其做母親後比起男性更加依戀子女，尤其是對兒子的倚賴，幾乎難以泯除。除此之外，大部分妻子也寄望丈夫養家活口，自然有依依不捨的情。母愛、妻情與抗戰國家動員青年從軍入伍，情感上產生相牴觸的拉扯，故亦難否認女性的愛國心受到制約。戰時，丁玲在延安所寫的小說，已隱然透露這種婦女獨特的傾向。Tani E. Barlow, *The Question of Women in Chinese Feminism,*（Durham: Duke University Press, 2004）, pp. 190-252。

29 偽政權的領頭人物之一王克敏，他的女兒王遵侗，據聞極力勸阻父親附敵的決定。八一三淞滬戰役爆發時，王女在南京蒐集她燕京大學畢業論文資料，父親不聽其勸，一意堅持投向日本陣營。王遵侗在家隱忍一年，只為待燕大畢業，畢業後，王女毅然離家遠赴香港，父女絕情，她立意為國家效力。見〈傀儡王克敏之女王遵侗，不願作漢奸的女兒，毅然出走與乃父斷絕關係，已由港赴桂準備為國努力〉，《前線日報》，一九三八年九月六日，四版。

30 John Isreal, "Reflections on the Modern Chinese Student Movement", *Daedalus*, vol.97 no.1（Winter 1968）, pp.250-252。

31 羅久蓉，《她的審判：近代中國國族與性別意義下的忠奸之辨》（臺北：中央研究院近代史研究所，二〇一三）。

32 豐子愷便是全家十多口一起踏上逃難之路，還帶了鋪蓋兩擔。見豐子愷，〈辭緣緣堂〉，收於氏著，《豐子愷自述：我這一生》（北京：中國青年出版社，二〇一五），頁一五九。

33 參見杜潤秤，《杜潤秤戰時日記》（未刊稿）（民國歷史文化學社計畫出版中）。

34 參見杜潤秤，《杜潤秤戰時日記》（未刊稿）（民國歷史文化學社計畫出版中）。

35 Diana Lary 著，廖彥博譯，《流離歲月：抗戰中的中國人民》（*the Chinese People at War: Human Suffering and Social Transformation, 1937-1945*）（臺北：時報文化，二〇一五），頁二〇。

36 一九三八年後，重慶城市人口由二十萬增至五十萬，一九四四年已達百萬，一九四五年再增至一百二十五萬。周勇主編，《重慶抗戰史，一九三一—一九四五》（重慶：重慶出版社，二〇一三），頁三七一。

37 陳克文日記記了許多他的友朋、同僚初履重慶時的不佳印象。如說交通困難又危險，住的地方湫隘穢污，說川中土地肥美，日子卻過得不快活，真可謂「土肥人瘦」，還有陳克文本人一次乘公共汽車入城理髮（同事皆不肯如此），乘人力車回來，馬路斜度甚大，車夫又多半是鴉片鬼，當下坡時，疾馳而下，實在危險。見日記一九三八年八月十六日、八月二十三日、九月五日，陳方正主編，《陳克文日記，一九三七—一九五二》（上冊），頁二七〇、二七四、二八〇。

38 一位讀者在重慶的報刊上提到，重慶戰前三十餘萬人口，至民國二十八年已爆增至七十萬人，該地原有房屋供不應求，房主又乘機居奇，每以終止租賃關係相要挾，遂其加租之目的；或假收回自用之名，而另迎能出較高額租金之房客。燕疆，〈疏散人口與住宅問題〉，《國是公論》（一九三九年二十八期），頁一六。

39 戰時重慶以救助單身婦女為主的機構頗多，一般除提供較便宜的住宿外，也幫其介紹工作，如重慶陪都婦女福利社。參見柯惠鈴，〈戰爭中的性別及社會階層：「陪都婦女福利社」與抗戰救濟工作〉，《臺灣師大歷史學報》第六十期，二〇一八，頁一一九－一六〇。

40 張王銘心女士提到自己和丈夫落居四川白沙鎮，所租房屋的房東，是一對八十歲的四川老夫婦，因為兒女都不在身邊，故對待張王銘心如同女兒。這種戰時因遷居而形成的跨省交往，許多女性都將之視為一種「類親屬」關係。羅久蓉、游鑑明、瞿海源訪問，羅久蓉等紀錄，《烽火歲月下的中國婦女訪問紀錄》，頁八二。

41 遷移大後方的中上階層家庭，在經濟情況許可下，往往僱一名當地川籍女傭，用以協助料理家務，此外也考慮到她們本地人更知本地事，以期更快適應異鄉生活。不過戰時女傭奇缺，年紀大、經驗足的傭僕，對於年輕或職業主婦而言，最能提供幫助，不過，因語言、習慣隔閡，雇主每每覺不甚愜意，這些情節屢屢出現在女性的戰時回憶中。如知識分子林徽因，以頗幽默口吻，說他們家的女傭每每把昂貴襯衫、被單、枕頭套等洗成「碎片」，令人哭笑不得。見丁言昭，《驕傲的女神：林徽因》，頁二五六－二五七。

42 余文秀女士到臺灣後，與丈夫落腳屏東，而丈夫因工作關係經常不在家，余文秀自己一人在南部帶孩子，竟然早產。所幸，鄰居一位體育教官的太太剛生產完，得以及時幫忙已腹痛如絞的余文秀。羅久蓉、游鑑明、瞿海源訪問，羅久蓉等紀錄，《烽火歲月下的中國婦女訪問紀錄》，頁一四二。

43 轟炸對重慶百姓所造成的物質上、心理上的壓迫感，甚至戰爭過去多年，在心中仍留下深刻難以抹滅的印象。參見張瑞德，〈在轟炸的陰影下——抗戰時期重慶民眾對空襲的心理反應〉，李國祁教授八秩壽慶論文集編輯小組編，《近代國家的應變與圖新》（臺北：唐山出版社，二〇〇六），頁二一六－二七八。

44 抗戰時流行各式各樣的以向民眾貫輸常識為目的的出版品，如生活書店編，《戰時婦女手冊》（重慶：生活書店，一九三九）。

45 一九四一年六月五日，重慶發生大隧道窒息事件，起因為天氣炎熱，隧道擠進太多人，加上通風不良，造成擁擠踩踏，死傷數百人，渝市政府曾對該事件嚴加調查檢討，研議改善防空洞及隧道的通風設施以及加強宣導民眾的防變知識。《關於告知各有關機關為大隧道窒息案提出書面報告的往來公函》，重慶市檔案館庋藏檔案，檔案號〇〇五三／〇〇一二／〇〇一一七／〇〇〇〇。（一九四一年八月）

46 李丹柯，《女性，戰爭與回憶：三十五位重慶婦女的抗戰講述》，頁一一八。

47 李丹柯，《女性，戰爭與回憶：三十五位重慶婦女的抗戰講述》，頁一一七。

48 李丹柯，《女性，戰爭與回憶：三十五位重慶婦女的抗戰講述》，頁一五三。

49 李丹柯，《女性，戰爭與回憶：三十五位重慶婦女的抗戰講述》，頁一五〇。

50 每次空襲轟炸死亡人數不一，而災後負責處理死亡者，除了政府主管單位外，多仰賴民間慈善組織，有時棺木不足，便將死屍整批放在駁船上，然後運到空地掩埋，這些全屬無人認領者，大後方戶籍散亂，人口自由移動，「無名屍」司空見慣，「死亡」太習以為常了，人們很少在記憶中留下什麼難以抹滅的印象，倒是對「存活」下來所經歷的危險，難以忘懷。關於重慶市處理無名屍的方式，參見《大隧道窒息案審查報告》，重慶市檔案館庋藏檔案，檔案號〇〇九六／〇〇一四／〇〇二四二／〇〇〇〇。（一九四一年八月）

51 李丹柯，《女性，戰爭與回憶：三十五位重慶婦女的抗戰講述》，頁一五一。

52 McIsaac Lee, "City as Nation: Creating a Wartime Capital in Chongqing," in Joseph Esherick, ed., *Remaking the Chinese City: Modernity and National Identity, 1900-1950*.（Honolulu: University of Hawaii Press, 2000）, pp174-191。

53 一九四二年一月六日，中國做為主席，中、美、英三國組成反侵略國聯合宣傳委員會，七月中旬，三國復聯合創立聯合國幻燈電影供應社，中央電影製片廠為此攝製新聞片，包括「中國六年」、「中國之抗戰」等，日本侵華，中國百姓艱苦抗戰的表現，國際能見度大大提高。郝明工，《抗戰時期的重慶文化》（北京：商務印書館，二〇一六），頁一六二－一六四。

54 戰時兵員補充一直持續不斷，但役政舞弊及徵兵中的各種缺失，激起民怨四起。逃避兵役與國家所宣揚的抗戰愛國動員，形成兩種相背離的趨向，口訪中可以看到老百姓藉由結婚，搬遷到城市來躲避兵役。李丹柯，《女性，戰爭與回憶：三十五位重慶婦女的抗戰講述》，頁一五二。
55 李丹柯，《女性，戰爭與回憶：三十五位重慶婦女的抗戰講述》，頁一四七。
56 李丹柯，《女性，戰爭與回憶：三十五位重慶婦女的抗戰講述》，頁一五三。
57 李丹柯，《女性，戰爭與回憶：三十五位重慶婦女的抗戰講述》，頁一四七。
58 Ida Clyde Gallagher Clark, *American Women and the World War,*（New York: D. Appleton and Company, 1998）。
59 李丹柯，《女性，戰爭與回憶：三十五位重慶婦女的抗戰講述》，頁一二九－一三〇。
60 王孟梅，《抗戰時期的婦女工作》，東海大學歷史研究所碩士論文，一九八七年十二月，頁一三四－一六六。
61 李丹柯，《女性，戰爭與回憶：三十五位重慶婦女的抗戰講述》，頁一三五－一三八。
62 一位口訪者原出生於安徽巢縣西鄉山梅村，家中男孩可以上學，她卻在家勞動，做家務事，直至父親工作遷徙至江蘇清江浦（現淮陰），十三歲的她才得以上小學。李丹柯，《女性，戰爭與回憶：三十五位重慶婦女的抗戰講述》，頁一三五。
63 一位受訪者出身四川銅梁，自小就由家庭指定結婚對象。李丹柯，《女性，戰爭與回憶：三十五位重慶婦女的抗戰講述》，頁一五二。
64 中國人民政治協商會議西南地區文史資料協作會議編，《抗戰時期內遷西南的高等院校》（貴陽：貴州民族出版社，一九八八）。
65 按照一位女性受訪者陳國鈞的回憶，她當時就讀朝陽大學，一九三九年因日軍猛烈轟炸重慶，該校被迫閉校，遣散學生。事實上，朝陽大學原在北平，一九三七年先遷湖北沙市，一九三八年七月再遷四川成都，一九四一年教育部令其遷往重慶附近的巴縣興隆，直至抗戰勝利，一九四六年朝陽再遷回北平。抗戰雖歷經艱苦，但該大學始終弦歌不輟，與口訪者記憶不盡相同。中國人民政治協商會議西南地區文史資料協作會議編，《抗戰時期內遷西南的高等院校》，頁二三四－二三五。
66 Antonia Finnane, "What Should Chinese Women Wear? A National Problem", in Antonia Finnane and Anne McLaren, eds., *Dress, Sex and Text in Chinese Culture,*（Clayton: Monash Asia Institute, 1999）pp.115-221。
67 Blinda J. Davis, *Food, Politics, and Everyday Life in World War I Berlin,*（Chapel Hill: the University of North Carolina Press, 2000）。

第三編

落定

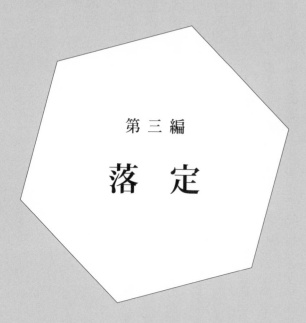

女性之力

——蔣宋美齡的宗教道德觀與臺灣時期的社會服務工作

一、前言

一九四五年八月，日本宣布投降，中國對日抗戰以勝利告終，這也是二次世界大戰的結束。蔣宋美齡當時人在美國，欣聞中國勝利消息，為之雀躍歡騰。她隨即發表一篇勝利感言，一方面申致對美國在戰爭時予中國物資援助的感謝；另一方面則以基督徒的立場表達從宗教信仰出發的和戰感想。她闡述說戰爭的結局，證明野蠻殘暴終將被打敗，只是人類能否記取不自相殘殺的教訓，締造真正合乎基督精神的和平，則有賴所有人的道德提升與精神覺悟。[1] 蔣夫人這篇迎接中國勝利的感言，大大有別於當時國府黨政軍高層在戰爭結束時，普遍共有的倖存之感。事實上，中國苦戰八年，歷經千辛萬難，國家、社會已到山窮水盡地步，士氣低落，民不聊生，好不容易盼到戰爭結束，眼前的處境至少可以有所改善，至於未來人類的走向，渺然不可測，連中國最高統帥蔣介石委員長，也未如蔣夫人般以基督信仰為出發考慮和平如何永久締造。

抗戰結束後，國共衝突日趨白熱化，戰爭煙硝再起，此一變局竟不幸早為蔣夫人言中，她在一九四五年曾提醒說：「除非我們對於聯合國參加此次戰爭所預見的崇高理想，能夠積極實現，維護力行，否則我們子弟的流血與犧牲，都將白費的。」[2]言猶在耳，中國內戰卻一觸即發。一九四五年九月，蔣夫人結束在美長達十八個月的居停，回到中國。她陪伴夫婿蔣介石，繼續折衝於中美兩國的外交、軍事各種交涉中。一九四八年十一月，當國軍節節敗退，國府朝不保夕，國民黨分崩離析之際，蔣夫人不辭辛勞再赴美爭取援助。由於國府聲望跌至谷底，美國預估大陸將全面淪陷，蔣夫人爭取美援處處碰壁。儘管蔣介石屢次去電以爭取援助是屈己而無所得，敦勸蔣夫人回國，可是蔣夫人仍不死心，她在美替國府奔走，拉高反共的聲調，無奈蔣介石的領導地位已因局勢傾頹而江河日下，美國朝野對蔣宋美齡態度趨於冷淡。接二連三的打擊隨之而來，一九四九年年中美國公布《對華政策白皮書》，將大陸敗退的責任大部分歸罪於蔣介石的領導，並宣布不再對國民政府提供經濟、軍事援助，等於宣告蔣夫人在美已無任何施展工作的可能。

一九四九年底，國府撤退來臺，其間軍民近二百萬亦大批遷臺，風雨飄搖，人心惶惶，外界紛紛揣測蔣夫人是否會選擇居留美國，畢竟宋家大部分成員在大陸淪陷前夕皆已赴美。蔣夫人衡量走與留間，據夫人自稱有個無可言喻的聲音輕響，告訴她「沒事」，[3]蔣夫人認為這是上帝的指引，於是她決意返臺與夫婿共同肩承重擔，繼續反共事業。離美前，蔣夫人發表了一篇對美國的廣播演說，時間是一九五〇年一月九日。該演說中，蔣夫人似乎已從信仰中找回信念，她擺脫失敗籠罩的悲觀心情，儘管美國對蔣介石領導的政權表現冷漠，英國甚至已承認中共政權，但蔣夫人卻義正辭嚴指出，他的夫婿將不畏挫折與困頓，不屈不撓堅持反共立場。基督信仰的信心與反共的決心，在蔣夫人此時的思想中交匯，她發為言論，有種雖千萬人吾往矣的氣概，而這不是任性自使，而是對自身、蔣介石與臺灣整體未來的預想。宗教上所生的力量，使蔣夫人可以超脫物質的限制，將敗退臺灣改換成自由與共產主義搏鬥的開端，是善、惡衝突的起點。當然，臺灣的立足是基於真理、良善且是自由的，反之共黨是詭詐、邪惡且是奴役的，道德的高下區別，成為國府乃至蔣介石領導統治重新鞏固的根基，而其後，也成為臺灣反共論述道德說的核心，一切都暗合蔣夫人一九五〇年代所發抒的論點。

一九五〇年一月九日的對美演說，隱含蔣夫人深刻的全球觀點，她掌握了冷戰的世界格局，並且深悉美、俄兩大國間的角力，牽動中國乃至臺灣的命運。蔣夫人把美、俄間的衝突，說成是制度與人民生活的差異，她提到：「我希望無論我的聲音傳到世界哪一個自由角落，都能喚起愛好自由的人民，讓他們認識被遺棄而孤獨的中國，現正荷著唯一保衛自由的槍枝。世界已被分為自由與共產兩大壁壘，在不太久的將來，總還有其他千千萬萬的人民，非在兩者之間作一個抉擇不可，究竟他們要為自由奮鬥？抑係要向奴役屈膝？」又說：「俄國永遠不能在中國享受一天的和平。俄國永遠不能占有中國。中國一定會獲得自由。」[4] 這些話語不全然是宣傳，其真意實亦貼近一位虔誠基督徒在信仰上得到的領悟，而這個領悟被轉化成對國際局勢的判斷與個人安身立命的指引。一九五〇年代後，蔣夫人的言論思想與作為，已於這篇對美演說中概見端倪，政府敗退臺灣使她對基督信仰有更深的領會覺知，而失掉過去那樣龐大的政治版圖與活動空間，益使她明白並且推崇弱國寡民存活之道——惟有堅信上帝。

無疑的，信靠上帝是蔣夫人諸多言論思想的核心，而這個信念之堅定萌生，可以推論到若非教徒實難掌握其真意。故而遷臺後，蔣夫人的影響日益集中於特定群體、特定社會工作與特定組織。她的言論、思想與作為，的確很難與下層民眾產生直接的關聯，這並不代表蔣夫人的影響力受到貶損，相反地，不同於大陸時期蔣夫人的工作附有極明顯的政治意涵，一旦政治風雲變色，她的工作也就隨之煙消雲散。遷臺後，地域空間相對限縮，政治活動的比例下降，蔣夫人以基督信仰出發所從事的諸多事業以及建立的團體，在精神道德層面影響鉅大，甚至不因臺灣統治權力的更替重組而有所式微，反因年深月遠，而愈見其融入社會，點點滴滴地發揮著道德說服與人心塑造的力量，至今不歇。

以蔣夫人為核心，輻射出的宗教觀與行動表現，起初限於同質性高的一群人，這群人包括教育界、政界與社會工作主持人，在社會階層分布中屬中高階層，學者因此評價說蔣夫人不過是「抱團取暖」，[5]卻未見到正是這群人後來以自身的地位與所擁有的資源，將蔣夫人的信念深植在臺灣社會諸多領域中，隨著時間累積慢慢發酵。此群體之外的臺灣民眾，或許從未親身接觸過蔣夫人，對她所知有限，甚至以為她高高在上，誤認其出身大陸十里洋場的上海，與臺島當時的簡樸格格不入。然而在歷史洪流沖刷下，政治如同潮汐漲落，而蔣夫人所崇奉的道德提升、良善自修，卻成為臺灣社會潛在共有的價值導引，影響遠非一時的政治鬥爭所能抹殺。

過去許多研究都指出蔣夫人由於能力、智慧與見識超卓，再加上身分及地位的崇隆，使她得以扮演蔣介石重要的左右手，甚至有呼風喚雨之力。這樣的評價，其立論的根本考量是政治性的，同時也是男性的視野。一九五〇年，蔣夫人遷臺後，她的諸多思想與行動，政治性色彩大大消褪，道德性的意義則益見突出，此種道德性更走出男性的光環。蔣夫人以女性基督徒特有的行事作風，撇開政治成王敗寇的權力框架，展現柔性、軟性的穿石力道，在時間長河中寸寸積累。一九五〇年的那篇對全美的演講中，蔣夫人再三強調「敵人的謊語與欺詐，敵人的誘騙和宣傳，不但要以子彈來消滅，而且要以真理來戰勝」，又說「我們從不信靠武力，而只知信守立身處世的原則」、「一個國家採取一個正義行動的時候，就和一個人行善一樣，必須是出於他的良知，而不是出諸他人的請求或要求。行動有出於仁慈、有出於憐恤、有出於正義。而正義是善，因為它本身是善。」[6] 這些話語成為蔣夫人行動的指南，她後半生以全副精力投注於實踐此一覺知，從而使她不再自限於只是蔣介石的左右手，而是以虔誠女性基督信仰者的身分介入塑造臺灣社會。蔣夫人在臺灣時期，是第一夫人與基督徒兩種身分疊合得最緊密的階段，可以說她依憑個人特質，創造了不同於近代中國菁英獨特思維範式，不僅不同於男性，也不同於其他民國女性；臺灣時期的蔣夫人既繼承大陸時期的部分經驗，更重要的是，一位女性虔誠基督徒嶄新視野與領悟的開拓。

本文的研究即為探討蔣夫人所提出的宗教道德觀，以及她根據此道德身體力行所開展的各種工作，特別是教育、醫療兩方面，如何使抽象觀念與實際行動結合，而這種轉變又如何使蔣夫人不再只限於是一位政治領導人的妻子，甚至是著眼於追求權位的女性，她可以超越世俗有形的條件，使公理、正義、良善從抽象變成是國家、個人立足的根本，為臺灣社會注入由女性引領的道德示範，蔣夫人的影響因此可以歷久不衰。儘管臺灣信仰基督教的人口未必占有非常高的比例，可是基督教所推重的信念、理想與淑世卻對臺灣社會不同層面均有深刻的影響，此點是過去學界研究蔣宋美齡時，未曾深入剖析及發揮之處。立於二十一世紀的開端，回望蔣夫人的一生，可說在政治光芒黯淡後，才更能以其他視角見到這位女性熠熠動人的真正風華。

二、良善至上：蔣夫人所領導的女性軟實力

一九五〇年一月，從美國返臺的蔣夫人，以一種全新對基督信仰所得的深刻領悟，決意更信靠上帝，按上帝意旨行事，這些領悟付諸於行動。二月，蔣夫人出面邀集了五位虔信的基督教教友，集議成立「祈禱團」。祈禱團的誕生，一如蔣夫人所言，她認定此為基督的允諾，即有兩三個人奉祂的名聚會，祂就在那裡。[7] 由蔣夫人所號召的，包含六位虔誠基督徒組成的「中華基督教婦女祈禱會」，申言「為中國人的命運及全世界祈禱」，此後在每週三下午固定聚會，會眾由六位增加到數十位、五十位，而到今天已歷時半世紀，祈禱會薪火相傳，生生不息。

祈禱會自成立後，聚會的基督教教友，共同浴於聖靈中，一般的程序按夫人所言：「我們會員輪流領導。我們通常默禱兩分鐘，然後唱幾首大家愛好的讚美詩。主持人讀一段經句，敘述她本人的作證與經句的關係。全體討論，隨後各位會友請求大家為某事或某人祈禱。我們都虔誠地跪下，在受聖靈感動之下依次禱告。每次約做三、四個祈禱，沒有嚴格的程序。我們認為自然的變化能促進熱心。但在結束時我們必定為中國的將來及世界和平祈禱，願上帝意旨實現。」[8] 一九五〇年，

蔣夫人年屆五十三歲，人生智慧與閱歷來到成熟階段，而其前半生經歷不斷的戰亂與國家苦難，父母埋骨大陸，長姊及長兄客居美國，二姊政治立場相左，已然形同陌路，而臺灣對她而言，是人生地不熟的異鄉。國難家變重重打擊，信仰成了心靈依托的根源。蔣夫人的家國之念，是對戰亂的厭惡與對和平的想望，她在臺灣成立一個小小的祈禱會，儘管微弱，可是她深信有朝一日會有一條繞遍全球的，由各地祈禱會組成的鎖鏈，終將有助於建立世界和平。[9] 因信而有仰望，這是蔣夫人精神層面極為重要的特徵。祈禱會成員的精神也與蔣夫人接近，故而這個聚會的凝聚力強，同時也在宗教信仰的推波助瀾下，每位成員都可以自己邀集親友別立祈禱團。[10] 如此一來，蔣夫人領頭的祈禱會只是主幹，其延伸出去的枝、葉，撒落了更多種子，難以估量。而種子一旦發芽就會另成支幹，這種潛移默化的宗教影響，自難以任何量化方式計算，只能說蔣夫人的祈禱會是她總結過去戰亂經驗，試圖重造一種新的由基督徒出發的救國、愛國之道。[11]

一九五〇年後，中共全面接掌中國大陸，蔣夫人及其夫婿蔣介石奮鬥的反共事業，在歷史的變動檢驗中遭遇重大的挫敗。這種挫敗若非經過心靈、精神、思想的澄清與轉化，很容易變成悲觀、頹唐與退縮。蔣夫人的基督信仰，使她找回「反共」的正當性。一九五一年二月四日，在接受美聯社記者採訪時，蔣夫人提到一年前她由美國返抵臺灣，國民政府的境遇可謂黯淡。許多人以為國府將於數月內完結，但一年後已大見改善，前途已是無限光明。蔣夫人強調：「在任何時期，我都未失去我們將獲得最後勝利的信心。今天正和過去任何時期一樣，我確信上帝和我們在一起，而我們對祂的信仰，必將證明是不虛的。」[12] 蔣夫人的談話時間是韓戰方殷，中國方面派出人民志願軍參戰，東亞變局使「反共」聲浪更加高亢。蔣夫人於此時，對臺灣的信心大增，而其「反共」的論述，經由宗教信仰的澆灌，更為明晰並且理路完整。一九五二年八月，蔣夫人發表〈共黨到美國之路是經由中國〉長文，刊載於美國《退伍軍人》雜誌，文中蔣夫人一再強調，中、美兩國人民本性是極其相同的，她說：「我們中國人多代以來所尊崇的男女，乃是以他們的個人人格為衡量的標準，而不是重視他們的權力或家財。那乃是我們和美國人民的第一個根本相同點」，其次「我們中國人或美國人都從未以不光明的卑劣行為或是不堅守我們的原則獲得利益或是特權，而沾污了我們的國民性或榮譽。我們無論是站在民族或是國家的立場，我們都是以正直作為一個主要的格言；我們都厭惡道德的墮落；我們都尊崇人格的完整無瑕。」[13]從信仰中提煉出的道德立場，使蔣夫人的反共言論充滿自信，她展現過去未有的對於自己所從事的任何工作，更心無旁騖、一往無前的專注與投入。

一九五〇年四月，蔣夫人建立「中華婦女反共抗俄聯合會」，目的是為「糾合群力，協助軍事，反攻大陸」。[14]在對外界及婦女的公開講演中，蔣夫人反覆重申臺灣是民主自由之地，共匪統治是殘酷虐政，鐵幕之內「四萬萬同胞，失掉了自由，無數的善良人民，陷入於黑暗恐怖飢餓的地獄之中」，[15]對共黨政權的描述，多是與宗教有關聯的字眼，故而道德意味濃厚，而這些道德批評色彩鮮明的反共論調，成為一九五〇年代後臺灣朝野批共及自我精神武裝的重要論據。中華婦女反共抗俄聯合會甫成立，就以實際行動將反共變成是自救、救人的婦女工作。一九五〇年四月十七日，中華婦女反共抗俄聯合會大會成立時，蔣夫人親臨致詞，她提到該會工作分為宣傳、慰勞、組訓，宣傳是把共匪的暴政廣為傳播，使人人皆知；至於慰勞則是以幫助軍人、軍眷為主，如為將士新兵做布鞋、襯衣內褲及捐募藥品；組訓是力求民眾能夠在組織訓練中通力合作，進行肅清奸諜、推行國語以及急救防空等。[16] 衛斯理學院蔣夫人的友人埃瑪・米爾斯（Emma Mills），曾於一九五〇年初來臺參觀婦聯會的工作，在一婦聯的辦公處所，她見到許多軍方、政府官員的太太們踩著縫紉機埋頭縫製衣褲。[17] 婦聯的核心骨幹，多數是黨、政、軍要員的眷屬，在蔣夫人身先士卒表率下，為將士官兵縫製征衣，對婦女來說，實是寓團結、奮鬥於身體勞動中。而投入縫衣的婦女人數頗眾，機器相應不足，以致婦聯必須採取輪流換班制。不論如何，身居高位的婦女，一反養尊處優的生活方式，胼手胝足地付出勞力，見此場面而將之書於筆墨者，也難掩詫異激動。弘農在《中華婦女》中發表的〈縫征衣〉，捕捉許多丈夫具顯赫官銜的夫人們，無論年輕的或年紀大的都放下身段，成為縫紉機的「俘虜」。花甲之年的馬老太太沈慧蓮（馬超俊夫人），每日在征衣縫製場所，兩手不停工作，她最愛教青年學生踩機器。王世杰夫人蕭德華女士，每週三、日準時帶總統府的眷屬們去縫衣。民航公司董事長陳納德夫人陳香梅女士，每逢週六、日就去縫衣。內政部黃季陸部長的夫人王金麟女士，發動該部女職員及眷屬，每週二來參加縫衣，經濟部張茲闓部長夫人麥萃穎女士，更是苦幹實幹，該部附屬機構多，她四處聯絡，每星期三該部參加縫衣的超過七十人，非常踴躍。蔣夫人曾於十一月八日，陪同幾位外賓和宋子安夫婦參觀縫製征衣，當日輪班的有副總統陳誠、俞院長鴻鈞、彭總長孟緝、王總司令叔銘、黃參軍長鎮球、毛局長人鳳、王部長德溥、時次長昭瀛、吳局長南如、胡司令璉等人的夫人到場縫衣。[18]

婦聯會縫製征衣工作，因技術要求不高易於上手，且暗合女性對於織、紡的天性愛好，此工作很快就擴展開來。縫製征衣的熱潮，使臺灣婦女立於共同行列中，她們的階級、省籍、身分都在工作中隱而不見了。國府遷臺後，蔣夫人的婦女工作泯除各種隔閡，消弭官民間的鴻溝，令訪臺的外籍人士都為之嘖嘖稱奇。蔣夫人說到，有一位美國友人抵臺探望她，頗為驚異地問夫人說：「為什麼在臺灣每個學校、醫院、機關、民間、鄉村的家庭婦女，不管什麼人的太太、小姐都在忙著縫製衣服，甚至客人來拜訪他們，仍然一面談、一面縫呢？這種情形，為我在二十五年（一九三六）所看見的竟完全兩樣。」[19]的確，加入縫製征衣的婦女隊伍，來源愈來愈多，有女民意代表、女公務員、女教師、女學生、女青年軍、軍公眷屬、女工、商店老闆娘、外賓等。[20]以單位論，凡有婦聯分會的幾乎全部加入縫紉，此外就是部分團體、機構及諸多高中、大專院校。如行政院分會、省政府分會、中央委員會分會、士林分會、聯勤分會、保安司令分會、政治部分會、空軍分會、憲兵分會、農復會婦女聯誼會、陽明山分會、國防大學分會、臺北市分會、福建省政府分會、司法院分會、金門防守司令部分會、裝甲兵分會、澎湖分會、總統府、北區防守區分會、屏東女青年大隊、省黨部、新竹縣婦女會婦女觀摩團、臺灣省婦女會、勵志社、革命實踐學院、金女大同學會、金甌女中、第一女中、第二女中、臺北女師、中西同學會、市立女中、建國中學、震華文學院、省立北商等。[21]

除了縫製軍衣外，婦聯會的工作亦擴展到建築軍眷住宅、慰勞軍士、救濟軍眷、遺族、難民以及籌募款項以幫助社會弱勢等。[22]推動婦女加入社會服務工作，與蔣夫人內在信仰的深化緊密相連。一九五二年四月一日，蔣夫人在耶穌受難節的廣播證道詞中，重述耶穌受難的經過，她夾敘夾議地談耶穌復活的意義，卻頗現意在言外地反映出她對國難的感觸。她說：「我們適才剛剛度過死亡的深谷，我們直落到荒涼、黑暗與失望的深的徹底，可是如果夜晚到了最黑暗的時候，黎明也就要來了，正如沙漠上的旅人一樣，有綠洲可使他獲得新的力量。又如跑道上的奪標者一樣，行百里者半九十，在最後一程奮勇運動躍向勝利。」[23]又說：「耶穌基督的降生，同他的復活是不可分的，兩者之中如果祇有一件而沒有第二件，都不會完整，這兩件事實的發生，都由女人見證實在最恰當沒有，因為女人對於痛苦的同情心，往往比男人來得敏銳。」[24]蔣夫人身為女人及基督徒所萌生的兩重覺知，有著前所未見的高度。這種高度使她認定領導婦女在臺灣百廢待舉、風雨飄搖、民心渙散時投入工作，能夠發揮女人的柔性力量以使整個社會轉趨祥和、安定、互助與團結。

學者認為蔣夫人在臺灣時期，不像大陸那樣頻繁拋頭露面，在政界也不如過去般活躍。[25]這些評論或者不需從政治權力來解讀，而是可以從女人的生命歷程及內在更深刻的省悟來觀察。尤其若是把婦聯會與祈禱會這兩個蔣夫人於一九五〇年成立的，以婦女為主要成員的團體合併來看，便會知道蔣夫人認為女性所發揮的主導性比起男性而言，其更重要的是精神、道德與人格力量。如婦聯會慰勞軍士，祈禱會提供宗教上的助力，當時有隨軍牧師，深入醫院及部隊，以宗教撫慰激勵軍士官兵，此舉收效甚著，蔣夫人說在軍事敗退、士氣低落時，隨軍牧師工作開始後，就不再聽聞軍士官兵自殺了。[26]蔣夫人的基督教信仰，感染力不可謂不深厚。一九六一年三月，中華基督教婦女祈禱會公開登記為財團法人，列名其上的會員除蔣夫人外，包括陳譚祥（陳誠夫人）、王朱學勤（王寵惠夫人）、王龍祥雲（王叔銘夫人）、尹程湛英（尹仲容夫人）、何王文湘（何應欽夫人）、余上官德賢（余漢謀夫人）、余歐授真（余伯泉夫人）、杜姚香谷（杜月笙夫人）、李陶湘文（李駿保夫人）、李青來、林盛關頤（林熊徵夫人）、馬沈慧蓮（馬超俊夫人）、俞梁就光（俞鴻鈞夫人）、胡葉霞翟（胡宗南夫人，曾任臺北師專校長）、洪李蘭（洪蘭友夫人）、蒲陸佩玉（蒲薛鳳夫人）、陳純廉（陳玉麟夫人）、曾寶蓀（國大代表）、黃侯淑方（黃少谷夫人）、黃郭佩蘭（黃朝琴夫人）、彭鄭碧雲（彭孟緝夫人）、蔡黃卓雲、劉我英（衛理堂，未婚）、錢蔡鎮華（錢昌祚夫人）、徐陸寒波（徐柏園夫人）、陳紀彝（衛理女中校長，國大代表）、鈕黃梅仙（鈕永建夫人）、黃金文華（黃仁霖夫人）、郭張美德（郭克悌夫人）、張陳秀德（張靜愚夫人）、葉吳晴湘（葉秀峰夫人）、劉胡秀瑩（劉耀漢夫人）、劉蘅靜（立法委員，未婚）、戴費馬里（戴賴蘭夫人，美國人歸化中國籍）、瞿許地欽（瞿荊洲夫人）、蕭劉欽孟（蕭勃夫人）、沈葉德馨（沈慈輝夫人）、陳逸雲、蕭孝徽、董趙蔭薌（董顯光夫人）、蕭王如琳（蕭鼎華夫人）、張馬育英（張羣夫人）。[27]

祈禱會成員儘管都是臺灣黨、政、軍高層的配偶，以及教育界、政界的菁英女性，惟因國府遷臺後，轄理地域大大縮減，空間的改變恰足促成人際關係的貼近，祈禱會的聲勢及輻射影響便遠超過特定社會階層及特定時空。胡宗南將軍的哲嗣胡為真教授，憶及他母親葉霞翟女士在蔣夫人邀請下參加祈禱會，不久受洗成為一名基督徒。此後，葉女士便帶著稚子幼女上教堂，胡家成為道地基督信仰的家庭。一九六二年，胡宗南重病在床，何應欽的夫人王文湘女士前來探病，病床前即拉著胡夫人一起跪下替胡宗南虔誠禱告，一生戎馬、鞍轡疆場的胡將軍感動得掉淚。[28] 宗教感染力的深刻，非言語得以形容。胡為真還提到他小時候的教友張惠平女士，曾在稚齡時同在士林官邸的凱歌堂演出耶穌降生故事，張女士的母親是陳秀德、父親是張靜愚，後來張女士赴美留學成為世界有名的癌症專家。而張惠平的弟弟張光正教授，則投身教育界，後接掌由父親參與締造建校的私立中原大學。該校自創辦以來即因創辦人具虔誠基督信仰，而將此注入學校的教育宗旨中，校訓明言「篤信力行」。至今在臺灣高等教育中力推全人理念，而基督信仰重人格養成、精神提升的教育宗旨，感染該校教職員生，年深月久，校友廣布全球，他們對中原大學基督立校的教育牧養，頗覺受惠。[29]中原大學的校務主持者，不能不說亦與蔣夫人的祈禱會有如絲如縷的關聯。[30]教育是百年樹人之業，胡宗南將軍的妻子葉霞翟是留美博士，後受省教育廳之請出掌臺北師專（今改為國立臺北教育大學），時間長達十三年之久。而中原大學是一九五五年建校，至今也已超過半個世紀了。蔣夫人沒有在兩個學校掛名，但兩個學校間接都受到她的影響。時移世變，撫今追昔，對蔣夫人由宗教信仰出發的，政治性削弱，道德性訴求顯著的撫慰人心、提升休養、重視人格的努力，實不會隨世局變動湮滅，相反地，其閃爍的靈光更加熠熠發亮。

三、日常生活的紀律：蔣夫人婦女與社會工作的新視野

一九五〇年代後，蔣夫人認知自己身為女性，並且位居高位，對社會整體起著示範領導作用，對此，她有比過去更深刻的體會。她在婦聯會成立大會上曾說：「以前婦女出來在社會工作，有一般的人以為是出風頭，現在卻不然，是盡義務、負責任，政府既沒有經濟的力量，可以幫助我們推

進工作，我們要自己設法節約勤勞，以最少的金錢，來做最效能的工作。」[31]的確，國府撤退來臺，國際地位大不如前，小國寡民的局面反映蔣夫人認定婦女或婦女工作，是在荒蕪中闢路前行，遠不如大陸時期，特別是對日抗戰中後期，因中國加入盟國作戰，中國婦女在形式上與西方各國婦女並肩攜手，蔣夫人成為蔣委員長的外交喉舌，一舉一動備受矚目，而她替中國爭取外援之際，更極力表揚中國婦女在戰爭中的犧牲奉獻，得到國際稱頌回應。[32]臺灣婦女投入反共事業，在國際間用「默默耕耘」形容，亦不遠矣。值此困頓之時，蔣夫人卸下光環，帶領幹部及身旁友人、黨政官員眷屬、各婦女機構、教育、社會工作領導人，所有婦女群策群力，打造出臺灣一九五〇年代到一九六〇年代，一股新的女性實力。若從近代中國女權發展的脈絡來看，一九五〇年代由蔣夫人所引領的婦女群體，她們走出五四新文化運動所倡揚的，對追求自由的愛與人格獨立自主的執著，努力排解家庭與工作兩不相兼顧的為難，[33]而國家也未揭「婦女回家去」的父權思維。[34]對照海峽對岸的中共，一九五〇年代始，為了使五四新文化運動的遺產「婚姻自由」迅速建功，故而武斷地將此「理想」變成「教條」貫徹施行，導致農村家庭失和，家庭暴力、虐殺婦女的案例層出不窮。[35]在臺灣的蔣夫人於人生經歷大半世紀後，拋掉各種口號與形式，直接在日常生活中將「女權」付諸於行動，不喊口號，不爭形式，她遵循的是發自內心的信念，誠如蔣夫人一九九六年九十九歲高齡時，在紐約接見華興校友訪問團，對當場女學生耳提面命所說的：「我秉持耶穌基督的愛心，創辦華興，我愛你們，希望你們也愛別人。」[36]「愛」應該是虔信基督的蔣夫人以及受她影響的婦女，留給臺灣社會最珍貴、最無可取代的資源。後來接手蔣夫人諸多事業及工作的辜嚴倬雲女士，提到過一個動人的故事。曾有一年，辜嚴女士赴美探望蔣夫人，同時赴德州達拉斯參加國際婦女會議，行程中因飲食不慎引發腸胃發炎，入住當地醫院，有一位東方面孔的女性，在辜嚴女士入院後始終形影不離，悉心看護，辜嚴女士原以為對方的照料是因彼此是同源同種，她開口向其致謝，沒想到對方回說：「我是華興的學生，知道您是華興的董事，故而相隨，見到長輩，豈能不精心照料。」[37]辜嚴聽聞此話後，為之感動落淚。這些超越物質、跨過時空的，幾近不朽的道德、倫理、情感並非一朝一夕可成，由此可知，蔣夫人於一九五〇年代後在她主持的事業、機構及至更大的社會群體中所埋下的種子，一遇機會便會逐漸發芽茁壯。

蔣夫人所埋種子最明確的是，受她領導乃至在其機構中工作的婦女群體，身浸心染，她們與蔣夫人在工作中頻繁接觸，情感的交流、道德的互期與日常瑣屑的交談，無不深深觸發由信仰、交誼與婦女身分共構而成的覺知與信念，這使蔣夫人樹立了別具一格的女性領導模式及社會工作推展方式。一九五〇年，撤退來臺的國民黨開啟黨務改造工程，[38]黨中央設立婦女工作委員會，蔣夫人膺任「中央委員會婦女工作指導會議」的指導長，下轄婦工會。[39]在民間，蔣夫人另外領導婦聯會，這個組織較不受國民黨中央的拘限，故蔣夫人更能貫徹其親身領導與指揮，並由此建立起團結的婦女工作核心。而眾多女性集成「婦女群體」，她們不計名利，全力以赴，脫出近代中國婦女團體每每內鬨不斷，最後分崩離析的小格局。「婦女群體」合作以推動社會服務，這樣的方式在蔣夫人於大陸試驗過後，移到臺灣後更見成熟，惟其中仍有傳承的蛛絲馬跡，尤其是蔣夫人所領導過的新生活運動婦女指導委員會的歷史值得追述。

新運婦指會於一九三六年二月在南京成立，蔣夫人擔任指導長，該會初始共有九個指導委員，包括金陵女子大學校長吳貽芳、李德全（馮玉祥夫人）、馬育英（張羣夫人）、沈慧蓮（馬超俊夫人）、鈕有恆（戴季陶夫人）、蕭德華（王世杰夫人）、洪希厚（張治中夫人）、張維楨（羅家倫夫人）、趙懋華。[40] 九位委員的組合中，有政要眷屬，有教育、政界婦女菁英，不過婦指會的重任實落在總幹事身上，當時擔任該項職務的是管梅瑢（一九〇三—二〇〇二），管女士畢業自燕京大學教育系，後留學獲碩士學位。[41] 南京作為國府首都，實是落實新生活運動婦女工作的據點，當時南京方面的負責人是沈慧蓮（一八九一—一九七四），[42] 沈慧蓮出身廣東，是同盟會會員，北伐時身與廣東婦女運動，清共時，其反共立場十分鮮明。沈慧蓮結識蔣夫人，應是一九三〇年代，或因其夫婿馬超俊於一九三一、一九三五年兩度出任南京市長，並於一九三四年獲任國府委員，自此長駐首都，沈慧蓮的資歷自然易於脫穎而出。一九三六年三月十一日，首都新運促進會婦女工作委員會宣告成立，成員多出身自南京市文化界、教育界及政界，其中沈慧蓮、唐國楨、劉蘅靜、陳逸雲、陶玄等十八人被選為常務委員。作為首都婦指會常務委員會的委員，這群婦女可謂是全國婦指會的中樞要員，她們依恃地利之便，日與蔣夫人接觸，可說是最能貫徹蔣夫人新運婦指會理念的親信核心。抗戰爆發後，為動員婦女加入全民抗戰行列，一九三八年七月一日，婦指會於武漢進行改組，按工作需要設置九個部門，即總務、訓練、文化事業、生產事業、生活指導、慰勞、兒童保育、戰地服務及聯絡委員會。

武漢改組時為傳達國共統一戰線的精神，左派及共產黨員亦不乏加入婦指會者，如鄧穎超、孟慶樹、康克清、曹孟君等。此外，抗戰激起同仇敵愾、保國衛民的強烈愛國聲浪，許多過去未加入工作的婦女，亦紛紛投身婦指會陣營，如張肖梅、曾寶蓀、陳紀彝、郝映青、晏許雅麗、羅有節、高君珊、許海麗、王世靜、熊芷、陳翠貞、周董燕梁、孫李定蔭等人，其中出身教育界的婦女占了絕大多數。[43] 譬如俞慶棠，畢業自美國哥倫比亞大學，曾任江蘇省教育廳社會教育科科長，擔任生產事業組長。謝蘭郁是北京大學女子文理學院畢業，曾任南京女中教師，受任為總務組組長。而戰時婦指會的總幹事是張靄真，她與吳貽芳是同學，兩人同樣畢業自美國密西根大學，也同為女青年會成員，具有基督信仰，顯然宗教因素也是蔣夫人晉用女性部屬的一個重要線索。[44] 女青年全國協會的成員鈕珉華，為兒童保育組代理組長。其餘幾組的主持人，則為因應國共合作大背景下的必要考量，黨派色彩濃厚者各占其半，如史良、沈茲九、劉清揚三人分別主持聯絡委員會、文化事業組及訓練組。國民黨女黨員唐國楨任慰勞組組長、陳逸雲任戰地服務組組長、黃佩蘭任生活指導組組長。

蔣夫人對於婦指會具特定黨派立場的成員，未有過猜忌排斥，大陸政權易手後，蔣夫人也幾乎從未出言批判婦指會個別左派及共黨婦女成員。作為組織的領導人，在「漢賊不兩立」的變局中，仍然維持對部屬不斥責、不指摘的作風，這是蔣夫人身為女性領導人，所具有的令人嘆服之處。她在大陸時期領導的婦指會，因右、中、左三派人馬皆被網羅，以致組織內部頗生人事之爭。蔣夫人身為婦女工作最高領導人，處理立場相左的婦女幹部糾紛，自有她息事寧人的雅量，往往把可能釀成的大風波，於暗地裡消弭，這是左派婦女劉清揚後來在其回憶中證實的。[45] 另外一位左派婦女史良也說，婦指會內部「鬥爭是尖銳的」，[46]就因領導這樣一個鬥爭尖銳的婦女團體，還能推動多種工作，足證蔣夫人的領導能力確有突出之處，過去卻向未被強調。左派的沈滋久曾說：「蔣夫人企圖著要以婦女界團結合作的精神，來號召全國，以及大多數的工作人員，都是有十二分的誠心，想為國出力，所以任你怎樣磨擦來，工作還是蓬勃地開展起來了。」[47]到臺灣後，不論經驗或年歲都更臻成熟，蔣夫人對待所有幹部，更是摒除以上御下作法，取而代之的是更加看重人與人之間的聯繫交流，也就是在私人交誼基礎上，搭配工作開展，蔣夫人標舉的是「人格」、「品德」足以左右各項工作的成敗。把個人視為良善並且重視人的品德高於工作目的之上，這種思維始於大陸時期蔣夫人領導的社會服務，傳承至臺灣更加發揚光大，故而蔣夫人領導的組織、機構，向不偏重紀律、規章乃至層級職責，這些作法與中共婦女工作的領導層，職責分明，力求貫徹黨的意志，乃至由少數富有聲望的女革命家充當傳聲筒，其政治化意味濃厚的走向大不相同。

遷臺後，只有少數幾位大陸時期的婦指會幹部重又加入婦聯，其餘皆是蔣夫人在臺灣重新召募的生力軍，她們在大陸時期與蔣夫人無甚淵源，因時局變遷在臺灣匯聚一起，因緣際會下投入婦女工作，如任國民黨中央婦工會主任的錢劍秋，是民國第一位留美的法學博士，學經歷傲人。一九五〇年代前，錢劍秋向未參與蔣夫人所領導的社會服務工作，到臺灣後，錢劍秋加入婦聯會，獲選常委。[48]而為因應工作的急迫性使然，蔣夫人所倚重的，理所當然主要是政府要員配偶、政界婦女以及臺籍女性菁英。婦聯會的首屆常委除了主任委員蔣夫人外，副主任委員是陳譚祥（陳誠夫人）、馬沈慧蓮（馬超俊夫人）、錢用和（監察委員）、林慎（立法委員、復興小學董事長）、徐陸寒波（徐柏園夫人）、李緞（監察委員）、陳紀彝（國大代表、衛理女中首任校長）、蔣陶曾谷（蔣夢麟夫人）、黃郭佩雲（黃朝琴夫人）、王蕭德華（王世杰夫人）、呂曉道（國民黨女黨員、婦運分子）、錢劍秋（立法委員）、陳逸雲（立法委員）、周王青蓮（周至柔夫人）、林盛關頤（林熊徵夫人、盛宣懷五女）、吳黃卓群（吳國楨夫人）、谷皮以書（谷正鼎夫人）。[49] 蔣夫人在臺灣資源相對不充裕時，對於婦聯會的領導轉而更注重精神與靈性的提升，此點當然亦與其基督信仰呼應。官邸侍從人員回憶說，蔣夫人每週與婦聯會的成員聚餐，每每從七點鐘開始用餐，直吃到九點，然後聊到十點才散。婦聯成員一起喝茶聊天，這種輕鬆自在的場合比起正襟危坐的會議，其溝通情感、交流意見、凝聚共識的作用，恐亦不能等閒視之。[50]

而為使婦女工作著有成效，上層團結合作外，增強中下級幹部隊伍的向心力亦是重要環節。一九五四年後，婦女幹部分批進入革命實踐研究院接受短期訓練，此種安排在一段時期中，蔚為常態。當年年底，蔣夫人曾親蒞幹部結業現場，對學員發表講話，她提醒學員應效法革命女先烈秋瑾的作為。這時候，蔣夫人忽而提到秋瑾這位清末為革命犧牲的女志士，顯然對秋瑾生平應是有她獨特的評價與觀點。蔣夫人勸說女幹部要學習秋瑾無私的胸襟，她的看法是多數婦女都難避自私之心，這點必須勉力克服，她提醒女學員：「為自己得到利益，大家私心太重，所以我們要婦女運動成功，一定要犧牲小我，成全大我。」[51] 而秋瑾具有大無畏的「犧牲」精神，此點也是婦女向來缺乏的，蔣夫人自承「我們一般女子，很少有犧牲精神，看見的都是我們自己，我做黨員二十多年，最後才負起黨的工作，從前我總覺得黨的工作相當麻煩，可見我亦沒有犧牲的精神」。最後，蔣夫人從秋瑾引申到對婦女集體性格的反省，她說：「我覺得我們女黨員大家互信不夠，我們不是在做黨務工作，而是做私人鬥爭，我們彼此嫉妒，說人家的閒話，宣揚自己的好處，有了這種作風，不但個人方面不能有所成就，在婦女運動方面也是一個失敗的最大原因。」[52]清末，秋瑾為建立共和，以身赴險，壯烈成仁後，有關她的生平及作為，載入諸多革命敘事、國族建構的史冊中，而蔣夫人獨從婦女集體角度，藉秋瑾指出婦女具有的共同弱點，並且公開剖析自己亦難避免，這樣的講話方式借用「性別共同處境」以獲得深切共鳴，可謂是蔣夫人在經年累月的歷練下，所現出的更加真誠、更加謙虛的人生態度，她將之潛移默化，貫注於所能影響的群體及工作中。故而婦聯會的工作無論是前述的縫製征衣，或慰勞軍士官兵，籌建軍眷住宅，救災解危，培訓一般婦女生產技能，都不抱能者高高在上之姿，又或流露施捨、輕視的工作態度來從事，這與蔣夫人作為領導人從裡到外遵奉的信念以及隨時隨地的提醒有關。一九五〇年十一月，婦聯會主辦的救護訓練班結業，蔣夫人曾諄諄訓勉學員說：「做事不可敷衍馬虎，我們要專門把心血獻給我們的神聖工作，唯有用熱血染出來的光輝才是永遠不褪色的。」她更提醒學員對傷者要予以家人般的愛護。[53]奉基督信仰，一切從良善的心靈出發，工作自會有好的結果，蔣夫人信之不渝。

一九五〇年代，臺海戰雲密布，戰火威脅迫在眼前。一九五五年，中共對當時歸屬中華民國領域的浙江外海島嶼——一江山島，發動炮火猛攻，島上有限的國軍部隊傷亡殆盡，而先前為減輕死傷，一江山島的婦孺多數已移至大陳島。一江山島戰役導致眾多遺孤無家可歸，無親可依，這些失去庇護的孩童，何去何從，成了政府、民間難以規避的棘手問題。在各方皆無法提出妥善對策下，蔣夫人出面主持，她囑咐婦聯會總幹事皮以書聯絡有關單位，迅即搶運大陳島的遺孤來臺。而隨著戰局的不利變化所致，臺灣當局亦決定從大陳島撤兵，難童遺孤一併隨同離島，時機堪稱緊迫。一九五五年二月十日，蔣夫人親赴基隆碼頭，迎接這些小小年紀就被迫流離家園的孩童，一江山島的遺孤加上部分大陳島的難童，他們成了蔣夫人後來成立華興育幼院時所收院童的主要對象。華興育幼院的建置，是在先有學生，後有學校的克難方式中逐步成形，在暫無校舍的情況下，一開始該校先落腳艋舺，教學係借用臺糖幼稚園以及龍山國小部分空間，一切從簡。而因所收學生年紀不一，年齡有小至二歲者，也有大到十二歲以上的，學力差異懸殊，又大多數學生經受戰爭刺激，失怙失恃者比比皆是，故而心理創傷嚴重，極難管教。總之，華興育幼院的創始，真可說是舉步維艱。

華興育幼院兼負養、教雙重功能，強調任職其中的老師、行政人員需有更大耐心，同時願意犧牲奉獻。蔣夫人為華興傾注全副心力，她經常到校園中訪察，對校中孩童噓寒問暖，對老師則毫無保留地盡全力支持。華興事繁任重，後因皮以書同時兼任婦聯會總幹事職務，不免分身乏術，故一九五五年年中，在舊識推薦下，蔣夫人召見黃若瑛女士，商聘由其擔任華興院長。[54] 黃院長本身未育子女，她接掌華興後，全力以赴，使華興建置更趨完備，人事、教學、保育、會計、總務等一一步上軌道而黃院長更是身體力行，事事親力親為，由此建構華興師生間親密結合的感情交流方式。當時受黃院長關懷照顧過的難童，儘管已畢業離校，卻仍持續不斷受到院長扶持，不論經過多少年還津津樂道，感念黃院長無私無我的愛護。[55] 把華興辦成一個「擬家庭」的學校，已成教師、行政人員共同的理念與行動原則，而其源頭可溯自蔣夫人到校視察時，總是掛在嘴邊所說的一句話：「這是我的家，我的孩子。」[56]

考慮到華興校務長遠的發展，蔣夫人初始即四處託人找合適地點，以建立華興永久落腳的校址，最終挑中陽明山上山路上叫嶺頭的地方，那裡的一處閒置空地，面積計二甲，至此，華興校地終於塵埃落定。[57]一九五六年十月，華興校舍落成，全部師生遷往新校區。座落於陽明山的華興，距士林官邸距離不遠，蔣夫人到校巡查更見頻繁，早期師生經常可以親炙蔣夫人的身教。這位創校的幕後大家長，十分注重學生的品行。據聞，一九六七年，蔣夫人出席華興舉辦的聖誕晚會，席間，她安靜地欣賞完所有節目。待節日過後，她即召集當天所有與會的校友再次回校，當大家坐定後，蔣夫人現出嚴肅面容，她當場委請華興老師代宣讀一篇已擬就的訓詞，內中提到聖誕晚會當天，她看到多數男生服裝不整，坐在後頭的觀眾且不安靜看表演，竟自交談，輪到全體唱詩歌時，有些人沒參加。節目結束前，有些人已將糖果放進口中，既不守秩序，又不遵規矩。蔣夫人的訓詞一字一句語重心長，接著如春風化雨般，蔣夫人提醒華興校友們，老師教你們的，除讀書外，還要愛國家、尊長者、護老幼、有禮貌、負責任、守紀律、愛整潔、有公德心、服務社會、摒除自私。教育是除書本知識外，更要明白忠、孝、仁、愛、禮、義、廉、恥的真義，如果連這些做人治事的基本道理都不懂，那真是叫人痛心、失望。[58]蔣夫人的訓勉，是她辦教育的中心理念，「做人治事」是她認定一個學生在校學習時，時刻不能忘懷的自我惕勵，華興的學生出身貧困，但他們自入校後，膳、宿、服裝、學雜費都由校方供應，條件已比其他在社會角落輾轉掙扎，而無法就學的學生好多了。這些提醒實是喚醒學生知恩圖報，感念社會的栽培，師長的付出，若缺乏這些自省，光只注重成績，華興也就與其他明星學校無甚差別了。當然，華興提倡「做人治事」至上的校風，與其宗教濃厚氛圍有關。華興的宗教活動由與蔣夫人交好的戴師母負責，學生每週五下午要上兩堂聖經課，一般方式是全校師生群集到大禮堂合唱詩歌，時間大約一小時，結束後，各班帶回教室上聖經課。週日上午全校做禮拜，每日三餐進食前，全體師生都要起立唱謝飯歌，早、中、晚各一次，[59]經年累月，校中學子自然而然受到信仰陶冶，儘管華興未曾強行要求學生受洗，但宗教氛圍所營造出的安靜、和諧與莊重，已使師生浸染其間而有心往神馳、潛移默化之效了。

辦好一所學校同時立定教育宗旨，其影響可謂千秋萬代。華興在苦難中倉促創立，不可諱言，若非蔣夫人的人脈、資源，這所學校的穩步建置恐遙遙無期。許多人或認為蔣夫人位高權重，故而運用特殊關係，當然無往而不利，但一個人若能把自己的影響力放在對社會、對國家有貢獻的事業上，如何還能計及其他呢？蔣夫人曾在二戰中，受邀登上美國國會殿堂，為爭取美國援助中國抗戰發表演說，一字一句如磐石落地，鏗鏘有力。她才貌過人，令西方婦女自嘆弗如。開羅會議時，蔣夫人廁身男性領軍的國際政治風雲詭譎中，與世界列強元首相匹相提，風華絕代又巾幗不讓鬚眉。一位女性見識過國際政治、外交的男人權力世界，擁有過一般人難以想見的個人絢爛光彩，到臺灣後却一切歸於平淡，頗有洗盡鉛華味道。一九五〇年代後，蔣夫人所展現的是更加真摯，更加不求個人聲望的女性柔情，華興創辦的篳路藍縷是最好的證明。蔣夫人未有「萬般皆下品，唯有讀書高」的傳統士大夫包袱，她認為只要有一技之長，能夠自養養人，就是社會、國家的棟樑。因此華興設有技藝班，學校從民間聘請各行業的從業人員，到校教授專門技能。創校之初，師生經常集體動手除草、搬石、鋪路，對勞動的看重，間接使學生不致把成績好、高學歷當成自誇自傲的依據。華興一九五八年增設中學部，一九六九年，原北一女中校長江學珠轉任華興校長，江校長到任甫半年，即增設高中部，自此華興學制完備，並已全然面向社會招生。[60]一九九七年，蔣夫人在紐約寓所歡度百歲壽辰，華興校友組團前往祝壽，蔣夫人見到這群遠道而來的華興校友，儘管許多「學子」皆已步入中年，蔣夫人仍將他們視為「孩子」，她對身旁的辜嚴倬雲女士說：「人家都說，我沒有孩子。妳看，我的孩子多了！比你們都多！」[61]話裡滿是驕傲，這些華興「孩子」還有自己的「孩子」，他們會從父母那裡聽到有關蔣夫人對華興點點滴滴的奉獻，以及更重要的，由蔣夫人樹立起來的佳言懿行，加諸於華興學子所帶來的影響，這些影響再由華興學子傳散到臺灣及世界各個角落。

除華興外，蔣夫人投注最大心力的社會服務機構，當屬振興醫院了。當一九六四年時，臺灣小兒麻痺症流行，許多孩童不幸受到感染而導致身體傷殘，患者人數頗多，亟需醫療機構診治。蔣夫人見到孩童的悲慘情狀，於心不忍，出面聯絡國內外有關單位，於一九六四年底，成立振興育幼院籌備委員會。[62]此後，蔣夫人為該院開辦所需的經費、建置地點、物理治療器材、乃至醫護復健人才等，到處奔走籌措協調。可說蔣夫人係運用了她長期以來所累積的海外深厚人脈與個人崇高聲望，這對振興醫院能夠順利建立，自屬功不可沒。一九六七年五月，振興醫院落成，醫療工作迅即展開，為人稱道的是，振興是亞洲唯一一所專門收治傷殘兒童的醫院，從一九六七年到一九九三年造福小兒麻痺兒童及家庭，博施濟眾，據估，約三萬名患者受惠，可說福澤廣被。

一九九四年，振興醫院在小兒麻痺病毒獲控制，病患大為減少後，轉型為綜合醫院，一九九六年一月，臺灣著名心臟外科醫師魏崢接任院長。魏院長於振興創辦五十週年接受口述訪問提到：「振興醫院的創辦人是蔣夫人，她曾投注很大的心血在照顧小兒麻痺的孩童。早年，振興醫院是東南亞規模最大的復健中心，很多人以為要有特權才能來振興求診，其實不然，若是窮苦人家的孩子，振興甚至不收費，也就是慈善心、服務情。」[63] 魏崢醫師由三軍總醫院轉任振興醫院是一九九二年，當時蔣夫人長居美國，因身體關係已鮮少返回臺灣，但她留予振興醫院的無形精神資產，卻不因醫院功能轉變、院長更迭而消失。二〇〇三年，蔣夫人在美溘然長逝，世事又經一番淘洗，不過，華興猶在，振興屹立，蔣夫人的社會服務工作始終有人接棒，生生不息。

四、結論

一九五〇年代後來臺的蔣夫人，在動亂險惡環境中，其虔誠基督徒的本心更見彰顯。她對國家、社會工作的關注與投入，在臺灣資源短缺，國際能見度滑落下，比起大陸時期，反更見其迴向內心的光華與誠摯。蔣夫人的人格、道德與出於「愛」的表現，超脫政治的風風雨雨，匯聚成對臺灣當時乃至後世難以抹滅的影響。蔣夫人的社會服務工作與其私人修養，是二而一的裡外一致，一位女性能全力以赴投入自己所設定的工作目標與理想，同時又不失其溫柔、良善、高貴、典雅風範，這在近代中國高喊女性解放、女權爭取的歷程中，可謂是創造了新的樣貌，寫下新的一頁。

貼近蔣夫人日常生活的女性幹部，從蔣夫人身上看到婦女如何在細節中一點一滴發揮滴水穿石的影響。曾是蔣夫人私人祕書的錢用和，回憶大陸時期，蔣夫人在官邸中過的是一成不變的規律生活：一般是早上七點左右開始召見祕書，同時指示各方來函的處理要點，然後再聽取祕書的新聞摘要報告，跟著接見來客，直到中午。中餐如未宴客，通常是在下午一點開始，一起用餐的，除夫人和蔣先生外，有時亦加入親近祕書。午膳的菜色簡單平常，多半是四菜一湯。午飯後短暫休憩，到下午四、五點又行接見客人。晚餐一般是在七、八點，飯後接著拆閱信函及閱讀書籍，直至夜間十一時就寢。錢用和說蔣夫人好學敏求，她自己英文好，日常得空便閱看英文書，除此之外，還請祕書讀講中文經典，以補自認為的不足。蔣夫人並且勤於練習書法字帖，曾臨摹過董其昌的《秣陵帖》，數遍之後便頗具神韻。[64]她的生活及學習方式說明規律鑄造自制，這本就是道德提升的途徑。來臺後的蔣夫人拜國畫大師黃君璧學畫，畫藝更加精進，學畫、寫字都注重潛心默化，這些無不主導個人靈性與精神世界的圓融。此外，蔣夫人讀經、禱告、唱詩歌，沐浴天恩，從不間斷。所有日常生活的安排，已滲入蔣夫人心靈深處，她也以此期勉女性，特別是年輕的一輩，躬身實踐。一九六四年七月十四日，她在婦聯會救護幹部訓練班第五期的結業典禮上，提醒學員要有自我紀律，她解釋說：「一個人必須有自我紀律，又必須自己管束自己，每一個人都有一份能力，但必須自我紀律，將力量予以適當的發揮，使它貢獻給社會和國家。世界上最偉大的成功者，不是最美麗的人，不是最聰明的人，而是一個能夠管束自己的人。」[65]講這番話時，蔣夫人六十六歲，已不是耀眼奪目的上海名媛，但其智慧風度更勝從前。受到蔣夫人啟發者，從內圈朋友向外擴展，如漣漪般擴大，以華興、振興而言，儘管創辦、主持者多已人稀代遠，承繼者卻不忘蔣夫人所留下的慈善服務情懷，這種遺緒（legacy）的傳承，比什麼都寶貴。

陳舜英曾是祈禱會成員，她畢業於金陵女子文理學院音樂系，來臺後任華興育幼院董事、財團法人振興醫院董事等職。她接受訪問時曾提到：「這麼多年來在夫人的信仰裡頭，我學到不少，我也應該把夫人的信仰，繼續介紹給別人知道。教人為善是一件很好的事情。」陳舜英回憶蔣夫人最喜歡的一段文字是：「我僅僅來到世上一次，我現在就去做我該做的事，我不會放棄而不做，因為我僅僅來到這個世間一次而已。」[66] 頗能道出蔣夫人到臺灣後，不遺餘力的投入社會服務與扶弱濟難工作，所具有的靈性覺醒。

世人或稱蔣夫人為永遠的「第一夫人」，此種讚譽不能全從政治上來理解，更重要的是道德、精神與品格的示範性，尤其是對近代坎坷、多難的中國婦女解放、女權運動來說，蔣夫人為人所深刻記憶與津津樂道的形象與作為，更具意義。這樣一位出生於清末，年少留美，深受西方獨立自主觀念影響，並曾與世界列強元首同預戎機的頂尖女性，說她風華絕代、說她權傾一時，皆非真正的蓋棺論定，只有補上足跨三個世紀的她，在五〇年代大環境遽變後，所展現的平淡自適，或說從容優雅地從絢爛返歸寧靜，甚至益加積極務實，才是真正的非凡超卓。事實上，蔣夫人的人格修養與反求諸己的表現，早就非政治的起落所能牽動，她早就走出爭女權的有限格局，寫下東方婦女新的榮光扉頁。

1 〈勝利播講〉（一九四五年八月十四日），《蔣夫人思想言論集》（演講）卷三，（臺北：中央文物供應社，一九六六），頁二二五－二二六。

2 〈勝利播講〉（一九四五年八月十四日），《蔣夫人思想言論集》（演講）卷三，頁二二六。

3 李台珊（Laura Tyson Li）著，黃中憲譯，《宋美齡：走在蔣介石前頭的女人》（*Madame Chiang Kai-shek: China's Eternal First Lady*），（臺北：五南圖書，二〇一〇），頁三一七。

4 〈在紐約向全美廣播演說〉（一九五〇年一月九日），《蔣夫人思想言論集》（演講）卷三，頁二二八、二三二。

5 學者呂晶認為「祈禱會則讓宋美齡有了抱團取暖的地方」。呂晶，《我將再起：宋美齡的後半生》（北京：東方出版社，二〇一八），頁二六八。

6 〈在紐約向全美廣播演說〉（一九五〇年一月九日），《蔣夫人思想言論集》（演講）卷三，頁二三〇。

7 辜嚴倬雲，〈大愛至真——蔣夫人的宗教觀〉，收於秦孝儀主編，《蔣夫人宋美齡女士與近代中國學術討論會》（臺北：中正文教基金會，二〇〇〇），頁八三。

8 斯坦福大學胡佛研究所庋藏喬治・索科爾斯基（George E. Sokolsky）檔案，Box No.0035，宋美齡英文稿 "Main Attack"，中譯〈主攻〉。轉引自呂晶，《我將再起：宋美齡的後半生》，頁二六四－二六五。

9 辜嚴倬雲，〈大愛至真——蔣夫人的宗教觀〉，收於秦孝儀主編，《蔣夫人宋美齡女士與近代中國學術討論會》，頁八三。

10 宋美齡著，張心漪譯，〈祈禱的力量〉，《中華婦女》六卷一期（一九五五年），扉頁（無頁碼）。

11 蔣夫人曾言：「第二次世界大戰用鮮血和苦痛的經驗告訴我們，一個麻木不仁的民族最易招致極權主義逞禍。我們必定能夠擁有一個更加美好的世界，只要我們足夠用心。」斯坦福大學胡佛研究所庋藏喬治・索科爾斯基（George E. Sokolsky）檔案，Box No.0035，宋美齡英文稿 "Main Attack"，中譯〈主攻〉。轉引自呂晶，《我將再起：宋美齡的後半生》，頁二六八。

12 〈大陸人民徹底反共〉（中華民國四十年二月四日接見美聯社記者談話），《蔣夫人思想言論集》（談話）卷五，頁一。

13 〈共黨到美國之路是經由中國〉（一九五二年八月載美國退伍軍人雜誌），《蔣夫人思想言論集》（論著）卷二，頁二三一－

二四。

14 〈今日中華婦女的重要使命〉（一九五〇年四月三日），《蔣夫人思想言論集》（演講）卷三，頁二三三。

15 〈今日中華婦女的重要使命〉（一九五〇年四月三日），《蔣夫人思想言論集》（演講）卷三，頁二三三。

16 〈中華婦女反共抗俄聯合會成立大會致詞〉，〈今日中華婦女的重要使命〉（一九五〇年四月三日），《蔣夫人思想言論集》（演講）卷三，頁二四二。

17 李台珊（Laura Tyson Li）著，黃中憲譯，《宋美齡：走在蔣介石前頭的女人》（*Madame Chiang Kai-shek: Cina's Eternal First Lady*），頁三二六－三二七。

18 弘農，〈縫征衣瑣聞〉，《中華婦女》六卷四期（一九五五年），頁五。

19 〈中華婦女反共抗俄聯合會政治部分會成立大會致詞〉（一九五〇年五月二十六日），蔣夫人言論彙編編輯委員會，《蔣夫人言論彙編》（演講）卷二，（臺北：正中書局，一九五六），頁七三。

20 沈慧蓮，〈一年來的征衣縫製工作〉，《中華婦女》三卷八期（一九五三年），頁五。

21 沈慧蓮，〈縫征衣工作六年來的回顧〉，《中華婦女》六卷九期（一九五六年），頁一〇。

22 洪國智，《中華婦女反共抗俄聯合會在臺慰勞工作之研究（一九五〇—一九五八）》，中央大學歷史研究所碩士論文，二〇〇三年。

23 〈耶穌受難節證道詞〉（一九五二年四月十一日廣播），收於劉耀中輯，《國父、總統蔣公暨夫人宗教言論輯要》（臺北：中央文物供應社，一九七九），頁一七五。

24 〈耶穌受難節證道詞〉（一九五二年四月十一日廣播），收於劉耀中輯，《國父、總統蔣公暨夫人宗教言論輯要》，頁一七九－一八〇。

25 李台珊（Laura Tyson Li）著，黃中憲譯，《宋美齡：走在蔣介石前頭的女人》（*Madame Chiang Kai-shek: China's Eternal First Lady*），頁三三八。

26 斯坦福大學胡佛研究所庋藏喬治．索科爾斯基（George E. Sokolsky）檔案，Box No.0035，宋美齡英文稿“Main Attack”，中譯〈主攻〉。轉引自呂晶，《我將再起：宋美齡的後半生》，頁二六九。

27 李靖波，《蔣夫人（宋美齡女士）與中華基督教婦女祈禱會之研究》，中華福音神學院神學科碩士論文，二〇〇四年。

28 〈胡為真資政伉儷訪問紀錄〉，收於陳立文主編，《蔣夫人宋美齡女士行誼口述訪談錄》（臺北：國史館，二〇一四），頁七六。

29 李宜涯主編，《中原六〇恩典之路——中原大學六十周年校慶特刊》（中壢：中原大學發行，二〇一五）。

30 中原大學校長張光正教授接受筆者訪問時，提到其先慈張陳秀德女士奉行基督信仰，沐恩仁愛，性情溫厚，待人至誠至摯，對親友及晚輩影響深遠。張陳秀德女士是中原大學籌創者張靜愚夫人，她亦是蔣夫人祈禱會成員，被選為該會第一屆董事之一。

31 〈中華婦女反共抗俄聯合會成立大會致詞〉，《蔣夫人思想言論集》（演講）卷三，頁二四二。

32 石之瑜，《宋美齡與中國》，（臺北：商智文化，一九九八），頁一〇五－一一〇。

33 蔣夫人投入婦聯會縫製征衣工作時，有次對立法院、監察院及國民大會女代表演講時，強調無論哪種行業、身分的婦女，「每個人至少貢獻幾個鐘頭給國家，大家在參加本會工作時，一方面可以領布回家去做，一方面可以在會裡工作」，此番話顯見蔣夫人認為婦女從事社會服務或在外任其他職業，不一定會和照顧家庭衝突，她提出的彈性調配，打破家庭、工作間難以協和的片面武斷。〈招待立法監察院婦女委員及國民大會婦女代表茶會致詞〉（一九五〇年六月五日），《蔣夫人思想言論集》（演講）卷三，頁二四八。

34 這是抗戰時期社會上十分盛行的口號。呂芳上，〈抗戰時期的女權論辯〉，收於呂芳上，《民國史論》（上），（臺北：臺灣商務印書館，二〇一三），頁四六八－五一九。

35 Gail Hershatter, *The Gender of Memory: Rural Women and China's Collective Past*,（Berkeley: University of California Press, 2011）, pp.108-111。

36 亓樂義，《蔣夫人與華興》（臺北：商訊文化，二〇一一），頁一三〇。

37 亓樂義，《蔣夫人與華興》，頁一三一。

38 呂芳上，〈痛定思痛——戰後中國國民黨改造的醞釀（一九四七—一九五〇）〉，收於呂芳上，《民國史論》（下），頁一五八七－一六二八。

39 游鑑明，〈是為黨國抑或是婦女？一九五〇年代的《婦友》月刊〉，收於游鑑明，《當二十世紀中國女性遇到媒體》（臺北：五南圖書，二〇一七），頁四一二。

40 夏蓉，《婦女指導委員會與抗日戰爭》（北京：人民出版社，二〇一〇），頁三〇－三一。

41 管梅瑢戰前在江西主持婦女生活改進會，工作經驗與領導才能出色，一九四九年後留中國大陸，後投身中共的婦女、兒童工作，目前所見資料未能斷定其是否是中共地下黨分子。見柯惠鈴，〈抗戰初期的知識女青年下鄉——以江西為例的研究〉，《近代中國婦女史研究》第十九期，二〇一一年十二月，頁三三－七三。

42 沈慧蓮是國民黨婦女工作的元老。她是廣東人，畢業自上海亞東醫科大學，一九一〇年即加入同盟會，北伐時，任廣東平民醫院婦女產科主任，又任廣州工讀學校校長及廣州女界聯合討赤同志會貿易部主任，反共色彩鮮明。一九三〇年代，亦是南京女界頗知名的領導人物，曾任上海中華婦女救濟東北同胞協會常委、中國紅十字會南京分會會長，抗戰時任國民黨婦女運動委員會主委、中國婦女慰勞將士總會常委。戰後，一九四六年當選制憲國民大會代表、第一屆國民大會代表（全國性婦女團體第一名）。一九五〇年後來臺，任婦聯會常委、中國紅十字會副會長、會長，一九七四年過世。沈慧蓮部分生平，參考自洪宜嫃，《中國國民黨婦女工作之研究（一九二四—一九四九）》（臺北：國史館，二〇一〇）。

43 夏蓉，《婦女指導委員會與抗日戰爭》，頁一二一－一二六。

44 錢用和，《半世紀的追隨——錢用和回憶錄》（北京：東方出版社，二〇一一），頁四四－四七。

45 按劉清揚所說，她和另一位婦女幹部陳逸雲在工作中互相排擠，陳把經過上呈蔣夫人。蔣夫人繞過兩人，指派另外一位外國人前往調查了解，結果因這位外國人作風樸實，地方百姓頗現擁戴，對蔣夫人印象尤佳。劉清揚，〈回憶新運婦女指導委員會訓練組〉，《文史資料選輯》八十五輯，（北京：中國文史出版社，一九九〇），頁六四。

46 史良，《史良自述》（北京：中國文史出版社，一九八七），頁四八－五〇。

47 茲九，〈回憶婦女大團結〉，《大眾生活》新五號（一九四一年六月十四日），頁三。

48 呂晶，《我將再起：宋美齡的後半生》，頁二〇四。

49 錢用和，《半世紀的追隨——錢用和回憶錄》，頁八七－八八。

50 黃克武等訪問，周維朋等紀錄，《蔣中正總統侍從人員訪問紀錄》（下），（臺北：中央研究院近代史研究所，二〇一二），頁四五一。

51 〈對婦女幹部訓練班第二期研究員訓話〉（一九五四年十二月二十日），收於蔣夫人言論彙編編輯委員會，《蔣夫人言論彙編》（演講）卷二，頁一〇九－一一〇。

52 〈對婦女幹部訓練班第二期研究員訓話〉（一九五四年十二月二十日），收於蔣夫人言論彙編編輯委員會，《蔣夫人言論彙編》（演講）卷二，頁一〇九－一一〇。

53 〈婦聯救護班結業，蔣夫人殷切勉勵〉，《中央日報》，一九五〇年十一月九日，二版。

54 黃若瑛夫婿是袁世斌，北伐時期任總司令何應欽所部的黨代表。黃女士係上海川沙縣人，父親是富商，她在上海學習藝術，後留學法國巴黎大學，返國後投身教育界服務。亓樂義，《蔣夫人與華興》，頁五五。

55 一位名叫江桂英的遺孤，父親於大陳戰歿，母親罹難，姊妹兩人飄零來臺。入華興後，姊姊編入小學六年級，妹妹編入一年級，兩人伶仃無依，逢年過節，只能留在校中暗自垂淚。黃院長知道此情況後，逢農曆年前，就為姊妹購置新衣、新鞋，把她們接回家中，共享家庭之樂。江桂英結婚後，把華興當成娘家，黃院長是她的依靠，情感有如母親。亓樂義，《蔣夫人與華興》，頁五六－五七。

56 亓樂義，《蔣夫人與華興》，頁五七。

57 嚴守珍，《蔣夫人和她的孩子們：打開華興的時光膠囊》（臺北：商周文化，二〇一一），頁二八。

58 亓樂義，《蔣夫人與華興》，頁一一七。

59 嚴守珍，《蔣夫人和她的孩子們：打開華興的時光膠囊》，頁五七。

60 亓樂義，《蔣夫人與華興》，頁一七〇－一七一。

61 亓樂義，《蔣夫人與華興》，頁二三〇。

62 游鑑明，〈蔣宋美齡創辦振興復健醫學中心：小兒麻痺患者的福音使者〉，收於秦孝儀主編，《蔣夫人宋美齡女士與近代中國學術討論會》，頁四六四－四八八。

63 游鑑明等訪問，林東璟等紀錄，《振興醫院五十週年口述歷史回顧》（上篇：歷任院長、副院長），（臺北：中央研究院近代史研究所，二〇一七），頁三二一。

64 錢用和，《半世紀的追隨——錢用和回憶錄》，頁一二一－一二三。

65 〈對自己嚴格對人寬容〉（一九六四年七月十四日主持婦聯總會救護幹部訓練班第五期學員結業典禮演講），《蔣夫人思想言論集》（論著）卷二，頁一一五。

66 〈陳舜英女士訪問紀錄〉，收於陳立文主編，《蔣夫人宋美齡女士行誼口述訪談錄》，頁八五。

「他者」的眼光
——蔣介石日記中的女性觀

一、前言

學界目前對蔣介石日記的研究，提出許多不同的角度，其中涉及日記中所呈現的蔣對女性的看法，焦點多半集中於蔣宋情感、婚姻及宋美齡的政治參與等面向。事實上，蔣的日記記錄了許多關於他個人對不同身分、不同階層婦女的看法及評價，包括針對特定人物所發之議論，也有泛泛之說的文字。在蔣逐步攀向中國最高領導人的權力奮鬥進程中，除宋美齡外，他也接觸到形形色色的各類女性，有些人，他書寫於日記中，指名道姓地品評，另有一些，則隱晦帶過。蔣的日記可說是男性獨白的文本書寫，其所呈現的女性，多半只能當做是蔣身為男性所投射出的「異性形象」，各種異性形象不具與書寫者對話的可能空間，因此，蔣日記中的女性觀，只能視作是身居高位的中國黨政軍領導者，其所表達的片面獨白及描述。

二十世紀上半葉，可說是近代中國女權思想與女子解放運動最激烈變化的時期，改革者與革命者，從清末民初以來，即不斷提出有關女權問題的論辯。蔣應可算作是五四青年，他自青年時期即有寫日記習慣，而所記文字從一九一七年後有著更清晰的脈絡，因此，探究蔣日記呈現的女性觀，即可將其與五四新文化運動所提倡的女權保障、戀愛自由、婚姻自主、家庭改革等諸種主張做對照，探求蔣的女性觀究竟有多少「現代成分」？這些「現代成分」有無反應於日記中所提及的女性看法與評價中？除了「現代成分」外，蔣的女權觀還有無其他文化根源？有學者力證蔣喜讀前朝名儒經典，從這些經典延伸出來的婦女觀，往往脫不出「典範」塑造模式，包括揚舉賢母、良妻與孝子的永恆與不朽，而重視家庭組成分子的德行是儒士治家理想，蔣是否因浸染經典而對女德看法生出潛移默化之感，並以此作標準來修正現代中國的女性「解放」？

研究蔣的婦女觀，不能忽略日常生活實為男性與女性交換態度、修養與學識的重要場域。過去的研究較少討論蔣與宋美齡，乃至他與宋家女性，彼此在日常生活中所積累而成的「女性評價」。舉例而言，在愛情基礎上，宋美齡於日常生活中，引導蔣走向什麼樣的夫妻關係？又其他女性家人又予蔣什麼的「女性情感信息」？更擴大來說，與蔣有較頻繁接觸的女性，包括蔣母、宋母、早年一起生活的姚冶誠、陳潔如等人，如何集體合構蔣親身體會而漸成形的女性觀？親身經驗生成的女性觀又與二十世紀所出現的女權論有什麼樣的對話關係？又作為中國最高領導人的蔣介石，其御下之道，有那些是與其對婦女的「評價」及「成見」有關？不可諱言，討論蔣的「情感」經驗與婦女觀，母親占據了重要的位置，學者不乏注意蔣的「母子」關係並進行討論者，[1] 故本文便對此一情感經驗略而不談，而將研究重點置於一九四九年之前，蔣日記中，除對母親之外的其他女性，他所進行的「凝視」與「再現」，以此挖掘蔣介石究竟具有什麼樣獨特的女性「觀」。

二、「中華婦女不能解放」：蔣、宋婚前日記中的「妾」、「欲」論

一九二〇年三月二十一日，蔣在日記中寫下：「今日以冶誠作鯁，貪橫不堪，心甚憤恨，暴躁抑鬱，疑慮，怨恨，諸惡叢生，急欲脫去惡習，而又不能，中國婦女只可言授其教育，而不可急言解放，有教育則不待解放而自解放，如不言教育而先言解放，則中國男子受婦女之禍患伊于胡底，欲脫離家庭，以求所謂自立，亦以此而已。」[2] 檢讀蔣氏日記，從一九二〇年二月起至同年八月左右，幾乎每隔幾日即會對姚冶誠指責痛罵一番，然後連帶感慨做為男性的自己所遭受到的污辱與難堪。姚氏是一九一二年前後蔣所納之妾，顯然，蔣最初的婚姻關係，仍不免依循傳統男子三妻四妾舊習，正妻毛氏外，復又納妾姚冶誠。

妻、妾在傳統家庭權力位階中，有極大的落差，在男性宗法家族體系中，嫡妻是丈夫權力的延伸，尤其生有男嗣的嫡妻，生前死後都能列在家譜中，家庭地位受到保障。[3] 相對而言，妾則較傾向是男系家長的「附屬財產」，不論是家族倫理或是國家法律，於妾權上皆難置喙，因為妾的人身所屬掌握在男性家長手中。因「妾」在家庭中地位極為卑弱，故妾們為了保障自身生存，動不動便鬧爭產，又心態不平衡導致其生是惹非，「悍妾」有長久歷史淵源，在大眾文化、一般習俗與官方論述交叉反覆複製傳播下，妾被認為可憐又可恨，她們確是中國家庭父權至上倫理結構中的犧牲者，而直至五四新文化運動提倡一夫一妻，廢妾才被知識分子認定是家庭改革的重要環節。

蔣氏日記對姚冶誠的批評，使其悔悟到「娶妾」之錯誤。一九二〇年二月八日，日記寫著「近

日益悔從前娶妾，行動之卑賤，心術之貪狠，又憤家鄉慣習之固舊，社會之齷齪，友朋之狡猾，急想離鄉出國，以求我獨善其身之道也」。蔣氏將妾制與他所感受的中國諸多窳風劣俗並置，其發言立場活脫脫是五四青年的口吻。同年六月十九日，日記寫下「為冶妾事，思慮其煩，痛恨極矣」，六月二十二日寫下「母親瘧疾復發，寒熱大作，見之心慌，我不孝之罪大矣，為始不慎，置此悍妾，竟致母親動氣擔憂，病重如此，可不悔恨乎」、「母病沉重，妾悍如故，思之痛苦，無有過於此者也」。六月二十四日，日記又記下「冶誠又來討氣，彼婦兇悍，不可名狀，得罪於我，得罪於我母，使我母病重，心恨我置妾之罪大矣，悔恨何其有極。冶誠去後，憂愁憤悶，抑鬱牢騷，自出世以來，未有如此之甚也，痛苦極矣」。姚冶誠在蔣心中根本是個「悍妾」無疑，蔣指責姚不孝順又兇狠強橫，這種形象呼應著中國傳統對「悍妾」的描摹細繪，而蔣將「妾」與「悍」兩個字眼並用，在此段時期的日記中，俯拾皆是，流露日記主對「妾」的偏見與惡感，偏偏娶姚冶誠為妾是蔣自做的選擇，故蔣責人又自責。姚冶誠的形象道盡中國女性作妾的哀怨，她們沒有嫡妻的強固地位，若再加上未生育子嗣，一旦當家作主的男性家長情欲覺醒，妾便毫無立足之處可言，蔣詈罵姚，也痛悔自己沒有收束情欲，男性所言便是妾命運的可嘆註腳。如一九二〇年六月十五日，蔣日記寫著「又為冶誠事，煩惱不堪，余於此事，殊覺自慚，意至一無決心，為其逼迫污辱至此，是無以兒女情長之言可以自恕乎」。蔣、姚關係走到絕裂地步，蔣判斷姚冶誠「其敲詐為事，惟利是圖，不勝憤恨」，[4] 指控妾只知謀財，至此，知男女雙方已恩斷義絕。

從日記中得知，蔣年輕時對於女性的想法於兩難中反覆掙扎，一方面是情欲、色欲的心思念頭，盤旋縈繞於腦海中，另一方面是包括姚冶誠在內，身旁諸多女子的作為令他氣憤、困惱、嫌惡。一九二一年五月，蔣母病重，蔣氏回家侍病，見到嫡妻毛氏，心潮起伏，於五月四日的日記寫下「回家，見毛氏猶在，為之腦暈頭痛，殊難忍耐，又起暴躁，亦不顧有母病也，思之實無路可走，出俗之心更濃也」，「我待毛氏太過，自知非禮，但一見心狠不能忍耐，如中國習慣不以離婚為醜事，則今日彼此之痛苦，皆可免除，或可增進無上之幸福。今乃不然，惟使彼此受累，嗚呼，何其難哉」，此時，蔣已頗具時代青年戮力改革舊社會的氣質面貌，故而對奉父母之命結的婚，在痛苦萬端下，已不惜有採取離婚以了結一切的想法，只是礙於鄉俗人情的牽絆，尚不敢立即付諸於行動，惟鄉俗這類約束力也在蔣眼界日開後，逐漸褪去威力。

一九二一年六月二日，蔣於故居宅內與毛氏談離婚，六月三日，在蔣舅父勸導下，表示「暫棄離婚之決心」，而後，六月十四日，蔣母病逝。蔣氏上下忙於一連串的舉喪弔祭之事，到復歸平靜後，蔣的離婚念頭再起，此後，「非離不可」的決心便無可挽回。十一月十五日，日記寫著「家庭之難處置，婚姻舊習之惡，使人終身受罪。凡事都當從解放做去，不可復以舊習慣害後生也」；十一月二十六日寫著「欲與舊社會奮鬥，無異以一人與四萬萬人為敵」，十一月二十八日寫著「上午為離婚事，親戚遲疑猶豫，以致延遲不決，心甚憤恨，……鄉愿不死，殊無回鄉之樂，甚想不願來鄉也」。蔣的離婚之念，顯然在宗族、親族間引起反彈，甚至挑起不小的對抗，顯見蔣氏這位改革青年在婚姻抉擇上，已不惜與中國鄉土保守勢力正面交鋒，而因母親已過世，這使得蔣決意「離鄉」不再只是表面的行動，放在「思想感情」層面考慮，是「迎新去舊」信念的萌芽。可以說母喪後，蔣經過更深刻的反躬自省，此後便以「新人」自詡，同時蔣對他自小浸染的舊習慣、舊社會，不再全盤接收，反之，他不時衡量什麼要拋棄，什麼要保留，顯然時代改革在蔣身上已然發酵，而離婚便是一個重要的考察蔣行為、心態變化的重要線索。一心一意要去舊圖新的蔣，已預示他將來的配偶，應該會與此前他所接觸過的傳統女性拉開距離，不過，這些蒙昧念頭尚不夠具體。惟這位出身中國小村鎮的有志青年，在與元配離異的決定中，流露他對配偶的看法，除了感情支配外，還模糊地附著著「維新」的寄望，只不過時機尚未到來，他又似乎繞了一截彎路。

與姚冶誠的諸多紛擾暫告平息後，蔣介石的情欲依舊難以抑扼，時時蠢動，此後，陳潔如這位女性的名字便頻繁出現於蔣日記中。蔣、陳一開始相戀，雙方可說情投意合，陳「以色事人」，使蔣不可自拔，此點在日記的字裡行間呼之欲出。蔣此時期的日記，往往不經意流露男方對女方的痴迷，這種痴迷，寫情少，寫欲多。一九二五年五月二十三日的日記，蔣記下：「昨夜又潔如纏擾，英雄氣短，自古皆然也。」中國古訓警示婦女「以色事人者，色衰則愛弛」，用來說明陳潔如的遭遇，可謂貼切。蔣對於陳，不多時，便走到愛弛地步，儘管陳潔如還未見「色衰」，卻仍逃脫不了古訓言之成理所點出的真實「人性」。蔣日記所記下的女性，於認識宋美齡之前，他的寫法、記法所透露的評價與議論，可說相當統一，無論是毛福梅、姚冶誠又或是陳潔如，蔣都不掩其以男尊女卑、男強女弱視角來看待女性的心態，並且作風亦不改初衷。所遇女性，無一是他認為可以做「終身」伴侶者，初識時，因情欲而生好感，卻在短暫相處後，認為她們無何可讚賞之處，女性在蔣眼中不過是視野狹窄之人，那能談情論愛，更遑論與他平起平坐。

陳潔如對蔣而言，不過是另一次情欲釋放，最終復又清醒的男女遇合。蔣對陳潔如的「情欲」速起速落，難以遮掩。一九二五年六月五日的日記，蔣記著「終不放心潔如在滬，恨之又愛之也，憐之又痛之也」，完全一副家父長看待不成熟小女子的口吻。一九二六年，蔣對陳潔如的激情似又更加消褪，蔣睜眼所見之處，盡是陳潔如在現實生活中所現的幼稚、不足，一九二六年六月二十日的日記，蔣記「潔如不知治家之道，完全如一小孩，時不如意也」；不到幾日，七月十日的日記又記「今日見潔如治家無力，毫無教育」。「蔣日記」明白道出陳潔如從受寵到失寵，其所經歷程之完整事發經過，這些出自於男性痛快淋漓筆觸所道出的連串心裡變化，陳潔如恐難揣想得知。可以確定的是，男性日記主於現實中把日記所記的「嫌惡」付諸行動，恐怕亦難避免。回顧蔣初見陳潔如時，迸發強烈迷戀，一切有如天雷勾動地火般，女方即在男性「欲」的支配下，雙方成就好事。只是男性欲望本就難以捉摸，當其消褪後，陳潔如便只能吞聲忍泣，接受被棄如蔽屣的命運。從毛、姚到陳，蔣情感看似有依，其實無靠，儘管他日記中未提到什麼「愛情」之類的話語，可是內心世界在日記中一覽無遺，這種狀態要直至一九二六年後，當被稱作「三弟」的宋美齡，其人其名頻繁出現於日記中時，便有了一百八十度大轉變。姑不論蔣是否下意識拿宋美齡與其他女性做比較，因而對宋有更深的「好感」，並對陳潔如益加不悅，惟令人備覺感慨的是，兩位素昧平生的女性，如今成了「競爭對手」。或許「喜新厭舊」這套情感觀應該被拋卻，否則吾人將無法解釋為何蔣與宋間可以走出一條天長地久的情感道路。更持平地說，陳潔如與蔣關係疏遠，蔣對女方大起反感確是事實，而一旦男性對女性生出百般挑剔的嫌惡感，那麼宋美齡這位強勢第三者，便順勢在情感上占據蔣心中重要的位置，蔣的日記其實說明了一切。

三、抗戰前蔣日記中的「病妻」

過去有關蔣與宋美齡的情感關係，學者不乏從不同角度探討兩人間的愛情與夫妻相處，撇開蔣追求宋美齡的諸多「俗世化」作法及過程，若我們把視角轉換成一位現代中國的有志男性，在其政治事業漸攀上高峰之際，身旁妻子的日常作為及由女性引導的生活態度、情感表達有無發揮過什麼樣的影響？而作丈夫的蔣，對宋美齡這位受過高等教育、家世學識傲人的「妻子」，其又在日常中表現出對女方的那些期待？男女結婚後所建構的「相處」之道，或許不再繞著家世、財力、美貌、才華打轉，儘管不能否認這些因素決定配偶的態度與高度，但未必真是決定婚姻是否能維持的「直接因素」。欲檢視一男一女共同營造的夫妻生活，蔣的日記便是最好的線索，在拋開政治權力的思考後，日記中所呈現的蔣、宋日常生活，是否揭露了一對現代中國的領袖夫妻檔，他們如何「想像」並「實踐」理想的家庭生活？而當他們兩人的婚姻經營，是朝彼此誓願的革命事業前進時，是否也同時將自身婚姻家庭的「美滿」，作為中國現代化的根本藍圖呢？

長久以來中國男系中心的家庭觀，其締造的權力秩序，造就「嫁出去的女兒潑出去的水」這種難以改變的女性外戚關係。女兒結婚後，便是外姓人，與娘家關係不僅疏遠，甚至無形中已如同斷裂，這些情況向屬平常，而女婿與岳父及丈母娘是因姻成親，雙方本就沒有血緣關係，彼此客套卻不見親密，自古至今皆然。中國看重男系血親命脈，在喪禮服制中一覽無遺，一位女婿除非入贅，否則罕見其與女方親屬關係緊密，甚至頻繁來往或同住一處。從蔣日記中看到，蔣宋婚後，蔣經常拜訪出入宋家，乃至停宿亦頗常見，有時還一連住了數天。一九二七年十二月一日為蔣宋大婚之日，婚禮後二天，十二月三日，蔣即陪同宋美齡回門，正式拜訪岳母，[5] 六天後，十二月九日晚，蔣與妻遷住岳母家，十二月二十四日，於岳母家舉辦家宴，家人共同歡度聖誕節，氣氛應是十分融洽歡娛。當天，蔣日記說「十年來未曾有之歡樂，得之於今日」，透露宋家令蔣感受到過去未曾體會過的「家庭和樂」情狀。這時的蔣，年齡已屆四十，日記所言實已說明蔣、宋兩人婚姻，引領男方深化過去未有過的關於「情」的內涵體驗，及家人相處諸多面向的全新感受，而「親情」尤為情之大要。

除了宋母外，蔣開始與宋家人有更深入的談話交往，婚後不到一個月的十二月二十八日，當天日記記著「晚餐訪大姊談時局，彼甚以余游怠為慮，且輕視之，其實不知鴻鵠之志也」。宋家人似乎個個都有開闊視野、不凡抱負，且知人論世也頭頭是道，這些「親屬」都是蔣以往家庭生活中未曾出現過的，儘管說蔣對大姊宋靄齡的言論，未必全然服氣，但這種談話高度，應該已令他心喜神往。蔣宋之婚，表面是宋美齡嫁蔣介石，但從「情」的角度來看，蔣走進「宋氏家族」後，不斷感受到這是個「有教養」的家庭，從岳母到宋靄齡都給了他耳目一新的感受，於是他沒有像其他外姓女婿一樣，對妻子娘家敬而遠之，反倒是與妻子親人間有著相當程度的信任，甚至親密無間。

婚後，宋美齡身上的大大小小病痛不斷出現，蔣掛念著妻子的病，又逢政務、軍務倥傯，奔波各處，羈務纏身，新婚夫妻有時不得不短暫分開，各居一地。宋美齡大部分時間，都住在娘家，這在一般人的婚姻關係概念中，實被認作有違常理，日記中所記，蔣對此卻渾然不以為意。兩人結婚不到一個月，一九二七年十二月二十九日，蔣在日記中記著「聞三妹病在岳家，乃扶病連夜往訪，彼甚以不自由為病，復勸余以進德，心頗許之」。[6]蔣匆忙「連夜往訪」妻子，顯然，丈夫沒有付與妻子持家的重務，而是憑其自主自便。當時抱病的宋美齡，表現出嬌嗔之態，既嗟怨自己因病而無法得自由之利，再又話鋒一轉，期許夫婿要「進德」，集嬌媚、賢慧之狀於一身，日記主對此當深有所感，故提筆書之，妻子的狀貌在「折射」中，充溢丈夫的包容與關愛。對照明清以降，中國「才女」抱病持家，諸多紅顏薄命遇人不淑者，無不下場悲慘，直如雲泥之別。一般說來，女性多病便難免悲己傷情，且因體弱無法善盡婦道，導致丈夫情疏冷待，比比皆是，才女無善終有情感上的合理性。二十世紀的新女性宋美齡與過去才女相較，她抹去悲春傷秋的可憫狀，取而代之，是美貌、智慧加上權勢，對丈夫形成難以抗拒的「誘惑」與潛在的「駕御」。

蔣對宋可說愛憐備至，在蔣的日記中，這位「新為人夫」者，一改過去對女性呼之即來，揮之即去的高高在上姿態，把宋美齡捧在手心上，對妻子的「病」，他表現出的憂惶更甚於病人宋美齡自身。一九二八年一月六日，蔣日記寫著「吾妻看病，不勝憂惶」，一月十五日寫「假眠後往下關迎三妹，到後，知其皮膚病甚劇，精神亦衰弱，心甚不安」，皮膚病當不致奪人性命，甚至纏綿病榻無以為治，蔣卻憂心忡忡，難以釋懷，只能說「情」種似已埋下。四月六日，「聞愛妻病，不勝焦慮，電慰之」，此時蔣在南京指揮軍事部署，擘劃戎機，宋則留在上海。四月二十五日，蔣人在山東，當日日記記著「今日甚恐三妹來前方體弱致病也」。五月十六日，宋仍然前往蔣所在的前線駐地，蔣到車站親迎妻子，日記記「上午團聚，四十六日未得相見，其樂可以知矣」，[7]新婚燕爾，且妻因病恙恙不樂，蔣竟計算兩人分離共經四十六日，這次的婚姻，蔣對「情」無疑有了更深感受。六日後，宋又生病，五月二十二日記記「三妹有病，余亦精神不佳」。從夫婦關係來看，蔣對宋美齡疼惜愛護，溢於言表，他一改過去對毛、姚、陳諸女性動不動就嫌惡看輕的心態，這種轉變有部分或許源於男性年齡、見識積累的影響，但不可忽略的是日記中透露蔣對「情」的看法漸漸成熟，其刺激來自與宋家家人的相處，似是有跡可尋。

一九二八年夏天，宋美齡幾乎是連日大小病纏身，七月四日，蔣宋兩人齊往拜謁北平孫中山陵寢，遇一陣大雨，日記記「雨大奔快，三妹或致疲勞，晚以三妹病，早睡。」[8]這個病似乎來勢洶洶，接著七月六日的日記記「昨夜三妹病，不得安眠」；七月七日記「下午陪三妹入病院，晚往湯山」；七月八日記「上午由湯山回，訪三妹，後即回碧雲寺辦公」；七月九日記「下午三時回北平，陪三妹出病院」。這段時間，宋在北平住院，蔣必須南北奔波，既要關注妻病，又要費心處置軍政要務，做丈夫的，真可謂蠟燭兩頭燒。反觀宋美齡這位新嫁娘，才剛結婚，便時時病痛纏身，這表示她在家務操持及替丈夫分憂解勞上，勢必有所不足。而蔣似不以傳統的婦德來期許宋美齡，他對宋的看法，不拘陳俗，這實可歸功於宋美齡成為蔣配偶後，所發揮的影響力，而宋家女性全都是宋美齡的後盾，她們集合所發揮的女性「軟實力」引領蔣介石，創造出新型夫妻相待關係。日記中有時記蔣因掛慮妻病，其憂心焦慮無以復加，甚至令得自己亦因心焦而微有病癥。如一九二八年七月三十一日記記「晚電話，知妻大病，甚念，心甚不安，而余後腦又激不安也」。這段時期，宋屢屢回上海娘家長住，故八月五日的日記記「訪庸之（孔祥熙）後，即訪妻，神色較清，心頗安樂。晚回岳家訪妻病，仍未稍愈」，為了探病，蔣一天跑兩次宋家。宋美齡的病似乎時好時壞，以致其只好一直待在娘家休養，蔣對新婚夫妻不能長相左右，情感上所生煎熬與痛苦，盡皆將之發抒於日記中。八月六日的日記記「終日以妻病，未得安心辦事也。早起批閱文件及會客，子文來談，妻有熱度，心憂更甚。接妻電，知其病減輕，如獲至寶。數日來之愁悶苦痛，為之一掃。即復電慰之」。八月十二日記「上午到滬後，即至岳家，見妻病略愈，此心始安，陪侍半日。晚宿於岳家，妻病，心甚憂慮」。八月十六日記「到滬見妻病漸愈，甚慰」。「探病」成了蔣日常生活的一部分，其殷切可說至情至感。

蔣宋這段較長時間的分居，於八月中才告一段落，宋回到蔣身邊，蔣對妻子細心看護，不敢稍有疏忽，一動一靜，已到視病如己的程度。如八月二十八日日記記「昨夜三妹能安眠，私心竊安，其病已痊乎」，九月九日日記記「妻亦能安眠，其病為之豁然，心頗安適」。僅從日記，外人實無從得知宋美齡如此體弱多病，究竟原因為何？有些時候，宋美齡病來得非常急，如一九二八年十月十八日的日記記「三妹病急，不勝惶惑」。三日後，十月二十一日宋又可出門遊覽，心情暢快，腳程頗健，日記記「陪三妹游北桂閣測候所，又游後湖之紅山」。蔣介石新婚後為妻病馬不停蹄奔波，殷殷掛懷，稱為當時的「新好男人」，似不為過。

宋美齡的病，若非臥病數日的病症，很可能是宋美齡向丈夫撒嬌，甚至發脾氣的表示，又或著藉此待在自己較感舒適的娘家。一九二九年一月，宋又返回娘家長住，蔣一月二十八日的日記，記著「上午同三妹往吳淞游行，聞其不回南京，心甚抑鬱沉悶，……晚意興蕭然，不知妻其知吾之哀悲吾母，而又獨居之苦也」，本來雙雙出遊的兩人，不意，宋竟告以要回娘家住，這情節似乎埋藏兩人恐發生爭端，才導致如此結果。妻子的冷淡，激起蔣緬懷母親無怨無悔的愛，一月二十九日記記「公事疑慮，私事孤立，惟念吾妻而已，嗚呼！」一月三十日的日記則記「無母之子，孤獨之人，尚有人生樂趣乎？部下跋扈，負責無人，貪污卑劣至此，尚有希望乎。如吾母生在，或不致此乎？」男性在事業遭遇嚴重挫折挑戰下，對內便格外依戀女性的撫慰，而母、妻皆能扮演這樣的角色，一旦未能如願，便自怨自艾，蔣的念母，反面解讀即為「怨妻」。二月六日的日記，蔣又寫下「有妻而不能同居，而使余家庭寥落，中正之罪，不孝莫大也」，蔣所言「有妻不能同居」，含意便是難以育後，故而蔣認此為不孝也，蔣的婚姻觀在情緒低潮下，流露出其仍不免保有娶妻是為傳宗接代的傳統想法。

這段時期，蔣的日記中滿是嗟怨，應該是蔣、宋兩人婚後，遭逢最嚴重的一次關係考驗。二月八日陰曆除夕前，蔣期待妻子能回家團圓，日記記「致三妹電，問病，想念之至」，宋病在日記中已有一段時日未曾提起，此處，蔣提到妻病，或許可視作丈夫與妻子「和好」的一個「藉口」。等到二月九日除夕當天，蔣的願望落空，他沒盼到妻子的返家團圓，日記記「今夕是除夕，一生煩惱事，無時得終息，思家兼思妻，我為我母心，今日方知吾母愛子之心也。嗚呼！中正之罪，上通於天矣，此以有今日之窘境也，自作孽豈可言乎。自吾母死後，幾將十年，無如此悲慘痛苦矣！」宋拒絕和蔣共度除夕，兩人間的「冷戰」，有跡可尋。二月十日，日記記「讀詩看書，寂寞已極，以我之地位而為孤寡之不若，誰其知之」，男性外在事業有成，家庭卻無法和諧，蔣自認這也算得上是種失敗。當時，這位軍事強人已完成北伐統一大業，地位扶搖直上，私生活如此寥落清寂，也難怪他生出濃厚悽涼喟嘆。二月十二日，蔣從溪口回到上海，日記未有任何隻字片語提及妻子，直至二月十九日，蔣宋回到故居拜謁母墓止。

日記似乎以隱諱方式表達了蔣宋婚姻最初的觸礁，在雙方關係似陷入僵局下，亦見蔣對待宋美齡與姚冶誠、陳潔如等女性的方式，大大不同。陳潔如因為不善操持家務，又鬧脾氣，引起蔣不快，蔣卻從未對宋在掌理家務上有所冀求，而論宋美齡的脾氣，剛結婚時，似乎也令蔣吃足苦頭。論出身，陳自然無法與宋媲美，然蔣日記並未直言寫過宋美齡的財富、學歷、地位等，惟這些實力隱然存在，它們反應在日常生活的各種場域中，變換成了宋美齡「強勢娘家」所展示的精神、情感乃至見識的浸染力。宋母這位宋家的女性大家長，處事平和，子女們敬之愛之，連蔣亦生深刻孺慕之情。宋美齡這個自小受寵的么女，母親安然健在，提供給她極重要的、強有力的娘家避風港。一九二九年的年中，七月十五日，蔣於日記中寫下「回寓送妻上車，妻又往滬，作伴無侶，精神不佳」。這次夫妻分開時間亦頗長，大約經兩星期後，七月二十九日，蔣日記記「與大姊電話，知三妹有肝病，不勝憂慮」；七月三十日記「聞妻病肝膽，不勝憂惶。晚會客，時念妻病不置」，宋美齡的病從未見痊癒，不僅於此，此時，竟更查出令人恐懼的肝病。或許考慮到上海醫療條件較好，也體諒到上海宋家能令宋美齡更放鬆地養病，總之，至八月初，蔣讓妻子一直住在娘家，未履南京。到八月二日，蔣日記中有如下生動的心情吐實，他記「月光冷，蟋蟀悲，夜氣清，孤衾寒，惟母魂，來照臨，我母亡，人母存，聞鐘聲，念菩提，既警覺，莫滯疑。罷罷罷，快快快，何處去，何處來，報親恩，還天地，人間事，交人間」，似乎與宋分開時，蔣就念母、思母不已，而這次心情更加抑鬱難解。八月七日，蔣前往上海，急促匆忙地趕到岳母家拜訪，日記記「即往療養院訪岳母，及妻病」，岳母及宋美齡似同時生病，蔣礙於公務在身，在京、滬間來回奔波，探病後，蔣隻身返回南京，至八月十九日的日記，記著「愛妻之病未知減輕否，兩地想念，其勞何如」，又八月二十一日記記「今日到政治會議，以妻病在滬，心甚不安也」，八月二十三日，蔣由京再奔上海，親自接岳母出院回家，八月二十五日後，日記透露原來此段時間，確證宋美齡懷孕，卻不幸流產了，這對蔣、宋而言，應該是次嚴重打擊，尤其極可能為「人母」的宋美齡，保不住胎兒，其悲痛傷心，可以想見。做丈夫的蔣介石，在其生命歷程中，或許為人父已非新鮮經驗，但自己血脈流掉，心情想必亦沉悶，日記卻沒有真正對愛妻流產之事，多所著墨，而宋美齡本人對此傷痛，並未寫過什麼樣的感言，外人只能從蔣日記迂迴的記述中，略窺他們的大致心境。八月二十六日的日記記「今日妻病，痛苦最甚」；八月二十九日記「妻病發作，心甚鬱悶，除批閱外，伴妻解愁而已」；八月三十一日記「妻病未愈，擬再續假一星期」，流產後的休養，也被蔣寫成「病」，而他在日記中透露，這段時間，夫妻心情皆受影響，做丈夫的表現出對妻子更大的包容體諒，亦在日記中表露無遺。似考慮到妻子的心情鬱鬱難歡，蔣陪伴宋美齡的時間拉長，他在上海待到九月七日，方啟程回南京。九月十五日，宋亦離滬到南京，夫妻總算團聚。結婚近二年的蔣、宋，似與一般夫婦沒有兩樣，他們也走過一段「磨合期」，而蔣於軍事倥傯之際，遭逢妻子懷孕卻又不幸流產，這個試金石考驗著兩人關係，作丈夫的蔣與妻子「共患難」，日記中間接道出雙方關係，日益交融緊密。

一九二九年年底，蔣的北伐事業進至華北，戰火稍戢。該年十二月一日，是蔣宋結婚二週年紀念，蔣的日記記下「結婚二年，北伐完成，西北叛將潰退潼關，吾妻內助之力，實居其半也」，日記經常記妻病，如今革命事業有成，蔣對妻子的功勞在日記中記上一筆，究竟宋是體弱多病多些，還是協夫從戎獻策多些？夫妻間的關係，外人實難從表面掌握全盤，惟宋美齡令丈夫心悅誠服，應是事實。蔣日記或許遮掩他對宋的「感情」，但對宋母敬慕，日記則沒有保留的表達露骨。宋母對這位主掌一方、手握要權的軍政要員兼乘龍快婿，有什麼的親情羈縻，她有無苦心為自己小女兒婚姻奠定更堅實的基礎？答案在日記中呼之欲出。一九三〇年二月十五日，宋母往南京，當晚與蔣有過一番談話，[9]二月十七日，蔣的日記記「岳母勸我入教甚堅，余以尚未研究徹底，不便冒昧信從。岳母似必余入也」。許多說法都力證宋母接受蔣為宋家女婿的條件，就是要蔣受洗入教，關於信教問題，蔣表面應承，骨子裡卻有他的堅持。二月二十一日，岳母、女婿兩人又談及入教問題。[10]宋母信仰基督教極虔誠，說服蔣成為基督徒亦不遺餘力，但這說服並不只是訓勉，更重要的打動方式是從「情」切入的默化，如到二月二十四日，宋美齡先行離京返滬，丈母娘與女婿同處一個屋簷下，將近四天，直至二月二十八日宋母方才啟程回滬，當天，蔣日記記「聞岳母欲回滬，妻尚未回京，心甚悽愴，淚下涔涔，以年老之人，處處愛惜女婿，回憶先慈，今日已逝，更欲泣矣」，宋母待蔣的親「情」，令得蔣自憐自傷，這與中國傳統所認定的，丈母娘與女婿難以言交的情況，大不相同，宋母與蔣間的親密互動，已如同親生血緣家人般，彼此皆感受到牽掛與關懷。

蔣與宋家的家庭成員相較，其孝親敬上甚至有時比宋子文更耗心費神。一九三〇年清明前後，四月二日上午，蔣到上海「謁岳母，理家事」；四月三日，蔣在宋宅會客，並出門「掃岳父墓」，竟有一家之主的神態。十月二十三日的日記，蔣對宋母的崇愛孝敬躍乎筆端，他記「晨到上海，謁見岳母病態頗重，其精神遠不如上年，心甚憂悶。老人愛婿等於愛子，先慈既棄養，但願岳母長壽，故受洗禮之心益切，以償老人之願，使其心安病痊也。下午請江長川牧師在岳母家，余受洗禮。岳母頓佳，心為之慰」，為了安慰病中的岳母，蔣不再躊躇猶豫，決意受洗，這樣的細膩體貼，與過去動輒詈罵婦人，不可同日而語。蔣本來只可說是宋美齡丈夫，與宋家人往還親密後，他漸成為宋家支柱。一九三〇年十月三十一日，宋靄齡帶著兒女到奉化鄉下與蔣相聚，蔣日記記「孔姐與諸甥皆來鄉間相聚，甚歡」。十一月一日，宋靄齡拜謁蔣母墓，並且與宋美齡商談營救蔣經國事，[11] 宋家大姊行事落落大方，儼然也以蔣家大姊自居，因蔣氏女性無一「可登大雅之堂」者。大姊宋靄齡似是宋美齡除母親外，在家人中關係最親近者，蔣亦與宋靄齡接近，宋大姊大展「長姊如母」的風範，對妹婿愛護有加。十一月七日，遊覽蔣介石家鄉風光後，蔣日記記下宋家大姊知人識情，意味深長的一番話，「靄姊以奉化山高土厚，樹直水清，而岩險瀑激，包括我個人之性情，余亦以為然也」，對宋家大姐心悅又誠服，這是蔣新體會到的年長女性敦厚溫柔之教。

一九三一年三月份，接連數天，宋美齡又是病著，不過似乎沒有什麼大礙。蔣宋在上海已有自己的住處「愛廬」，因之，宋美齡少住娘家，日記四月四日記「七時到滬，訪岳母，回愛廬，與妻游愛園」。當年四月宋母生病，四月十日日記，有以下文字「晚以岳母在新新旅館病重，故同住旅館也」，七月二十五日傳來宋母過世消息，[12] 七月二十九日，宋母移靈回上海宋宅，日記記「岳母靈柩今晨由青島抵滬，余不能親迎，聊盡婿情，不勝歉惶。除家母以外，實不多見此賢母也，今竟棄養，痛哉！」日記在結婚後一年左右，提到岳母，每每以「賢」稱頌之，蔣的話一再重複，毫無作偽之態。八月十八日，蔣回上海後即奔宋家，日記記「五時半到滬，即赴岳母家，未入門，淒然淚下，從此不能復見愛我如岳母者也。悲夫，哀哉，六時，岳母靈柩發引，八時半到萬國公墓安葬，悲痛盍極」。蔣這位女婿待岳母如同親母，岳母逝，他形容自己的鉅大傷痛，可謂至真。

宋母過世後，蔣的日記中即開始出現「僅夫妻二人，雖無子女，亦甚樂也」[13] 的話語。一九三一年十二月二十五日聖誕，與往年在岳母家慶賀不同，蔣宋當日約友歡聚，蔣日記記著「而夫妻兩人如賓相敬，雖無子女，亦足樂也」，雖然宋美齡還是病痛不斷，但蔣時時記著「家庭和樂，甚知自足」的話語。[14] 一九三三年十二月一日迎來蔣宋婚姻的六週年紀念，當日日記寫著「本日為余兩結婚六年紀念日，於此六年間艱難辛苦、險阻、困頓，得力於內助者實非淺鮮，撫今思昔，德學不進，事業日有退步，惟有慚惶而已」，這段感言道盡蔣宋初婚時，對情感、對彼此、對家族最多考驗的一段相處時期。與此相較，一九三四年後的蔣日記對結婚紀念多半淡淡帶過，兩人在磨合後，情愛彌堅，應可想見。一九三四年五月六日，蔣日記記「妻愛至久彌篤，其誠篤精神，實世無其匹，一生愛人惟母與妻耳」，將「愛」書之於筆端可謂是種新體悟，前此，蔣日記未有同樣的文字，此後，則不斷重覆出現。

四、蔣介石的御下之見：公義與私情間的兩難

抗戰爆發後，蔣宋美齡涉入許多慈善、扶弱、撫傷、賑災的社會救濟工作，蔣介石與「女界」接觸機會大為增加。「女界」指的是一群婦女的集合體，這個集合體不特定標榜是哪些人物所組成。蔣介石日記中提到「女界」，沒有出現過足以用來辨識單一人物所具有的性格、外表特徵、社會地位等種種線索。這種寫法頗能驗證作為中國最高領導人的蔣介石，流露出的一類「男女有別」想法。至少「男界」或「男性界」從未出現在日記中，這說明了蔣介石對婦女是有著全面性、涵蓋性的評價與看法。

對婦女界持一種概觀式的評價，戰爭時期較多。一九三九年三月五日，蔣在政務、軍務匆忙之際，在重慶參加一場婦女獻金運動，發起者顯然是宋美齡。日記記道：「回渝參加婦女獻金運動，妻之興奮提倡，一日竟得六十三萬六千餘元，此為婦女界破天荒之佳條，足以自詡於世界矣！」[15] 關於婦女界能夠為抗戰中國提供什麼樣的幫助，蔣介石在日記中書寫不多，但妻子宋美齡顯然對動員婦女加入抗戰行列，頗多期待，並且她也身體力行投入實際婦女工作中。蔣是中國最高領導人，對妻子的諸多工作，亦偶爾參與以示支持。以宋美齡為首的婦女工作團體，幾乎全數是女性，她們齊聚一堂時，彼此的關係及相處氣氛自是不同於男性黨政軍要員為主的場合，更多輕鬆自由不在話

下，蔣介石被如此眾多女性「包圍」，卸下平常對待部屬的威嚴，似可想像。如一九三九年十月二十四日，當天蔣介石與新生活運動婦女指導委員會各組組長同宴，日記記「談笑自如，此心未忘前方之苦痛也」，[16]「談笑自如」是一位男性與眾多女性周旋，自在的寫照，而後一句說「未忘前方之苦痛也」，值得玩味，應該說，蔣介石與婦女們宴飲，想必大家都融洽欣悅，甚至留連忘返，故日記有此自我警示之語。戰時，婦女工作在宋美齡身先士卒的帶領下，聲勢頗盛，可是蔣日記中極少記他對婦女工作人員有什麼印象，因此也難窺蔣個人對於婦女在社會上「頂一片天」的看法如何，不像毛澤東對婦女解放有深刻的見解。[17]對女性的觀點評價，蔣受宋明理學影響至深，公開場合對待女性，蔣表現出的是一副「男女受授不親」的嚴謹態度，日記對此表露十分清晰，任何有大量女性現身的公開場合，多半是宋美齡作主人，蔣介石作陪客，蔣介石態度儘管輕鬆愜意，卻似乎有無形的規矩禁錮。蔣日記記他有機會置身眾多「婦女」中間時，總是像擺脫沉重要務般，放下憂思勞苦，取而代之是作壁上觀，並且毫無防備地閒談。蔣介石似認為婦女毋需在國政大事上占什麼位置，也可以說，他抱定「男女有別」，即認為女人的天性自有其能力合適發揮之處，這點與蔣、宋夫妻關係相應相和，處處可得印證。宋美齡在戰時與聞戎機，國府涉外事務，包括軍事、外交、經濟決策，不難見到宋美齡的貢獻，而宋美齡未必有什麼顯赫的黨政頭銜，夫婦在默契間你主我輔，或你外我內，皆是視情況而定，毋需成為黨國正式的政策，這點明顯與戰時延安的中共作法不同。國民黨的婦女在國家大政方針、軍事決策乃至社會改革上，很難說有發揮過什麼極重要的影響力，不過，她們所搧的「枕頭風」，所說的「閨房戎機」，外人實無從得知。從蔣、宋關係來看，婦女所做的事，其「政治意義」如何判別，還值得深入探究。蔣介石以領導人的高度，示範了國民黨男性政治人物對婦女傾向「尊重」，而非「託重」，蔣日記所說的都是線索。

在蔣介石眼中，婦女的影響力不一定來自其本人，而是她們對男性的導引作用，這點就如日記所記內容，每每提到女性部分，除了身旁部屬、戚友外，通常少見真名實姓者，對蔣來說，「婦女」就是一個一個女性加起來的群體，所以，他極少用階層來描述婦女，無論菁英或庶民，對蔣介石而言，婦女毋寧更像是一類「景觀」，呈現的是「社會」變化的動向，同時也是作為領導人的蔣投以自責、憐憫種種感觸的對象。目睹在眼前的「成群」婦女，日記記下的並非入目的「環肥燕瘦」，而是他政權統治下的社會現狀，並提醒他用什麼方式來進行「改造」。一九四〇年七月二十六日，蔣介石出外巡行，恰遇空襲，他見到百姓疏散躲避轟炸的場面，記下：「婦女躲避空襲時，背負包裹，懷抱孩童，見之心酸。我下一代之國民更應重孝悌，以報其父母空前劬勞之恩也。」[18] 作為中國戰時最高領袖，蔣介石慣常以冷峻、嚴厲態度對待部屬。對「百姓」，也常常發出中國國民性愚陋、落伍的喟嘆。惟有「婦女」，因男性的家父長心態從未消失，故而使蔣自然由衷生出惻隱之心，作為「領袖」的蔣，反應了國民黨男性普遍具有的對於婦女的觀感，那就是男性有義務保護女性，而「婦女」是參謀者或輔助者，不是「主政要員」，若婦女主了政，便國不成國、家不成家了。[19]

對婦女既敬重又區隔對待，這種矛盾性從蔣介石日記到蔣介石個人，再到國民黨的男性，全都有跡有尋。這種「性別文化」瀰漫於黨內上下，它有多種成分來源，包括五四新文化女權觀的影響，以及一九三〇年代國府在南京開創的革新形象，而最重要的是蔣、宋兩人建立的婚姻互動關係，抬高「第一夫人」政治上臺前幕後的能見度，國民黨合黨齊力打造的「性別文化」，促使國府所有層級官僚認定，蔣、宋婚姻的任何大小波瀾，絕不能僅視其為「房闈內闥」之私，必為之全力護衛以辨正視聽。日記中透露，在不公開的私領域，蔣仍會流露對女性懷有各式各樣的「遐想」，這方面蔣的思想意識與行為表現，仍不免流露宋明理學一派的言傳身教。[20]一九四四年七月，政治、軍事遽生重大變局，嚴重打擊國民政府以蔣介石為首的領導威望，連帶一樁影射蔣和別的女性有染，乃至生下一子的謠言，鋪天蓋地瘋傳。該年七月九日，蔣夫人又離渝赴巴西治病，時機的巧合，更為謠諑之說注入更多「謎面」，以致國府多位要員也不免態度端整，替領袖闢「未有不忠於家室」之謠。學者的研究，已從當時政治、外交、軍事，乃至宋美齡的病症各方面釐清蔣外遇謠言，確屬無中生有，不過，前妻陳潔如現身，釀成捕風捉影「風波」卻也是事實。[21]「外遇」謠言的確考驗蔣、宋的夫妻信任關係，但七月五日的一場茶會，蔣、宋兩人出席並聯手闢謠，這個舉動使看似「一石激起千層浪」的有關蔣私生活誣傳事件，風波漸平。值得再加深入觀察的是，一九四四年七月八日，即宋美齡搭機赴巴西的前一日，蔣日記記「據妻近日所言，其所接中外人士之匿名信，各種捏造是非，無中生有之誣詞，甚於其往日之已言者。反動者此次造謠作用，其第一目的在挑撥我夫妻情感，先使我家庭分裂，然後毀滅我人格，則其他目的恂可迎刃而達矣」。[22]這段日記文字透露寄給宋美齡的匿名信，夫妻倆都知其內容，而不論所造之謠為何，兩人的共識是這樁「陽謀」目的是為挑撥感情，進而毀滅蔣的人格。若蔣、宋將「外遇」的嚴重性拉高到這樣的層次，認其足以滅人格，就可見蔣對女性複雜分化的觀感已大大不同於過往，他對宋這位配偶極其尊重，但對女性可能造成的

「危害」，亦使他更趨於要求男性「慎私」，避免蹈入因女性而生的困局。

對婦女的區隔對待隱含輕視之意，最核心的判斷便是對女人天性固著的定見，如認為婦女普遍愛慕虛榮、自私、感情用事，於此，男性要提防戒慎，避免被女性牽著鼻子走，否則就會壞了大事。蔣對女性的判斷，因青年時期的遭遇，不免有濃厚「出身」歧視偏見，他對混跡歡場，浸淫娛樂的女性，反感至深，認為無一可以與言節操、是非，這種看法深入腦海，難以化解。一遇部屬與這類女性糾纏，並且任其予取予求，他就怒火中燒，無可轉圜，蔣介石深信這些歡場女性，絕對會使男性有虧德行，甚至「大節」不保。遇到某些男性戀上歡場女性，他不僅責怪男方，也同時貶抑女方，兩造似乎都被他唾棄，孫科的例子即是明證。戰前，市井傳言孫科與交際花藍妮關係匪淺，時當承平，男歡女愛自由自便，儘管孫科已有妻室，但總歸只能算是名人所鬧出的一樁風花雪月，而為公眾聊供談資而已。到抗戰爆發後，因時局混亂，男女間原本單純的緋聞就可能上升成為國家大義信背之擇，一旦誤蹈陷阱而不察，即可能釀成難以收拾的政治紛爭。一九四五年十一月，蔣、孫因對中共態度不同，兩人間已生矛盾，孫科突然飛返上海，對外宣稱是為紀念總理誕辰，此舉事前未為蔣所悉，蔣聞知後大為恚怒。而經查，孫科返滬的目的是為救藍妮，因為女方在戰爭時期曾任敵偽間諜，戰後遭逮捕下獄。孫科此行匆匆，又逢蔣介石對其頗生猜忌之時，日記記蔣閱調查報告後，得知孫科為了藍妮不計毀譽，遽爾赴滬，已難洗脫「政治叛逃」之嫌。蔣在日記中頗露其「氣急敗壞」之情，他記下「（孫科）心虛畏罪，等於潛逃，且有被共匪誘惑，另組偽政府，推其為傀儡」。蔣的看法是孫為了女人，竟然大節失守，蔣說「余得此息，悲憤填膺不可遏阻」。[23]事後，蔣為了勸回孫科，派吳鐵城、戴笠前往上海進行遊說挽回。這件事，蔣介石認為背後是俄國與中共在搞鬼，而孫科竟因「救女人」而有步入陷阱之疑，甚至可能真被利用，蔣日記對孫的行止，十分不諒，他說：「俄與共之狡詐兇險，內外挾攻，幾使我遍體鱗傷，而又加之孫科不應有之背逆，是真刺入我內心。」[24]十一月十五日，吳鐵城回報，孫科似乎確是為藍妮被捕以致焦躁，失去方寸。事情似乎更加明朗，孫科自作主張急行飛滬，真是為了「情婦被捕」，至於政治上的抉擇揣測，則是「風生水起」，蔣當天日記記著：「下午鐵城來告哲生已回，其不平、不願、不服與政見不同之心，已甚顯明，而其近因或起於捕其奸妾藍妮，不准其交保所致也。」[25]

孫科心不甘、情不願離滬返渝，怨心未消，蔣介石似乎也明白，要讓孫科俯首，只有釋放藍妮一途。蔣介石要求孫科必須與藍妮分手，以此作交換條件，藍妮才得交保。其處理過程如十一月十六日日記記：「約見鐵城，囑其轉告孫科，對藍妮交保事不能使之留滬，以喪公私威信，如其解渝交保，則不得再與其同居之意告之。」[26]蔣介石應該沒想到，男女之事豈容他人置喙，果然，孫科與藍妮餘情未了。兩年後，一九四七年八月十日，蔣的日記記：「孫科來談，彼昨遞辭呈，明為銀行法之故，實則要錢，並為其姘婦發還包蔽其他漢奸之財物。其卑劣至此，不知如何持後與光前矣，甚望吾後人以此為戒也。」[27]十二月三十一日，蔣有感而發，日記記：「孫科之性行卑劣貪婪，寡廉鮮恥，令人痛心疾首，以總理如此偉大之人格而有如此不肖之子，殊所不解。」[28]過去蔣的日記，常對孫科有抱怨之語，此時以孫科為一位歡場女性，失行敗德，竟至迷戀到無以復加程度，其對孫的評價雖嚴苛卻又不免語重心長，蔣對孫科，一路從政治立場分歧所生喟嘆，再到基於同是男性身分，對孫戀煙花女因而喪志，不以為然，且深自為之惋惜又輕鄙，蔣的言外之音是，任何一位男性都不該為了女性罔顧大義。

時局艱危，蔣更堅信男性的行事，脫不了「成也女人，敗也女人」的基本去向。蔣介石的日記不時透露其部屬妻子，為迴護丈夫與保障家庭，置國家大局於不顧的「私情」舉動。這類「鶼鰈情深」在戰亂中固然難掩，而其可能造成的對軍事、政治的危害則不可小覷。蔣作為中國最高領導人，御下可謂嚴厲，惟遇到兒女私情，只能徒乎奈何，日記向未有他對女性「訓話」的紀錄，一切只能反求諸男性的決心及立場。一個例證是一九四八年底，徐蚌會戰勝敗已成定局，一九四八年十二月二十五日，蔣在日記中抱怨：「杜聿明之妻（曹秀清）到處運動，使其夫能由空軍從圍困中接救出來。黃維且將其突圍時期先電告其妻（蔡若曙）。此種將領何能再望其為革命而犧牲，思之痛憤自慚。」[29]面對國軍高級將領們的妻子護夫心切，個個流露只願「同生」，不願「天人永隔」的私心，蔣只能「痛憤自慚」，他的責難對象多半指向「男性」。蔣介石與宋美齡結褵後，夫妻誰好，情感益濃，除偶有傳聞一兩次勃谿外，夫婦同心協力為當初所許的「革命事業」，矢志不渝奮鬥，信念十分明確。夫婦情愛彌篤，人間至樂之事，蔣自己應該深有體會，故對部屬夫妻，豈能用兩個標準去苛求？到底夫婦間生死相許，女性該鼓勵男性國重於家，如同辛亥革命的林覺民妻子般推己及人，即使夫婿為大義赴難，亦無怨無悔。還是以保家為重，家存則國可再興，留一己有用之身，護家庇幼，為更長遠的復興之路徐圖再起？蔣介石心中應無肯定答案，證之領導人本身的「人性」及「情感」不時閃現，以致國民黨或國民政府，始終沒有對文武官員在執行公務時，如何劃分公私，定出明確的賞罰令。國家大義與個人存亡之間，或依或違，每個人似乎都有自己衡量的空間。

五、結論

蔣日記中，透露了日記主在處理公、私事務上的想法、思慮、作為及心情。而從一個普通人成家立業的角度來看蔣的日記，發現日記作者本人在青年及壯年時期，對異性、愛情、婚姻、家庭有過掙扎及轉折，這些轉折，不只是呈現蔣個人的私人生活內容，同時，亦表露近代中國男性對於男系中心的家庭觀，在時間推移中不斷翻新調整，對舊倫理、舊觀念不再一味墨守。位居權力頂峰的男性，可以在婚姻關係中，容忍妻子與娘家親密往來，甚且，自身亦願意融入對方親屬網絡中，還扮演妻子娘家重要支柱的角色。蔣介石與宋美齡的夫婦關係，可說打破男系中心家庭觀的束縛，這對於一九三〇年國民政府在民法中引入西方的親屬觀念，崇尚夫、妻親屬位階平等的新理想是否有直接影響？現在的資料雖無從證明，但「風行草偃」之效應是可推想的，蔣宋的夫妻和樂及蔣對待宋家的方式，很難說不是其他部屬或是同輩人眼中的新典範。

蔣介石的日記，透露一些並不統整的「婦女觀」，日記主本身並未對「集體婦女」有過太深入的描寫。落到個別婦女，所述及的除妻、妾、母、女性戚屬外，其餘便是部屬的配偶了。蔣介石日記反覆提到部屬配偶與部屬作為之間的關係，這個角度是御下者最難著力之處。一方面，蔣自己嚮往夫妻志同道合，鶼鰈情深，另一方面，夫妻間的不離不棄，會對國家大局有所妨害，二者有時實難兼顧。蔣介石對於男性「成也女人，敗也女人」的行事限制，認識甚深，卻沒打算用法條來約束整飭，因之，政危兵困時，國府要員最終是赴義或保家，妻子的意志深具一捶定音的作用。

解讀蔣日記的女性觀，如何能夠避免停留於窺私的階段，改以近代中國的女權改革、婚姻立法、新女性形象的塑造以及蔣介石的御下之見等角度切入，或許，更能讀出男性眼中複雜的「婦女投射」，而這些投射，其實道出的是更多元面向的民國男女關係變遷歷程。

1 林桶法，〈蔣介石的親族關懷〉，收於呂芳上主編，《蔣介石的親情、愛情與友情》（臺北：時報文化出版，二〇一一），頁一〇三－一二五。王奇生，〈從孤兒寡母到孤家寡人——蔣介石的早年成長經歷與個性特質〉，《民國研究》，二〇一〇年五期，頁八三－一〇一。

2 《蔣介石日記》，未刊本，一九二〇年三月二十一日。

3 〈帝制和民國時期妾的財產權利〉，白凱，《中國的婦女與財產：九六〇—一九四九年》（上海：上海書店，二〇〇三），頁一六一－一八〇。

4 《蔣介石日記》，未刊本，一九二〇年六月十三日。

5 《蔣介石日記》，未刊本，十二月三日，「十時同愛回門，拜訪岳母後，應岳母之宴，十時回寓」。

6 這次宋美齡回娘家，似乎是因為蔣、宋兩人發生爭執。日記前半記「日以三妹外出寂寞，心甚不樂。復以其驕矜而余亦不自知其強梗之失禮也」。

7 《蔣介石日記》，未刊本，一九二八年五月十六日，「四時醒后，幾不能睡，五時前聞至愛已到車站，起床往迎入城，上午團聚，四十六日未得相見，其樂可知矣」。

8 《蔣介石日記》，未刊本，一九二八年七月四日，「早起冒雨往總理靈前，與三妹同拜，以雨大奔快，三妹或致疲勞。晚以三妹病，早睡」。

9 《蔣介石日記》，未刊本，一九三〇年二月十五日，「晚與岳母來談話」。

10 《蔣介石日記》，未刊本，一九三〇年二月二十一日，「江長川牧師特由滬來京，岳母與妻皆勸余受洗禮。余以未明教義，對江勸余以先入教而後必明教義，對余約以三個月內研究教義，假我以時間也。余意以救世之旨信耶穌則可，而必以舊約中之禮教令人迷信則不可也」。

11 《蔣介石日記》，未刊本，一九三〇年十一月一日，「本日陪孔姐拜謁母墓，又與妻商談營救經兒回國事，余以為不宜操切也。孔姐與吾妻對經兒之念念不忘，甚可感也。到妙高臺午餐，孔姐諸甥、子良與妻團聚一室，談笑歡樂更為何如耶」。

12 《蔣介石日記》，未刊本，一九三一年七月二十五日，「接庸兄電，稱岳母棄養，而漾電又未接到，不知是否棄養？但願此息不確耳」。

13 《蔣介石日記》，未刊本，一九三一年一月二十六日，「今日為余四十五歲之生日，默禱父母與岳父母之恩惠，勿使有忝所生也。……僅夫妻二人，雖無子女，亦甚樂也」。

14 《蔣介石日記》，未刊本，一九三三年九月二十二日，「傍晚，天晴，精神暢爽，家庭和樂，甚知自足」；一九三三年十月八日，「會客，夫妻和睦一樂也」；一九三四年一月一日「夫妻和愛之樂，可敵一切憂慮患難也」。

15 《蔣介石日記》，未刊本，一九三九年三月五日。

16 《蔣介石日記》，未刊本，一九三九年十月二十四日。

17 一九三九年三月八日，為慶祝婦女節，毛澤東發表一篇談話，鼓動邊區婦女「要學習大革命時代犧牲了的模範婦女領袖，女共產黨員向警予，她為婦女解放，為勞動大眾解放，為共產主義事業奮鬥了一生」。毛澤東把「抗日」、「婦女解放」以及「革命女英雄」並列，顯示他對戰爭中的婦女動員具有明確觀點，並且極為重視。參見中共湖南省委宣傳部、中共湖南省委黨史研究室、中共懷化市委編，《向警予紀念文集》（長沙：湖南人民出版社，二〇〇五），扉頁插圖文字。

18 《蔣介石日記》，未刊本，一九四〇年七月二十六日。

19 學者認為中國歷史文化中，有深刻難移的「女禍」觀，即政治領域為男人所主宰，一旦女人插足，便有牝雞司晨之憂。更進一步來說，被貫上「昏君」、「暴君」之名者，若沉迷於女色，那麼所寵之女，便一併成為男性禍國殃民作為的推波助瀾者，留下千古罵名。參見劉詠聰，〈先秦時期「女禍」觀之發展〉，《中國歷史學會史學集刊》，一九九一年七期，頁一－一七。

20 學者認為蔣介石早年生活荒唐確屬事實，惟其後致力以儒家道德修養規範自己，漸見效果。所謂「存天理，去人欲」在蔣日記中不時可見，而人欲之最顯著者莫若男女之欲，蔣日記記了他如何「痛貶」自己滋生妄念，不能掃除淨盡的「思想鬥爭」，理學意味濃厚。參見楊天石，〈宋美齡的巴西之行與蔣介石「婚外情」傳說——兼析其事與美國人要蔣交出軍權之間的關係〉，收於氏著，《找尋真實的蔣介石：蔣介石日記解讀》（下），（太原：山西人民出版社，二〇〇八），頁五三一－

五三二。

21 參見楊天石，〈宋美齡的巴西之行與蔣介石「婚外情」傳說——兼析其事與美國人要蔣交出軍權之間的關係〉，收於氏著，《找尋真實的蔣介石：蔣介石日記解讀》（下），頁五二三－五四六。

22 引自楊天石，〈宋美齡的巴西之行與蔣介石「婚外情」傳說－兼析其事與美國人要蔣交出軍權之間的關係〉，收於氏著，《找尋真實的蔣介石：蔣介石日記解讀》（下），頁五二五。

23 《蔣介石日記》，未刊本，一九四五年十一月十一日。

24 《蔣介石日記》，未刊本，一九四五年十一月十四日。

25 《蔣介石日記》，未刊本，一九四五年十一月十五日。

26 《蔣介石日記》，未刊本，一九四五年十一月十六日。

27 《蔣介石日記》，未刊本，一九四七年八月十日。

28 《蔣介石日記》，未刊本，一九四七年十二月三十一日。

29 《蔣介石日記》，未刊本，一九四八年十二月二十五日。

離散與遇合

——一九五〇年代外省來臺婦女的記憶與歷史書寫

一、前言

一九四五年八月十五日，抗戰結束，日本宣布投降，中華民國政府接收臺灣。一九四五年八月二十九日，陳儀被任命為「臺灣省行政長官」。同年九月，「臺灣省行政長官公署」及「臺灣省警備總司令部」在重慶成立臨時辦公處，陳儀兼任「臺灣省警備總司令」。同時，國民政府公布「臺灣省行政長官公署組織條例」，臺灣省暫設行政長官公署，直屬行政院，這是當時臺灣的最高行政機構。自此，臺灣正式納入中華民國政府統治，大陸黨、政、軍各級官員紛紛派駐臺灣，進行接收事宜。[1]

戰後臺灣，「外省人」從大陸各地來臺，「臺灣外省人」的概念逐漸形成，而在政治與社會兩個層面交互影響下，「外省人」的共同印象有時超越個人，而成為集體的概念。一九五〇年代以來，來自大江南北的異鄉人融入臺灣，在歷史的淘洗下，族群概念融入島嶼空間，變成臺灣重要歷史記憶，進而塑造新的「臺灣文化」。過去的臺灣研究在梳理「外省人」遷臺歷史時，多強調政治事件、社會衝突的層面。事實上，外省人移臺史，除了國家、黨派、族群各種研究焦點外，文化的鑄造也不可忽略，尤其是外省第一、第二代女性的所行所言，她們的口述乃至書寫文本中所「重現」的過往，與臺灣歷史記憶關係綿密，甚至難分難解。本文試圖從性別角度切入，探討外省女性與戰後臺灣歷史記憶的浮顯，乃至歷史的建構，彼此間的關聯性。同時注意所謂的「外省女性」，她們訴說過往的方式，怎樣一點一滴滲透並摶成戰後「臺灣文化」。

戰後臺灣百廢待舉，經濟、社會、教育所有工作亟待開展，各行各業的人才需求孔急，第一代外省女性以她們在大陸已磨練出的工作能力，投身於臺灣各方面的建設中，在各自工作崗位上貢獻所學所長，許多人堪稱是闢路先行者，遺蔭後人，不容忽視。檢視對臺灣自移墾至當代所開展的長段歷史時期，各方面學術研究成果可說極其豐碩，惟一九四九年前後時局動亂下，隨國府跨海來臺的外省女性，她們在島嶼所投身的事業，乃至她們敘說的過往記憶及所書寫的文本，與臺灣歷史發展及歷史論述間的關係，卻未得到相當程度的重視。

近年外省婦女回憶她們在臺灣生活的歲月及落地生根歷程，相關出版愈來愈多，這些資料大致分成兩類，第一類主要係出自大陸遷移臺灣的外省第一代婦女，她們個別留下的素材，口述訪問尤為大宗。至於出生後成長於臺灣的外省第二代，他們的「憶往」多偏於文字自述，這是第二類。第二類屬性的文字作者，即本文所泛稱的外省第二代，他們又可約略劃分成二大區塊：第一大區塊是道地外省人子女，即父、母皆外省籍，他們在大陸誕生，後在臺灣受較長時期的教育，並且在島嶼生活的時間超過人生四分之三者，其中有些是跟父母移居來臺的，有的則是孤身飄零來臺的青少年，後者中較少有女性。另一大區塊是母親屬本省籍，父親是外省籍，因傳統習俗傾向以父系家長血脈為身分認同的首要判定依據，因之，這樣的家庭，也可含括於外省第二代中。一般說來，外省第二代的「大陸」記憶，是經過父母轉述後的再製，這使得外省第二代所述、所聽、所聞、所記，都必須加以細心的解讀。畢竟沒有大陸生活經驗的第二代，他們「轉述父母親的回憶」，不免攙雜更多想像及推測，可想而知，其當然有些失真，但失真何嘗不是另一種複雜的「還原」，吾人斷不能認其毫無可信之處。

本文著重探討的是外省第一代婦女的親身經歷，加上外省第二代女性所書寫的文本，兩類資料交叉核對，以此而嘗試深入理解外省女性的記憶在代與代間所出現的差異，而這些差異適足以說明臺灣社會與文化最終具有的「集體歸屬感」，如何在歷史變化中一步步完成。一九五〇年代的臺灣，家國意識不全然是政治、軍事視角下的產物，文化層面所發揮的作用，不可忽視。尤其外省女性個人流離遇合的真實遭遇，當其與國家進行對話後，二者間的斷裂與接榫，傳承與遺忘，這些過程引發的臺灣歷史記憶解構與再造，其影響至為細密深遠。外省女性深受「國破家亡」之苦，她們卻未必沉溺於從政治出發的「漢賊不兩立」意識型態，多數選擇默默耕耘，埋頭將點點滴滴的文化種子，注入日常生活中，形跡不露地把中國式的倫理、道德、文化貫注到下一代子女身上。她們柔性地、波瀾不驚地雕塑著臺灣戰後文化與社會的新樣貌，影響所及，於今尤烈，此可謂是「臺灣最美的風景是人情」的一部分根源，而追本溯源「人情之美」正是本文亟想探究和詮釋的重點。

二、離散：外省職業婦女來臺開展幼教事業的回憶書寫

一九四五至一九四九年移臺的一群外省職業婦女，年齡大約介於二十至三十歲左右，她們在大陸時期多已受相當教育或有職業及工作經驗，思慮與情感已臻成熟，而因青壯年時歷經抗戰及內戰，少小離家、求學、逃難、遷移，連串磨難接連而來，幾乎人人皆如此，可說是難求安定的一代，而戰亂與生活不安加以女性比平時更嚴酷的磨練，留下的深刻影響大大不同於男性。由於大部分婦女受到社會「集體監視」、「倫理約制」的束縛，能夠擺脫這些阻礙，一步一步在社會站穩腳步者，均屬出類拔萃之流，姜允中女士就是一例。姜允中是東北瀋陽人，一九一六年出生，十五歲時遭逢九一八事變，東北淪陷，紛亂局面中，父親遭構陷後被日本憲兵抓捕入獄，家庭連串變故，開啟姜允中加入道德會的契機。[2]十八歲時，姜允中離家接受道德會婦教訓練，待訓練結束，她即投身宣講，巡迴東北各地。一段時間後，自感學養須進一步深化充實，一度再受短期訓練，青春茗華的少女，幾年內足跡踏遍旅順、錦州、哈爾濱等地。[3]講道之外，主要工作是幫助成立地方性的講演社、幼稚園、婦女班。早熟加上工作歷練，姜允中說她在道德會中逐漸能夠獨當一面。一九四二年，二十六歲的她，再度入長春（偽滿首都新京）道德會總會講演社受訓，這次上的是高級班。[4]兩年後，二十八歲就被付託重任，她負責主持道德會瀋陽分會會務。既已統領一方，姜允中勢必學著單打獨鬥，她周旋於當地士紳間，藉此籌款、找地，以興建樓房成立婦女縫紉班和德育班。加入道德會後，姜允中專心致志於工作，懷抱理想，充滿信心，她始終單身，未計及婚嫁。

抗戰勝利後，一九四六年，萬國道德會總會遷至南京，姜允中續任改組後的瀋陽市支會會長，同時加入國民黨，此後她亦參加軍政大員夫人們舉辦的勞軍活動。[5]這段時期，姜允中有機會與國民黨黨政軍各方面建立起關係，這對她推展社會事業頗有助益。當時，瀋陽道德會擬在原有基礎上，成立高級助產士學校。姜允中趁日軍撤退，群龍無首之際，搶占一塊荒地，迅即開辦「瀋陽福利院」。該福利院分設安老育幼部、婦女職業技術學成部、孤兒院、民德完全小學、托兒所以及生產事業等八個部門。一九四五年十月至一九四八年八月，姜允中擔任院長擘劃院務，副院長是畢業自農業大學的劉宏權，分管生產部門的各項相關事業。福利院致力追求自給自足，該院豢養豬、羊，還種植果蔬，這些經驗造就姜允中從無到有，並且勇於任事的自信與能力。大陸時期，姜允中不折不扣已然是一位職業婦女，她從十八歲至三十二歲，共約十四年，堅持不輟在婦幼工作上耕耘，主持分會會務與創立機構，工作經驗豐富，同時也廣泛接觸社會各階層，這些都是難能可貴的個人資產。不久因國軍作戰失利，大批軍民撤退來臺，姜允中也在其中，只不過她沒料到，離家數萬里，後半生會在臺灣這個島嶼重拾職業婦女身分，並把大陸工作經驗跨海移植來臺，為自己及陌生社會百年樹人的幼教事業奠定基礎，發揮的作用可能還大過東北時期。

來臺的匆促倉皇，姜允中記憶深刻。她提到一九四八年，中共軍隊逼近瀋陽，恰逢道德會總會在南京召開會員代表大會，姜允中整裝南下，與家人許下「十年後再見」之約，哪裡知道一別就是半個世紀。一九四八年九月，姜允中從南京轉往安徽蚌埠主持道德會培德女校，時國民政府統治失去民心，各地皆現風雨飄搖之勢。十一月徐蚌會戰爆發，十二月國府南撤廣州，居留大陸的民眾面臨迫在眉睫的去留抉擇，不少人盤算要渡海來臺，惟若無奧援，來臺之路可謂迢迢難行。由於道德會各地皆有組織，會員互通聲息，彼此支援，逃難時尤其看到社團互相扶持發揮的力量。一九四九年六月，姜允中因緣際會，隨道德會理事長尹子寬及其他三位成員，一行共五人，搭政府運送公教人員與國大代表的輪船抵達基隆。

大陸社團遷移臺灣，舊有的組織換了時空仍設法重新開張。外省女性不論跟隨丈夫或孤身來臺者，到臺灣後皆屬人生地不熟，來往皆普遍固著於大陸時期熟識的友人、長官，特別是他鄉遇故知，親切感倍增。到臺灣後，臺北覺修宮清出空餘房間，作為大陸移臺道德會會員暫時落腳處。當時借住覺修宮空房的道德會會員，其居住方式是男女分隔，單身男士住東廂房，未婚女性住西廂房。暫居於覺修宮者，以及其後來來去去的會員，主要有王鏡仁、高心一、焦保全，尹子寬等人。尹子寬的另一身分是道德會總會理事長，後來姜允中決定嫁給王鏡仁，尹子寬曾居中牽線。[6]姜允中回憶來臺初期，道德會成員有三分之二是東北籍國大代表，三分之一來自山東、江蘇等省，後來才逐漸擴大吸收本省籍會員入會，因此外人始終有道德會是類似「東北同鄉會」組織的誤會。不可否認，早期來臺的道德會因東北同鄉情誼而凝聚出較強向心力。[7]有了住處，道德會會員不忘初衷，尋找機會在臺灣復會、興學。道德會對臺灣而言是異地遷入的外來組織，大陸時期的運作不能在臺生搬硬套，加以經費短缺，會務推動困難。不過，動盪時局中，還是有許多社會工作刻不容緩，亟須著手進行，如離亂衍生的幼兒托育、保育需求，這給了姜允中開展婦幼工作的良機。當時國共對峙態勢下，處於前線的舟山士官兵生死懸於一線，後方的軍眷惶惶不可終日，為了安撫老幼婦女，一九四九年年底、一九五〇年年初，姜允中在道德會內辦了舟山軍眷縫紉班和識字班，頗著佳績。時以蔣夫人宋美齡為首的婦聯會注意到姜允中的工作，有意網羅她加入中華婦女反共抗俄聯合會，[8] 最後儘管無疾而終，卻顯示遷臺後諸多社會事業百廢待舉，特別是婦幼工作需才孔急，而大陸職業婦女積極投入，一路上默默耕耘，功不可沒。

一九五〇年，道德會成立附設托兒所，分日托、夜托兩部，免費收容軍眷子女，又該會與聯合國兒童救濟基金會駐臺辦事處合辦大同區牛奶供應站，嘉惠貧困兒童。[9] 一九五〇年代，臺灣局勢不穩，幼教事業在摸索中邁開步伐，許多工作是在舊經驗中產生新方向。由大陸遷徙流離到臺灣的職業婦女，挺身而出移植自身工作經驗，她們為安定臺灣社會貢獻心力，幼教事業即為一例。許多涉及兒童保育、養育的工作在臺灣光復後，特別是一九五〇年代全面開展，其帶動的效用是，不僅兒童教育的教學理念得以確立，同時對穩定社會人心亦發揮顯著的作用，最重要的是，所有資源都注入進臺灣後來數代的幼教工作中，進而健全教育體系的承先啟後思維。一九五二年，姜允中再度集中全副精力並摒除萬難，於重慶北路萬國道德總會成立立德幼稚園。園區從無到有都見園長的付出，初期從裝設煤氣燈、取用井水，到後來申裝電燈、自來水，改善抽水馬桶等，無一不是考慮要為兒童創造舒適教育環境。而為救助當時臺灣社會中普遍存在的貧困兒童，幼稚園三分之一的學生學雜費減半，真正赤貧者則全免。一九五五年起，立德托兒所與臺灣省社會處合辦貧苦孤兒免費寄養活動，前後五年，社會各界給予高度評價。[10]

戰後臺灣的幼教工作，結合兒童教育與救濟貧困家庭兩重目的，不光是培育、養護下一代，也著重重塑幼兒園的社會定位，故而主持幼教工作者不全然以牟利為目的，他們試圖建立新的經營方式，相應帶出良性競爭。姜允中說她對幼兒園聘用教師有所堅時，必須是師範畢業生，具有愛心和耐心者才算合格。後來臺北市政府興辦幼稚園和托兒所，會專門派人到立德幼稚園參觀請益。臺灣幼教事業進程中，幾位傑出知名女姓，如方志平、熊芷、朱秀蓉、遲寶華等人，皆與姜允中熟識。[11]戰後臺灣幼教事業，除了延續傳襲大陸脈絡，更重要的是有適應時代、遷就臺灣社會的調整，遷臺外省婦女發揮轉換承創的作用，舊與新的交接融合，不論是工作方式或教育人材一脈相承，確有開創新局的功勞，為戰後臺灣社會復興寫下重要一頁。

許多大陸來臺婦女正值青壯年時期，她們的生命經歷中，最刻骨銘心的是國家動盪，連帶影響到婚姻、家庭與兒女養育的艱難。姜允中本來立志不嫁，來臺後孤身一人，在團體中工作不免流言四起，眼見短暫時間回大陸機會渺茫，考慮到後半生要待在臺灣，不婚念頭開始動搖。來臺已步入三十多歲的姜允中，人生歷練使她選擇結婚對象頗具主見，因為配偶不再只是談情說愛的人生伴侶，更重要的是兩人工作、志趣、性情是否相容。姜允中最終下定決心與東北籍國大代表王鏡仁結婚，這樁婚姻的開端，不落男追女的陳規俗套，始於女方在盱衡一切情況下，主動向男方提出交往。[12]一九五三年，王、姜兩人在臺灣辦了結婚典禮，在別愁離恨滿溢的年代，一男一女攜手在島嶼共建家庭，這個家庭有著更多同命鴛鴦的意味，因為王鏡仁在大陸已有家室，此事男方並未對姜允中隱瞞。姜允中的抉擇，反襯五四新文化運動以來已成為現代中國女權圭臬的一夫一妻制，在動亂中變成一種苛求，而在一九五〇年代後，婚姻的結合往往印證真實人生的崎嶇起伏。來臺職業婦女的婚配有諸多說不盡的順服、勇氣、認命與掙扎，不能以重婚、女權等概念，就輕易予以否定或武斷地給予評價。[13]王鏡仁、姜允中婚後育有二子，由於丈夫身體孱弱，姜允中身為人妻，一肩扛起撫育稚子，照顧先生的家庭責任，忙碌不已，而她對鍾愛的幼教事業更不忍割捨。兼顧家庭及事業何其困難勞累，姜允中回憶中細數五〇年代，臺灣一批職業婦女，她們所經歷的是長串艱辛生活與奮鬥不懈。應該說，移臺的外省女性，失去大陸時期既有的地緣、血緣所提供的情感或物資支持，她們必須更加費心盡力，兼顧一切。儘管姜允中所說，呈現的是她個人的經驗與遭遇，但推及戰後臺灣的整體社會狀況，應該也可以算是外省職業婦女的集體縮影。[14]

臺灣時局從混亂漸漸走入安定，一般外省家庭遭遇到的是缺親少戚，普遍收入的銳減。渡海來臺者，沒有房屋、土地這些恆產，任憑怎樣嬌滴滴的女性，似乎一夕之間頓成能幹精練的婦女。而原在大陸時期，就已一人孤身在外挺過八年抗日烽火，四年內戰的婦女，到臺灣後，她們更是十八般武藝，樣樣上手，還能對別人提供援助。姜允中回憶，她自己忙裡忙外，還注意到要幫助其他從大陸遷臺的外省婦女，給她們工作機會，如辦幼稚園所聘用的老師，一般是師範幼教科畢業，而背景多是空軍眷屬。對待同是天涯淪落人的老師們，姜園長一定按時發放薪資，並給予該有的福利，從不苛扣，老師們的孩子入園更有減免學費的優待，如其中一位蕭老師就將兩個兒子送入園中受教。[15]五〇年代的臺灣，一群婦女她們勤作苦熬，試圖在一切崩解毀壞中，一點一滴地重建家園，更有人溺己溺，人饑己饑的精神，她們從大江南北齊聚臺灣，在患難流離中搏成新社會。一九五〇年代來臺的外省職業婦女，她們的回憶透露出對自身所有的一切努力，有難掩的驕傲，雖時移勢轉，而其影響確實深遠。不可諱言，一九五〇年代移入臺灣的外省職業婦女與本省婦女並不容易真正打成一片，主要障礙是語言隔閡，這需要時間克服。姜允中到臺灣幾十年，臺語除了「謝謝」、「吃飽」外，既不能聽、也不會說。工作中認識的多半是臺灣士紳，如吳三連、高玉樹、蘇潭、游彌堅、陳福山等，與一般本省婦女較少接觸。幼稚園學生的父母是否有本省籍者，在回憶中講述甚少，或許在文化差異仍然顯著的年代中，外省族群辦理的幼稚園打破省籍藩籬或已現契機，惟仍須待時代推移自然達成。

另一位致力於臺灣幼教工作的外省職業婦女朱菊貽，她在訪問中說到：「我們這一代很辛苦，年經的時候遇到抗戰，再來又碰到共產黨，跑來跑去，讀書也不穩定，婚後照顧一堆小孩，整天忙碌不堪，有時還要生病。」[16]一九二四年，朱菊貽出生浙江嘉興，她升上初中一年級時，日本打到武漢。當時，她剛考上武昌教會學校善導女中，入學才半年多，因日機轟炸猛烈，學校被迫停課，求學之路因而中斷。其後，朱菊貽輾轉前往上海，入教會學校禪文女中念完初中，接著考入務本女校。一九四三年，朱菊貽高中二年級，因上海於太平洋戰爭後，日人控制益趨嚴密，朱家舉家連夜逃難尋親，最後落腳於江西長汀，朱菊貽就在該地的長汀中學復讀。長汀地處內陸，風氣十分保守，加以寄住親戚家裡，生活起居頗多不便。不久，朱菊貽便與弟弟再遷贛州，她進入贛州女中就讀，好不容易完成高中學業。畢業後，朱菊貽考入陳鶴琴在贛州辦的國立幼稚師範專科學校，[17]她在這裡迎接抗戰勝利。戰後一九四八年，朱菊貽完成學業轉往上海，她在空軍子弟學校幼稚園服務，開啟幼教工作生涯。朱回憶說，因受到幼稚師範專科學校紮實的幼兒教育訓練，她的工作如魚得水。一九四九年，時年二十五歲的朱菊貽，離家已數載，她選擇和上海空軍子弟學校的眷屬共同轉移來臺。這所學校及所有眷屬一開始落腳於嘉義，因沒有校地可言，便只能借嘉義白川町大同國小一半校舍做為課室。朱菊貽的家人各奔四方，所幸她的父親後來也到臺灣，在臺北臺灣銀行任職。為與來臺的家人能夠團聚，她申請轉職入臺北女師，擔任該校訓導工作。一九五〇年，女師舉辦校慶，教育界人士雲集，在活動中，朱菊貽認識了當時成功中學的校長潘振球，因兩人同為國民黨員，此後黨部開會不時碰面，交往一年多後，一九五二年三月，潘、朱締結連理，在臺灣建立家庭。婚後，夫妻各有事業，在胼手胝足的打拚中，兩人共育三子一女。潘振球曾掌臺灣省政府教育廳達八年半，這段時期長住臺中，臺北的家成了「擬單親」家庭，實際上由朱菊貽一手打理，她養育四個孩子頗為不易。多年後，已事過境遷，朱仍可一一細數當年的辛苦勞累，自謂筆墨難以形容。[18]

朱菊貽來臺後念念不忘幼教工作的推展，她出面奔走積極籌組，一九五五年中國幼稚教育學會成立，[19] 該會集結了一批有志於投入臺灣幼教工作的職業婦女，大家互相交流經驗、分享心得，會員致力協助臺灣從事幼教工作的老師們，發揮經驗傳承的功能。外省女性遷臺，不自限忙碌不堪的家庭生活，有理想者出面聯繫志同道合的同業，不論是建立新組織或力圖恢復既有機構，全都致力號召舊會員並吸取新會員，形成一股不容小覷的新力量。與大陸時期相較，臺灣因幅員較小，反增添人際網絡的親密。來臺發展事業的婦女們，她們的配偶亦多傾力提供協助。如潘振球的資源與人脈，便對朱菊貽的工作有所助益，夫婦兩人在教育界攜手並肩，而以當時臺灣的經濟條件而言，只能說勇於任事者對一切煩難須概括承擔，根本談不上是「有權階級」。回顧五〇年代的臺灣島嶼，一夕間湧入大批受高等教育的菁英，他們補充了各行各業人才需求的急迫性，而國難當前，大家同舟共濟，捐棄成見，攜手互助，儘管困苦卻創造了一個「美好年代」。尤其是教育事業，實為臺灣後代注入源源不絕，賡續不斷的文化命脈與生機。以朱菊貽來說，她在長汀中學只讀了一個學期，卻受校長姜子潤深刻的影響。姜校長的弟弟姜子榮後來也到臺灣，在臺灣省教育廳任職，朱菊貽打算從原來任職的竹師附小幼稚園轉到臺北女師服務，她央請舊識姜子榮寫信給女師校長任培道，遂順利獲得面試機會，促成了她得以在女師訓導處工作。[20]這段轉校的過程，不能以「步步高昇」來解釋，反倒可以看作是大陸受教育的菁英，在全島遍撒文化種子，從南到北，莘莘學子深受陶冶之益。

遷臺的外省職業婦女，許多人在大陸時就屬知識婦女階層，後來為了開展工作，多半落腳臺北，因為軍、公、教機構集中於此，因此論到外省知識婦女一般的記憶，她們早年對臺灣較深的印象，恐怕多集中臺北及周遭附近。外省知識婦女參與締造的臺北「外省人」、「外省文化」歷史現象，最核心的便是知識婦女群體的工作及表現，她們「移植與轉化」的努力，在日常生活中消泯外省、本省的族群界限，收效甚著。教育的實踐，本身即蘊含融會交流，而其結果是培育臺灣各方面的人才，一代又一代的青年，要說是受外省人的教育或本省人的養育，根本就已然水乳交融無從分辨了。一九五〇年代後臺灣日趨繁榮安定，外省婦女回憶時，提到的都是在島嶼度過後半生，她們堅持奮鬥的驕傲，以及兒女成材在臺灣安居樂業的欣慰。從戰亂中走來，好不容易盼得的落地生根，使得外省知識女性撇去沉重的國仇家恨，她們務實地建構日常生活安穩的秩序，並且嚴格督課兒女教育，因為心中最深的體會是求學機會得來不易。姜允中的兩個兒子，一個學文，一個學理工，後來都在美國工作，長子王德威的學術成就傲人，成為名聞國際的人文學者。朱菊貽育有三男一女，長子是南加州大學會計學博士，老二是美國加州大學 Irvine 分校博士，在美國紐約州立大學 Oswego 分校教書，三女學商業設計，定居美國，四子是紐澤西 Rutgers 化學博士。[21] 移臺的外省婦女以兒女成就自傲，而她們本人、婚姻及家庭，以及她們影響下的第二代，構築臺灣文化內容中十分重要的「外省記憶」，除了與一九五〇年代臺灣「再中國化」形成對話外，在歷史記憶積澱多年後，時至二十一世紀的今日，論臺灣多元社會、中華文化、教育傳承都少不了一九五〇年代外省知識婦女的貢獻。多數移臺婦女不涉政治、軍事、經濟等國家層次的活動，她們依據天賦的柔性、韌性，書寫獨一無二的性別遷移史，這些努力在歷史洪流沖刷下，成為島嶼人民無形的、共享的寶貴歷史資產。

三、遇合：「外省第二代女性」歷史記憶的形成

外省第二代，童年時期歷經一九五〇年代，他們長大後對於父母或祖父母的記憶較為曲折。父母的口述、實際生活經驗以及家中珍藏的物件，構成他們自認為的家族歷史，究其實卻都是環繞著臺灣所產生的記憶。第二代的回憶，與外省第一代腦海中的「大陸原鄉」，距離已遠，他們

的經驗是在斷裂中傳承，對形塑臺灣多元文化及歷史記憶踏出重要一步。由於外省第二代受教育，建立人際網絡的地方是臺灣，與留在大陸的親族關係趨淡，更重要的，第二代對大陸、臺灣戰亂離散的記憶依靠的是「體會與想像」，不如父母輩那般沉重。[22]父母的「家鄉」對他們而言是遙遠的所在，而眼前臺灣是澆灌生命經歷的實境，他們聞聽、探究父母所轉述的「切身歷史」，卻因空間疏離，使之削弱了歷史性，增添濃厚「傳奇」色彩。外省第二代的記憶，其追述父母親的經歷，往往都免不了有說「故事」的味道，輪到描繪自己的遭遇，因時間、空間都可按圖索驥，歷史感和歷史性便加重許多。

第二代書寫自身家族的過往，母親提供的內容遠比父親豐富、深厚，原因之一是移臺後的外省小家庭，一切從無開始，男性一般擔負沉重養家責任，往往成天在外奔忙，他們的注意力多放在工作，並且相對的，更關心外在時局，如政治、軍事、社會變化。原因之二是男女同歷離亂，男性較能隱忍內、外在的衝擊，可女性卻較願意吐露情懷，於是母親成了傳承家族記憶的主要發言者。同時，外省第二代的女兒們比起兒子們更關心父母所經歷的過去，這是由於女子天性上本有生兒育女的生物傾向，文化上會對過去、現在、未來有更深的反思。總之，關於整理、重現上一代人的記憶，女性比男性投注更多精神和感情，這種立基於「性別」之上所產生的書寫風格與情感去向，常流露於女性的紀錄文本中，使得所說「故事」抒情遠勝於紀實。

外省第二代盧遠珍是在自己退休後，才興起書寫父母出生、成長、遇合的旅程。她把母親接到家中三天，不停問、不停挖，寫出三生三世家譜，才知道祖父名字和父母雙方的家人。她追述母親的生命經驗，提到母親在大陸的外祖父重男輕女，認為女孩子是「賠錢貨」，然後跳接母親讀初小與高小的過程。她提到安徽省懷遠縣是母親受教育的地方，後來因日軍轟炸，不得不輟學逃難，借住省城蚌埠二姑家。無論懷遠或蚌埠，這些地名在第二代的敘述中，是用來串連敘事的地理名詞，至於那個縣有什麼學校，又或者民風、自然景觀乃至生活條件有什麼特殊之處，都不是他們在意的。同樣，抗戰的逃難從甲地躲到乙地，對父母的意義往往是生死交關，前途受阻的重大波折；第二代未經歷戰火洗禮，寫來脫去硝煙味、平淡似水，因父母的空間感是他們前途所寄，親情所託，而對在臺子女來說，那只不過就是散落地圖上的地名而已。

盧遠珍提到母親在大陸的求學經過，她用自己的浪漫想像加諸其上，說：「（母親）一直到勝利後繼續中斷的學業，進省城就讀省立農業學校，在清晨的雪徑留下上學的足跡印記，勤學用功的名聲傳頌鄉里。」[23] 顯然把母親的歷史，當成自己說故事的素材，文學性與歷史真實夾雜，這是臺灣外省第二代描述「大陸」的重要特徵。盧父的經驗在盧遠珍筆下就更簡略了，甚至時間、地點隨意安插，如說到父親讀完縣中，在大後方讀國立九中，十八歲由安徽到南京，投考軍校，到底盧父是抗戰前還是抗戰後到南京，語焉不詳。不過抗戰勝利後，盧遠珍描述的時間序就比較清楚了，她說父親當時返家與母親結婚。對外省第一代來說，抗戰是一場浩劫，苦難重重，而在外省第二代筆下，那就只是一個用來推衍事件的時代鋪墊，既未在意戰火摧殘的痛苦，也未對復員的混亂多所著墨，一切都那麼順理成章，甚至國共內戰，人心惶惶，父母必須永離親人，從廣州登艦轉移到達臺灣，生離死別也變得雲淡風輕了。父母在大陸的一切，彷彿是如煙往事，在臺灣說起時真如隔世。

一九五〇年五月盧遠珍出生，此後在臺灣的生活就集中於父親的職業升遷，所呈現的是更貼近她童年生活的追憶。比起渺茫不可及的「大陸」，在臺灣所接觸的一切，其記憶的細節格外清晰明確。盧遠珍提到一九五七年，因父親職務調動，被外派出任韓國使館副武官，她便和哥哥隨父赴韓，入漢城華僑子弟小學就讀。二年後，父親工作再次遷調，全家又重新搬回臺灣，兄妹回臺後插班念小學。在臺灣經歷的歲月，回憶的時間與空間，儘管談的是父母，但其主人翁實質上已由第一代移到第二代，以致所有描述都更加鮮活詳細，不難看出土地的生根認同是不能違逆的歷史變化。盧家所拍攝的家庭生活照，照片中有第二代時就沒有了大陸親屬，多半的組成是一家四口輪番上陣，影像——這種訴諸視覺聯結情感的工具，道盡一切，[24]諸多私人照片所在的背景，連綴起來就是一幅臺灣歷史及地景變化的可靠導覽。[25]

外省第二代呈現的父母記憶，大陸時期的家族成員，與臺灣外省第二代間沒有共同生活所產生的感情聯結，[26]子女們透過父母想像大陸未曾謀面的親眷，二手轉述缺乏血濃於水的情感，更多的反而是好奇與探祕。一位外省第二代女性郭小南，在父母親都過世後，拿到母親遺稿，透過閱讀文字梳理了母親家族三代的遭遇。母親名叫陸曉桐，一九四九年隨空軍丈夫從成都經海南島逃難到臺灣臺南，郭小南在臺灣出生，她說母親生前絕口不提大陸的「外婆」，子女們知道這似乎是母親心中的痛，而祕密最終在母親遺稿中逐一揭露。郭小南披露遺稿，原文母親敘述時使用的第一人稱，字裡行間儘管是一位出生活動於中國大陸女性所寫的個人歷史，可是當臺灣女兒將之整理公開後，文本便脫離了大陸，而成為「臺灣歷史記憶」下的一塊拼圖。郭小南整理後的母親文稿，一開始其母陸曉桐就自問到臺灣後這段經驗，該稱為遷臺、撤退、移居或流亡？她和丈夫在臺灣住了近四十年，依然滿腦子記掛大陸，她的丈夫不聽、不說、不懂臺語，不嘗、不試、不吃臺灣食物，他思、他想、他談的都是「家鄉」，兩岸開放探親後，卻畏怯返鄉。曉桐與丈夫相反，勇敢積極融入臺灣，原因是她在大陸原來就沒有什麼親眷。親生母親發瘋無語而亡，父親也於一九四九年前離世，哥哥於抗戰時罹難。從小就被迫和母親刻意隔離的曉桐，長大後漸漸知道父親的陸姓家族暗藏各種黑暗，由於是家中長子，父親肩負的責任極重，又因家庭成員凋零，曉桐父親的舅舅、舅母也同住一處，後因舅舅過世，舅母年紀頗輕便守寡，她變成實際掌家的「長輩」，偏又極度依賴曉桐父親，後來曉桐母親嫁進陸家，舅母的行徑乖張，她要這位新嫁娘喊她為「祖祖」，大兒子一出生便被要求認「祖祖」為母，人倫泯滅。兩年後，曉桐出生，自此父母親被迫分開，曉桐從小就聽家人議論說自己生母是野人，是妖魔，因而造成母女生疏，而母親強被「祖祖」隔離，精神確漸失常。到曉桐念小學時，她被限制全然不能接近母親。年幼的曉桐卻曾目睹「祖祖」和自己父親同床共枕，家庭的黑暗昏亂，匪夷所思，令曉桐窒息。十六歲時，曉桐便離家考入成都女師並住校，一次放假回家，驚聞母親過世，從此她便極不願回家。女師畢業後，曉桐找到教書的工作，期間認識一位航校生，兩人相戀結婚，婚後未跟家人打招呼，便跟隨部隊來到臺灣，在臺灣安家後，共生育了五名子女。作為女兒的郭小南，對母親的陸氏家族，可說血緣雖存實沒，惟有母親姓陸，才保留著一絲牽連。

母親在大陸的遭遇，對臺灣第二代而言既陌生又新奇，在記憶轉述時更多是拼湊，而非探真，這些混雜、紛亂、個人化的敘事，與政治、教育的「中國化」形成同調卻又參差的合聲。[27]臺灣子女接收、閱讀、聽聞大陸父母經歷，不免隔閡與揣想，「中國化」在私人領域，尤其是家庭、家族歷史充斥修飾、浪漫與收編，父母記憶中的「中國」、「故鄉」、「親人」幻化成臺灣外省人寄託情感，身分認同的憑藉，卻因過於「浪漫化」、「戲劇化」、「虛擬化」，國族歷史反遭重造顛覆，其結果是五〇年代後當臺灣認同逐漸浮顯，不可諱言，「外省文化」占據了極其重要的位置。

另一位外省第二代女性，母親是日本人。一九四三年，這位母親還是少女時，離開日本移住瀋陽，起初過著無憂無慮的生活，一九四五年日本宣布投降，在東北的日本人有如喪家之犬。局勢混亂中，年輕少女並未選擇返回日本，她滯留東北，當國軍接收時，成了被軍人覬覦擄獲的對象，所幸一位年輕軍官帶著她出逃。接著國共戰爭爆發，這對年輕戀人後來成為夫妻，一路從東北逃到上海，過程艱險不在話下。有一次丈夫被八路軍抓走關入監獄，年輕的日本少婦不顧一切向獄方表明她要一同坐牢，負責管理的女性幹部竟生同情，暗地釋放兩人。小倆口到了上海，逃難中少婦兩度懷孕，結果一個流產，一個夭折。到上海後，這位長在東北的年輕少婦，見識到五光十色的消費天堂，離滬前為自己買了一瓶「旁氏」，然後即登船到臺灣。來臺後，少婦將過去「切斷」，她不去想日本，也不和日本的親友聯絡。對子女來說，這位母親對過去的「冷漠」也是一種自我訴說，而母親來臺後慣用「旁氏」（Ponds），這個習慣及消費品成為子女用來追索父母過往經歷的觸媒，很富詩意。而家中還有一幀父母四十歲左右在臺灣拍攝的結婚照，照片的「新人」

早在大陸就是夫妻了，卻在臺灣拍婚照，現實與回憶交錯，照片的外在、內在皆道出離亂歲月，婚姻得來不易的來龍去脈與隱喻。[28]

外省第二代也有跟著母親來臺，父親陰錯陽差留在大陸，導致天倫夢碎者。這類的例子，因年輕太太撫養稚兒，首先遭遇的困難就是家庭經濟窘迫，其次是旁人異樣揣測的眼光。王玲玲的母親何君楠，一九四八年逃難時與丈夫於杭州失聯，她在茫茫人海中，依隨部隊到了臺灣，丈夫卻最終留在大陸。何女兩手空空，身無分文，親眷中只有一個弟弟到臺灣，任職於臺灣陸軍司令部，他的經濟條件也不好。為了餬口，一九四九年五月何君楠投考女青年大隊，錄取後受訓一年十個月，一九五〇年十月結業後分發。這段時期，稚女王玲玲只好四處託人照顧。一九五五年四月，何女再婚，對象是同在總政治部工作的同事田學信。婚後，女兒與母親、繼父同住，何君楠在第二段婚姻中，生育一子田宗琪，一女田宗惠，至於長女王玲玲則始終冠大陸丈夫的姓。晚年的何君楠回憶過去種種，她對來臺灣之前的人生經歷念念不忘，留戀低迴，她自述娘家是安徽廬江大戶人家，自小生活優渥，而記憶中故宅景致、家族財勢、手足情誼皆歷歷在目。何君楠說到，她留在大陸的丈夫是遠房親戚，兩人年齡相近，彼此家世背景卻頗懸殊，如此便成了窮酸俊少年配上嬌寵大小姐，道地的苦戀，故婚姻近於私奔。這種因顯著的男女出身差異所製造的戀愛悲喜劇，實附生於江南大戶人家的家族傳奇中，與臺灣形同兩種世界，它成為何君楠在陌生島嶼落腳後，反覆沉吟琢磨的安慰。

何君楠和青梅竹馬丈夫結婚後，陸續生了兩個女兒，大女兒叫玲玲，小女兒叫麗麗，後來姊妹一個跟著母親到了臺灣，一個跟著父親留在大陸，兩姊妹一生遭際判若雲泥。少婦何君楠二十多歲，身邊帶著二歲多女兒，一位出身大陸富戶的女性，本有丈夫依恃，如今獨自面對人生地不熟的異鄉之地，何君楠的回憶至此便多了許多辛酸現實，她一面工作，一面記掛女兒受苦，沒有親戚可伸援手，時時都在自責掙扎中，儘管在臺灣各地來來往往，臺灣的風土人情對何君楠來說，皆有如過眼雲煙，[29]既模糊又疏離，外省第一代的生命凍結在他們青春、壯年的大陸時期。相反地，女兒王玲玲儘管在大陸出生，但童年後即在臺灣生活，她小時候遷來搬去，住過鳳山、屏東阿猴寮、臺南、臺北芝山巖等地，長大後對這些地方都有深刻記憶，說起童年認識的人也都會和地名聯結。玲玲回憶，她後來在臺灣省立臺北育幼院幼稚部入學，該院的位址在新北投，即現今溫泉路一帶，當地過去有一戶日式房子，房子中有庭院，庭院種著一、二棵結滿柚子的大樹，因為靠近北投公園，女生常常跑到公園池塘抓蝌蚪裝在瓶子裡。小學部在舊北投，校園很大，學校周圍都是稻田，育幼院和稻田間只隔了一片竹籬笆。育幼院老師幾乎全是外省籍，院童有父母雙亡的，也有單親的，還有父母雙全但兄弟姊妹太多無法養育的。同一年級白天一起上課，晚上男女學生分開，各睡一張大通鋪。當時臺灣物資不充裕，平時吃的是玉米作的黃色饅頭，假日、聖誕節則有糖果、餅乾應景。

育幼院周圍環境，就王玲玲記憶所及，簡直可說細節完整。她一一羅列說，附近有鐵道、山丘、公園，有時候育幼院安排師生到陽明山旅行，學生拿著臉盆，一路敲打，一路去溫泉莊洗溫泉，作者回憶那些年，每天都很開心。對照於母親離鄉背井，與生父、生母、丈夫兩岸相隔，此生恐難再見，其孤苦、遺憾與艱辛縈繞難解，加之母女因工作關係不得不分離，萬般不捨的折磨，簡直判若兩種心境。雖說幼兒不解人間愁滋味，但隨年歲漸長，所見的是女兒的記憶附於臺灣這個島嶼之上，雖時間流逝，景致變換，卻無損於在臺灣長大的外省第二代對住過的地方，上過的學校所有一切，如數家珍，而且他們可以回到「歷史曾經的現場」。如玲玲提到的北投幼育院，縱使拆遷，她到了那裡還是可以指出從前明確的地理位置，腦海的影像等於是一九五〇年代該地區的場景翻拍，外省第一代卻難以產生如此強烈的臺灣地景情感，這是流離下的心理反應。而第二代在嫁接上一代的移民歷程後，情感移注於生活成長所在的臺灣，儘管他們也對父母所提的家族史有難以卸下的血緣相繫，卻不免有所隔閡。

更細緻來說，五〇年代的文化、教育事業通常由移臺的外省菁英掌握，如玲玲就讀的北投臺北育幼院，創辦人是張雪門，[30]張氏是浙江鄞縣人，大陸時期即為中國著名幼兒教育家，曾應北平香山慈幼院院長熊希齡之聘，編輯幼稚師範叢書，開辦北平幼稚師範學校。抗戰爆發後，帶領北平幼師先後遷往湖南、廣西、四川，一九四六年應臺灣省民政處電邀來臺辦理兒童保育院，隔年成立臺北育幼院。[31]張雪門與大陸北平香山慈幼院關係密切，臺北育幼院的教師群不乏原來任職香山慈幼院者，玲玲記憶最深刻的一位女老師徐慈，一九四〇年代畢業於北平中國大學政治經濟系，七七事變爆發後，與家人暫避北平香山慈幼院，曾在北平西四帝王廟聆聽張雪門講授幼教課程，來臺後任臺北育幼院保姆多年。[32]儘管不少家庭或因離亂而四分五裂，但在臺灣由外省菁英構築的文化、教育大環境，從各個方面逐步育成臺灣建設所需的人才，其貢獻難以忽略。

移臺的外省第二代多少已克服語言障礙，他們的生活不再侷限於外省族群，與本省人接觸愈來愈多。臺灣是外省第二代落腳成長之地，本地的地景、人文、社會，深深地烙印於所有住民身上。外省第二代與父母間的差異，在於他們極少再集居於一處，隨著臺灣經濟發展快速，外省人四處搬遷，若非政治的動員宣傳，實難再以明確線索來區別族群。外省第二代所經過的幼年及青少年，是一段「臺灣化外省人」的歷史階段，與前一代「臺灣中國化」形成豐富的對話，舉凡生活、教育、飲食、娛樂等逐漸形成臺灣島嶼獨特的樣貌。總之，外省族群不幸離散，隨之遇合，其第一代在大陸是從有到無，到臺灣的第二代再從無到有，結果就締造了現今臺灣多元融合的特殊文化與社會景觀，而外省女性曾在離散遇合之際，備嘗苦難，最終在臺灣落地生根，轉折與過渡，寫下許多不凡的遭遇篇章，而她們所展現的柔性力量，有別於政治的剛性作用，發人深省，並且難以抹滅。

四、結論

「外省人」及「外省文化」究竟在臺灣歷史變遷中扮演什麼角色？他們訴說的「流離」與「遇合」經驗，乃至點點滴滴記憶、遺忘與默然，如何變成臺灣文化深層的結構，進而形成臺灣的島嶼認同？這就是本文最終的關懷。本文試圖挖掘外省第一代職業婦女的親身經驗，再疊合外省第二代女性再製的父母記憶，以此來分析一九五〇年代以來形塑臺灣多元族群的文化與社會歷史的變化過程。

外省第一代女性在戰亂中飄泊，深受大陸親情牽絆，「流離」是不得已也是擺不開的沉重包袱，駝負一生甚至難以卸下。而她們到臺灣後，國與家均有支離之感，可謂蒼茫。然而面臨生活壓迫，她們選擇埋頭苦幹，抱持「在荒野中闢路」的精神，逐步在臺灣扎根。在第一代外省女性背負流離重擔，胼手胝足的奮鬥基礎上，外省第二代承續血脈，他們對外省第一代的「大陸親情牽絆」有同情、有理解，卻因沒有實際生活的連結，於是看似因血脈相沿而有的「傳承」，其實隱含更多「斷裂」與「創新」，這種現象與國家在臺灣所進行的「再中國化」，構成豐富對話。

外省第二代得自上一代的「家庭遺產」，在大陸懷鄉情結外，更重要的是銘刻在生活中的德訓、言教乃至身範。文中曾提及的姜允中，她的哲嗣王德威接受口述訪問時，回憶說：「在我心目中，我的母親是一位不平凡的女性。不管對外或對內，她都做出自己的一番事業，她的一生應該值得驕傲」。談到母親對幼稚園工作的投入，王德威接續說道：「民國五十年代，母親為了替立德幼稚園找塊校地，時常外出奔走，為此她曾看過了無數塊地皮。記憶中，我曾跟著母親到過南京東路五段一帶，當時那裡已經接近臺北市的近郊，記得一二三巷路口有一幢西式白色現代化建築物，前面有一座水池，非常顯眼，即是現今世華銀行所在地。不過那時建築物的四周卻是稻田，景象十分不搭調。越過了這片稻田，就是當時空軍眷屬所住的婦聯新村。」[33]王德威是一九五四年出生，推算起來，母親帶著他東奔西跑找地蓋幼稚園時，約莫七、八歲，男性孩童的記憶，有一部分與女性孩童可說相當接近，那就是他們都提及外省第一代的母親，拚了命也要兼顧家庭與事業的決心和耐力。第一代外省職業女性留給家庭男性後代的影響，不僅是她們身上曾有過沉重的「國破家亡」懷鄉情感，更重要的是她們不知不覺中所流露出來的移民奮鬥不懈精神。臺灣若有新的「母儀」，那麼這些外省第一代婦女足為典範。而外省女性處顛沛流離困頓之際，仍能在臺灣從一草一木、一磚一瓦，由無到有貢獻心力，並就其所長發揮才能，創立事業，其典範足式，無庸置疑。本文所舉的幼教事業，尤顯示外省女性在教育上的貢獻對臺灣戰後社會影響鉅大。外省女性沒有太多財富，也不具特殊優越地位，她們是憑個人的才能和不認輸的精神，與島嶼共存。「移民女性」從原鄉到異鄉，她們所參與締造的臺灣戰後歷史新頁，實歷久彌新。

第二代外省女性曲折地承載父母的記憶，她們顯然已有不同於第一代更顯著的落地生根在地性，因此當她們轉述父母的經歷時多半滲入的是臺灣「視野」，這種歷史變遷的特殊性夾雜於各種敘事文本中。第二代外省子女的生根土壤是第一代外省父母所構建的，兩代在臺灣撒下的社會文化種子，包括開創性的工作、懷鄉心境與記憶重造，盡皆成為島嶼後代所共有的「遺產」。臺灣外省第二代，他們的「大陸淵源」顯得迂迴又轉折，王德威曾說母親持家家規甚多，應對進退都有要求，一九八八年他回東北探親時，才發現旗人果然規矩甚多。[34] 滿洲旗人的血脈從大陸到臺灣，撒下的種子是「家規」，而後成為臺灣第二代摸索自身來源的線索，大陸的親緣、血緣至此反成抽象鈕帶。值得注意的是，「家庭」是臺灣文化與社會傳承的核心，而「家」本來即為婦女主導的生活場域，因之，外省第一代女性與第二代女性，她們在臺灣歷史記憶形成中所占據的重要位置，無論記起、遺忘、重現或再製，都難以忽視。無庸置疑，一九五〇年代來臺的外省女性以及他們培養的第二代，所有一切的工作、事業、情懷、記憶，早已融合成為島嶼共有的文化、社會與教育資產。

1 陳純瑩，〈光復初期臺灣警政的接收與重建：以行政長官公署時期為中心的探討〉，收於賴澤涵主編，《臺灣光復初期的歷史》（臺北：中央研究院人文社會科學研究所，一九九七），頁三一。

2 道德會全稱是「萬國道德會」，原是由山東歷城江希張所創立，江氏有神童之稱，一九一六年，江希張九歲，見人世紛亂多，道德淪喪，起而提倡道德運動，宏揚孔孟之說。一九一八年，江希張與父親江壽峰等人在山東濟南南星廟設立萬國道德總會籌備處。一九二一年，在山東泰安正式成立萬國道德會，第一位會長是孔德成，副會長是康有為、李佳白，第二任會長改康有為。一九二八年，江希張聽說王善人（王樹桐，一八六四－一九三七）在東北講病化人，並在東三省辦男女義學六百處，特別邀請其入會，擔任道德會宣講部主任，道德會的影響力在東北、華北一帶很快擴散開來。見羅久蓉訪問，丘慧君紀錄，《姜允中女士訪問紀錄》（中央研究院近代史研究所口述歷史叢書八十七）（臺北：中央研究院近代史研究所，二〇〇五），頁二〇。

3 羅久蓉訪問，丘慧君紀錄，《姜允中女士訪問紀錄》，頁三一。

4 羅久蓉訪問，丘慧君紀錄，《姜允中女士訪問紀錄》，頁三三。

5 日本投降後，國民黨著手接收東北。姜允中加入成為東北婦女運動委員會委員，期間曾與東北保安司令部部長杜聿明夫人曹秀清、陳誠夫人譚祥共事，一起進行勞軍活動。羅久蓉訪問，丘慧君紀錄，《姜允中女士訪問紀錄》，頁四三。

6 羅久蓉訪問，丘慧君紀錄，《姜允中女士訪問紀錄》，頁五一、一〇一－一〇三。

7 羅久蓉訪問，丘慧君紀錄，《姜允中女士訪問紀錄》，頁六五。

8 一九五〇年四月，蔣夫人宋美齡號召成立中華婦女反共抗俄聯合會（簡稱婦聯會），當時中華民國正處危疑動盪時刻，為了支持政府，安定社會，蔣夫人呼籲占人口半數的婦女同胞站出來，發揮婦女國民力量。辜嚴倬雲，〈六十年的奉獻〉，收於辜嚴倬雲等編，《婦聯六十年，生生不息》（臺北：中華民國婦女聯合會，二〇一〇年），頁七。

9 羅久蓉訪問，丘慧君紀錄，《姜允中女士訪問紀錄》，頁六六。

10 羅久蓉訪問，丘慧君紀錄，《姜允中女士訪問紀錄》，頁七九。

11 熊芷是熊希齡（一八七〇—一九三七）女兒，一九六四至一九六九年曾任省立臺北女師校長兼幼教協會理事長。熊希齡是民國提倡慈幼教育的著名先河，女兒熊芷承父志，遷臺後亦投身幼教工作。參見周秋光，《熊希齡與慈善教育事業》（長沙：湖南教育出版社，一九九一）。方志平則於一九六二年獨立創立大華中學、小學。參見羅久蓉訪問，丘慧君紀錄，《姜允中女士訪問紀錄》，頁八一。

12 一九五三年的中秋節，姜允中和好友薛善一商量邀請王鏡仁、尹子寬兩位國大代表一起過節。待到晚上，僅餘姜允中與王鏡仁兩人一塊散步，彼此暢談國家時局、各自家世和事業抱負，十分投契，女方製造了機會，在兩人自然相處之下試探日後婚姻的結合。羅久蓉訪問，丘慧君紀錄，《姜允中女士訪問紀錄》，頁一〇二。

13 姜允中自述她知道王代表在大陸已有家室，惟身處亂世，與王代表結合是時局使然，兩人間相互待之以禮，待「光復」後，若王代表回大陸與家人團圓，可以成全他。一九五四年姜允中生長子王德威，三年後再生次子王德輝。羅久蓉訪問，丘慧君紀錄，《姜允中女士訪問紀錄》，頁一〇三－一〇五。

14 在婦聯成立三週年時，其言論刊物《中華婦女》出版專刊以茲慶祝。其中朱綸女士提到臺灣處境困難，婦女要「節約克難、增加生產、支援前線、培養國本」，付諸於婦女的任務，與口述回憶中，婦女自抒其肩擔重責，十分吻合。總之，一九五〇年代由大陸跨海來臺的外省婦女，集結於「反共復國」這面大旗下，努力耕耘，是不諍的歷史事實。朱綸，〈我們今年應做的工作〉，《中華婦女》三卷八期（一九五三年四月），頁一〇－一一。

15 羅久蓉訪問，丘慧君紀錄，《姜允中女士訪問紀錄》，頁八二。

16 羅久蓉、游鑑明、瞿海源訪問，羅久蓉等紀錄，《烽火歲月下的中國婦女訪問紀錄》（臺北：中央研究院近代史研究所，二〇〇四），頁一七一。

17 陳鶴琴（一八九二—一九八二），浙江上虞人。一九一四年畢業於清華學堂高等科，公費留美。一九一九年獲哥倫比亞大學師範學院教育碩士學位，一九二三年在自己家中辦了中國第一所幼稚園，後以「東南大學教育科實驗幼稚園」名義，成立鼓樓幼稚園，聘請東南大學講師美籍洛林斯為顧問。一九二五年，鼓樓幼稚園正式成立。一九四〇年春，在江西創辦江西省實驗幼稚師範學校。抗戰勝利後，創辦上海市立幼稚師範學校並任國立幼稚師範專科學校校長。一九四九年後，歷任南京大學師範學院、南京師範學院院長。一九八二年十二月三十日病逝。參見王倫信，《陳鶴琴教育思想研究》（瀋陽：遼寧教育出版社，一九九五）。羅久蓉、游鑑明、瞿海源訪問，羅久蓉等紀錄，《烽火歲月下的中國婦女訪問紀錄》，頁一六一。

18 孩子生病是最折磨人的，一人咳嗽，接著全部都感冒了。朱菊貽說自己中年以後身體衰弱，工作與家庭兩方面過度操勞不能說沒有大影響。羅久蓉、游鑑明、瞿海源訪問，羅久蓉等紀錄，《烽火歲月下的中國婦女訪問紀錄》，頁一七八－一七九。

19 該會原在南京國民政府時代成立，國府遷臺後，積極發展幼教，一九五五年由前教育部國民教育司司長葉楚生女士及前臺北女子師範學校校長熊芷女士發起復會，分別成立「財團法人中國幼稚教育基金會」及「中國幼稚教育學會」，皆屬臺灣最早的幼教專業團體。二〇一〇年幼托整合，政府公布「幼兒教育及照顧法」，該會亦配合改名為「財團法人幼兒教育基金會」，二〇一〇年，前新竹師範學院校長陳漢強接任董事長迄今。資料來源：http://confucious-tw.org/front/bin/ptlist.phtml?Category=13。

20 羅久蓉、游鑑明、瞿海源訪問，羅久蓉等紀錄，《烽火歲月下的中國婦女訪問紀錄》，頁一六六－一六七。

21 羅久蓉、游鑑明、瞿海源訪問，羅久蓉等紀錄，《烽火歲月下的中國婦女訪問紀錄》，頁一六九－一七一。

22 第二代所轉述或建構的「外省第一代」遭遇，對臺灣已多了濃重的「歸屬」感，這是主觀亦是客觀雙重構造下的結果。關於「流離」與「歸屬」，這兩個用來標示遷移者認同傾向的概念，其在文學、文化中的意義，參見游勝冠、熊秉真編，《流離與歸屬：二戰後港臺文學與其他》（臺北：國立臺灣大學出版社，二〇一五）。

23 鄭美里主編，《遇合：外省／女性書寫誌》（臺北：INK文學生活雜誌出版社，二〇〇八），頁三九。

24 鄭美里主編，《遇合：外省／女性書寫誌》，頁四三。

25 鄭美里主編，《遇合：外省／女性書寫誌》，頁四三。

26 郭強生，《何不認真來悲傷》（臺北：天下文化，二〇一五）。

27 關於一九四五年，中華民國接收臺灣後的中國化過程，黃英哲有極精闢的論述。參見黃英哲，《「去日本化」、「再中國化」：戰後臺灣文化重建，一九四五－一九四七》（臺北：麥田出版社，二〇〇七）。

28 鄭美里主編，《遇合：外省／女性書寫誌》，頁六六。

29 陳三井、朱浤源、吳美慧訪問，吳美慧紀錄，《女青年大隊訪問紀錄》（臺北：中央研究院近代史研究所，一九九五），頁四四〇－四四五。

30 張雪門（一八九一－一九七三），浙江鄞縣人，北京大學畢業後，在北大註冊部任職，後轉孔德學校任小學部主任，又受熊希齡之聘，幫辦香山慈幼院，後又任北平幼稚師範校長。抗戰爆發後，在廣西桂林辦幼稚師範，後遷校重慶。戰後一九四六年，應邀來臺，籌備現今之臺北省立育幼院，直至年老因目病退休。參見張三茂，〈回憶家兄雪門——赴北京就學之一段經過〉，收於張雪門治喪委員會編，《張雪門先生紀念專集》（臺北：編者自印，一九七四），頁二九－三一。

31 陳三井、朱浤源、吳美慧訪問，吳美慧紀錄，《女青年大隊訪問紀錄》，頁四四七。

32 陳三井、朱浤源、吳美慧訪問，吳美慧紀錄，《女青年大隊訪問紀錄》，頁四四九。

33 羅久蓉訪問，丘慧君紀錄，《姜允中女士訪問紀錄》，頁一四七、一五一。

34 羅久蓉訪問，丘慧君紀錄，《姜允中女士訪問紀錄》，頁一六〇。

第四編

餘燼

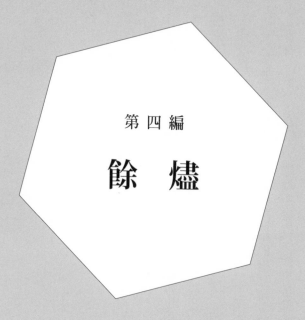

五四後中國家庭變遷的思考

——從施存統的「非孝」談起

一、前言

五四新文化運動前後，中國傳統家庭連同「封建禮教」備受指摘，發難者之一，言論震動公眾視聽的當屬青年施存統。五四時期的施存統經歷人生、思想的劇烈轉折，從孝子到發表〈非孝〉一文，[1]給人的印象不只是個人思想脫胎換骨，連帶也使傳統家庭制度受到質疑重創。青年施存統是一名無政府主義知識分子，後逐漸轉變成為馬克思主義信徒，他是中共創黨時期的領導人之一。[2]一九二〇年代的中國思想、政治風雲詭譎，施存統本決定奉行滅家主義、參與工讀互助，在後者以失敗收場後，他對無政府主義的主張進行了深刻反省，本來抱定的獨身主義，也開始動搖。[3]一九二〇年加入共產組織，[4]頗為活躍的施存統，後任教於上海大學，與女共產黨員王一知結合，兩人育有一子。這個「大學教授家庭」後來搬進中共在上海的工作據點，一所位在慕爾鳴路的房子。期間，同時居住於該處的張太雷，與施存統太太王一知愈走愈近，終至相戀並同居。受此刺激，施存統「發了瘋一般」，住進醫院。上海大學一位女學生鍾復光寫信安慰他，施、鍾相繼進而結成革命伴侶，施存統認為這段戀愛關係帶給他全新、如同再生的深刻感受，遂改名為「施復亮」。[5]青年時期遭到他唾棄的「家庭」，如今成為他珍之、惜之，願意全力以赴爭取維護的「愛情小窩」。「施存統」毀棄大家庭，「施復亮」擁護小家庭。從「施存統」到「施復亮」，代表著中國家庭經歷的一次重大轉折，同時，也開啟了此後家庭問題將纏繞在個人與家庭、家父長權威、婦女在家庭中的地位與權力等改革與革命的進程中，乃至三〇年代後近代都市文化的興起，接著四〇年代的戰亂，使家庭一度是現代文明載體，又轉化成戰爭中歸不去的故鄉、受敵人蹂躪的對象，添加更多抽象文化象徵意義。

終二十世紀，中國家庭歷經多次「危機」，從五四新文化運動延續到文化大革命，思想、社會倫理道德、政治、戰爭一再對家庭產生衝擊，不論家庭制度或家庭功能，改變幅度都算得上是翻天覆地。五四新文化運動時期傳統大家庭制度遭到猛烈批判，一九二〇至三〇年代，小家庭觀念在城市已廣為流行，[6]農村則變化不大，家族仍然牢不可破。一九三〇年代後半期至一九四〇年代，抗日戰爭導致各省人口大遷徙，逃難、從軍、傷亡造成近代中國家庭空前嚴重的「解體」危機，[7]這個危機在日本投降，國共內戰爆發後繼續升高。[8]一九五〇年代兩岸政權形成對峙局面，中國家庭的苦難依然有增無減。在中共「社會主義建設」總路線下，群眾運動、階級觀點入侵家庭，家庭一再被政治運動「刨根」，最終使得近代中國歷經近百年磨難的家庭，徹底改頭換面，文革中響亮的口號「老子英雄兒好漢，老子反動兒混蛋」，很可以說明階級鬥爭是五四啟動家庭改革聲浪後，一連串風潮中最終致命一擊。[9]

二〇年代施存統個人家庭觀的變化，可謂是近代中國家庭往後一連串劇烈變動的先聲。五四新文化運動時期，男性青年高舉男女平等理想，批判傳統家庭對婦女的歧視，家父長權威被激烈詆毀。[10] 男性知識分子跨世代聯手，在報刊雜誌上成篇累牘地替婦女發聲，「家庭」黑暗成為眾矢之的，同時，頌揚「愛」作為家庭組成的要件，成為五四青年們共有的時代印記。封建禮教原是傳統家庭制度的基礎，五四時期成了壓迫女權的罪惡元兇，遭到撻伐乃至威力盡失。小家庭制及崇尚愛作為婚姻新道德被奉為圭臬，[11]「施復亮」輩的理想付諸實現。問題是打垮傳統家庭制度，就算達到家庭改革的目的了嗎?答案恐怕不見得。共產黨人「施復亮」理想家庭實現後，依然有大大小小的挑戰不斷衝著家庭而來。一九三〇年代城市物質消費活躍，公共媒體高度商業化，推銷小家庭為現代設備具陳的舒適窩，使毀家論暫息，豈知這是曇花一現。一九四〇年代抗戰煙硝打亂一切，家庭復四分五裂。而後一九五〇年代開始，中共發動一連串社會主義經濟加政治的「革命化」歷程，對家庭的衝擊來到最高峰，當「親不親，階級分」的極左風猛颳後，家庭朝不保夕，尤其「家庭成分」如烏雲罩頂，揮之不去。走到這個地步，可以說五四青年們被文革青年們借了屍、還了魂，儘管時空已變，家庭還是一道道金箍咒，許多出身不好的青年，要走革命的道路，必須「背叛家庭」，與家庭「劃清界限」。

現在看來，近代中國家庭的變遷，源頭上溯自五四，五四的施存統輩似乎已預告往後中國所有動亂，將不可避免一而再、再而三將家庭捲入風暴中，無時或已，直至浴火重生。本文的目的，是以一個較為閎觀的歷史研究角度，試著以五四作為探討家庭問題的起點，然後延伸到一九五〇年代後，在長段歷史時期中進行觀察與反省，吾人或許可以肯定「社會主義建設」階段的家庭革命，實可上溯自五四的「家庭改造」風潮，家庭何去何從，歷百年的時間，跨時代而有似斷若續，難以磨滅的命脈關聯。

二、五四時期施存統的〈非孝〉：家庭問題還是問題家庭？

一九一九年十一月八日，浙江一份受五四新思潮影響，由中學生主辦的《浙江新潮》雜誌上刊載一篇名為〈非孝〉的文章，文章一出，四方震盪。[12]〈非孝〉一文出自一位就讀浙江省立第一師範，年僅二十歲的年輕學子施存統之手。[13]施存統出身浙江金華，他的家庭是近四十多口同居共食的大家庭，這樣的家庭組成與江南當時絕大多數中上階層的情況並沒有太大不同。[14]施家有自己的田地，也算薄有財富，後來，祖父及父親兩代相繼分家，各房分財析產，位列長子的施存統父親施長春，不但沒有受到額外眷顧，反因父輩偏心，所得極少。分家後，施存統父母自己打理「小家庭」，家境顯然大不如前，家族中不乏冷言冷語嘲諷之者。施家雖分了家，家族的鏈結揮之不去，分家不公蓄積的怨懟與家境漸蹇的窘境，困擾著施存統父母。施存統形容父親愛財如命、克勤克儉，誠實又規矩，「小農」性格與生活作風差可形容。[15]如果說施父濃縮了中國許多小農家庭家長的普遍形象，那就是安分守己，並不為過。只是，在兒子眼中，他有極負面的劣行，那就是對妻子、兒子，極盡自私、粗暴、無情、虐待之能事。「家父長」勤苦與暴虐兩種表現，往往促使子執輩們陷入體恤與頂撞、孝順與忤逆的矛盾掙扎中。

母親在施存統生命中有重要的位置。如同古今中外許多例證所揭露的，母愛深重又無怨無悔，母子是在親密關係中蘊育母親對兒子立身處世之道的教導。[16]施存統提到母親，流露的是全然的讚佩與眷念。施存統說母親徐氏出身書香門第，若按施存統生年一八九九年往前推算，晚清，女子婚齡大約是十五歲至二十歲，結婚後，大概一至二年生下第一個孩子，因此施母生年大概落在一八七七至一八八〇年之間。這段時期，盛清「母賢家興」的訓教，[17]恐怕仍是書香門第家庭女子教育的主流。施存統提到母親十分堅毅，雖家計窘迫，仍不甘屈辱，反更加勤奮勞動，她把全副希望寄託在長子施存統身上，經常對施存統講述忠孝節義等等故事，期望他能夠「揚名聲、顯父母」。[18]在中國舊式家庭中，「母親」從來就不只是一種家庭身分，而是男性書寫自身成就、發抒理想的代替者，「母親」或「母愛」是中國男性建構事功理想或家族文化重要的一環，[19]施存統母親對他也有同樣作用。

施存統十歲，進私塾開蒙讀了許多儒家經典。他自言，儒家學說使他崇信「孝」，做個「孝子」的想法植根腦海，無論父親多麼不講理、打罵交加，他仍不疑不拒。[20]浙江金華本非封閉之地，政治消息輕易就能獲得。[21]施存統於私塾受啟蒙教育，並斷斷續續讀書之時，中國政局已由建立共和走到袁世凱稱帝，北京上演各派勢力上臺、下臺，更迭如走馬燈。施存統說他曾對北洋政府承認「二十一條」感到憤慨，立志要參加軍隊做一名軍官。[22]這位浙江少年萌發的「愛國之志」雖稍顯幼稚，不過，熱血澎湃中，除「家」與「孝」之外，另個朦朧萌生的「國家」觀念也在牽扯著施存統的心思，或許，同時代的少年都曾經是如此這般，在家忍耐溫馴，但為了「國」就變得血氣方剛。十六歲時，施存統離家，預備報考浙江省立第一師範。「離家」並沒有帶給他過多的傷感，一方面因為浙江一師所在地杭州，距離金華並不太遠；另一方面，家庭中父親長期的虐待，使得施存統一旦萌發追求知識的欲望，便義無反顧、毫不眷戀地踏上棄家求學之路。赴杭州以「個人獨立」姿態踏入學校，施存統領悟到原來在家庭之外，還有更大的群體組成，稱做「社會」，如何使自己成為「社會上有益的人」，這樣的想法，開始盤旋在他的腦海。[23]

浙江一師在浙江省城杭州，杭州與上海在同一條鐵道上，兩地交通頻繁，溝通迅速。地理交通的優越便捷，使得杭州政治文化各類媒體訊息暢通無阻，中國北方、南方爆發的風潮，不多久就席捲到杭州。[24]浙江一師作為杭州當時最高的「學府」，更是動見觀瞻。施存統剛入一師時，追隨的是宿儒單不庵。這位單先生長於永嘉理學考據與目錄學，推崇儒學正統，施存統受到影響，大有自許為理學忠實門徒之概。[25]曹聚仁曾回憶說：「我們的單不庵（後名丕）師，頗有領導群倫的聲譽。他割股療母疾，該是大孝的行為，足以傳後世。他的入室四弟子，有施存統、周伯棣、俞壽松（即俞秀松）和我。他們都是真不二價的理學門徒，只有我比較接近於清代樸學家的路子。」[26]對單不庵的「崇拜」，使得來來去去徘徊於是否該死心塌地做個孝子的施存統，一度放下「妄念」，短暫回歸傳統儒家的「孝」道。

時代的腳步不斷前行，五四運動爆發前夕，浙江一師已感染到時代劇烈變動的氣息。一師校長經亨頤奉行兼容並包方式辦校，提倡「人格教育」，以開風氣之先而邀聘多位新派教師如陳望道、夏丏尊、劉大白等人到校任教。[27]這些新派教師，個個來頭不小，學養俱佳，他們在一師極力鼓吹新思潮、新文化，一師學子們受到薰染，眼界大開，個個摩拳擦掌，儼然以新時代青年自居。施存統提到當時一師同學間互相傳觀《新青年》、《進化》等刊物，這些刊物的主張、言論令他們大受震動，而其中尤以《新青年》對施存統刺激最大。《新青年》上，陳獨秀以辛辣煽動的筆觸對孔孟之道、封建禮教進行猛烈攻擊。施存統自言，讀了《新青年》的許多文章，促使他陷入前所未有「審思」，過去模糊的「志向」或「道德信念」，如今都有新的理解。如他曾一度有「升官發財」的念頭，被「改造社會」、「改造政治」新理想取代。[28]身為人子所當盡的「孝」，也不再依儒家道德來衡量，他自承對母親的「愛」是無法拋卻的，這也許才是「孝」的本質。

隨五四愛國運動更為迸發的新文化浪潮，並非一家一人之言可以含括。縱使《新青年》因作者群個個名聲顯赫，以致閱讀者眾，受其影響者廣。不過，其他五花八門紛雜的外來思潮，儘管未必名號響亮，但對急於求取新知的青年們，同樣起著不可忽視的作用，尤其是「無政府主義」。自清末即受到特定知識分子青睞的無政府主義，以去國毀家為號召，更激進的要求廢除所有製造不平等的制度，並追求烏托邦式的理想，在中國新思想流派中占據一席之地。[29]到五四運動前夕，因為知識分子反傳統、反封建禮教的風氣大熾，「激進化」的空氣瀰漫也連帶促使無政府主義復甦，成為重要新思潮之一，大大助長青年學子叛逆心態。施存統後來承認他受到無政府主義的影響，這些影響與《新青年》混雜，在思想劇烈交戰時，又正遇上「家變」。

一九一九年九月，在浙江一師的施存統接到母親病危消息，百感交集。此前，母親病重，他曾想方設法籌足一筆錢，要替母親治病。施存統把自己千辛萬苦湊足的錢交給父親，請他延醫替母親治病，殊不料，後來得知父親把這筆錢挪作他用，置重病母親於不顧。他回家探望母病時，又見到幾乎已無知覺的母親遭父親殘忍虐待，憤恨傷心至極。這樣的家，施存統自認自己根本作不了主。他愛母親，這個「愛」卻無能為力，痛恨父親，偏偏又切不斷父子血緣，待在家中，目睹所有一切唯有痛心。思來想去，施存統以為能夠不把自己賠進去，就必須走開，最終決定硬起心腸，離家回校。憤怒加上沮喪，施存統回校的路上，忍不住痛哭，這一來思慮得以澄清，施存統說：「這一哭，才哭醒了我十多年來做『孝子』的好夢。我揩乾了眼淚，恨恨地發誓不再回到那可怕的家庭。」[30]上一次的離家，施存統是為求學，對知識的熱望，掩蓋對家庭的厭恨，這次，是對家庭的厭恨導致心理上永遠的離棄，被離棄的「家庭」促發施存統萌生一個不需要「家庭」的社會想法。而當時中國許多青年都有「施存統」的影子，他們異口同聲對「家庭」展開程度不同的撻伐，[31]於是傳統「家庭」風雨飄搖，朝不保夕。

施存統受到內在思想與外在環境雙重激盪，寫出〈非孝〉一文，一九一九年登載於《浙江新潮》第二期。文章一出，各方議論接踵而至，堪稱一鳴天下知。〈非孝〉中，施存統開宗明義就質疑「孝行」、「孝道」根本是萬惡之源，「孝」是不自然、單方面的而且是不平等的，主張這種道德必須要推翻，重新建立以「愛」做出發點的父母、子女新關係。他不避諱揭露自己的家醜，指出若不是因為「名分」的束縛，他大可不必聽命於父親，他可以反抗並自己做主替母親治病。由此向外推衍，以為若去除「孝」而採用「愛」，那麼父母、子女關係便毋須刻意強調，「無論何人都一樣親愛，生死病痛，隨時隨地有人照料，不必千百里外的人趕回去做。」[32]施存統〈非孝〉一文思想駁雜，他不僅提出反傳統道德，還隱約蘊含對「共產社會」的嚮往，如提到「假使共產的時候，有公共醫院，則吾母病起的時候，就可以入院醫治；何致有臨死還不明白得了什麼病的事情？」[33]推翻舊傳統是五四知識分子的集體趨向，至於用什麼來取代舊傳統，則言人人殊，莫衷一是。青年施存統提出的是建立「共產社會」，在同時代人物中，他確屬趨於激進。無政府主義思想在他身上發酵，有跡可尋。施存統曾自承，他大量讀了《進化》、《民聲》、《自由錄》、《近世科學與無政府主義》等書刊，逐漸成為追求真自由、真平等的無政府共產主義信徒。[34]認定家庭制度不容於無政府共產主義，毀棄了也不為過，家庭都毀棄了，更遑論依附其上的「孝」道。

〈非孝〉立論大膽激進，擁護與責難者各執一詞，有如滔天巨浪，幾乎使施存統滅頂。陳獨秀這位被視為五四青年的啟蒙者，在《新青年》發表〈隨感錄〉，毫不掩飾他對施存統文章的激賞。[35]浙江著名紳學兩棲的沈玄廬（定一），是社會主義熱情的謳歌者，雖然批評〈非孝〉尚未成熟，不過仍肯定其不失是一篇「雷霆風雨的文章」。[36]比起讚揚者給予的僅止於輿論肯定，反對者祭出的則是「追殺」。浙江省政府認定〈非孝〉所論，動搖傳統制度的重要支柱，若不加取締封禁，危及統治指日可待。[37]浙江省府以「除惡務盡」方式，把〈非孝〉視若罪狀，株連一干人等，包括查封《浙江新潮》，經亨頤校長被免職，陳望道、夏丏尊等教師遭解聘。始作俑者的施存統，別無選擇的被校方開除，最終，一師奉命改組。[38]浙江一師受到「摧殘」的消息，在五四新文化運動風起雲湧之時，無疑是個震撼彈。這段時期，報刊出版如雨後春筍，浙江一師遭懲處的訊息刊布在二十家知名報刊上，掀起軒然大波。[39] 報刊言論一旦介入，那麼〈非孝〉一文原有的書寫動機以及施存統表達的個人理想，不免就被稀釋淡化了。輿論更關心的是，頑固保守的政治力伸入校園，所帶來的隱憂與威脅。[40] 果不其然，浙江省府在各方壓力下，收回改組一師成命。不過，校長經亨頤及幾位被點名的教師仍然必須離校，施存統和另外一些早就被貼上激進標籤的學生一律開除。由〈非孝〉引起的政、學角力，至此告一段落。至於〈非孝〉一文在五四時期輻射的廣度與深度，究竟要如何評價？曾經身歷〈非孝〉一文風波而相當貼近歷史現場的幾位當事人，在後來回憶中，幾乎眾口一辭說，施存統的〈非孝〉並沒有什麼可怕的離經叛道，不過是題目嚇人，內容其實平凡。[41] 果真如此嗎？如果把〈非孝〉放回五四對家庭極盡詆毀的思想脈絡中來解讀，那麼對其破壞威力恐怕不能過於低估。

個人獨立與自主是五四新文化運動中一個備受關注、眾所追求的目標，更是青年人熱烈嚮往的崇高理想。與個人獨立自主相背的制度、風俗、習慣，無一例外統統要被掃進歷史垃圾堆。個人主義主導下，從反封建禮教到摒棄大家庭制度，環環相扣，順勢發展。五四新文化運動對中國傳統家庭制度抨擊不遺餘力，「中國大家庭」惡名昭彰，包括助長個人自私心與依賴性，大家庭人多事雜，費心費力，一旦陷身其中，對社會的關注貢獻就會降低。[42] 總之，中國國勢衰弱都可追溯自大家庭所肇之惡果。大家庭既如此不可取，西方的小家庭一躍成為五四改革中國家庭論推崇的典範。彷彿是為了更加凸顯大家庭的罪惡，小家庭被描寫成人間天堂，如強調此種家庭形式，夫妻及兒女以愛為出發，感情親密，關係自然和諧；又小家庭中夫妻必須同心協力掌理家庭經濟，如此就可造就人格獨立、節儉及創造力，這些都是大家庭望塵莫及的。中國大家庭組成注重血緣及兩姓結合，家庭成員按照男女、年齡及排行輩分，有不同的「權利」與「權力」，每個人一出生就進入家庭這套「禮教」規範中。施存統幼時所處的大家庭有四十多口人，並非特例，而是一般中上階層的普遍狀況。大家庭被指責為禍至深，以施家而言，縱使後來分了家，施存統與父母組成「小家庭」，但由於這個小家庭是大家庭種的因、結的果，並非自由選擇而來，故大家庭中的頑強惡習在施父作為中淋漓盡致展現。〈非孝〉一文所敘及的「家長」殘虐，反射的正是大家庭中令人髮指的諸多弊端。施存統的文章，在保守派眼中是洪水猛獸，原因是他公開主張家庭制度應該廢除，而代之以共產社會，而當時青年學子和施存統具有相似想法的，蟄伏在各處，大有此呼彼應之勢。

〈非孝〉發表後的一年，羅敦偉、易家鉞兩位北京大學學生在北京主持成立「家庭研究社」，廣召會員，呼籲共同揭露在家庭中所遭到的殘酷虐待。八月，家庭研究社附屬的刊物《家庭研究》，由上海泰東書局發行出刊。《家庭研究》內容以討論家庭問題為主，維持近兩年，[43]既有專門社團又出版定期刊物，可見「家庭」受到輿論關注，尤其期刊兩年壽命的「市場潛力」是一力證。羅、易兩人主持的《家庭研究》，其所提出的家庭問題，事涉龐雜，卻不失為理解五四青年男性急欲見功的家庭改革主張。兩人似乎都受到無政府主義及社會主義思潮影響，[44]討論「家庭」問題雖不乏依循個人主義提出新觀點，不過，對家庭深惡痛絕的傾向仍是主要特色。清華留美的潘光旦曾說，個人主義與社會主義立論儘管大相逕庭，不利家庭存在卻起著共同的作用，「近人易家鉞君主張以社會主義替代家族主義，而其過程則為個人主義之發展；以個人主義為內應，以社會主義為外合，而家庭制度無倖免之理矣」，[45]當非虛言。《家庭研究》上，易家鉞曾撰文大肆批判「家長」地位及權威，「家長」在易家鉞筆下，是中國所有家庭問題的罪惡元兇，「家長」這一身分與其權力行使，集中國家庭輩分、階級等等不合理壓迫於一體，對年輕人而言，實務去之而後才能得個人自由，才能言不被束縛與壓制，才可以自由選擇職業，並且才可釋放被家庭牢牢綑綁的才能，真正為社會國家貢獻一己之力。[46]易家鉞的論點與施存統〈非孝〉一文所揭櫫的家庭改革論，實異曲同工，他們都有源於內心對投身社會事業的渴望。青年人急欲走入「社會」，就助長了他們對傳統「家庭」的深刻反思，並點燃蘊藏已久的不滿火種，易家鉞如此，施存統也不例外。顯然，五四青年拿「社會」來觀照「家庭」，是共同趨勢。五四時期，促進乃至追求「社會」進步是各種新思潮、新文化論辯中，不約而同的「終極關懷」，家庭改革的討論尤其如此。究竟合於進步社會的理想家庭，應該是什麼樣貌？這個討論到一九二六年潘光旦出版《中國之家庭問題》一書時，大致上可以說梳理出中國家庭與社會關係一幅較清晰的圖像了，中國家庭改革理應塵埃落定，可是潘光旦卻曾明言「社會主義」與「個人主義」在中國家庭制度上的角力，無時或已，這個觀察竟一語成讖。證諸一九五〇年代後中國遵奉社會主義來建設「新中國」，造成家庭分崩離析的狀態，種種現象其實早在一九二〇年代已見端倪。

三、後五四時期社會變革中的「家庭」：重獲生機

一九二六年，上海光華大學社會系系主任潘光旦出版《中國之家庭問題》一書，在該書的「序」中，他提到時人對家庭問題的熱議，大約到一九二三、二四年是一個段落。這段時期，光是專書就有《家庭問題》、《家庭新論》、《中國之家庭問題》、《婦女雜誌》之「家庭問題號」、女青年會之《家庭問題討論集》，期刊有家庭研究社之《家庭研究》等。[47] 其他，如婦女、婚姻、性道德、生育限制等問題，與家庭沾上邊的，若要算進來，更是數不勝數了。「家庭」成為新文化運動的熱門議題，原因無他，因為這是人人皆有的經驗與遭遇。一九二五年後，家庭問題討論趨於沉寂，似乎表示家庭何去何從的「答案」已有社會共識，或者家庭已被刨根斷脈，各種醜惡盡皆現形，再無可追究餘地。那麼一九二〇至一九二三年間，對家庭的熱議，究竟釐清哪些問題？又有哪些問題是擱置未論的呢？或許施存統後來的選擇與際遇，仍可以用來說明〈非孝〉後的中國家庭又經歷了什麼樣的變化。

新文化運動後的家庭，曾經歷摧折，不過，終究得以復歸平靜，平靜後的處境是立於歧路之中，誠如潘光旦以一位社會學家特有的總結性看法並帶著反省意味的觀點，說到：「家庭之為社會重心者，以我國為最著。其所以然者，半由於久遠之社會經驗，半由於儒家哲理之推挽。我輩今日之討論，對於已然之成績，自未便視作等閒；於其比較精采之部分，且宜虛心體會而竭誠維護之。當茲過渡時期，人事紛紜，思潮動盪，摧枯拉朽，力固有餘，而玉石俱焚，勢所難免。……

且我國舊制，西方學者頗有加以贊許者；……我不自寶而他人心焉羨之，其亦可以促我之反省乎？」[48]潘光旦的反省，與其他討論家庭的書籍有所不同，因他有「民意」調查作基礎。潘光旦利用任職《時事新報》學燈部時期，公開徵求讀者填答問卷後寄回報社。學燈編輯部就家庭問題徵求問卷，共計三次，第一次是一九二七年六月二日；第二次是六月九日；第三次是六月十六日，最終共計回收問卷三百七十一份。潘光旦根據問卷上的題目，以及讀者的填答交叉分析，總結寫成〈答案之價值〉，此是《中國之家庭問題》與他書最大的差異。不可諱言，潘光旦作此調查，並由他總結解釋各種答案呈現的趨向，本有指導社會的目的。首先，他把回答時意見趨於極端的先提出來，並表明這些意見必須剔除。如一位編號二十九號的答案人，表明：「我是根本反對家庭制度的人。我主張不但不要中國式的大家庭，且不願需要西洋式的小家族制。家庭的壞處，使我們自私，使我們個性不能發展，使我們社會中多添許多的罪惡事實。我認為根本不需要家庭。準此，我們更不必要甚麼一夫一妻制，我們主張廢除婚姻制度，男女自由結合（我不說結婚！）以戀愛為基礎的自由結合，提倡自由性交，至於父母奉養和兒童養育，可設立公共養老院及兒童公育機關處理之，不一定要有家庭才可以維持也。」[49]這位答案人的意見，被潘光旦批評是因噎廢食之論，因為談社會革新不能完全脫離現存事實。不過，有人對家庭抱持如此深刻的否決意見，足見五四以及五四後，中國家庭確曾受到極度「唾棄」，儘管只是少數。

談家庭問題，潘光旦以社會學訓練的敏銳指出，一般人對於社會問題之意見，除了少許科學知識外，大部分的判斷受性情、早年教育、個人經驗及時代潮流左右。問卷的填答，對填答人的性情與經驗，實無從追踪評判，不過題目與填答的選擇，仍然透露些許訊息，藉此得以拼湊出填答人的一部分輪廓，而經由累積的案例就能再進一步分析討論。至於早年教育與時代潮流如何影響個人看法，潘光旦認為這正是問卷的目的，他最關注並且要向大眾「釋疑」的無非就是這兩個要點。潘光旦直言，他本來就對家庭問題的討論存有既定的想法，所以當面對問卷各式各樣不同答案時，他不以贊成者或不贊成者人數多寡來論斷是非，對他來說，「得確當觀點而立論」是最高宗旨。[50]為指導社會認識並推廣理想家庭制，潘光旦進一步說明，家庭的功用主要有三方面，一是為個人求發展；一是為社會謀秩序；一是為圖種族之久長保大。[51]著重於第一點是西方的小家庭制，著重第二點是中國大家庭制，這二種制度都有所偏廢，如果能夠兼而有之，並且加入第三點的功能，那麼所謂理想家庭就呼之欲出了。五四後，關於家庭形式的探討，時人就中國傳統、社會現實各方面因素納入考量，認為「折衷家庭」最符合國情，潘光旦是其中提倡最力者之一。他坦率地指出，過去中國家庭分子間的關係，強調情感的聯結，不是什麼哲學在規範，後受到西方權利、責任觀念影響，以之來評價中國家庭，就發現果然處處是缺點，樣樣是罪惡。若因此提倡全盤移植西方的家庭觀，徹底拋除中國家庭觀，未免也會有「張冠李戴」的障礙。只有折衷家庭，在改良舊日家庭的形式前提下，保留承上啟下的推愛精神，才最可行。潘光旦進一步以「社會進化」的角度，釐清折衷家庭優於小家庭的原因。他說：「社會學家為家庭制度辯護，瞻前則有演化事實為之張本，顧後則抱有循序改進之志願，故其主張每不為理想或成見所蒙蔽。折衷之家庭制即以此種精神為根據。」[52]

走過五四的學界，對於社會問題的討論，逐漸轉於「理性、平穩」，而中國社會中的家庭於一九二〇年代末，然後接續到三〇年代，處於相對平靜的、無人干涉的「各行其是」狀態。城市消費文化的興起，小家庭在商品經濟至上、婦女職業人口攀升、婚姻自由、媒體行銷等因素合力推波助瀾下，蔚為城市中的家庭型制主流。[53]城市周邊的鄉鎮，以及更偏遠的農村，大家庭依然牢不可破。一九三〇年代，在國家全力朝著現代化目標邁進時，城市與農村日益形成兩種對照的文化空間，「家庭」組成的方式，不論小家庭、大家庭、折衷家庭，彼此的壁壘不再是家庭規模的差異，而是依據其空間是坐落於農村或城市，而對家庭成員的「文化」與「社會」傾向所產生的區隔影響。如五四新文化運動時期活躍的北大學生傅斯年（一八九六—一九五〇），因父早亡，十六歲時由母親李夫人主持，娶進聊城縣紳丁理臣之女丁馥萃。女方出身不俗，略通文墨，無奈幽閉於高牆大院中，與傅斯年的思想與生活格格不入。傅斯年從歐洲回到中國後，西化滌蕩下已無一絲鄉居氣息，加以晉身學術界，奔波於沿海各大城市，抱負胸襟已非身處內陸沉窒環境的丁女所能企及。於是一九三四年，傅斯年便與丁女於濟南辦理離婚，同年底，在北京娶上海滬江大學畢業，受新教育、有新思想的俞大維小妹俞大綵為妻。[54]傅斯年所做的選擇，不是家庭型式的變換，而是文化與社會認同由農村到城市的轉移。

一九三七年中日戰爭爆發，日軍在華北及東南沿海迅速進兵，許多人不願生活於日本統治之下，收拾家當、拋棄家園、與家人踏上逃難之路，中國「家庭」遭遇空前的劫難。[55]為震懾中國民心士氣，日本飛機在華中、華南地區密集轟炸，許多原本人口稠密、平靜安謐的城鎮，幾成廢墟，到處是慘絕人寰的末世景象。轟炸後烈焰沖天，硝煙中屋垮房毀，來不及走避的百姓倒臥血泊中，死狀悽慘，而僥倖存活的人們，目睹戰火蹂躪下的種種破壞死傷，形容其為人間煉獄。[56] 每條人命的傷亡、每棟房屋的燒毀、每個家園的破壞，都代表著某個家庭難以磨滅、無從彌補的災難。戰火波及之處，許多人為逃離險地，轉往較安全的地方，被迫痛苦萬分地離開家鄉，加入大批流亡逃難的人海中。流亡的人們，不知何年何月可以再回歸家園，這對「安土重遷」觀念普遍深植腦海的中國人來說，無疑是萬分艱難、十分冒險的選擇。投入茫茫人海，失去家庭、家族支持，身旁出現的都是不知來歷的「陌生人」，詐騙、搶劫、偷竊隨時可能發生。而路途上不斷出現的險境及突發意外，也令人畏懼。如碰到「散兵游勇」的騷擾，散兵不一定限於日敵，甚至政府的軍隊也心懷鬼胎，氣勢洶洶，很多人的回憶都說到部隊以徵收為名，行劫掠之實。[57] 逃難促使眾多中國人跨省流亡，「離鄉背井」使社會結構有了鉅大變化，「獨在異鄉為異客」成為抗戰流亡文化中最明顯的特徵，「異鄉」助長人們思念故鄉，眷戀家園。抗戰時，許多離家的人們，利用所有可能的管道，打聽故鄉的訊息及情況，任何來自故鄉的風吹草動，都難免為之傷感、憂心，甚至潸然淚下。[58] 知識分子及年輕學子，因激於民族大義，他們隨教育機構、研究單位、政府機關一路遷往西南，終整個抗戰時期，許多人未曾回過故里。中國人對奉養老邁雙親並在他們臨終時陪在身邊，是根深柢固的孝道觀念，同時像過年、清明掃墓、中秋等傳統節日，都帶有凝結家庭關係，提升家族感情的儀式作用，這些節日循環往復具有強化親情、倫理紐帶的意義，淵源已久。又如老人壽辰、新生兒誕生及滿月、親族婚喪喜慶，都是每個家庭凝聚親緣、強化血濃於水的情感社交活動。居於同鄉的親族，急難互相救助，彼此照扶，鄉鄰間知情知底，由此而產生的信任安穩感，是中國「落葉歸根」文化的深層根柢。一旦投入廣漠人海，「異鄉人」特有的流離失所。飄泊無依感受揮之不去，總之，源於人倫擴展而成的文化鏈結，使家庭在抗戰時期重拾光采。五四知識分子揮筆斫殺大家庭的風暴儘管激烈，抗戰的異族入侵，復又呼喚大家庭「起死回生」。作家老舍的《四世同堂》道盡在軍事、政治雙重壓迫下，中國文化蘊含的民族自信心，而家庭就是中國文化一脈相承、永生不滅的源泉。

抗戰時期的知識分子、社會菁英對於家鄉的眷戀，顯現更多文化積澱的成分。豐子愷出生於浙江桐鄉縣的石門灣，此地位於杭州灣北面。豐家累世居於石門灣已歷三〇〇年，祖上不少通過科考並有功名者。父親豐潢是鄉試舉人，後因清末廢除科考，功名之途就此斷絕。豐子愷九歲喪父，母親一手掌理家庭大小事務。豐家有田數十畝，還有一間小染坊及二、三間屋宇，堪稱小康，豐母一心一意希望兒子學成後能夠固守家園。[59]一九一四年，豐子愷前往杭州進浙江省立第一師範就讀，追隨李叔同。一九一九年，豐子愷自浙江一師畢業，同年結婚，娶常德縣著名士紳徐氏女兒徐立明為妻，妻子娘家與豐家相距不遠。一九二〇年，豐子愷與友人在上海教授西方美術，一九二一年，他赴日十個月，學習油畫。從日本回國後，先後在浙江、江蘇幾個學校任教。一九二四年，轉徙上海，十里洋場的人情冷漠與社會現實，豐子愷坦言備感壓抑，最終，他決定返居故鄉石門灣，比起上海，豐子愷說鄉土的人情味與親切實更令人嚮往。一九三三年，一棟全新的二層闊綽宅邸在原豐氏舊宅旁落成，新屋宇由豐子愷親自設計、督工，並命名為「緣緣堂」。[60]從一九三三年起，直至抗戰爆發日軍進抵浙江之前，豐子愷一家老小全都聚居於「緣緣堂」，這使得緣緣堂成為豐子愷戰爭流亡歲月中，寄託對家鄉渴慕之情最依戀之處。在離家遙遠的大後方，豐子愷以極富感情的筆調，敘寫緣緣堂的一景一物。戰爭拉開了時間與空間的距離，異族侵凌，有家歸不得的悲涼，激化戰時中國人對家庭、家族、家園的思念與愛護。

一九三九年九月，豐子愷攜家帶眷，千里迢迢，歷經波折一路輾轉來到廣西思恩。在生活稍得安頓之際，他提筆預定寫下逃難五記：依序是〈辭緣緣堂〉、〈桐廬負暄〉、〈萍鄉聞耗〉、〈漢口慶捷〉、〈桂林講學〉。[61]豐子愷開頭寫逃難五記第一記〈辭緣緣堂〉時，他自言「不勝感慨」。[62]此時的豐子愷避難於廣西思恩的深山中，離家六千里，飄泊近兩年，思及故園已成焦土，不免黯然感傷。不過，豐子愷筆鋒一轉，奮起向上之精神毅然覺醒，他說：「炮火雖烈，我的匹夫之志決不被奪，它們因了環境的壓迫，受了炮火的澆禮，反而更加堅強了。杜衡芳芷所生，無非吾土；青天白日之下，到處為鄉。」[63]棄鄉飄零與無處不可為家，看似矛盾，細究卻是一體兩面。在他看來，面對日寇侵逼中國，國土縱然淪喪，有形的物質灰飛煙滅，可是文化與倫理卻是血脈相承、四海廣被，這才是中華民族絕難殄滅的根基。知識分子認為抗日時期最能代表中國文化淵遠流長的，莫過於是「家園」、「親族」，誠如豐子愷所想表達的「江南春盡日西斜，血雨腥風捲落花。我有馨香攜滿袖，將求麟鳳向天涯」。[64]

抗戰中大批離鄉背井的中國老百姓，他們以不同方式流露「思鄉」情懷。豐子愷的追憶是個典型，他對石門灣地理、人文、經濟、民生、風土、人情一一細數，最終回歸到心中繫之念之、魂牽夢迴的豐氏故居。「故居」就因原主人離開才顯出其所以是「故居」的所在，而離開的主人身在天涯，心卻間關萬里凝眸注視遠方，記憶因別離而格外深刻清晰。豐子愷對故居一草一木、一花一樹、一景一物，爛熟於胸，寫來有如歷歷在目。他記道，石門灣有一條大運河，運河大轉彎處，旁出一條支流。距運河約二三百步，支流的岸旁，有一所染坊店，名曰豐同裕，店裡面有一所老屋，名叫惇德堂，惇德堂再往裡進，才是緣緣堂。這些建築物的位置、布局，豐子愷信手拈來，如數家珍。事實上，他的童年時代，生活的空間是惇德堂，以及圍繞著該堂的周邊環境。[65]抗戰中，在時間、空間兩個座標交錯下，故鄉變得遙遠又清晰，「勝利還鄉」的熱切期盼，使「家庭」、「家族」、「家園」盈溢著超脫現實的美好，由此激發抗敵禦侮的愛國精神。終抗日戰爭八年，在異族鐵蹄蹂躪下，中國家庭一方面遭受致命打擊，一方面又幻化成堅不可摧的民族文化堡壘，「大家庭」的想望一度屹立，[66]卻是曇花一現。

同樣處於戰爭時期，與外界相對隔絕，中共控制的西北邊區，以「提高生產」與「解放婦女」為目標的家庭改革正大規模展開。[67]究其實，西北邊區的中共根據地是把婦女權益的伸張保障，當作配合抗戰動員、提升經濟生產乃至維持家庭秩序的手段。延安中共中央把家庭當成支援抗戰的根本，面臨戰爭所帶來的各種困難，想方設法以家庭改良來因應邊區所面臨的各種迫在眉睫的危機，故而無論是婦女解放抑或家庭改良，其最終目標是為加強保衛邊區、團結抗戰力量與增加勞動生產。至於真正觸及社會根本變革的女權主張，如肅清家庭中的封建陋習，包括婦女掃盲、廢多妻、廢妾、廢童養媳等，因其可能動搖邊區社會秩序或威脅民眾集體救亡團結，往往點到為止。另一方面，日軍的軍事進攻與殘暴惡行，使中共不得不考慮家庭改良可以攏絡婦女，於是家庭的革新與徵召婦女支持抗戰成為一體兩面。可以說，邊區的婦女運動是家庭改革的一環，而婦運是因應戰爭環境而來，如康克清於一九四〇年三月提出有關華北婦女運動的報告，明言在日軍肆虐的地區，婦女覺醒加入英勇鬥爭行列，是華北婦女運動擴張的重要刺激。[68] 婦女運動一旦有所進展，家庭改良的籲求便隨之而來，亦步亦趨。

一九四〇年代戰爭中的「延安經驗」，其所進行的婦運，主要目標放在婦女勞動力的徵用挖掘上，這有助提升貧困家庭中的婦女地位與權力。如晉察冀邊區的婦女被組織加入春耕，她們養雞、開荒、抬糞，組成各種合作社，學習不同手工技術，以所生產的產品賣出的收入貼補家用。因婦女所得的挹注，使家庭經濟有所改善，連帶家庭關係，如夫婦、婆媳間亦較和諧，這就是邊區強調的「家庭統一陣線」，[69] 家庭秩序因婦女勞動產值的增加，而能消泯封建壓迫，轉趨於開明民主，中共中央在邊區摸索出開發婦女勞動力，便可以改善家庭關係、改良家庭倫理，這比喚起婦女反抗舊婚俗，排拒家庭的男尊女卑、重男輕女，乃至背叛家長、公婆權威等婦女權利的公開追求，所造成的社會動盪顯然要小得多。戰爭中，邊區的婦女被鍛造成一支可資運用的「紅色娘子軍」，她們能耕、能種、能做各種革命工作。而最重要的，延安中共中央把婦女當成家庭改造的重要基石，婦女投入勞動生產使家庭有機會走到「開明民主」的地步，而一日家庭重獲生機，它便理所當然成了婦女進一步解放的擋箭牌，西北邊區中共的婦女解放、家庭改良諸種舉措，都預示戰後新政治力支配下的「家庭」，終將命運坎坷。

四、一九五〇年代後政治浪濤衝擊下的「家」：何去何從

中共在取得中國大陸統治權後，一九五〇年五月一日頒布新《婚姻法》，此法既有繼承五四關於一夫一妻、戀愛自由、提升女權的主張，也包括中共革命從江西、延安到內戰時期土地改革階段，某些婚姻、家庭改革措施的想法與作法。新《婚姻法》打著清除「舊社會封建殘餘」，建造合理婚姻制度的旗幟，煽動長期以來受家庭壓迫的廣大婦女起而爭取自身的平等權。[70]婚姻中的各類糾紛，暴露「家庭」是「新社會」對抗「舊社會」最基本的場域，改造婚姻，解放婦女，不得不從「家庭關係」入手。中共新《婚姻法》的第一章〈原則〉有如一面照妖鏡，照出「舊社會」婚姻與家庭的種種弊病，如包辦強迫、男尊女卑、漠視子女利益、納妾、童養媳、寡婦禁止再嫁等，[71]這些被斥為陋習，在「新民主主義社會」中務求一掃而空。新《婚姻法》的立法特點之一，是對婦女離婚給與較大自由，[72]因此尚在研議階段，某些地區已出現離婚率攀高的情況。[73]法律公布實施後，從五月至八月，整體離婚數字比前面五個月激增了九十一%。[74]新《婚姻法》引發各地湧現離婚潮，中共婦運領導一開始是以樂觀其成的態度因應，新《婚姻法》公布後約半個月左右，一九五〇年五月十四日，鄧穎超於張家口擴大幹部會議上發表講話，提到山西、河北、察哈爾、北京、天津、上海、西安、哈爾濱等地，包括農村及城市整體合計，離婚以及解除婚約的占所有婚姻案件比例是，農村五十四%、城市七十八%到八十二%。至於離婚理由主要是包辦強迫、買賣婚姻、虐待婦女、早婚、重婚、通姦及遺棄等，提出離婚的一般是女方，占全部離婚

案五十八%至九十二%。[75]在列舉各地離婚數字以說明新《婚姻法》的效應後，鄧穎超接著對幹部申明，《婚姻法》是使過去受「封建婚姻制度」壓迫的男女，獲得離婚自由權，他們離掉不如意的配偶，重新尋找心愛的對象，暫時發生較多離婚案，這是「革命發展的規律」，也就是變混亂為合理，是社會前進的正常現象。[76]鄧穎超的這一番話，呼應了一九二〇年代五四前後知識分子有關家庭中婦女、青年的自由、獨立、平等等問題的論辯，時至一九五〇年代，中共亟亟試圖使這些「理想」變成「現實」。

新《婚姻法》的婚姻改革觀濃縮了自清末、五四以來討論家庭永遠不能或缺的一個重要篇章，那就是保障婦女在家中的權利，從而提升其地位。中國家庭就如施存統在〈非孝〉中所描述的，輩分、性別、年齡形成牢不可破的權力位階。一般家庭中，父、夫是「當家的」，[77]妻子只有聽命的分。婆婆辛苦操持家務，養兒防老，巴望年輕媳婦進門，不僅可施展權力，又得享清福。新《婚姻法》鼓動年輕婦女，挑戰包辦婚姻，追求個人自由，在中共上層推波助瀾下，拒婚、抗婚得到法庭、基層幹部的支持，[78]這樣一來，男性尤其是底層男性，他們傾盡家產娶得的媳婦，說離就離，憤懣之情尤可想見。不滿妻子要求離婚，丈夫以暴力手段報復的事件，層出不窮。[79]更有甚者，婚姻改革最難克服的一股反對力量，來自中、老年婦女。一九五〇年代前，戰爭與動亂席捲全中國，不少家庭歷經動盪不安。包括身體、心理及經濟處境，比起男性，老年婦女更加堅持家庭上下權力關係，尤難忍受家中年輕女性動輒反抗，不敬公婆、挑戰權威。[80]農村以及社會較底層的家庭，娶媳如同買賣，而妻從夫居，女嫁於男的習俗牢不可破，其結果往往是婦女自嫁人後，與娘家幾乎切斷關係，人生的一切全都寄託於夫家。一位年輕媳婦日復一日消磨在育兒奉老，包辦家務，甚至耕種勞作中，對於丈夫的家人更是低眉順耳，忍氣吞聲，好不容易熬到兒子娶媳婦，自己晉升為婆婆，才可卸下所有重擔，她們豈能眼睜睜看著年輕兒媳鬧解放，甚至說要革除家庭的封建壓迫。

中共政權初建立時，行政體系並未十分完備，中央頒布的諸多政令，到地方層級，多半仰賴幹部「依法裁決」，結果往往是幹部自行其是，就地變通。幹部眼見新《婚姻法》施行後，年輕女子大動作逃婚、拒婚，家長權威備受威脅，家庭糾紛愈演愈烈，女性造男性的反，各地紛傳農民暴發不滿情緒，「新中國」的社會穩定難以維繫。不少幹部對落實《婚姻法》轉趨消極，中共婦聯提出的報告指出，基層幹部及群眾認定「實行婚姻自由，天下大亂」、「好人不離婚，離婚不正經」，一些貧雇農的老婆離婚，結果男方人財兩空，[81] 由此，對婦女動輒搬出婚姻自由法條，釀成各式各樣風波，謠言四起。一九五一年底，向來依靠謠言傳播信息的農村，有關《婚姻法》實行後道聽塗說、危言聳聽的風言風語到處流傳，有說只要是依照傳統封建方式結成的婚姻、成立的家庭，統統要廢除，當事人也將被處刑。[82] 群眾敵視派到農村幫助協調處理婚姻糾紛的婦聯幹部，雙方關係緊張，婦女到機關去訴請離婚者，遭到群眾阻擋。這段時期，中共進行的「婦女解放」還包括動員婦女參加識字班，以及分田，參與地方民主，選拔婦女成為工作幹部等，群眾把婚姻改革的帳與上述等等統統混在一起，一筆清算。一些婦女說，她們滿腔熱情成為工作積極分子或升做幹部，丈夫或公婆卻罵其「不守婦道」，要麼罰其不准吃飯，要麼晚上閉門不准回家，群眾也有禁止婦女參加公開政治及社會活動者。[83]「新社會」初生乍現，殊不料婚姻改良、家庭和諧與女權提升，三個社會改革的重大問題各自走各自的道路，難以攜手並進。

關於地方不斷傳出的婚改亂象，中共中央並非任其蔓延。前面提到一九五〇年五月十四日，鄧穎超於張家口擴大幹部會議上所發表的講話中，早就提醒幹部要貫徹《婚姻法》，不能一味強制，有時對人民要進行長期的教育，培養「新社會道德」。什麼叫做「新社會道德」，按鄧穎超的說法，就是鞏固夫妻間的關係，建立幸福的家庭，「幸福家庭」落實和睦團結、勞動生產、撫育子女，為新社會建設奮鬥。[84]同一篇演講出現排除萬難落實婚改與長期教育緩進推展兩種意見，中共中央模稜兩可的說法，使地方直接面臨群眾的基層幹部，他們在處理婚姻爭議案時，也就不免自由心證了。許多幹部睜隻眼、閉隻眼，處置婚姻糾紛時是不排斥婦女提離婚訴請，只求不出人命，作法上能拖則拖，這樣既安撫群眾，也不算一味讓步。

一九五一年後，為提高農村生產量，集體化、合作化運動如火如荼展開。早在進行土地改革時，中共就准許婦女分得土地、財產，這是從一九二〇年代左派倡行婦女解放，須提升其經濟地位的觀點深化而來。[85]而中共的家庭改革另有一條主脈絡，那就是承續延安時期的老路，著重提高婦女群眾廣泛地參加勞動生產。[86]一九五一年，中共中央公布已有四億二千萬農業人口完成土地改革，農婦分得一份土地，成為土地主人。男女農民「翻身」，在絕大部分的農村中，有百分之六十以上能勞動的婦女參加田間勞動，個別地區高達百分之九十。[87]單以一九五一年計，參加農業互助合作社的婦女，已達全體婦女農業生產勞動人數的百分之四十至六十。在社會主義農村集體化過程中，個別婦女被選為標兵，優秀的豐產模範被抬高至具有全國知名度。[88]互助化、合作化、集體化與婦女在勞動生產上的極高熱情，使婚姻爭議稍稍偃息，家庭危機似較風平浪靜。農村合作化運動中所衍生的互助托兒所、食堂，補足一部分家庭人手荒的困難，投入勞動生產的婦女多半得以疏解育兒奉老的沉重負擔，這對「家庭和諧」顯然是有發揮作用的。

一九五三年，第一個五年經濟建設計畫開展，重視家庭和諧聲浪不絕如縷。一位曾當選全國女勞模，來自湖北的女工於一九七二年提到，一九五三年後從中央到地方的黨幹部，幾乎人人主張婦女解放無法依靠法律、政治、宣傳輕易達成，尤其是處理家庭問題，不從外部社會經濟解決，狹隘地遵循「內部化」方式，把焦點放在婦女與丈夫、婦女與公婆間的權力爭執上，徒然製造家庭紛爭，社會秩序不穩，人民滋生畏懼。只有把家庭改革與社會主義建設合併考慮，尤其是說服婦女加入社會主義生產行列，等到社會主義建設完成，那時嶄新條件出現，婦女的家庭枷鎖就解除了。[89]一九五五年十一月五日，《人民日報》的社論，標題為〈積極發動婦女參加農業合作化運動〉，指出中國農村婦女多數受限於家庭瑣碎的家務操作，她們不能參與社會建設，所以經濟無法自主，教育機會被剝奪，要改變這種情況，婦女必須參加社會勞動，並廢除家庭作為社會經濟的基本單位。[90]「合作化」、「集體化」的確削減家庭的部分經濟功能，卻未必威脅家庭至瓦解程度，畢竟無形的親情、血緣以及「愛」仍然牢不可破，這才是家庭的「真正命脈」。

一九五〇年代開展的婚姻、家庭改革，其言論思想與改革目標，必須指出有上溯承襲自五四時期的「解放」觀念，即德先生與賽先生聲浪中所激起的女權及家庭改革主張的痕跡。一九五〇年代後，家庭改革追求的目標是根據「農民」的需要，被視為五四時期具有自由主義與個人主義色彩的屬於「資產階級」理想，若能納入就採用，絕不能將之懸為高的，如五四時期的青年那樣追之、隨之，不加細辨。新《婚姻法》從公布之時引起鉅大震盪，至一九五一年似乎較趨和緩。五四以來，保障女權究竟要從思想、教育啟蒙入手，抑或從經濟處境改良較能見功，爭議不休。一九五〇年後的中共合併兩種見解，在「實踐是檢驗真理的唯一標準」的歷史辯證中，顯示經濟似乎更能提高婦女地位，清除家庭黑暗壓迫。社會主義對中國家庭的改造，從婚姻改革邁開步子，以提高婦女勞動生產作為接續，卻還未見結束。五四的遺產諸如男女平等婚姻觀、家庭關係合理化的觀點，在遭逢日漸高漲的向「左」轉政治風潮下，勢必改弦更張。雖說在「反封建」大帽子下，五四自由思想與社會主義改革攜手，不過顯然只是表面，這種合作極其脆弱，遲早要分道揚鑣。果然，當向「左」轉上升成絕對的政治正確，「反右」掀起翻天覆地的鬥爭，中國家庭便不容置身事外，它在「左」、「右」政治鬥爭中，遭遇前所未見的猛烈撕扯。

婦女的勞動力從家庭解放出來，締造家庭權力新關係，只能說是中國「新社會」改造的一小段里程。對家庭造成刨根式的劇烈變革，遠非物質條件改變能達成，必須從倫理道德、親情血緣下手。五四的家庭改造理想，核心是推崇「愛」作為家庭結合的基礎，由「愛」及「性」，青年男女視此為組成家庭的最高指導原則。同樣地，要搗毀一個家庭，乃至令一個人屈膝服從，操縱「愛」與「性」也就行之有效。當反右政治風暴日漸高漲時，階級路線滲透到每個家庭，主宰他們的命運。「家庭成分」決定一個家庭，乃至家庭成員在「新社會」中的權力或權利。家庭被劃成黑五類的地、富、反、右、壞，家庭成員個個難逃被標籤化的政治磨難，他們備受歧視。一九六〇年代以後，階級鬥爭更趨激進白熱化，[91] 在毛澤東思想日漸神聖的時代環境中，所謂要使「社會主義江山千秋萬代永不變色」，說到底，就只有階級成分好、思想覺悟高的青年，才能成為無產階級革命事業接班人。職是之故，大學招生以政治成分取決，而師範學校更變本加厲，公開宣布凡家庭屬黑五類分子的，不准入學。[92] 被劃為剝削階級的家庭，許多年輕孩子在政治歧視下，就業、升學都遭阻難。有個例子發生於一九五八年，浙江一位初中畢業的女學生，本人是共青團團員，家庭出身被評定為小商人兼地主，她的父親在反右運動時接受改造，表現不好，被判了刑。年輕女學生曾積極檢舉自己的父親，表明與家庭「劃清界限」，即使如此，她找工作時，出身仍使她到處吃閉門羹，沒有一個單位敢錄用。[93] 與社會接觸最廣的中共基層幹部（公安派出所的大量幹部），將階級分野視同「教條」，家庭出身不好的，一律被當成「敵對分子」。[94]「家庭成分」、「家庭出身」論，把家庭的能見度抬高至空前程度，同時，卻又製造了超越任何歷史時代，對家庭最激烈的「仇恨」。每一個個體，尤其是青年，在政治化、革命化的浪潮中，與家庭緊緊綑綁，家庭血緣成為金箍咒，人人都受其控制，由此激發對家庭強烈的愛、恨、情、仇，政治力由此得到全面「改造家庭」、「改造個人」的機會。剝削階級家庭出身的青年被鼓動背叛自己的階級、自己的家庭，堅決「跟著黨走」。「背叛家庭」、「逃離家庭」曾經是五四青年施存統輩，滿懷激情、絕望與憤怒的吶喊，到一九六〇年代，又在廣大的青年中「借屍還魂」，不過物換星移，青年要付出的代價，遠遠超過五四那一代。

隸屬中共青年團的刊物《中國青年》，一九六四年刊登了一篇女青年的告白，這位女青年名叫魚姍玲，出身香港「資產階級」家庭。一九六二年，魚珊玲上海高中畢業後沒考上大學，父母要她回香港讀幾年外語，她自認是共青團員，不願意回港。一九六三年六月，魚姍玲報名加入新疆生產建設兵團。母親為阻止女兒的決定，從香港到上海，勸說女兒不要去外地吃苦，家裡養她一個沒問題。魚姍玲描述，她知道母親是愛她的，但母愛也有「階級性」，她不願意順從母親「離開黨、離開革命，過不勞而獲的剝削生活」。[95]魚姍玲的抉擇，成為一個極好的革命宣傳教材，《中國青年》賦以的標題是〈背叛剝削階級家庭，堅決跟著黨幹革命——魚姍玲改造思想進步快光榮加入共產黨〉，對魚姍玲其人其事做了渲染式的報導，同時，還附有一篇〈出身不由己，道路可選擇〉的社論，用來鼓動青年效忠黨、效忠領袖，走革命道路，於是廣大青年背叛家庭抑或順服家庭，成了他們通往革命的「嚴酷考驗」。文革爆發，「血統論」使家庭出身、家庭成分激進至一元論，每個人不是資產階級，便是無產階級，沒有中間道路可走。黑五類擴大為黑七類，[96]他們屬先天罪人，是「狗崽子」，這樣的出身連背叛家庭、保衛黨中央、保衛「毛主席」、參加紅衛兵的權力都沒有，是準專政對象。文革中流行的血統論，典型論述如「老子英雄兒好漢，老子反動兒混蛋」，使許多青年「翻不了身」，受迫害的青年掙扎在「仇恨」中。儘管有遇羅克這樣敢於突破政治防線，質疑「血統論」的危害，進而寫出《出身論》者，他發出微弱又大逆不道的抗議，[97]結果卻只有少數人傳觀，自己卻逃不過在鋪天蓋地的滾滾政治大潮中沒頂的悲劇。[98]無數出身「剝削階級」的青年，父母被殺、被關、被管，他們失去家庭、親人，自己則被批鬥、打罵、歧視，歸根結柢，青年對家庭的感情變得複雜難解，而「家庭」也就在極左的革命化、政治化摧殘下，支離破碎，而這次擊破的不再是有形的家園、屋宇，而是更深層的家庭連結紐帶，如倫理、道德、以及「愛」。

文化大革命要觸及人們的「靈魂」，顯而易見是破壞家庭情感，逼使青年們恥於說「愛」，只會「仇恨」。在不是同志就是敵人的革命動員中，只要是敵人，就應該被打倒，被批判，管他是師長還是親生父母。為了表現自己對革命的忠誠，惟恐自己恨得不深，不夠殘忍，所以洩憤似地打、砸、搶，毀壞一切，甚至揪鬥長輩，以此證明革命江山後繼有人，家庭不再是避風港或是安樂窩，隨時可能變成是藏污納垢之處。五四青年一輩對家庭的批判被文化大革命青年繼承了，變本加厲，一切全走了樣。施存統離開傳統家庭後，走進共產黨，此後一心一意打造自己美滿的小家庭，當時黨還可以接納小家庭。文化大革命時期發展到黨與家庭「勢不兩立」，這種情況有如清華附中紅衛兵創作的〈造反歌〉所說的：「忠於領袖忠於黨，黨是我的親爹娘，誰要敢說黨不好，馬上叫他見閻王。」[99]到了這個程度，中國家庭可謂連根拔起。五四以來，從毀棄大家庭，提倡小家庭，提高女權，至歌頌家庭是中國文化精髓，再走到家庭是階級鬥爭的場域，可謂來到家庭的末日了，文化大革命堪稱近代中國「家庭」風雨飄搖一百年最難熬，卻勢必浴火重生的最後里程。

五、結論

一九一九年十一月，施存統於《浙江新潮》發表〈非孝〉一文，以立論大膽、極端，引起各方震動。施存統由自身「問題家庭」提出的社會「家庭問題」，呼應五四新文化運動對傳統禮教與倫理的批判，自此，改革家庭的呼聲與議論此起彼落，始終在二十世紀中國政治、社會中占據一席之地。施存統從親身經歷出發，誓與大家庭絕裂，同時抨擊家族、大家庭制度的種種黑暗，青年人特有的激烈情感，凸顯家庭束縛與家長的專制，觸動許多具相似遭遇的青年，一時間，青年誓言打垮家庭，才能獲得個人自由及獨立，蔚然成為時代新思潮。「大家庭」是五四時期眾矢之的，舉凡提高女權、婚姻自主、戀愛自由，無一不與改革家庭牽連，青年施存統輩從改革家庭見到新社會建成的曙光，同時，「大家庭」因惡名昭彰，於五四及後五四被掃進「歷史垃圾堆」。

一九三〇年代，中國城市文化勃興，在商業消費的推波助瀾下，報刊雜誌把「小家庭」描寫得如同人間樂園。城市文化與小家庭相依相隨，知識分子如潘光旦，援學理力證小家庭要包括父母同住，至此，中國未來的家庭組成，似乎已有新的方式和方向，儘管廣大農村仍然盛行大家庭，仍習於同族共居。一九三〇年代末至一九四〇年代，抗日戰爭爆發，在異族鐵蹄踐踏下，家庭遭受空前劫難，家庭的成員因逃難、謀生各奔四方，家庭的物質基礎，如屋宇、家園等，面臨嚴酷摧殘。此時，家庭尤其是「大家庭」反被轉化成為中國的文化堡壘，歌頌中國家庭是文化傳承的齒輪，而描寫大家庭滋養中國人寧死不屈「民族氣節」的文學，成為抗日文化作戰的重要篇章，「大家庭」又重新擦亮招牌，短暫時期一度受到歌頌。抗戰時，位在西北邊區的中共根據地，悄然進行著一場以解放婦女，實際上觸及家庭內部權力關係的社會改革。延安的婦女解放、家庭改造小心翼翼地互相支援又互相掣肘地並行，當它與一九二〇年代「施存統經驗」對家庭的批判，遙相印證後，便吹響一九五〇年代中共建立「新中國」後，一連串家庭革命的號角。

從一九五〇年公布新《婚姻法》，試圖建立家庭新的兩性平等關係，到合作化、集體化運動中，提高婦女生產能力，以圖建立社會主義更和諧幸福的家庭，長串的過程，不難看到與五四新文化運動嚮往的理想家庭，有似斷若續的繼承關係。不能否認，中共的社會主義建設，每一步都影響到家庭何去何從。到一九六〇年代，向「左」轉的政治風暴愈演愈烈時，政治化、革命化席捲「家庭」，「血統論」、「出身論」使青年人被牢牢綁在家庭上，受其宰制，無力翻身。文化大革命挑撥青年對家庭的愛、恨、情、仇，尤其是「仇恨」，使出身家庭「黑五類」者，淪為革命敵人。為擺脫自己的「血統」，只好奮力與家庭「劃清界限」，這樣的遭遇，與施存統五四青年輩，彷彿命脈相連。中國家庭從五四的「非孝」走到文化大革命與家庭「勢不兩立」，其間風風雨雨，很可以說明二十世紀中國的家庭改革，也只有歷經磨難，才可以新生。近年來，中國大陸出現這樣一個口號，那就是「贍養老人是義務，推給政府很可恥」，背後隱藏的是家庭必須鞏固，才能發揮「養老」功能，黨、國家與社會似乎又有向傳統家庭招魂的意味。回顧五四新文化運動的家庭改革，最具破壞力道的莫過於痛批「家父長」，如今，家父長變成乞憐者，威風不僅不在了，而且還因為喪失「孝」這個倫理，淪為被濟助的群體，從「家庭改革」到「家庭革命」，真可謂斑斑血淚。

一九一〇至一九二〇年代的五四青年，以「棄絕」方式離開了家庭，當他們走入一九三〇年代，在城市浮沉謀生，備感「家鄉」的親切有情。一九四〇年代，炮火強化家庭是歸不得、忘不掉的故鄉。轉入一九五〇年代，中國婦女在社會主義建設中，撐起半邊天，造「家庭」的反，接著革命化、政治化席捲家庭，一九六〇年代，「劃清界限」再度激起個人對家庭的難解之「結」。總歸，個體與家庭、家父長權威、婦女權力與家庭是「文化故鄉」，這些五四家庭改革中被驅趕出來的魂魄，於「非孝」後時時飄盪於中國，陰魂不散地於不同時代現形。

1 施存統，〈非孝〉，《浙江新潮》期二（一九一九年十一月八日）。引自 Wen-Shin Yeh, *Provincial Passages: Culture, Space, and the Origins of Chinese Communism*（Berkeley: University of California Press, 1996）, pp.174-196. 根據筆者的比對，《浙江新潮》共出二期，即遭查封。第一期原件藏於浙江省博物館，第二期可能被軍閥禁絕後散佚。葉文心以及宋亞文等學者研究施存統，參考書目中列有〈非孝〉一文，註釋中卻引用施存統另外一篇文章〈回頭看二十二年來的我〉。大陸學者研究浙江一師風潮的相關論文，提到〈非孝〉一文，也未見引用原文。又《五四時期期刊介紹》附錄中列有所介紹期刊的全部期數目錄，惟《浙江新潮》，只列第一期目錄，並沒有第二期目錄，似乎也可說明第二期恐已散佚。見中共中央馬克思恩格斯列寧斯大林著作編譯局研究室編，《五四時期期刊介紹》（北京：三聯書店，一九五九），第二集（下冊），頁八八八。

2 施存統在浙江一師風潮後，離杭州赴北京，加入工讀互助團第一團。工讀互助團後因內部糾紛，不久解散，施存統轉赴上海。在上海期間，施存統與陳獨秀、俞秀松、李漢俊、陳公培等籌組共產黨，起草黨綱。（日）石川禎浩著，王士花譯，〈青年時期的施存統——「日本小組」與中共建黨的過程〉，《中共黨史研究》一九九五年期三，一九九五年三月，頁九〇－九四。

3 呂芳上，〈革命與戀愛——一九二〇年代中國知識分子情愛問題的抉擇與討論〉，《民國史論》（臺北：臺灣商務印書館，二〇一三），上冊，頁四一四－四一八。

4 按照日本學者石川禎浩的研究，一九二〇年六月，陳獨秀與施存統等五人集議，籌備成立共產黨，隨即，施存統赴日留學。石川禎浩比較俞秀松、陳公培以及施存統等人的說法，對時間序提出有力的解釋，結論是施存統赴日前已是共產黨員。（日）石川禎浩著，王士花譯，〈青年時期的施存統——「日本小組」與中共建黨的過程〉，《中共黨史研究》一九九五年期三，頁九〇－九二。

5 鄭超麟，《史事與回憶——鄭超麟晚年文選》（香港：天地圖書有限公司，一九九八），卷一，頁二八三－二八五。

6 Susan Glosser, *Chinese Visions of Family and State, 1915-1953*（Berkeley: University of California Press, 2003）, pp.134-166.

7 Diana Lary, *The Chinese People at War: Human Suffering and Social Transformation, 1937-1945*（New York: Cambridge University

Press, 2010）. 中譯本見廖彥博譯，《流離歲月：抗戰中的中國人民》（臺北：時報文化出版，二〇一五）。

8 羅久蓉、游鑑明、瞿海源訪問，羅久蓉等紀錄，《烽火歲月下的中國婦女訪問紀錄》（臺北：中央研究院近代史研究所，二〇〇四）。

9 這是一九六六年七月二十九日出現在北京航空學院附屬中學的一副「對聯」，此後「血統論」在文化大革命中變成「教條」。郭文亮，〈「文革」初期的血統論之爭〉，《中國青年研究》一九九五年期五，一九九五年九月，頁三四－三七。

10 趙妍杰，〈近代中國非孝論反思〉，《社會科學研究》二〇一八年期一，二〇一八年一月，頁一七七－一八八。

11 許慧琦，《「娜拉」在中國：新女性形象的塑造及其演變（一九〇〇s－一九三〇s）》（臺北：國立政治大學歷史學系，二〇〇三）。

12 〈非孝〉儘管出自一中學生之手，並且刊在省域屬性的中等學生所辦刊物上，卻因杭州在五四新文化運動前後所具備的特殊文化傳播功能與地位，使得〈非孝〉上升成為新文化運動中眾所矚目的論題。〈非孝〉刊出後，有些人認為施存統是反抗禮教的鬥士，有些則視其為大逆不道、禍害社會的洪水猛獸。針對〈非孝〉提出或贊同或質疑的論辯，不乏其人。如健民，〈非孝〉、〈非孝〉（續），《學匯》（北京）期一一八－一二〇（一九二三年）。田稻豐，〈非「非孝」〉，《廣益雜誌》期三十四（一九二三年）。張紹良，〈對於非孝的感想〉，《浙江十中期刊》期一（一九二一年）。

13 施存統，〈非孝〉，《浙江新潮》期二（一九一九年十一月）。引自 Wen-Shin Yeh, *Provincial Passages: Culture, Space, and the Origins of Chinese Communism*, pp.174-196。

14 施復亮，〈回頭看二十二年來的我（續）〉，上海《民國日報》副刊《覺悟》，一九二〇年九月二十一日。

15 毛澤東也曾經描述自己的父親具有「小農」性格。毛父毛貽昌，克勤克儉，累積薄財，自己辛勤勞動，也要求兒子照辦，毛澤東不聽話，毛父就動手打他，母親則溫和寬容，毛澤東對父痛恨，對母眷戀，「小農」家庭的情感關係似乎有共通性。張戎、喬·哈利戴（Jung Chang, Jon Halliday）著，張戎譯，《毛澤東——鮮為人知的故事》（香港：開放出版社，二〇〇六），頁一－一六。

16 Ping-chen Hsiung, "Constructed Emotions: the Bond Between Mothers and Sons in Late Imperial China," *Late Imperial China*, 15:1

（June 1994）, pp. 87-117。

17 曼素恩（Susan Mann），*Precious Records: Women in China's Long Eighteenth Century*，楊雅婷譯，《蘭閨寶錄：晚明至盛清時的中國婦女》（臺北：左岸文化出版，二〇〇五）。

18 施復亮，〈回頭看二十二年來的我〉，上海《民國日報》副刊《覺悟》，一九二〇年九月二十一日。施存統，〈我寫「非孝」的原因和經過〉，《展望》卷二期二十三（一九四八年十月）。

19 Ping-chen Hsiung, "Constructed Emotions: the Bond Between Mothers and Sons in Late Imperial China," *Late Imperial China*, pp. 87-117。

20 施存統，〈回頭看二十二年來的我（續）〉，上海《民國日報》副刊《覺悟》，一九二〇年九月二十一日。

21 Wen-Shin Yeh, *Provincial Passages: Culture, Space, and the Origins of Chinese Communism*, pp. 11-67。

22 施存統，〈回頭看二十二年來的我（續）〉，上海《民國日報》副刊《覺悟》，一九二〇年九月二十二日。

23 施存統，〈回頭看二十二年來的我（續）〉，上海《民國日報》副刊《覺悟》，一九二〇年九月二十二日。

24 Wen-Shin Yeh, *Provincial Passages: Culture, Space, and the Origins of Chinese Communism*, pp. 11-67。

25 施存統，〈我寫「非孝」的原因和經過（二）〉，《展望》卷二期二十三（一九四八年十月）。

26 曹聚仁，《我與我的世界（上）》（臺北：龍文出版社，一九九〇），頁一八一。

27 沈自強主編，《浙江一師風潮》（杭州：浙江大學出版社，一九九〇），頁一二一－一二二。

28 施存統，〈我寫「非孝」的原因和經過（二）〉，《展望》卷二期二十三（一九四八年十月）。

29 蔣俊、李興之，《中國近代的無政府主義思潮》（濟南：山東人民出版社，一九九一）。

30 施存統，〈我寫「非孝」的原因和經過（三）〉，《展望》卷二期二十四（一九四八年），頁一三。

31 Marion J. Levy, *The Family Revolution in Modern China*（New York: Octagon Books. Inc, 1971）。

32 施存統，〈回頭看二十二年來的我〉，上海《民國日報》副刊《覺悟》，一九二〇年九月二十三日。

33 施存統，〈回頭看二十二年來的我〉，上海《民國日報》副刊《覺悟》，一九二〇年九月二十三日。

34 施存統，〈回頭看二十二年來的我〉，上海《民國日報》副刊《覺悟》，一九二〇年九月二十三日。

35 陳獨秀，〈「浙江新潮」——「少年」〉，《新青年》卷七號二（一九二〇年一月），頁一五三。

36 宋亞文，《施復亮政治思想研究，一九一九—一九四九》（北京：人民出版社，二〇〇六），頁二九。

37 〈齊耀珊致大總統密電〉，一九一九年十一月二十七日，收入張允侯等著，《五四時期的社團（三）》（香港：三聯書店，一九七九），頁一四二。

38 呂芳上，《從學生運動到運動學生：民國八年至十八年》（臺北：中央研究院近代史研究所，一九九四），頁一一七－一四七。

39 《新青年》、《東方雜誌》、《星期評論》、《錢江評論》、《民國日報》、《申報》、《晨報》、《時事新報》等都有評論與報導。見宋亞文，《施復亮政治思想研究，一九一九—一九四九》，頁二九。

40 呂芳上，《從學生運動到運動學生：民國八年至十八年》，頁一一七－一四七。

41 陳望道，〈「五四」時期浙江新文化運動〉，收入沈自強主編，《浙江一師風潮》，頁三五一。

42 易家鉞，〈中國的家庭問題〉，《家庭研究》卷一期一（一九二〇年六月），頁一－三五。

43 按照《家庭研究》上刊登的〈社務紀要〉所言，「家庭研究社」的發起是因為要研究重大的「家庭問題」，這個想法提出後，短期內就有十多個人附和。一九二〇年一月十八日，在北京大學第一院事務室召開發起會，到會共有十五人。會場決議成立「家庭研究社」，發行月刊，名為《家庭研究》。易家鉞（君左）負責起草宣言，羅敦偉、羅漢起草簡章。〈社務紀要〉，《家庭研究》卷一期一（一九二〇年六月），頁六八。

44 Susan Glosser, "'The Truth I Have Learned': Nationalism, Family Reform, and Male Identity in China's New Culture Movement, 1915-1923," Susan Brownell and Jeffrey Wasserstrom eds., *Chinese Femininities, Chinese Masculinities: A Reader*（Berkeley: University of California Press, 2002）, pp. 121-144。

45 潘光旦，《中國之家庭問題》（上海：商務印書館，一九三四），頁一一〇。

46 易家鉞，〈中國的家庭問題〉，《家庭研究》卷一期一，頁三－五。

47 潘光旦，〈序〉，收入氏著，《中國之家庭問題》，頁一。

48 潘光旦，《中國之家庭問題》，頁四－五。

49 潘光旦，《中國之家庭問題》，頁一〇八。

50 潘光旦，《中國之家庭問題》，頁一〇七。

51 潘光旦，《中國之家庭問題》，頁一一〇。

52 潘光旦，《中國之家庭問題》，頁一二一。

53 Susan Glosser, *Chinese Visions of Family and State, 1915-1953*, pp. 134-166。

54 岳南，《陳寅恪與傅斯年》（臺北：遠流出版公司，二〇〇九），頁二二五－二二七。

55 R. Keith Schoppa, *In a Sea of Bitterness: Refugees during the Sino-Japanese War*（Cambridge: Harvard University Press, 2011）。

56 Soumay Tcheng, *My Revolutionary Years: the Autobiography of Madame Wei Tao-Ming*（New York: Charles Scribner's Sons, 1943）, pp. 172-212。

57 豐子愷逃難五記中的〈桐廬負暄〉，回憶他們路過塘栖，走水路，河上時有運中國兵的船，不是拉人就是拉船。豐子愷，《豐子愷自述：我這一生》（北京：中國青年出版社，二〇一五），頁一八四－一八五。

58 抗戰時期內遷四川樂山的武漢大學，外文系女學生楊靜遠在日記中，記他的父親楊端六（武大經濟系教授）每每想到留在家鄉的老母，自己重山遠隔，無法盡孝，心情總是愀然沉重。楊靜遠，《讓廬日記》（武漢：武漢大學出版社，二〇〇三），一九四一年九月二十三日，頁一一。

59 豐子愷，〈舊話〉，收入氏著，《豐子愷自述：我這一生》，頁六六－七〇。

60 豐子愷，〈我的苦學經驗〉，收入氏著，《豐子愷自述：我這一生》，頁七九－九〇。

61 豐子愷，〈辭緣緣堂〉，收入氏著，《豐子愷自述：我這一生》，頁一五九。

62 豐子愷，〈辭緣緣堂〉，收入氏著，《豐子愷自述：我這一生》，頁一六〇。

63 豐子愷，〈辭緣緣堂〉，收入氏著，《豐子愷自述：我這一生》，頁一六〇。

64 豐子愷，〈辭緣緣堂〉，收入氏著，《豐子愷自述：我這一生》，頁一六一。

65 豐子愷，〈辭緣緣堂〉，收入氏著，《豐子愷自述：我這一生》，頁一五九－一八〇。

66 老舍，《四世同堂》（臺北：時報文化，二〇〇一）。

67 鄧穎超提到邊區戰時婦女工作，強調要發動婦女參加生產，無論是工業或農業。一九三八年，邊區選拔兩位生產女英雄，她們受到表揚，一位自己開闢一垧半荒地，另一位是五十二歲「老婦」，在一個月內，開墾了四垧半荒地，邊區宣傳女勞模事蹟，以此來激勵廣大婦女群起效法。鄧穎超，〈陝甘寧邊區婦女運動概況〉（一九三八年五月十八日），收入中華全國婦女聯合會編，《蔡暢、鄧穎超、康克清婦女解放問題文選：（一九三八－一九八七）》（北京：人民出版社，一九八八），頁一六－二三。

68 康克清，〈三年來的華北婦女運動（一九四〇年七月）〉（原載《中國婦女》，卷二期二－四），收入中華全國婦女聯合會婦女運動歷史研究室編，《中國婦女運動歷史資料，一九三七－一九四五（二）》（北京：中國婦女出版社，一九九一），頁三〇六－三一七。

69 康克清，〈三年來的華北婦女運動（一九四〇年七月）〉（原載《中國婦女》，卷二期二－四），收入中華全國婦女聯合會婦女運動歷史研究室編，《中國婦女運動歷史資料，一九三七－一九四五（二）》，頁三〇九。

70 〈全總、團中央、青聯、學聯、婦聯關於擁護中華人民共和國婚姻法給各地人民團體的聯合通知〉（一九五〇年四月三十日），收入中國婦女管理幹部學院編，《中國婦女運動文獻資料匯編》，冊二（一九四九－一九八三）（北京：中國婦女出版社，一九八七），頁四八。

71 〈中華人民共和國婚姻法〉（一九五〇年四月十三日中央人民政府委員會第七次會議通過，一九五〇年五月一日中央人民政府公布），收入中國婦女管理幹部學院編，《中國婦女運動文獻資料匯編》，冊二（一九四九－一九八三），頁四五－四七。

72 〈中華人民共和國婚姻法〉（一九五〇年四月十三日中央人民政府委員會第七次會議通過，一九五〇年五月一日中央人民政府公布），收入中國婦女管理幹部學院編，《中國婦女運動文獻資料匯編》，冊二（一九四九－一九八三），頁四五－

四七。

73 據統計，一九五〇年一月至五月，新《婚姻法》預計公布，許多城市耳聞，離婚案件有上升趨勢。Kay Ann Johnson, *Women, the Family and Peasant Revolution in China*（Chicago: the University of Chicago Press, 1983）, pp. 117-118。

74 Kay Ann Johnson, *Women, the Family and Peasant Revolution in China*, pp. 117-118。

75 鄧穎超，〈關於中華人民共和國婚姻法的報告——一九五〇年五月十四日在張家口擴大幹部會上的講演〉，收入中國婦女管理幹部學院編，《中國婦女運動文獻資料匯編》，冊二（一九四九—一九八三），頁五一。

76 鄧穎超，〈關於中華人民共和國婚姻法的報告——一九五〇年五月十四日在張家口擴大幹部會上的講演〉，收入中國婦女管理幹部學院編，《中國婦女運動文獻資料匯編》，冊二（一九四九—一九八三），頁五二。

77 賀蕭（Gail Hershatter）在陝西農村做了大量婦女口述訪問，訪問重點之一是新《婚姻法》公布後，農村婚姻、家庭所受的影響。事實是許多農村婦女長久以來，必須忍受童養媳、包辦婚姻，不尊重個人意願的訂婚等，甚至婚後，還有公公、婆婆乃至丈夫的各種苛待，許多婦女在「新中國」出現後，學會以「封建」一詞來概括以上種種，由此，也不乏婦女挺身反抗舊「封建」，爭取自己的地位。Gail Hershatter, *The Gender of Memory: Rural Women and China's Collective Past*（Berkeley: University of California Press, 2011）。

78 〈一年來婦聯協助政府貫徹婚姻法的總結〉，收入中國婦女管理幹部學院編，《中國婦女運動文獻資料匯編》，冊二（一九四九—一九八三），頁一〇七。

79 按照中共婦聯的調查，一九五〇年河北唐山區發生婦女命案二百四十件，山東省一年來婦女自殺一、二四五人，中南全區自婚姻法公布以來，因婚姻問題被殺及虐殺的婦女有一萬人以上。〈一年來婦聯協助政府貫徹婚姻法的總結〉，收入中國婦女管理幹部學院編，《中國婦女運動文獻資料匯編》，冊二（一九四九—一九八三），頁一一〇。賀蕭的口述訪問中，因離婚而出現的暴力事件，不勝枚舉。如有離婚丈夫帶匕首到法庭，要進行謀殺。一個丈夫不同意離婚，把妻子推下懸崖。還有一個男人，在妻子提出離婚請求後，讓妻子戴腳鐐去砍柴割草、挑水，做各種農活。離婚不成，自殺的婦女也數不勝數。Gail Hershatter, *The Gender of Memory: Rural Women and China's Collective Past*, pp. 108-111。

80 Gail Hershatter, *The Gender of Memory: Rural Women and China's Collective Past*, pp. 108-128。

81 〈一年來婦聯協助政府貫徹婚姻法的總結〉，收入中國婦女管理幹部學院編，《中國婦女運動文獻資料匯編》，冊二（一九四九—一九八三），頁一〇八。

82 Kay Ann Johnson, *Women, the Family and Peasant Revolution in China*, p. 121。

83 Gail Hershatter, *The Gender of Memory: Rural Women and China's Collective Past*, pp. 96-108。

84 鄧穎超，〈關於中華人民共和國婚姻法的報告——一九五〇年五月十四日在張家口擴大幹部會上的講演〉，收入中國婦女管理幹部學院編，《中國婦女運動文獻資料匯編》，冊二（一九四九—一九八三），頁五二。

85 惲代英於一九二三年十月發表的〈婦女解放運動的由來和其影響〉，明言「大家協力改良經濟組織，只有這才是合理的，最終的解放。……不然那便只能發生兩種可能的結果，第一種是得了一個戀愛者卻失了一個社會；第二種是女子脫離了男子的羈軛，卻又把雇主的羈軛戴了起來」。惲代英，〈婦女解放運動的由來和其影響〉，收入中國婦女管理幹部學院編，《中國婦女運動文獻資料匯編》，冊二（一九四九—一九八三），頁七〇。

86 蔡暢，〈中國共產黨與中國婦女〉（一九五一年六月二十七日），收入中國婦女管理幹部學院編，《中國婦女運動文獻資料匯編》，冊二（一九四九—一九八三），頁一〇六。

87 鄧穎超，〈新中國婦女前進再前進——為紀念中華人民共和國成立三周年而作〉，收入中國婦女管理幹部學院編，《中國婦女運動文獻資料匯編》，冊二（一九四九—一九八三），頁一三一。

88 鄧穎超，〈新中國婦女前進再前進——為紀念中華人民共和國成立三周年而作〉，收入中國婦女管理幹部學院編，《中國婦女運動文獻資料匯編》，冊二（一九四九—一九八三），頁一三一。

89 Kay Ann Johnson, *Women, the Family and Peasant Revolution in China*, p. 158。

90 〈積極發動婦女參加農業合作化運動〉（社論），《人民日報》，一九五五年十一月五日，一版。

91 一九六二年九月，毛澤東在中共八屆十中全會中提出「在整個社會主義歷史階級中都存在階級和階級鬥爭，存在著資本主義復辟的危險」。毛澤東的話一出，階級化觀點更加鞏固，青年人尤其受影響。學者認為六〇年代初期，青年們無論什麼出身的人，都把自己的政治前途看得重於一切，有沒有前途，首先就是意味有沒有政治前途。〈黨的八屆十中全會〉，《廣西黨史》，二〇〇六年期一，二〇〇六年四月，頁五七。

92 金鐵寬主編，《中華人民共和國教育大事記》（濟南：山東人民出版社，一九九五），頁二八九。

93 定宜莊，《中國知青史：初瀾（一九五三—一九六八）》（北京：中國社會科學出版社，一九九八），頁七六。

94 定宜莊，《中國知青史：初瀾（一九五三—一九六八）》，頁七七。

95 魚姍玲，〈從嬌姑娘到邊疆建設者〉，《中國青年》期十一（一九六四年六月），頁一一-一二。

96 一九六六年八月十二日，在北京航空附屬中學貼出一幅對聯，「老子英雄兒好漢，老子反動兒混蛋」，橫批是「基本如此」，北京工業大學三系文革小組組長譚力夫和劉京，聯合寫了一張題為「從對聯談起」的大字報，提出要把對聯當作黨的階級路線來貫徹。五月二十八日，譚力夫在一次辯論這副對聯的大會上，極力鼓吹階級觀點，聲名大噪。對聯、譚力夫的講話以及大字報，掀起強調「家庭出身」的風氣。高幹子弟為首的紅衛兵自稱「紅五類」，即出身革命幹部、革命烈士、革命軍人、工人和農民家庭。和「紅五類」相對的是「黑五類」，即出身地主、富農、反革命分子、壞分子、右派分子。譚力夫在「黑五類」後又加了兩種出身，即資本家和走資派，變成「黑七類」。郭文亮，〈「文革」初期的血統論之爭〉，《中國青年研究》期五，一九九五年九月，頁三四-三七。

97 徐友漁，〈異端思潮和紅衛兵的思想轉向〉，收入劉青峰編，《文化大革命：史實與研究》（香港：中文大學出版社，一九九六），頁二六七-二八五。

98 遇羅克（一九四二—一九七〇），北京人民機器廠工人，曾寫「出身論」系列文章，被視為文革時期人權論者，後因〈出身論〉一文，被逮捕並遭槍決。定宜莊，《中國知青史：初瀾（一九五三—一九六八）》，頁四二〇。

99 定宜莊，《中國知青史：初瀾（一九五三—一九六八）》，頁四三五。

近代中國「情」的蛻變
——性別、出版文化與公眾輿論

一、前言

許多學者指出中國的禮教，是由三綱、五倫支配一般人的行為。每個個人都被安置在兩兩相對的秩序中，如君之於臣、父之於子、夫之於婦，在名分制的約束下，儒家的經典、道德訓示具有共同普遍性，在「禮教」秩序中，情感受到框正與束縛。[1] 情感脫去倫理制約，轉而崇尚自由意志，這個情感的現代性轉折，發生於清末民初的世紀之交。情感史的研究無非是著重情感進入現代中國後的轉變及所引發的政治、社會不同的表達與論述方式，目前這一研究趨勢日漸受到學界的注意與討論，[2] 而「情感史」如何結合性別？這是本文探討的主要重點，為解開此一問題，就必須先梳理「情」在近代中國的蛻變。「情」的現代化起於二十世紀，不過傳統中國的「情觀」卻不一定冰消雪融，其影響或許在現代中國仍然「有跡可尋」，因此回顧「傳統」並藉此以與「現代」相互映照，成為情感史研究無可迴避的考量。所謂「傳統」不一定拘限於進化的線性時間概念，它可以是共時性下的空間界定，如現代中國的「鄉村」之於「城市」，就有「傳統」與「現代」

對照的意義。鄉村人的「情感樣貌」，顯與城市公眾有落差，城、鄉對照下，「傳統」的情感觀就顯出輪廓。費孝通有關中國農村家庭的描述，是為一例，其中隱含豐富的中國家庭一般夫妻感情架構與內涵表達。

費孝通指出，中國傳統婚姻關係服從於垂直血緣，家庭生活不以「情」為重心，夫妻間向不公開表露感情。中國農村家庭中的男性，與妻子幾乎無話可說，惟進了茶館、鴉片館，甚至街頭巷尾見到其他男性，便開懷笑、鬧、打，稱兄道弟一番。[3] 曼素恩（Susan Mann）研究十八世紀的中國婦女，也認為盛清社會的組成，其中最重要的三個因素是權力、社會位階與血緣，性別沒起什麼作用。明清時期，許多科考出身的官員，家世顯赫，仕途順遂，他們一輩子與男性師友關係綿密，交往深入。科考同榜，仕途升降，是男性官紳建立關係的「情感鏈結」，他們彼此間層層疊疊的人際網絡及交誼，是男性文本書寫的主題。與此相對，菁英階級否認婦女擁有什麼特別感情，或更加纖細、敏銳，對婦女「情」的刻劃多半著墨於「母愛」，婦女主要任務是哺育兒女，一旦兒女成人後，便會回饋予婦女以「孝」，其未生情之意。離開母愛，即使涉及夫妻間的「情」，也著重褒揚有「節」之婦，歷代旌表所重之處是「烈行」，並非「情愛」。[4] 貶抑夫婦間的情，使夫妻關係走入「儀制」，同時，婦女也被簡單化約為「好」、「惡」兩種類型。「好女」是做妻子、做母親能恪守婦德，謹遵儒教倫理，「惡女」是色欲至上，如妾、妓以及青樓女子。如此千篇一律，及至今日「好」、「惡」之分，其魂仍飄盪不去。

十五至二十世紀，在儒家思想架構下的「情觀」，並非一成不變。晚明一度湧現「重情」論，挑戰禮教的道德威勢。儘管有學者指出，晚明士人是藉「情」來抒發對禮（理）教的「背叛」，「情」與「性」本身不是最終目的，[5]不過晚明對「情」與「德」間或拉拒、或合協（諧）已有深刻覺醒，特別是關注女性情愛萌生與禮教秩序間的辯證關係。湯顯祖的《牡丹亭》是晚明「情熱」時期的代表性作品，就其故事內容而言，可說是中國言情文學中最為人習知的才子佳人「俗套」。[6]不過，這個「俗套」典型是否有如許多肯定該作品的評論所言，因為作者張揚女性的「情欲」萌動，藉大膽謳歌「情」，進而違抗道統、抵拒正統，這些道統、正統包含父母、授業恩師以及祖宗家訓等。其實，已有學者深究文本，據以反駁該作品的反抗力度，譬如認為杜麗娘追求愛情雖說是女性主體的宣示，但作者賦予杜麗娘的性格，其根本內涵是「情」與「德」不相牴觸，因為杜麗娘的情在現實世界中無能為力，只有進入幻境才得實現，如此推究，禮教主宰的現實秩序並未受到威脅。[7]或許，檢視晚明「情」的覺醒程度，本身就具有現代眼光的投射，以致諸多看法免不了指出禮教綁手縛足的痕跡。

不過，值得探究的是「情熱」的核心，的確著重張揚了女性「情」的覺醒與追求。杜麗娘這位湯顯祖劇作中的虛構人物，走出傳統中國文本向來把「女」也劃歸於「婦」的書寫慣例。杜麗娘在劇作中是鮮明可識的年輕女性，她出身顯宦之家，能文會書，雖待字閨中，與外界隔絕，卻自然生出懷春之情，因情生感乃至靈夢相接。在花園春眠的夢境中，杜麗娘的女性身分更加明確，因為被欲望著的「他」於夢中相會。「他」肯定是男性，那麼想著、念著、戀著男性的杜麗娘，就明白宣示她的主體是「女性」。再深入來看，「情」的萌生，使杜麗娘進入隔離內觀的狀態，[8]

她的情感實「與世隔絕」，不受現實功名、利祿攪擾。和女主角對照，男主角柳夢梅就是一個沒有什麼特殊意涵的男性虛構人物，他追求名利與抱得美人歸，二者間沒有絲毫違背，即使因杜麗娘的愛而生感與靈，兩人終成眷屬，期間柳夢梅一度被杜父誤會因而遭拷打下獄，種種波折都與奔波仕途，求取功名無所衝突。換句話說，晚明士人匯成的「情熱」，男性儘管是文本與現實的主要構築者，但其理想卻依賴女性對情的覺察、執著與行動。[9]

晚明的「情熱」或謂「情迷」，畢竟距離現代的情感特質仍有大段距離，不過情感與道德，誰主誰從，兩者究否能夠統一，已然浮顯於「情」的覺醒中。從晚明至晚清，情感再次成為時代的主調，而傳統與現代在世紀之交中形成的「你中有我，我中有你」，促使近代中國情感史一路曲折變化，就此拉開序幕。

二、晚清民初「情」的「道德化」：言情與志士

王德威在《晚清小說新論：被壓抑的現代性》一書中，闡明五四新文化運動的文學批評依從西方的「現代」模式，忽視晚清充滿「爆發力」的小說創作之「眾聲喧嘩」，其中已然閃現「中國本土現代性」。[10]重估晚清文學，尤其是小說這個文類的地位與價值，儘管是文學史百家齊鳴的課題，卻也為晚清「大眾文化」研究注入新的動力，[11]特別是小說言「情」說「愛」，其設定的閱讀消費者是城市新興的「小市民」，[12]小說的「情愛觀」也就成了追尋晚清世紀之交「情感

文化」轉變的重要線索。同時，學者認為晚清的「濫情」是繼晚明的「情熱」後，最值得注意的中國對情極盡「抒放」的歷史時期。[13]不過，晚明、晚清言「情」的趨向卻大不相同。簡言之，晚明作家著墨於男女間濃烈愛情，藉情道出對理學的反叛，也流露對道德箝制的不耐。[14]晚清「情說」處於傳統與現代夾縫中，面對世變之亟的文化與歷史情境，它被指為「泛濫」，因為內容龐雜，無所不包，且流於膚淺、制式，在五四新文化運動正式拉開「情感」現代化序幕前，晚清的「情說」可謂是進入現代的「熱身」。在所謂「傳統欲走還留，現代只聞其聲」的時代中，處於西方軍事、經濟、文化大舉入侵，帝制皇權衰亡之際，「情」如何被「談」？文「情」如何「抉擇」或應否「排序」？這些特徵使得晚清「情感」史的時代處境大大有別於晚明，最重要的差異莫過於彼時中國已徘徊於「全球」與「國族」之間，具有雖混沌然亦微明的「現代性」特質，[15]故理解晚清的「情」，是掌握五四新文化運動時期及其後來時代，「情感文化」變遷的重要脈絡。

討論晚清的「情說」、「情論」，最重要的線索無疑便是「小說」了，原因在於國勢陵夷，內憂外患頻仍，國家阽危之際，有識之士開出的「藥方」是「鼓民力、開民智、新民德」，[16]在「啟蒙」的急迫性中，小說被賦與「載道」、「教化」種種功能。[17]典型如嚴復、夏曾佑的〈本館附印說部緣起〉，對小說的社會功能極盡肯定之能事。[18]而梁啟超對政治小說的推崇，簡直是到「誇張其辭」的程度。一九〇二年，梁啟超主持編印的《新小說》問世，發刊辭〈論小說與群治之關係〉，力證小說的感染力無遠弗屆，各種「新」的想像使「小說」負載層層使命，其言：「欲新一國之民、不可不先新一國之小說。故欲新道德，必新小說；欲新宗教，必新小說；欲新政治，必新小說；欲新風俗，必新小說；欲新學藝，必新小說；乃至欲新人心，欲新人格，必新小說。何以故？小說有不可思議之力支配人道故。」[19]梁啟超的「新小說」論證鏗鏘有力，綜列維「新」的方方面面，儼然確立小說與大眾教化的緊密關聯。

革新派的新小說理論大張其幟，而其理論卻並非空中樓閣，晚清正逢「世界」進入中國，在帝制體系逐漸沒落，科舉取士廢除之際，文化生產與消費伴隨著政治動盪紛擾，社會階層分化重構，城市新資產階級的勃興，促使商業化程度超過前此任何時期，最值得注意的是科舉入仕之途已斷，眾多士子長久以來依托的「讀書求取功名」生涯破滅，逼得他們只能搖筆桿，賣文為生。據估計，晚清最後十年，最盛時有一百七十餘家出版機構設立，[20]出版業堪稱蓬勃，出版業乃至出版品競爭市場閱眾勢所難免。小說因受閱眾偏愛，各類出版品爭相騰出版面登載此一文類，其中大報、遊戲小報、小說雜誌躍為三大小說載體。報紙是晚清初現的新聞傳播媒體，一八七二年創刊的《申報》，於新聞報導外，附載文學專刊《瀛寰瑣記》。[21]而標榜遊戲消閒的小報，著名如《指南報》、《遊戲報》，小說亦成其不可或缺的銷售亮點，而小說作者與小報同生共存，關係亦頗緊密。晚清名噪一時的小說作者吳趼人（一八六六—一九一〇），就曾主編《消閒報》及《字林滬報》。[22]梁啟超《新小說》問世及其「石破天驚」的發刊辭出現後，更掀起以「小說」為名的期刊出版熱潮，在此起彼落，目不暇給的小說期刊中，《新小說》、《繡像小說》、《月月小說》、《小說林》被並列為四大小說期刊。[23]小說除刊載於報刊上之外，還有已成書的小說在市場流通。晚清堪稱舉目盡皆小說，據統計，此一時期創作小說共達七千四百六十六種。[24]如此鉅大的文字產出，對閱眾的「轟炸」可以想見，小說描述的主題、人物、情節、行動模式滲透於閱眾耳目，此「文化浸染」幾乎毋需懷疑，儘管「滲透」與「影響」不能劃上等號。

晚清小說巨量的產出，不能忽略來自閱讀市場的需求。各種出版品立足的通商口岸，經濟社會變動正以不可抑遏的速度展開，其中新式學校接連開辦，識字人口大幅提升並向都市集中，上海因之一躍而為中國出版、流通、閱讀最活躍之地。又因上海工商業集中，各種新興行業如雨後春筍，助長有錢又有閒的「小市民」階層崛起，小說作為文化商品，自然也迎合「小市民」這股最具潛力的消費大眾品味。晚清小說創作鼎盛，題材、形式更因「世變之亟」而令人眼花撩亂，[25]但在眾多千奇百怪的小說創作中，最受閱眾喜愛的仍屬「言情」類。「言情」是晚清小說創作上的一大趨勢，此一趨勢又與政治動盪有關。誠如嚴復把「英雄之情」與「浪漫之情」並舉為人性兩大基本情感，[26]此一說法是晚清「情論」的重要線索。「英雄」有情，情造就「英雄」，這是晚清一代從菁英到大眾共有的「情觀」，此一情觀的傳播，既有「言情」小說的渲染，也不能忽略「有識之士」集體打造的公眾想像，無論維新或革命派，他們共同締造出晚清強烈的「志士」情懷。[27]簡言之，志士情懷使情可以下至私人，上至群體，統統受「嚴肅道德」統御，是以不同情感間，彼此不生矛盾，更不會衝突。由此可見，中國儒士「先天下之憂而憂，後天下之樂而樂」依舊頑強，它主宰了「情感」所有表現。

晚清被形容為「涕泗縱橫」的時代，[28]眼淚汪洋的原因是男性縱「情」的結果。「哭」成為知識菁英感時憂國，以天下為己任的表現，此哭並非懦弱，而是「血性」的自然流露。被舉為清末四大譴責小說之一的《老殘遊記》（一九〇三），[29]作者劉鶚（一八五七—一九〇九）在序中寫到：「然則哭泣也者，固人之所以成始成終也。其間人品之高下，以其哭泣之多寡為衡。蓋哭泣者，靈性之現象也……。吾人生今之世，有身世之感情，有家國之感情，有社會之感情，有種教之感情。其感情愈深者，其哭泣愈痛；此洪都百鍊生所以有《老殘遊記》之作也。棋局已殘，吾人將老，欲不哭泣也得乎？」[30]「哭」到了晚清被覆蓋了政治化的意義，吳趼人乾脆以哭來界定自己寫作的立場，他集合五十七篇短論出版的書冊，題為《吳趼人哭》（一九〇二），每篇短論末尾都以「吳趼人哭」作結束。[31]姑不論吳趼人是否真的淚水奔流，把「哭」當成賣點，卻是晚清獨有的文學現象。這種文學現象不乏有文人在現實中直接搬演，以致文學與「個人表演」有了高度呼應，著名的例證是晚清以量產翻譯聞名的林紓，他和王壽昌合譯《茶花女》，屢屢因受情節觸動而縱聲號哭。又林紓曾十一次親往光緒墓地祭拜，每拜必大哭，如此公開昭然哭弔清帝亡靈，自然不能免除哭者藉此表明「忠貞」之意。學者解釋林紓其人「對情感投之以對道德行為同等的嚴肅性」，[32]此一評價實不限於林紓一人，道德嚴肅性是晚清「情觀」的核心，它與時代瀰漫的「志士」精神息息相關。而情的道德嚴肅性，把男性與女性間的界限泯除，導致晚清少數女性以「擬男」自居，同樣地，「哭」與「志士情懷」也使男性「陰柔化」，晚清情觀下的男女之別顯得十分曖昧。

「情」因具有道德嚴肅性，以至最終難免走向「偏執」，至此，現實的限制便不成為阻礙，因「情」之所繫，故雖千萬人吾往矣，是以「忠貞」隱含於情論中，它既能在男女關係中實踐，也能昇華到對家國、對政治理想的獻身。男女之情與家國之情都有共通的、濃烈的「志士」情懷，因之，「英雄情長」高度昂揚，私與公毋需取捨，遑論躊躇。思想中極見「男女平等」意識萌芽的志士譚嗣同，十九歲奉父母命與李閏結婚，同輩言其婚姻並不如意，當然夫妻間更乏情意互通可言。惟當戊戌政變發生，譚死難極烈，其妻李閏竟以「身殉」。[33]譚、李夫妻兩人儘管動機不同，卻共同演繹出「情」與「德」合一，不受任何條件干擾的晚清「情觀」，這種「情觀」充滿一意孤行的固執。在「情」成為文化產品的主流時，也可見出於情之「執」，終結即為「哀」，這種推衍廣受大眾歡迎。[34]被阿英（錢杏邨）視作晚清小說高峰的代表作品，吳趼人的《恨海》，[35]是晚清情感道德化、志士化、偏執化的典型例證。小說女主角張棣華，父親是殷實的南方商人，北上京城經商，與男主角陳伯和父親相熟，陳父是一名京官，張、陳兩家於北京毗鄰而居。張棣華、陳伯和自小青梅竹馬，後來父母作主替兩人訂下婚事。為避兒女年歲漸長生出男女之嫌，張家遷離原居，搬至較遠處。後庚子拳亂爆發，張父因經商滯留上海，妻兒在北方，孰料京城局勢日益混亂，人心惶惶，謠言滿天，出於朝不保夕的恐懼威脅使不少人決定外逃。伯和在父母的安排下，負責護送未婚妻張棣華和她母親南下上海，與憂心忡忡的張父團聚。

儘管事態緊急，棣華對自己尚未過門，即要與未婚夫同宿、同食、同行，深感羞愧自慚，一路上，棣華形同自虐，與伯和儘可能疏遠，伯和見此，也就更形拘謹與自限。逃難的這一群人才剛離京城，路上即遇拳匪，混亂狀況下，伯和走散，和棣華母女各自一途。分別逃難後的這對未婚夫妻，命運就此改變。男主角伯和為追尋棣華母女，一路向南，因避險躲入一座杳無人居的宅邸，主人早已不見蹤影，伯和離宅時偷走一個箱子，其後打開來，發現內中全是值錢的珠寶，這筆意外橫財的引誘導致伯和荒唐墮落，他一路到了上海，早把找未婚妻的事拋諸腦後，每天只是紙醉金迷，流連煙街柳巷，最終變成了一個煙鬼，散盡家財後，又淪為乞丐。

女主角棣華一路照料因受亂事驚嚇而臥病不起的母親，並且沿路打聽未婚夫音訊。棣華憂母病，又掛念伯和，極度懊悔因拘泥於男女授受不親，致伯和不能與其同坐車內，才會被沖散下落不明。棣華與母親將抵上海時，卻聽說父親已北上京城親自去接她們，母親病勢加遽，棣華憂心如焚，她於母親病榻前訴說了一段肺腑之言，大意是說母女歷經千辛萬苦好不容易逃脫虎口，本來是希望永遠相守，沒想到母親病到這般嚴重，這都是因女兒服侍不周所致，若母親有什麼不測，女兒當隨母親同歸於地下。[36]這種至誠至感之語，彷彿是說給「情人」聽的。「母親」與「情人」在棣華情感上，實具有相同的分量，而這分量的根本來源是棣華所深信的「道德」，道德具有統一性並且極其嚴肅。

棣華葬了母親，終於與回到上海的父親團聚。北京陳家先前因拳匪闖入，兩老慘死刀下，傭僕一哄而散，陳宅人去樓空，張家父女認定伯和必定是到了上海，他們託人四處打聽，後終於找到伯和，豈料他落魄不堪，一貧如洗，面目幾不可辨。棣華見到伯和的模樣，深感自責悔恨，央求父親收留伯和，幫助他戒毒。伯和心性已野，難以忍受拘束，此後即反覆從陳家逃走，嫖、毒已難根除，最終重病住進醫院。棣華至此不再顧全「禮教」也無畏非議，決定親自照顧伯和，重病中的伯和，似知未知，已無法服藥，當場，棣華毅然以口對口方式含藥餵食，旁觀者無不竊竊私語。伯和最終仍撒手人寰，棣華傷心至極，決意出家為尼，她向父親解釋此舉是「盡孝」、「守貞」兩德俱全的唯一選擇了。棣華對情的「堅守」，在在都流露其罔顧現實。當發現伯和性格上有明顯缺陷，也就是他一而再、再而三的走回「墮落」，棣華卻不死心，也從未設想其他可能的選擇，她的堅貞變成嚴格道德律，而道德導引情感走向「偏執」，故與其說棣華愛伯和，更恰當的理解是棣華執著於「自己愛伯和的方式」，或說迷戀自己打造的「愛的道德感」。

「愛的道德感」高於「愛」，這是晚清「言情」的核心。除了吳趼人《恨海》外，另一部暢銷小說，徐枕亞的《玉梨魂》，男女主角間所發生的情節與際遇儘管不同，癡情乃至情癡則相類，男女主角談情背後的「道德感」依然呼之欲出。[37]《玉梨魂》最終男主角因女主角離世，他充溢遺憾傷心且心已若槁木死灰，不久聽聞到湖北爆發革命，他奮然投入血與火的拚鬥，與眾多年輕軀體一起倒臥於血泊中，將斷氣前，他囑咐同行赴難的一位陌生青年，為他取出藏於胸前，一份珍貴無比的私人日記，並代其保管。後來這位青年把日記交予一位小說作家，小說作家依此線索，上下探求，才得使此一「癡情」人之「情癡」行徑，廣為人知。《玉梨魂》描述的個人之情與愛國之情，互相融通，毫無違背，男主角對私人感情矢志不渝，從一而終，其轉而獻身家國亦是情之所趨，義無反顧。從小說到個人，在道德化的脈絡中，情感並無顯著的公私之別。晚清留學日本的宋教仁，以道德繩準私人感情，他與知交李和生互相惕勵至無可轉寰餘地。宋教仁曾對日本兩位女子西村氏千代姊妹萌生情意，竟引來李和生苛責其背離了「克治省察」。[38]

深究晚清的言情小說，實缺乏心理內在的真正反應。情的生與滅，僅停留於表面，尤其闡述革命主張的宣傳性小說，格局往往設定成一男一女因理想走到一起，奮然行動，至於更細膩的私人感懷與家庭關係描寫，相對付之闕如，革命反清推翻帝制的政治目標，統攝不同個體間存在的差異。這樣的言情模式，於傾心革命的報刊上，處處可見，典型如震旦女士所寫的〈自由結婚〉。[39]總之，晚清小說的情論自始即具有嚴肅道德感，而情與「志士」精神的結合，抹去公私分野，時人謳歌對情的偏執、堅貞與不顧現實，此與五四新文化運動情感現代化轉型後，情注入了世俗「條件」，又情免不了受到「現實」打擊，種種「功利觀點」流入情說中，迥然有別。

三、五四新文化運動「情」的「親密化」：愛的神聖與現實

一九二二年秋冬，在美國留學獲得博士學位的朱君毅，回到中國，隨即受聘任教於南京國立東南大學教育系。受歐風美雨洗滌的青年學者，風度翩翩，學識淵博，前途一片大好。不到一年，年逾三十歲的教授朱君毅戀上了一位青春年少、年僅十七歲的高中女學生。這樁戀愛吹皺一池春水，談得極其轟動，原因是朱君毅是已訂婚之人，他的未婚妻是其表妹毛彥文，朱、毛兩人自小青梅竹馬，感情在自然狀態下萌生。毛彥文出身浙江江山，家族聲威顯赫，著名的北京大學史學系毛子水教授即其家族中一員。朱君毅畢業於清華學堂，一九一七年赴美留學，在美六年，取得哥倫比亞大學博士學位。未婚妻毛彥文亦受新式教育，曾入吳興湖郡女校，省立杭州女子師範肄業，後升入北京女子高等師範學校。朱君毅回國後，毛彥文從北京女高師轉入南京金陵女子大學，這對訂婚男女在同一城市教書、求學，關係且經考驗，結婚似乎指日可待，[40]沒想到男方對女方

情感轉淡，最終移情別戀。

朱、毛之間的「情變」，文化界、教育界知情者頗多，東南大學梅光迪、朱經農、孟憲承、吳宓等教授，乃至東大陶行知教務長，都曾介入試圖調解朱、毛關係。吳宓與朱君毅清華同窗六年，對朱、毛兩人情感生變經過，知之甚詳。一九二三年夏天，毛彥文收到朱君毅的「退婚書」，隔年，在眾多朋輩見證下，她簽下了解除婚約的證明書。事隔多年之後，毛彥文身居臺北，聽聞朱君毅過世的消息，回憶前塵往事，她回溯退婚經過，心情似仍激動。[41] 毛彥文受盡委屈，被朱君毅拋棄後，竟惹出吳宓離婚轉而對其熱烈追求的「餘波」。對此，毛彥文自辯說吳宓的「移情」，是因其「腦中似乎有一幻想的女子」。[42] 姑不論吳宓、毛彥文間到底有無「生情」，惟可確認的是吳宓對朱君毅別戀，其所表露出的男性對女性的迷戀，身體「欲望」勝過心靈「精神」，知之甚深、甚明。吳宓日記轉記了朱君毅之所以退婚的想法：「毅今所喜愛、所求娶之女子，只要她身體肥壯，尤其臀部大而圓。其外之事，如家世、財產、教育、才能，以及品貌，均所不計。而對一般大學識，有文化，在大學畢業或肄業之女生，尤絕對不取。」[43] 具備「新思想、新學識」的朱君毅，在情感上卻有如此變異的偏好，而只小朱君毅四歲的毛彥文被嫌「年紀長」，一切委屈只能黯然苦吞。遭此情感鉅創，毛彥文對男人心存戒備，對婚姻心生躊躇，似可想見。與朱解除婚約後，毛面對吳宓因憐而生情所展開的窮追不捨「猛烈」攻勢，冷峻嚴拒，致被朋輩責為「寡情」。[44] 毛彥文、吳宓間「男有情、女無意」的糾葛，是現代中國談論文人情感事件時，最令人欷歔感嘆的案例之一。

和清末民初的情感經驗相較，一九二〇年代的知識分子，他們的情感抉擇儘管從父母包辦中爭取到「自主」，卻因其他新綁縛的浮現，使自主終歸不能走到「自由」。五四新文化運動啟動情感「現代化」、「浪漫化」的歷程，知識分子、新式青年謳歌自由戀愛，追捧「愛」的崇高神聖，殊不知愛的理想抬得愈高，愈像是烏托邦，愈不可能實現。五四談愛喜與「自由意志」聯結，問題是在冷酷現實社會中，「自由」是虛妄的，處處都會碰到挑戰與壓制。五四女作家書寫「愛」，特別著重彰顯愛的神聖、高尚、純潔，所有用色情、用欲望、用金錢來檢視愛的，統統是「阻礙」，愛上升為抽象理想，歸根結柢，人世間根本就渺然難尋，故惟有死亡才能作為是愛的證明。[45]「愛」太完美、太無瑕，以致愛與世俗瑣碎間劃出一道鴻溝，許多把愛當做人生終極鵠的的青年，昧於現實，悖離理性。而冷眼旁觀的清醒者，眼見愛的氾濫，他們以當頭棒喝方式發出警世之語，世故精明如魯迅，尤其洞見「愛」的困境。魯迅的小說〈傷逝〉，寫男女由愛到不愛是轉瞬間的變化，可見愛並非解決任何問題的萬靈丹，相反，它映照現實的殘酷。一開始，女主角子君在男主角涓生鼓舞兼慫恿下，決離開父親的家，與愛的「他」即涓生同居。青年男女終於爭取到自己的戀愛自由，也完成「婚姻自主」的壯舉，殊不知自主、自由這二個五四新文化運動被極力吹捧，追求個人獨立的「行動指南針」，並未帶來「愛的甜蜜果實」。涓生和子君未婚同居，招致鄰人指指點點，甚至惡意相待。涓生失去工作，收入斷絕，自主的愛情日見不堪的窘狀。於此同時，涓生對子君的看法也漸漸變了，他眼中的子君不反叛了，同時也喪失思考能力，獨立女性如今成了庸庸碌碌，整天柴米油鹽醬醋茶掛在嘴邊的平凡婦女，精神與容貌俱無吸引力可言。至此，離開「父親的家」，子君所追求的「獨立」、「自主」，一如幻象，她被迫再度「離家」，最後的結局是含怨以終。[46]

魯迅的〈傷逝〉堪稱是五四一片歌頌情、讚揚愛的陶醉中，最悚人的「警世」之作。論魯迅對情所持的「清醒」思考，更著名的莫過於是他在「娜拉」出走旋風中，橫空提出的〈娜拉走後怎樣？〉的質疑，[47]不容置辯地把「世俗」、「現實」擺放在情之前，令人不寒而慄。顯然，五四新文化運動談情言愛已褪除晚清「道德化」的色彩，惟因崇尚「自由」、「自主」而致其僵化成為「情感教條」。「自由」、「自主」的理想很快破滅，愈來愈多實例擊碎此一癡人說夢般的囈語，不過情的崇拜日益注入婚姻改革所注重的一夫一妻制，這類現代理想配偶關係中，此一趨向加速五四新文化運動後期，愈來愈多青年從無條件信仰愛轉為「理性冷靜」自持，其中尤以受新式教育的年輕女學生、女性，因她們易成為「愛的獵物」，故如何愛的不盲目、不屈從，這些關乎個人或沉、或浮的難題，多半出自女學生們的清醒擴清。五四時期的新式女學生，她們的教育、她們的形象，成為五四男性想像現代性的「情」、「愛」所依傍的對象。五四論「情」的「現代化」，已肯定情的萌發，必經「愛」的觸動，亦即男、女雙方的交往，它觸發個體真實存在交互所生的吸引力，這與中國傳統男女諱於公開談情，大不相同。因談情需要相應的「對象」，是以五四新文化運動從思想到社會現實，都表明新式女學生是談情論愛中不可或缺的另一方。

一九二五年前後，魯迅在北平女子師範大學兼課，課堂上有一位每次都坐第一排座位，對魯迅所開「中國小說史」課，聽到「忘形」的女學生——許廣平，她終忍不住提筆給所崇拜信仰的老師寫信。一九二五年三月十一日，許廣平給老師魯迅寫了第一封信，魯迅當天就回了信，兩人在信中交換對女師大校風的看法，還有人生態度的自剖。其後，許廣平與魯迅持續不斷通信，頻繁的魚雁往返透露兩人「精神氣質」相近，故戀愛以「充滿心靈激情」的方式鋪展開來。許廣平與魯迅最終是「有情人終成眷屬」，不過魯迅並未離棄髮妻朱安，許廣平因而不具魯迅「妻子」的正式名分。[48]魯迅、許廣平的遭遇，說明了「新式女學生」的精神氣質及外表形貌，可謂是男性投射全般「愛情」理想所構築出的「客體」。而如許廣平般不計名分，成為愛情俘虜者有之，然則更多的新式女學生是蹈入情的網羅，最終進退不得。五四新文化運動時期各類社會改革主張紛紛出籠，其發動方式往往是知識分子藉各種公開媒體、各類社團，發表言論，催生眾議。「情」與「愛」循此方式，席捲一代人的精神世界，同時，迷醉眾多男女的心智。在日益開放的「男女社交」中，情的「神聖性」逐漸褪去，占有、嫉妒之類的庸俗化傾向被大大關注，此種轉化實有跡可尋。情的「自私」性湧現，這使年輕男女跌入新的「痛苦」中。新痛苦加諸於女性的逼迫遠甚過男性，原因是女性深陷雖經批判而威力仍強的「貞操」牢籠，不論這種牢籠是根源於社會或出自於以個人為核心的較小人際網絡。

石評梅是位被後世譽為「青春才女」的五四新式女學生，她出身山西官紳家庭。一九一九年，石評梅自太原女師畢業後，考入北京女子高等師範學校，求學時，正逢五四新文化運動風起雲湧之際，年輕女學生從太原進入北京這個政治、文化激烈鼓盪的「首善之地」，思想深受刺激，而好學又有過人才華的石評梅，於此開始了文藝寫作，作品包含詩歌、散文、游記、小說等類，不少發表於各類報刊上，所有創作中，詩歌尤其受肯定，時人稱譽石評梅是「北京著名女詩人」。[49]此外，石評梅還參與編輯《世界日報》文學副刊《薔薇周刊》。[50]這樣一位頗富「文名」的年輕女大生，居北京遠離父母照拂，在她眼前所現出的是，諸多年輕男子表明想與她做「永遠好友」的渴求。一九二〇年，十八歲的石評梅與被石父委託照料女兒任務的山西青年、北大學生吳天放相見，從此之後，舉凡石評梅有什麼不明白或難以解決的事，都向吳天放請教。吳天放也經常到女師大去探望石評梅，石認為這是出於同鄉人身處異地的溫暖關懷，殊不知吳天放已滋生對石評梅的「情」。按照石評梅好友廬隱的說法，一九二〇年冬天，就在吳天放數次往返於自己公寓與女師大頻見石評梅後，有一日，石評梅往吳天放住處拜訪。男方竟突「聲淚俱下」，請求石評梅作他永遠的好友。廬隱寫到：「在冰雪嚴寒的一天，她（評梅）忽然鼓起勇氣，到公寓去看他，但是不幸，評梅處女純淨的心，就在這一天劃上一道很深的傷痕。當他和她從漫漫的談話，進而發展為親密的友誼的請求時，評梅稚嫩的心，不禁顫動。況且她原有善感的天性，不忍使人過於難堪的天性。她看見這位素常照應她的青年忽然聲淚俱下的，要請求她答應作他一個永遠的好友，……當時就答應了。」[51]隔年的秋天，石評梅與另一位立志宏偉的山西青年高君宇相識，兩人氣質相類、理想相近，一前一後參加北京大學馬克思學說研究會，埋下兩人日後為情所苦、為愛所困的悲劇伏筆。

一九二三年，才二十一歲的石評梅，經歷人生最嚴重的打擊，她的情人吳天放，被揭露其已有妻子的事實，原來對石評梅熾熱的愛，只是遊戲。廬隱說：「W君又是已經有妻子的人，他對於評梅只不過遊戲似的，操縱她處女的心，……到評梅發覺她的理想完全是夢的時候，她的心是傷透了。」[52]「堅決的藏裏起來」的石評梅，冷峻拒絕高君宇全身心投入的追求。高君宇曾是石評梅父親在太原執教時的學生，為了表達對石評梅的愛出於純潔且義無反顧，與吳天放的虛情與欺瞞相異，高君宇毅然與山西故鄉結褵的舊式妻子離異，此舉卻觸到石評梅的「心病」。石評梅回應高君宇的「愛」，每每總是說：「我可以做你唯一的知己，做以事業為伴的共度此生的同志。讓我們保持著『冰雪友誼』吧，去建築一個富麗輝煌的生命！」[53]高君宇是北京共產主義組織與活動最早投入的重要知識分子之一，其後，他南北奔波，成為共產黨中的要角。一九二四年初，高君宇到廣州，參加平定商團的軍事行動，此一軍事行動以商團武裝迅速瓦解，旋即告終。高君宇欣幸廣州的革命漸露曙光，值此，他去信給北京的石評梅。其中有一段話說到：「我是有兩個世界的，一個世界一切都是屬於你的，我是連靈魂都永禁的俘虜；在另一個世界裡，我是不屬於你的，更不屬於我自己，我只是歷史使命的走卒。」[54]字裡行間透露高君宇具有革命青年的激情、血性與昂然，對石評梅的情在革命輝映下，更顯澎湃難抑。

一九二四年十月，孫中山北上商談國是，高君宇隨行任祕書。到北京後，高君宇即因肺病爆發住進醫院治療，病情卻始終不見好轉。石評梅為安慰病中的高君宇，稍懈心中防備，兩人剖明心跡，高君宇還對石說他的「情史」。[55]終於，石評梅答應高君宇愛的要求了，吳天放聽聞此一消息，寫了一封信給石評梅，信上說到：「一方面我是恭賀你們成功；一方面我很傷心，失掉了我的良友……我總覺得這個世界上，所可以安慰我的只有你，所以你一天不嫁，我一天有安慰。」[56]據說石評梅看完信，如冷水澆背，勾起過往傷心事，痛哭一場，然後去醫院當面告訴高君宇，她不能與他交往，高君宇對石評梅的決定表現「體貼與包容」，他鄭重表明：「這便是你所堅持的信念時，我願替你完成這金堅玉潔的信念。……我只誠意的告訴你，『愛』不是禮贈。假如愛是一種東西，那麼贈之者受損失，而受之者亦不見得心安。」[57]一九二五年三月五日，倒臥病榻的高君宇因急性闌尾炎，動手術後引發大出血，闔眼長逝，時年二十九歲。石評梅傷心欲絕，親為高君宇墓碑題寫碑文，文曰：「我是寶劍，我是火花，我願生如閃電之耀亮，我願死如彗星之迅忽。這是高君宇生前自題相片的幾句話，死後我替他刊在碑上。君宇，我無力挽住你迅忽如彗星之生命，我只有把剩下的淚流到你的墳頭，直到我來看你的時候。」[58]哀惋悲愴絕望之極。一九二八年九月三十日，一生情感坎坷的石評梅，鬱鬱而終，死時年僅二十六歲。石評梅的感情經歷，很可以作為五四新文化運動謳歌「愛」，最終被「愛」吞噬的例證。

五四談「愛」不免「泥沙俱下」，有吳天放那樣藉自由戀愛之名，行虛偽欺騙之實；有高君宇為愛赴湯蹈火，身殞神滅者，在所不辭。更有朱謙之，堅持愛的「形而上」方式，與情人楊沒累，有婚姻之名，卻從未有婚姻之實。[59]「情」顯然日益是個別化的選擇與遭遇，像晚清那樣對情有普遍共同的「志士情懷」已不復見，再向前推進，意即追求愛情不能任憑自然或隨性而起，「談情說愛」要有原則可遵，要有條件可循。一九二三年，北京報刊出現「愛情大討論」，緣於北大教授譚熙鴻，在元配陳緯君去世後，與因南方革命動亂，北上投奔姊夫家就學的小姨子陳淑君，兩人發生戀愛。陳淑君未婚夫沈厚培憤於愛人被奪，也從南方趕到北京，他在《晨報》上披露此事原委並痛斥譚熙鴻，而女方亦不甘示弱，於報上發表言論回擊，雙方言詞交鋒，連旁觀者也忍不住發表意見，此事後由張競生介入並主導「愛情定則的討論」。[60]張競生的結論是愛情必須有條件，美滿的愛情要由「一切條件組合而成」，也就是愛情要「稱斤論兩」、要「面對現實」、要「清醒冷靜」，說來說去就是不能拋掉「定則」。五四個人化的愛情，脫去晚清志士情懷所嚮往的公、私無分的犧牲奉獻，表現出情日益取決於個別意志的去向，由個人意志所主導的情聯結到「民族主義」便是指顧間的變化了。[61]

五四「談情論愛」本就起源於反抗家庭、掙脫家長控制，去除傳統親緣、地緣對個人的強制束縛在「爭愛」歷程中進一步深化，一旦傳統束縛被拋諸身外，個人便可被鑄造成現代國家的現代國民。是以從個人對「愛」的嚮往追求始，接著衍生出對愛的憂思彷徨，再走到國族呼喚的民族情感，實一脈相承。一九一〇至一九二〇年代，中國「情」的現代化歷程中，不僅浮顯愛情與現實立於相抗的兩端，同時，由情發展出來的為國奮然一拚的覺醒，更是情現代化中最值得注意的改變。

四、一九三〇年代「情」的「庸俗化」：情殺與公共輿論

一九三〇年代，因商業力量急遽擴張，黨國體制的確立強化，現代城市的公共輿論出現兩個趨向，其一是把政治視為另種「權力社會網絡」，與一般人無涉，輿論對「政治」負有監督之責，無參與之權；另外是競爭「文化商品」銷量，嚴肅正經八百的出版物不受閱眾青睞，如此即助長「炒作」、「獵奇」、「誇張」、「渲染」的閱聽風氣。此外，「文人」這一身分，也於一九三

〇年代重被賦與清晰的社會文化印記。[62]公共輿論摒除「大塊」、「宏觀」式的文字形式，也鄙視「教條」、「陳規」，這促使出版品內容充斥更多信手拈來的主題，包括舊文、新聞、人物、典故、虛構等，導致虛實交雜，真假難辨，總之，一九三〇代的城市文化景觀，可說是流光溢彩、五光十色紛呈，公共輿論無所不包。這樣的輿論空間，對男女情感的議論，走出「道德化」的規範，轉而喜於深究細節，時常在「碎屑」中力圖拼湊出「意義」，明明懷藏追名逐利的動機，卻又要「文以載道」地提出看待社會、政治的新角度，光怪陸離的「情感經歷」就在公共輿論的操作下，變成一類重要的文化與消費兼具的出版商品。受「情感商品」浸染的讀者受眾，他們的判斷理解不知不覺也飽含「庸俗」、「世儈」觀。在情感商品化的變異時代中，因「情」而「殺」，由於情節聳動，駭人聞聽，在公共輿論空間尤其流轉迅速，且於社會各階層中廣布擴散，成為一大類特殊的「議論資本」。各種立場、各式意見藉題發揮，混社會教育與營利收益為一體，大眾皆難免於「內行看門道，外行看熱鬧」的群體心理趨勢，此即一九三〇年代中國城市公共情感論域的基本樣態，而情殺案所帶出的各種情的「集體俗化」，頗值得進一步深究。

一九三二年二月十一日，在杭州一所私人住所浴室中，兩個年輕的女學生發生激烈口角，名叫陶思瑾的女學生持刀刺死她的同學劉夢瑩。死者劉女後據檢察官查驗，共被刺四十九刀，而左腮、額下、右頰、咽喉、右頸等處，刀痕都是橫砍，顯示死者是倒地後被砍刺。[63]到底是什麼深仇大恨釀成兩位涉世未深的女學生，鑄成如此慘絕人寰的殺人悲劇？年輕女學生殺女學生，本就具有高度話題性，在想當然耳其中必有複雜內「情」的推測下，杭州、上海兩地嗜血、嗜腥的媒體，各以急先鋒的方式，搶刊該命案所有可能的「內幕」，短短時間內，兩位女學生劉夢瑩、陶思瑾的家世背景、學歷經歷鉅細靡遺地被調查得一清二楚，由此而鋪展出「命案」的情節。除此之外，命案牽扯出另一位重要的男主角，他叫許欽文，免不了亦登上了媒體版面，成了附隨命案而家喻戶曉的一位人物。這樁命案，在諸多因素推波助瀾下，媒體炒作至少四年（一九三二至一九三五年）。命案的「始末」一開始就被媒體形容是「轟動全國」，[64]後來幾年內，因受害者、被告等的社會交往被愈挖愈多，隱私全攤在公眾視野中，加上其他捕風捉影，道聽塗說，藉題發揮者的「攪局」，使「命案」的真相，儘管已由司法機關宣告偵破，還一直有著餘波在盪漾，各種案外案層出不窮，令人目不暇給。值得注意的是，命案發生於日本武力侵占東北後一年，外患方殷，同時，國民政府又全力剿共，視其為國家安危所繫之大業。無論「安內」抑或「攘外」，這些國家大議題，其在公共輿論中所引起的「熱議」及「關注度」，未必比得上女學生命案所構築的「市民凝聚力」，也就是說，一九三〇年代「情」的「庸俗化」，使流行話語有凌駕國家話語之勢。這種態勢，預示後來一九四〇年代抗日話語的「愛國」詮釋，由記者引導與大眾生成的，其力度遠較國家宣傳為大。[65]

這件女學生殺女學生案，二個月之後，即一九三二年四月二日，杭州地方法院開第一次審理庭，當日湧現六百人旁聽，堪稱「盛況空前」。面對首度審理，劉思瑾當庭承認殺人，此外，已死的女學生劉夢瑩姊姊劉慶荇，附帶提民訴賠償三千元，求償對象是命案發生住處的所有人許欽文。劉慶荇指控說許欽文與這樁命案脫不了關係，因為血案發生全起於「妒情」。[66]死者親生姊姊的說法使得法院、旁聽眾、記者、律師，如同「炸開了鍋」，公共輿論對「兩女爭一男」這種「合理」的情感紛爭，投入噬血般的關注，尤其涉案男子許欽文，並非籍籍無名的普通人，他是一九二〇年代就薄有文名的文學創作者，[67]不斷翻新的「案中案」使得命案的「可看性」層出不窮。儘管殺人的只有陶思瑾一人，並無從犯，但公眾輿論卻把矛頭調向許欽文，眾口一辭，料定這是花心男「玩弄」兩位年輕女學生於股掌，導致兩女因情生出嫌隙才釀成的殺人慘劇。一位匿名作者，發揮文藝腔的述說方式，替兩位女學生的「遇人不淑」，表達其悲痛至極的惋惜，說到：「兩心清如水，有如湖水清。為愛湖水清，夜夜看月明。嫦娥反寂寧，妒殺我娣兄。男子本濁物，偏遇許流氓，自命如許仙，視人如蛇精。」[68]許欽文成為眾矢之的的「浪蕩子」罪人，法庭根據口供及其他「人證」、「物證」，竟「推斷」許欽文年屆三十，單身不婚，還收留兩位妙齡女子同住一處，說沒有不軌意圖實不合「情理」，一九三二年四月十四日，檢察官對許欽文提起公訴，罪名是「圖姦少女，妨害家庭」。[69]案情此後進入冗長的法庭審理，法官、被告展開一連串無休無止的攻防，許欽文始終矢口否認他與兩女間有任何情感糾葛。關於陶思瑾殺人部分，法庭審理的重點放在其是否是「預謀殺人」，至於許欽文最終被定罪為「引誘及妨害家庭」，其罪責輕重有些爭議。五月二十日，就在命案發生的三個月後，杭州地院宣判陶思瑾處無期徒刑，許欽文處有期徒刑一年。陶、許對此判決結果均表不服，決定上訴高等法院。[70]陶、許兩人的上訴案，於同年七月三十日由浙江高等法院迅審速結，最終陶思瑾由無期徒刑改判死刑，許欽文改判有期徒刑二年，罪刑不減反增。如此一來，顯只能再上訴最高法院了。死者劉夢瑩姊姊劉慶荇，也表不服，她對陶思瑾處死刑無疑義，卻認為許欽文所獲罪刑過輕，也決定上訴最高法院。

案子由杭州進入南京最高法院，原本稍稍冷卻的公眾關心度，又再度因跨省炒作而掀起另一波高潮。南京最高法院以該案牽動公眾視聽，務求精細，在耗費近一年時間推求後，決定發回浙江高等法院更審。[71]一年間，審判沒有進展，卻未澆熄媒體「一窩蜂」現象。而被羈押看守所的陶思瑾，其殺人犯的形象日漸消褪，媒體調整焦點，把注意力改置於陶思瑾女性的身體細節上，故而包括她的服裝打扮及面容表情等，還是不斷進入公眾視野中。一九三三年八月八日，根據最高法院更審所作的裁示，浙江高等法院再度開陶案審理庭，公眾「久違」的陶思瑾出庭聆審，報紙形容她的樣貌，稱她：「衣淡青印度綢旗衫，態度從容，對預謀殺人，則堅不承認。」[72]這位女學生不知是有意或無心，總之她的形象這時「反操弄」了慣於「操弄」輿論走向的媒體。在時間日積月累沖刷下，她的「出塵清淡」取代了「妒火中燒」的殺人犯印象，公眾的記憶如此不可靠，當然也意味一年前公眾認同的「殺人償命」善惡觀，不知不覺被女性無辜柔弱說服，故萌生「情有可原」的同情論調。一九三三年八月十一日，浙江高等法院宣判，陶思瑾的「身形體態」依舊是報導鎖定的首要「賣點」。不同的報刊都共同提到陶的衣服、顏色及質料等風馬牛不相干的細節，如說她穿的是湖色印度綢，而款式呢，有的說是旗袍，有的說是反領西式服裝，[73]這些各是其是，各非其非的說法，其間的差異描述，並沒引發讀者對媒體報導信口開河的不信任，相反的，讀者的興趣屢因細節描摹再度被勾引起來。浙江高院的宣判，已是拖延許久的審理走到「無證翻案」的最後地步了。基此，又引來媒體另一波熱烈追逐，法庭人潮又復聚集，審判在被告各人皆出庭後，由庭長宣讀判決主文，所定罪刑是陶思瑾殺人，處無期徒刑，褫奪公權終身，許欽文無罪釋放。[74] 陶思瑾所獲罪刑與前相較，並未有太大出入，惟許欽文從有罪變無罪，如此巨大翻轉理應是媒體報導追逐的焦點，殊料所有注意力全都趨集於陶思瑾一人，視許欽文如無物。陶思瑾這位再度被判無期徒刑的女學生，在與媒體交手一年過後，顯然也日漸表現從容與善於應對。報紙報導說陶思瑾「聞判默然，態度始終安閑」，嗣還押後，陶私下接受記者訪問，竟然臉露微笑說，無期徒刑囚居一生，與死何異，結局同樣可怕，不過，是否要再次上訴，會等她哥哥陶沛霖來會面時，共同與律師商議後，再行決定。[75]

女學生殺女學生案喧騰了相當長的時間，惟推究釀成命案的原因卻並不複雜。早在杭州地方法院審理此案時，案情全貌幾已全部浮顯。當時法院公開的判決書即說明，陶思瑾與劉夢瑩兩人是西湖藝專同學，彼此間是「同性戀愛」，時常同床蒙被共眠，雙方甚至還締結盟約，不許另與男子結婚。兩人相愛甚深，後因事生猜忌、妒恨，愈演愈烈，才釀成悲劇命案。[76]「同性戀愛」在死者劉夢瑩生前所記的日記中，班班可考，不過承審法官就算確認兩女間「情誼非同一般」，仍扣押了房主許欽文，認為其對劉夢瑩有「非分圖謀」，只是尚未「遂其所圖」而已。[77] 杭州地方法院的判決解釋，不能排除有「端正社會風氣」的考量，女學生「同性戀愛」的情感扯入一位男性，焦點便易於變得模糊，問題是輿論抽絲剝繭，窮追猛打，不會輕意放掉此案任何細節，更何況「同性戀愛」是挑起公眾無限想像的好題材，[78] 故而此案才擾嚷至此。

一九三〇年代中國城市公眾顯示的「盲從」、「非理性」、「追隨流行」，其肇因與走向，與迅起迅落，流品不一，雜七雜八的各類出版品競爭閱讀消費市場有密切關係。為了競存，在話題與內容上，出版品的編者、撰稿者無不標新立異，甚至走到語不驚人死不休的程度。而一九三〇年代的沿海通商大城市已與全世界的資本流通接軌，訊息的傳播堪稱「世界範圍」，世界出版趨勢中的「視覺商品」、「文字敘事」、「感官娛樂」成為引導大眾情感的主要來源。女學生命案，媒體群起聚焦於兇手陶思瑾，聳動文字不斷繁衍，對「同性戀愛」口誅筆伐的不少，究其實卻是表面「勸世」、「警世」，內裡偷渡對「女學生」私生活想像的欲望，文字所營造的感官娛樂效果不言可喻。[79]更有甚者，有些媒體專門刊登兇手陶思瑾的照片，照片中的女學生凝眸望向前方，清麗動人照片之下任意配以極小、極簡的風花雪月文字內容，目的擺明了是為吸引讀者觀看照片中的佳麗，至於細小如蠅的文字大可忽略。[80]

女學生命案經無數次上訴更審，尚無法審結，令人意料不到的是「案外案」卻有新進展。所謂「案外案」是死者劉夢瑩被挖出於一九二七年曾加入共產黨，後來因父親責備，她退出了共產黨，卻未斷絕與共產黨員往來。[81]劉夢瑩時常在許欽文居所，與共產黨員會面，法官調查命案時，偵知此一「情節」，惟劉夢瑩已死，但陶思瑾與許欽文被指控以文字行叛國宣傳，及替共產黨人傳遞信件，甚至「揄揚紅軍」，且許欽文根本就已「加入共黨」，兩人都觸犯了「危害民國罪」，各處五年徒刑。許欽文宣判後進入軍人監獄服刑，後他不服判決結果，決定提起上訴。[82]陶思瑾對「危害民國」一罪，則無異議，判後即入浙江省第一監獄服刑，不過媒體仍沒忘掉這位有閱眾吸引力的女學生命案兇手，已啷噹入獄的陶思瑾，報紙、雜誌仍不時有她的動態追踪報導，能見度大大超過許欽文。譬如陶入獄後不久，記者前往探詢，問她能否適應獄中生活，由此寫成一篇採訪文字，所披露的內容不外乎提到是這位嬌滴滴女學生吃不慣粗飯，要求典獄長改提供白米飯，並予她通信自由，惟較令人匪夷所思的是，報導說陶思瑾與同牢房的另一女犯又發生「同性戀愛」，[83]這顯是捕風捉影之說，其後還有說陶思瑾獄中寫詩，[84]又有說她不寫詩了，改讀佛經。[85]足見女學生命案的「商機」無限，按服刑未滿即被釋出的許欽文說的，無聊的小記者和惡訟師（此案有許多法律人士在報端、雜誌發揮見解），你攻我擊，無形中拉長戰線，案情關係人愈是說不清，就愈興喜。許欽文認為這些人對他，與其說是「幸災樂禍」，不如說是「趁火打劫」，乘他人之急以圖利。[86]這位命案中的無辜者，費盡唇舌說清道盡兩女間相識久、相愛切，自己無從介入，無奈一開始就因年逾三十未婚而受到法官、社會異樣的「審判」。劉夢瑩的姊姊劉慶荇控告許欽文對妹妹「意圖姦淫」，其理由卻十分怪異，劉慶荇認為妹妹與許欽文不可能發生愛情，原因是劉姑娘「年才二十，素來自視不菲，志向高傲」，反觀許欽文「貌既不揚，年事又長」，總之，許欽文是年輕女學生看不上眼的，遑論發生情感，難怪許欽文自嘆自己是「無妻之累」，這可說是當時的「單身歧視」了。許欽文被論處罪刑的審判過程，卻可見國民政府司法制度運作所現的「嚴謹」，這可視為是傳統向現代國家轉型的重要關鍵。承審此案的法官，每一位皆可說是精明盡職，命案中的許欽文由「殺人」、「侵占」、到「妨害家庭」、「危害民國」，步步深入。按許欽文自己所作的統計，此案被私訴六次，聲請再議一次，被公訴罪名三種，被上訴四次，被庭訊二十回，另有一回空跑了趟法院，因旁聽的人太多，法庭門窗竟遭擠破。而許被判罪名五回，自己上訴四次，宣告無罪五回，經手過的法官有七個，推事三十三個，而「危害民國」是特別法，需特別辦理，一部分推事照例不用迴避，否則推事名額還要更多。[87]

一九三〇年代，法庭審理與公共輿論互相「刺激」，審案法官不免兼顧輿情，輿論又大肆於公眾中發酵，醞釀所謂的「民意走向」，而「情」尤其是勾聯法庭審判與公眾輿論最重要的話題。女學生命案與天津施劍翹刺殺軍閥孫傳芳案，[88]一南一北都涉及「情」的審判與公眾議論，只不過南方的命案是因愛情而殺人，北方因親情（孝）而殺人，公共熱議的程度卻不相上下。本文的研究試圖提出與施劍翹案不同的觀察角度，首先，「情」在近代中國出版文化與公共議題聯手影響下，從晚清，到五四，再至一九三〇年代有一內在的脈絡轉折，釐清此一轉折，有助於理解一九三〇年代情的「庸俗化」走向的歷史意義。其次，從晚清以來攸關「情」的脈絡一旦梳理清晰，將更能掌握情感從「志士化」，到「個人化」，再到「庸俗化」，這一連串曲折變動的緣由及過程，當「情」從道德嚴肅，走入現實後動不動就稱斤論兩談條件，而再進一步浸潤到濃厚商品氣息時，便免不了依賴大眾語言來塑造「情感」的內涵及表現了。爾後，國家主導的情感話語須藉助大眾話語來深化其動員力量，這是一九四〇年代戰爭時期，國家的愛國宣傳與大眾抗日話語間彼此競勢又互滲的肇因，值得注意的是，戰時大眾話語的「愛國情感詮釋」凝成團結禦侮的民族魂，[89]同時，它亦可被解釋為國府敗給中共，失去大陸政權的原因之一。

五、結論

「情感」放在近代中國的歷史變動中來考察，其現代化的走向，始萌發於晚清。晚清的小說出版，在「言情」類廣受小市民歡迎的出版文化帶動下，構造出菁英與一般閱眾「融通」的情論、情說。不可諱言，處於「傳統欲走還留，現代稍露痕跡」的世紀之交時期，情觀仍保有明顯的傳統特徵，惟「世變之亟」危機的壓迫，情論洋溢的是濃厚的「先天下之憂而憂，後天下之樂而樂」的「志士」情懷，私人的情與為政治理想不借奉獻一切的犧牲精神，通通具備「道德嚴肅性」，要言之，能為私人之情專心致意者，也就能為政治理想奉獻全部，此種私與公的統一性，於五四及後五四時期逐漸分裂。

五四時期，個人主義備受推崇追捧，情的神聖性乃至個人化走向，也在社交公開、戀愛自由呼聲中，逐漸清晰。隨即而來是諸多愛的困惑，愛的茫然，導致關於「情」的自由後的變相「不自由」。此種波折，帶來新的關於情的轉向，也就是情的「現實化」日漸占上風。論情談愛，要有現實感，要重視條件，也就是男女要稱斤論兩，而晚清所丟棄的「門當戶對」說，到了五四後期，換了另一種說法再次上場，這時說的是家世、學歷（力）、外貌與職業。這個轉變顯現情感「個人化」、「親密化」與「現代化」已成定勢，情感剝落了與天下人共喜共悲的特徵，它走向大眾，變成商品，日漸「庸俗化」。

一九三〇年代，國民政府一黨執政，言論與出版控制成為政權自我保護的手段，政治逐漸與公眾拉開距離。值此，又逢全球資本主義快速自由流通，中國沿通商口岸城市商業繁榮，商品化潮流鼎盛，各種以營利為目的出版品此起彼落，為了競存，公共輿論日漸聳動，刺激感官，煽動情欲，樣樣俱備。國民政府的司法運作正冀圖走向現代化，法庭審理不殫精細周延，重大案子拖延數年，媒體猶如蚊蠅嗜血，驅之若鶩，在利益掛帥情況下，「情」的炒作在法庭審理與媒體出版聯手操作下，淪為大眾話語製造的「商品」，問世間情為何物，媒體說了算數。

一九三〇年代的國家話語也發展情的「動員」，此延續自五四及後五四時期，從個人主義發展出來的掙脫家庭、血緣束縛的個體，走進國家，開啟催生準現代化「國民」的一連串變化過程。國民是國家與個人「一對一」造就出來的關係，因之愛國情感也是個人對國家所生的感受與行動，晚清那種貌似統御全部百姓的「志士」情感，一去不復返。而五四的情感論最突出的，不能不提到針對中國國民性所作出的批判，著名如魯迅痛砭的，中國人冷漠、偽善，[90]這些批判呼應著清末以來居華的西方人所得到的觀察。Arthru Smith 是美國傳教士也是作家，一八九四年他寫的 *Chinese Characteristics*，提到中國人缺乏同情心，這是致命的道德與文化危機，他舉出許多例子用以證明中國人對同胞的苦難熟視無睹，且吝於對需救助的弱者伸出援手。這種說法係把同情提升為是對同胞的愛，因此斷言中國儘管存在許多慈善機構及施恩行為，卻缺乏真正的同情心，而中國若要在世界中立足，真正重要的根基不是軍事、工業與科技，而是培養中國人民的「人道同情」。[91]

「情」在近代中國一步步被導入政治領域，後成為政治文化中重要的組成，國、共兩黨更由此發展出不同的「情感動員」。舉例而言，國民黨曾在臺灣布局反攻大業，彼時對民眾的宣傳口號是「一年準備，二年反攻，三年掃蕩，五年成功」，顯然，反攻大陸的政治企圖從現實走向情感催眠。中共「大躍進」時期則喊出「人有多大膽，地有多大產」，把社會主義經濟猛進與「情感」聯結，以鼓動全民投入偉烈的社會建設行列，這些情感動員策略與政權統治鞏固之間，究竟有無更深切的關聯性，實值進一步追究。

1 Kwang-Ching Liu, "Introduction" in Kwang-Ching Liu ed., *Orthodoxy in Late Imperial China*,（Berkeley: University of California Press, 1990）, pp. 1-24。

2 《史學月刊》二〇一八年第四期，出版「情感史」研究專題，包括王晴佳、黃克武、李志毓、孫一萍等學者各自從既有的研究領域出發，提出有關「情感史」研究成果與挑戰的討論。

3 費孝通，《鄉土中國》（北京：三聯書店，一九八五），頁三六－四一。

4 Susan Mann, "The Male Bond in Chinese History and Culture", *American Historical Review*, No.105, pp. 1600-1614。

5 黃克武，〈明清豔情小說中的情慾與禮教〉，收於氏著，《言不褻不笑：近代中國男性世界中的諧謔、情慾與身體》（臺北：聯經出版社，二〇一六），頁二三〇－二五九。

6 一位佳公子進京趕考，途遇一位美若天仙的女子，這類故事的最終結局傾向是美好的，包括金榜題名，抱得美人歸。湯顯祖的《牡丹亭》，轉而把敍述重心放在女性身上，十六歲的閨秀杜麗娘，在花園春眠，夢裡與一位佳公子相會，他是柳夢梅，渴慕柳夢梅使杜麗娘鬱鬱而終，三年後竟死而復生與夢梅成婚，兩人一起生活，夢梅科舉之途順遂，最終中舉。這個故事架構中的跨越生死情節，不算獨特，但因愛而生神力卻是中國文學史令人耳目一新的「創意」。湯顯祖，《牡丹亭》收於《臨川四夢》（北京：中華書局，二〇一六），頁一二三－一二六一。Haiyan Lee, *Revolution of the Heart:A Genealogy of Love in China, 1900-1950*,（California:Stanford University Press, 2007）, pp. 42-43。

7 Wai-yee Li, *Enchantment and Disenchantment: Love and Illusion in Chinese Literature*,（Princeton: Princeton University Press, 1993）, pp. 60-64. Irving Singer 認為《牡丹亭》表述由情而生的愛，有別於由欲而生的愛，其間的差異是「情愛是渴慕與昇華，欲愛是表象與刺激」。Irving Singer, *Courtly and Romantic, The Nature of Love, Vol.2*,（Chicago:University of Chicago Press, 1984）, pp. 26-33。

8 James M. Hembree 解釋為「內在有意和外在拉開距離，而所謂外在意味其有一套不言可喻的規範」。轉引自 Haiyan Lee, *Revolution of the Heart: A Genealogy of Love in China, 1900-1950*, p. 44。

9 《牡丹亭》中的年輕男子與年輕女子雖各自有不同的情路與自我設定，惟故事的結局卻大大不同於多數志怪小說慣常以「灰飛煙散」來收尾，典型如妖、仙於天光乍現之時化做一縷青煙，而金璧輝煌宮殿也瞬時隱沒，相反的，《牡丹亭》以喜劇收場，饒富興味又獨樹一幟。湯顯祖，《牡丹亭》收於《臨川四夢》，頁一二三－二六二。

10 王德威指出對晚清文學現象所提出的許多批評，其主要論點是文學的發展必然是按照線性指標，從一個階段到另一個階段，尤其是從非現代的時期到現代的時期。「且讓我們暫時對這些批評家心目中所謂的『現代』作以下的解釋：『現代』代表的是一個斷代的觀念，自本世紀初起，知識分子就以這個觀念去批判其落後的同胞，將他們置於一個即將結束的時代中。他們期待自己在文學上的成功，能把中國導向光明未來。在這一語境中，『現代』指的是『文學的一種作用』，傳達了理性、人文精神、進步以及西方文明」。王德威，《晚清小說新論：被壓抑的現代性》（臺北：麥田出版社，二〇〇三），頁三七。

11 李孝悌提出晚清有識之士看重戲曲改良，認為其為啟蒙大眾的有效途徑，又言戲曲故事許多源自於小說。李孝悌，《清末下層社會的啟蒙運動》（臺北：中央研究院近代史研究所，一九九二），頁一四九－二一〇。

12 關於「小市民」的形成與定義，林培瑞（Perry Link）有過詳細的解釋，他的說法是二十世紀初，沿海通商口岸（尤以上海為主）商業發達，許多新興行業、職業吸納許多就業人口，社會階層因經濟條件差距逐漸形成。上層是商人、政治家、部分學生、資本家、作家等，下層是苦力、傭僕、人力車夫、攤販，介於這個階層間的就是「小市民」。林培瑞的「小市民」論，主要是從「文化消費能力」來說明，並非具體的或詳細的社會調查。Perry Link, *Mandarin Ducks and Butterflies: Popular Fiction in Early Twentieth-Century Chinese Cities,*（Berkeley:University of California Press, 1981）, pp. 4-8。

13 袁進，《中國小說的近代變革》（北京：中國社會科學出版社，一九九二），頁二三－四五。

14 孫康宜著，李奭學譯，《陳子龍柳如是詩詞情緣》（臺北：允晨文化，一九九二），頁五九－八三。

15 Rey Chow, *Women and Chinese Modernity: The Politics of Reading Between West and East,*（Minneapolis:University of Minnesota Press, 1991）, pp. 84-120。

16 嚴復，〈原強〉，收於王栻主編，《嚴復集》第一冊，（北京：中華書局，一九八六），頁一三－一五。

17 小說這個文類，在晚清被賦與「啟蒙」的巨大想像。實際上，卻因大多數作品「粗製濫造」，談不上「文以載道」，導致「啟蒙」想像的落空。「有識之士」處於時代巨變，對小說功能的「期待」與「失望」交雜，這種複雜心態同樣也反應於對晚清小說「言情」的「菁英議論」中。王德威，《晚清小說新論：被壓抑的現代性》，頁五八－六五。

18 幾道／別士，〈本館附印說部緣起〉，收於陳平原、夏曉虹編，《二十世紀中國小說理論資料，一八九七—一九一六》第一卷，（北京：北京大學出版社，一九八九），頁一－一二。

19 梁啟超，〈論小說與群治之關係〉，陳平原、夏曉虹編，《二十世紀中國小說理論資料，一八九七—一九一六》第一卷，頁三三。

20 時萌，《晚清小說》（上海：上海古籍出版社，一九八六），頁一一。

21 袁進，《中國小說的近代變革》，頁二六－二七。

22 魏紹昌編，《吳趼人研究資料》（上海：上海古籍出版社，一九八〇），頁四。

23 賴芳伶，《清末小說與社會政治變遷，一八九五—一九一一》（臺北：大安出版社，一九九四），頁九〇－九一。

24 樽本照雄（日），《新編清末民初小說目錄》，轉引自王德威，《晚清小說新論：被壓抑的現代性》，頁一七。

25 王德威描述晚清小說創作的「榮景」，主因在於作者「推陳出新，千奇百怪的實驗衝動」。而歸納晚清小說所涉及的題材，從偵探小說到科幻奇譚，從豔情紀實到說教文字，從武俠公案到革命演義，無所不包，無所不納。王德威，《晚清小說新論：被壓抑的現代性》，頁一六－一七。

26 幾道／別士，〈本館附印說部緣起〉，收於陳平原、夏曉虹編，《二十世紀中國小說理論資料，一八九七—一九一六》第一卷，頁一－一二。

27 呂芳上，〈兒女情短、英雄氣短？——辛亥革命時期的性別與革命〉，收於《民國史論》上（臺北：臺灣商務印書館，二〇一三），頁二五七－二九一。

28 Rey Chow, *Women and Chinese Modernity: The Politics of Reading Between West and East*, pp. 121-127。

29 另外三部分別是李寶嘉，《官場現形記》；吳趼人（沃堯），《二十年目睹之怪現狀》；曾樸，《孽海花》。阿英（錢杏邨），《晚清小說史》（上海：商務印書館，一九三七年），頁一一。

30 劉鶚，〈序〉，《老殘遊記》（臺北：海天出版社，一九九六）。

31 魏紹昌編，《吳趼人研究資料》，頁二六六－二七五。

32 此為李歐梵的說法。李歐梵認為林紓致力彌合道德與情感間的裂縫，其彌合方式就是將道德行為的嚴肅性轉接於情感，對林紓來說，情或者根本就是道德。Leo Ou-fan Lee, *The Romantic Generation of Modern Writers*,（Cambridge: Harvard University Press, 1973）, p. 46。

33 呂芳上，〈兒女情短、英雄氣短？——辛亥革命時期的性別與革命〉，收於《民國史論》上，頁二七七。

34 學者研究晚清「言情」小說，按情的走向將其分為哀情、苦情、慘情、冤情、烈情等等，最少出現的是「歡情」，閱眾最喜「哀情」。Haiyan Lee, *Revolution of the Heart: A Genealogy of Love in China, 1900-1950*, pp. 62-63。

35 吳趼人，《恨海》，收於《晚清小說大系》（臺北：廣雅出版社，一九八四年），頁一－七八。

36 吳趼人，《恨海》，收於《晚清小說大系》，頁五八。

37 徐枕亞，《玉梨魂、雪鴻淚史》（北京：燕山出版社，一九九四）。

38 唐小兵，〈宋教仁與道德嚴格主義〉，收於氏著，《與民國相遇》（北京：三聯書店，二〇一七），頁一五一－一五四。

39 Haiyan Lee, *Revolution of the Heart:A Genealogy of Love in China, 1900-1950*, p. 62。

40 少時毛彥文受到表哥朱君毅的引導，以「逃婚」拒絕父母之命的包辦婚姻。毛彥文，《往事》（北京：商務印書館，二〇一二），頁四二－五八。

41 朱君毅於一九六三年過世，毛彥文在回憶兩人過往點滴後，說：「你給我的教訓太慘痛了，從此我失去對男人的信心，更否決了愛情的存在。」毛彥文，《往事》，頁五七。

42 毛彥文，《往事》，頁六一。

43 轉引自唐小兵，〈毛彥文的情感世界〉，收於氏著，《與民國相遇》，頁一四五。

44 毛彥文，《往事》，頁五九－六二。

45 馮沅君，〈隔絕〉，收於《馮沅君創作譯文集》（濟南：山東人民出版社，一九八三），頁三－一三。

46 魯迅，〈傷逝〉，收於林非主編，《魯迅著作全編》（北京：中國社會科學出版社，一九九九），頁四三八－四五二。

47 魯迅，〈娜拉走後怎樣？〉，收於林非主編，《魯迅著作全編》，頁八八－九二。

48 黃喬生，〈十年攜手共艱危（代後記）〉，收於許廣平，《回望魯迅，十年攜手共艱危——許廣平憶魯迅》（石家莊：河北教育出版社，二〇〇二），頁二四五－二五三。

49 魏德卿，〈序二〉，山西省地方志辦公室編，《石評梅全集》（太原：山西人民出版社，二〇一四），頁八。

50 《薔薇周刊》的另一位著名編輯是陸晶清。〈前言〉，潘頌德、王效祖編，《陸晶清詩文集》（成都：四川大學出版社，一九九七），頁一－三。

51 李慶祥，《評梅女士年譜長編》（北京：文津出版社，一九九〇），頁三〇－三一。

52 廬隱，〈石評梅略傳〉，收於王國棟編，《廬隱全集》卷二，（福州：福建教育出版社，二〇一五），頁四二一。

53 魏德卿，〈序二〉，山西省地方志辦公室編，《石評梅全集》，頁一四。

54 魏德卿，〈序二〉，山西省地方志辦公室編，《石評梅全集》，頁一五。

55 高君宇說到五、六年前，他曾發生一段三角戀，戀愛的結果，一個去投了海，投海者的死亡，使他和他愛的那一個也斷絕關係。李慶祥，《評梅女士年譜長編》，頁一一四。

56 廬隱，〈石評梅略傳〉，收於王國棟編，《廬隱全集》卷二，頁四二三。

57 李慶祥，《評梅女士年譜長編》，頁一一五。

58 魏德卿，〈序二〉，山西省地方志辦公室編，《石評梅全集》，頁一五。

59 海青，《「自殺時代」的來臨？：二十世紀早期中國知識群體的激烈行為和價值選擇》（北京：中國人民大學出版社，二〇一〇），頁一九九－二四三。

60 呂芳上，〈革命與戀愛——一九二〇年代中國知識分子情愛問題的抉擇與討論〉，收於《民國史論》上，頁三九八－四一四。

61 John Fizgerald, *Awakening China: Politics, Culture, and Class in the Nationalist Revolution*,（California: Stanford University Press,

1966）, pp. 147-179

62 一篇發表於《現代》雜誌上的〈文人對自己的認識〉，作者桀犬說：「在資本主義文化治下的社會生產既無往而無商品化，無往而不帶有詐取、倖得、掠奪的惡德，和其他的人一樣要在這整個榨取制度之下偷拾一點營養而生活的文人，很容易接受了妄想暴富，計算利率的買辦作風，盜賣些稿費，盜賣些虛名，這種可憐的惡行確不是出自文人的自創，而是整個社會生產商品化的賦與」。桀犬，〈文人對自己的認識〉，《現代》第五卷第一期（一九三四年五月一日）。

63 〈陶思瑾殺人案判決書〉，《法律彙刊》第六期（一九三三年），頁九。

64 〈陶思瑾開審中〉，《女鐸》二三卷二一三期（一九三三年），頁九九。

65 抗戰時期，官方的宣傳流於制式，愈到戰爭中後期，民眾的抗戰情感愈加疏離冷淡。反觀一些記者，他們的報導，往往引起眾大回響，原因在於後者意識到報導文字，要有血有淚，要有「情」的意味。著名記者范長江，曾說戰地報導要具有新的眼光與胸襟，他說：「我們的態度要莊重嚴肅，要慎重下筆，要嚴守是非曲直的標準」，其原則是「在經過的敍述中，有批評的暗示，反映出成敗得失的教訓，顯示出戰事和戰事有關的問題之前途，這是帶有史料性的」。方蒙，《范長江傳》（北京：中國新聞出版社，一九八九），頁一九六。

66 〈杭女生慘殺案開審〉，《申報》，一九三二年四月三日，八版。

67 許欽文，浙江紹興縣人。一八九七年出生，曾入師範學校肄業，後執筆為文，與魯迅、周作人等相與往還，作品散見各報及雜誌，一九二五年出版創作集《短篇小說三篇》，他後來亦成為《申報》〈自由談〉眾多作者之一。許欽文，《欽文自傳》（北京：人民文學出版社，一九八六）。

68 王敖溪，〈我哭陶思瑾〉，《啼鵑集》一卷九期（一九三五年），頁三六。

69 〈杭檢察官起訴許欽文〉，《申報》，一九三二年四月十五日，九版。

70 〈杭州〉（訊），《申報》，一九三二年六月四日，十一版。

71 〈陶思瑾情殺案發回更審〉，《法律評論》十卷三十四期（一九三三年），頁二六。

72 〈陶思瑾案定期宣判〉，《申報》，一九三三年八月九日，十一版。

73 〈陶思瑾判無期徒刑〉，《申報》，一九三三年八月十二日，九版。該報說「陶衣湖色印度綢旗袍、絲襪白鞋」。另一篇報導說「陶衣湖色印度綢反領西式服裝，面色較白」。〈陶思瑾案更審情形〉，《法治周報》一卷第三十三期（一九三三年），頁二五。

74 〈陶思瑾判無期徒刑〉，《申報》，一九三三年八月十二日，九版。

75 〈陶思瑾判無期徒刑〉，《申報》，一九三三年八月十二日，九版。

76 更詳細的判決書內容，提到陶思瑾因與同校女老師劉文如「過從甚密」，雙方似亦發生「同性戀愛」，導致劉夢瑩對陶思瑾不滿加深。〈陶思瑾殺人案判決書〉，《法律彙刊》第六期（一九三二年），頁九。

77 〈陶思瑾殺人案判決書〉，《法律彙刊》第七期（一九三二年），頁八。

78 當女學生命案案情漸漸明朗後，「同性戀愛」頗引起社會熱議。許多言論，指出這是當時女學校「普遍現象」。言者鑿鑿，卻停留於傳聞，未有可借參考之調查資料。婉，〈『愛』的背景是這樣可怕！陶思瑾判處死刑，法律是沒有愛情的東西〉，《婦女生活》一卷十七期（一九三二年），頁四一八－四一九。

79 沈孝祥，〈同性慘殺案陶思瑾處死刑探討〉，《實業界專刊》三期（一九三二年），頁一七。

80 〈杭州藝專學生情殺案主角陶思瑾〉，《北洋畫報》十七卷八二〇期（一九三二年），頁一。

81 〈陶思瑾許欽文入共黨〉，《申報》，一九三三年九月一日，十五版。

82 〈杭州〉，《申報》，一九三三年十月九日，八版。

83 〈陶思瑾入監後生活〉，《法律雜誌》二－三期（一九三三年），頁四－六。此篇報導還披露一封陶思瑾寫給獄中「同性戀愛」的「情書」，內容無從查證，讀來像是記者想像後的「作品」。

84 〈陶思瑾獄中從事寫作〉，《橄欖月刊》二十六期（一九三二年）頁一四三。

85 〈陶思瑾超度情仇〉，《星華》一卷一期（一九三六年），頁六。

86 許欽文，《無妻之累》（上海：宇宙風，一九三七），頁八。

87 許欽文，《無妻之累》，頁三。

88 一九三五年十一月十四日，女子施劍翹在天津一處公共佛堂居士林刺殺軍閥孫傳芳，得手後，女兇手自行投案。案情始末極其明白，施女是為父報仇而行兇，無從犯。林郁沁以刺孫案為核心，討論「情」如何變成動員大眾的手段，乃至情如何建構中國通商口岸的「公共空間」，最終情如何和法律交手，使法不外乎人情，鬆動國家的威權，這些都觸及一九三〇年代情的時代變化走向。Eugenia Lean, *Public Passions: the Trial of Shi Jianquio and the Rise of Popular Sympathy in Republican China,*（Berkeley: University of California Press, 2007）。

89 裴宜理（Elizabeth J. Perry）認為共產黨之所以最後能夠取得政權，與其靈活運用「情感動員」有關。Elizabeth J. Perry, *Challenging the Mandate of Heaven: Social Protest and State Power in China,*（London: M. E. Sharpe, 2002）。

90 最著名就是《狂人日記》及《阿Q正傳》，收於林非主編，《魯迅著作全編》，頁二五一－二五九；二九六－三三五。

91 Arthru Smith, *Chinese Characteristics*, 轉引自 Haiyan Lee, *Revolution of the Heart:A Genealogy of Love in China, 1900-1950*, pp. 224-226。

後記

二〇一八年，我的第二本專書《她來了：後五四新文化女權觀，激越時代的婦女與革命，一九二〇—一九三〇》出版。二〇一九年，我把近年的論文集結成書，同時就論文的研究方法、觀點及內容，做了幾度修訂，付梓問世。回顧學術來時之路，深感時間漫漫，在長時期的研究書寫中，對於婦女與性別史的過去與現在，浮起了許多念頭與想法。這本書所收十篇論文，每篇都在已有的研究成果上，尋求突破，看法儘管不能說篇篇擲地有聲，卻自信這是個人近年對性別史研究的一些足以發人深省的心得。尤其，要言不煩，提出了婦女史許多的研究新方法、新角度、新解釋，甚至涉及新研究方向的試探。

從婦女史的研究資料來說，近年來傳記、口述歷史、日記等出版品，為數不少，惟這些資料因生成過程的特徵，研究時的運用均需藉助更多「方法論」的介入，尤其是女性所留下的資料，有著更多「性別」處境所形成的「誤區」，故而解讀上更需要曲折迂迴。社會科學的理論與方法，對於突破資料的形式結構與敘事方式，是十分有用的，這只要看西方學者如賀蕭（Gail Hershatter）、白露（Tani E. Barlow）、柯瑞佳（Rebecca Karl）、季家珍（Joan Judge）、曼素恩（Susan Mann）、高彥頤（Dorothy Ko）等人的作品、專書，都有濃厚的社會科學方法與理論介入，就可知其一二。而跨領域的研究，如出版史、概念史、政治史、社會史、人類學的理論和研究成果，也往往有助解決婦女及性別史研究遭遇到的困局。

婦女與性別史研究總是甩不開史料解讀方法的探索，原因是大部分涉及女性的文本，無論是別人寫「她們」，或自己所發抒的，都很難按照表面的文字意思來理解，因為社會、政治、經濟、文化、教育等方方面面的框架，對婦女起到的影響深入內裡，故而性別研究勢必拆解這些框架，方才能夠明白文本的內涵，對各類文本採取「有效」的解讀判定，顯然是婦女與性別研究必備的重要法寶。

不可否認，過去二十年，是臺灣（甚至全球）婦女與性別史研究的高峰，原因無他，因為學術研究與社會風氣互相呼應，在「女權」追求懸為高的時代中，婦女與性別研究自然風起雲從。最近幾年，性別理論已漸為學界熟悉，它已從婦女史跨出，成為許多領域解釋歷史問題不可或缺的角度。既然已到人人朗朗上口的程度，那麼與性別理論相依相隨的婦女史研究便似乎有沉寂趨勢。可是若我們倒過來思考，性別理論既已跨出婦女史，那麼婦女史是否也應該從其他的研究領域理論「取經」呢？這個問題在本書中，多少已有呈現。這本集子內容跨越的時間範圍從清末至一九五〇年代，涉及的範疇觸及期刊出版、公眾輿論、法律、戰爭、大學教育、宗教、政治文化、記憶與概念流轉，許多文章已然「跨」到別的範疇。科際整合、領域交錯、理論挪用，婦女與性別史研究的困難與挑戰正在於此。未來，這個趨勢只會更加強化，要有創新研究成果，似乎也別無其他捷徑可循。

長期以來，學界看待與「婦女」有關的資料，始終不免於認其為瑣碎、無關「大」歷史，甚至了無新意。而婦女與性別史研究書寫的難度，就是把平凡、枝節、不連貫、自說自話的史料，串成有意義、有歷史變化及現象可供詮釋的研究成果，這種考驗十分艱巨，歷史「解釋」要由研究者提出，而是否具說服力，未必落在研究選擇的對象上，而是對那個被研究的「女性」或「議題」，具強有力的說服方法。這些來來回回、反反覆覆的思考，乃至研究「布局」在這十篇論文中，一一顯現。儘管說每遇思索時，常生「皓首窮經」之感，不過一旦突破了眼前重重障礙，雀躍欣喜，又實難以言喻。

這十篇論文終於集結成書，表面上各自獨立成篇，實際上全書有其共同的關懷。作為女性的我研究女性，自有其精神「共通」之處，而這是天性所賦予的優勢，難以言說。也許因為這層天性使然，使得研究書寫婦女史及性別史時，會浮出更多「溫情」與「體諒」；在理性的控制下，這些體諒溫情都儘可能成為學術的精煉結晶，或者換個說法，所遵循的是以「人性」或「人道」角度來看待歷史中的婦女。婦女與性別研究有著別的領域罕有的學術特徵，就是它緊貼著「人」，不只是歷史中的人，也是身旁的你我他，這是研究的核心特質，絕難掩飾。故而論文最後兩篇的論「家」、言「情」，就成為婦女與性別研究的總結與開新，而從婦女史跨出的相關「私領域」研究，顯然將會帶出新的研究取向，這是無庸置疑的。

性別史是一種研究方法，不同角度看歷史，會讓歷史更加多元，更為有趣，這就是本書書寫及研究的旨趣所在。

徵引書目

(一) 史料

〈一年來婦聯協助政府貫徹婚姻法的總結〉，收入中國婦女管理幹部學院編，《中國婦女運動文獻資料匯編》，冊二（一九四九—一九八三），北京：中國婦女出版社，一九八七。

〈大隧道窒息案審查報告〉，重慶市檔案館庋藏檔案，檔案號〇〇九六／〇〇一四／〇〇二四二／〇〇〇〇。（一九四一年八月）

〈中華人民共和國婚姻法〉（一九五〇年四月十三日中央人民政府委員會第七次會議通過，一九五〇年五月一日中央人民政府公布），收入中國婦女管理幹部學院編，《中國婦女運動文獻資料匯編》，冊二（一九四九—一九八三），北京：中國婦女出版社，一九八七。

〈全總、團中央、青聯、學聯、婦聯關於擁護中華人民共和國婚姻法給各地人民團體的聯合通知〉（一九五〇年四月三十日），收入中國婦女管理幹部學院編，《中國婦女運動文獻資料匯編》，冊二（一九四九—一九八三）北京：中國婦女出版社，一九八七。

〈重慶市財政局關於准予起訴方德周重婚的呈、批示〉，重慶市檔案館庋藏檔案，檔案號〇〇六四／〇〇〇八／〇三四四四／〇二〇〇。（一九四〇年九月）

〈重慶市警察局第二分區受理陳淑華、李明昭同居糾紛案的呈解單、訊問筆錄〉，重慶市檔案館庋藏檔案，檔案號○○六一／○○一五／○三五五七／○二○○。（一九三九年七月）

〈重慶市警察局第二分區受理陳淑華、李明昭同居糾紛案的呈解單、訊問筆錄〉，重慶市檔案館庋藏檔案，檔案號○○六一／○○一五／○三五五七／○二○○。（一九三九年七月）

〈盛宣懷行述〉，《愚齋存稿》卷首，臺北：文海出版社，一九七五。

〈齊耀珊致大總統密電〉，一九一九年十一月二十七日，收入張允侯等著，《五四時期的社團（三）》，香港：三聯書店，一九七九。

〈關於周邦本申請開釋上軍政部的呈〉，重慶市檔案館庋藏檔案，檔案號○一○八／○○○五／○○二四四／○○○○。（一九三九年三月）

〈關於告知各有關機關為大隧道窒息案提出書面報告的往來公函〉，重慶市檔案館庋藏檔案，檔案號○○五三／○○一二／○○一一七／○○○○。（一九四一年八月）

〈關於抄發出征抗敵軍人婚姻保障條例的訓令、公函〉，重慶市檔案館庋藏檔案，檔案號○○五三／○○○二／○一五三五／○○○○。（一九四二年八月）

〈關於究辦張寰清、劉景賢重婚的呈、批、代電〉，重慶市檔案館庋藏檔案，檔案號○一○八／○○○五／○○二四四／○○○○。（一九四○年五月）

〈關於依照出征抗敵軍人婚姻保障條例嚴加懲處廖仲賢的呈、公函〉，重慶市檔案館庋藏檔案，檔案號○○五三／○○二九／○○三三九／○○○○。（一九四四年十一月）

〈關於受理譚良珍控告謝煥卿犯重婚罪上重慶市警察局第十分局的呈（附保狀）〉，重慶市檔案館庋藏檔案，

檔案號〇〇六一／〇〇一五／〇一〇六八／〇一〇〇。（一九四四年三月）
〈關於報送余海榮騙婚的來往公函〉，重慶市檔案館庋藏檔案，檔案號〇〇五三／〇〇一三／〇〇〇三六／〇一〇〇。（一九四四年十一月）
〈關於登報解除同居關係上第四區區公所的呈（附公報）〉，重慶市檔案館庋藏檔案，檔案號〇〇五七／〇〇〇七／〇〇〇五八／〇〇〇〇。（一九四五年八月）
〈關於禁止男女同居聘請律師公開登報啟事并普遍倡導集團結婚的公函、訓令〉，重慶市檔案館庋藏檔案，檔案號〇〇五三／〇〇二九／〇〇〇八九／〇〇〇〇。（一九四三年八月）
〈關於與沈茗英脫離同居關係上第七區區公所的呈〉，重慶市檔案館庋藏檔案，檔案號〇〇五七／〇〇一二／〇〇〇七九／〇〇〇〇。（一九四五年十月）
〈關於請查辦張韓氏控告張長發重婚案上北碚管理局的呈〉，重慶市檔案館庋藏檔案，檔案號〇〇八一／〇〇〇六／〇二六三二／〇〇〇〇。（一九四五年十月）
中共湖南省委黨史研究室、中共懷化市委編，《向警予紀念文集》，長沙：湖南人民出版社，二〇〇五。
《王世杰日記，一八九一－一九八一》，臺北：中央研究院近代史研究所，一九九〇。
《吳宓日記》，北京：三聯書局，一九八八－一九八九。
《沈從文自傳》，南京：江蘇文藝出版社，一九九五。
《夏鼐日記》，上海：華東師範大學出版社，二〇一一。
《翁文灝日記》，北京：中華書局，二〇一〇。
《晚清小說大系》，臺北：廣雅出版社，一九八四。

《梅貽琦西南聯大日記》，北京：中華書局，二〇一八。
《許壽裳日記》，臺北：國立臺灣大學出版中心，二〇一〇。
《陳克文日記，一九三七—一九五二》，臺北：中央研究院近代史研究所，二〇一二。
《陳潔如回憶錄：蔣介石的第三任妻子》，北京：中國友誼出版社，一九九三。
《陶希聖日記，一九四七—一九五六》，臺北：聯經出版社，二〇一四。
《馮沅君創作譯文集》，濟南：山東人民出版社，一九八三。
《蔣介石日記》，未刊本，一九二〇年三月二十一日。
《蔣介石日記》，未刊本，一九二〇年六月十三日。
《蔣介石日記》，未刊本，一九二八年十二月三日。
《蔣介石日記》，未刊本，一九二八年五月十六日。
《蔣介石日記》，未刊本，一九二八年七月四日。
《蔣介石日記》，未刊本，一九三〇年十一月一日。
《蔣介石日記》，未刊本，一九三〇年二月十五日。
《蔣介石日記》，未刊本，一九三〇年二月二十一日。
《蔣介石日記》，未刊本，一九三一年一月二十六日。
《蔣介石日記》，未刊本，一九三一年七月二十五日。
《蔣介石日記》，未刊本，一九三二年九月二十二日。
《蔣介石日記》，未刊本，一九三九年十月二十四日。

《蔣介石日記》，未刊本，一九三九年三月五日。
《蔣介石日記》，未刊本，一九四〇年七月二十六日。
《蔣介石日記》，未刊本，一九四五年十一月十一日。
《蔣介石日記》，未刊本，一九四五年十一月十四日。
《蔣介石日記》，未刊本，一九四五年十一月十五日。
《蔣介石日記》，未刊本，一九四七年十一月十六日。
《蔣介石日記》，未刊本，一九四七年十二月三十一日。
《蔣介石日記》，未刊本，一九四七年八月十日。
《蔣介石日記》，未刊本，一九四八年十二月二十五日。
《蔣夫人思想言論集》（演講）卷三，臺北：中央文物供應社，一九六六。
《蔣夫人思想言論集》（談話）卷五，臺北：中央文物供應社，一九六六。
《蔣夫人思想言論集》（論著）卷二，臺北：中央文物供應社，一九六六。
《鄭天挺西南聯大日記》，北京：中華書局，二〇一八。
《學府紀聞：國立武漢大學》，臺北：南京出版社，一九八一。
《顧頡剛日記，一八九三—一九八〇》，臺北：聯經出版社，二〇〇七。
上海圖書館，《盛宣懷檔案選編》（全一百冊），上海：上海古籍出版社，二〇一五。
山西省地方志辦公室編，《石評梅全集》，太原：山西人民出版社，二〇一四。
中央主辦美洲國民日報社編製，《蔣夫人遊美紀念冊》，洛杉磯：編者自印，一九四三。

中共中央馬克思恩格斯列寧斯大林著作編譯局研究室編，《五四時期期刊介紹》，第二集（下冊），北京：三聯書店，一九五九。
中華民國婦女聯合會編，《婦聯六十年，生生不息》，臺北：聯經出版社，二〇一〇。
仇鼇，〈辛亥革命前後雜憶〉，《辛亥革命回憶錄》第一集，北京：文史資料出版社，一九八一。
毛彥文，《往事》，北京：商務印書館，二〇一二。
王栻主編，《嚴復集》第一冊，北京：中華書局，一九八六。
王國棟編，《盧隱全集》卷二，福州：福建教育出版社，二〇一五。
北京大學歷史系近代史教研室整理，《盛宣懷未刊信稿》，北京：中華書局，一九六〇。
史良，《史良自述》，北京：中國文史出版社，一九八七。
生活書店編，《戰時婦女手冊》重慶：生活書店，一九三九。
朱東潤，《朱東潤傳記作品全集》第四卷，上海：東方出版社，一九九九。
老舍，《四世同堂》，臺北：時報文化，二〇〇一。
李丹柯，《女性，戰爭與回憶：三十五位重慶婦女的抗戰講述》，香港：中文大學出版社，二〇一三。
李家平選編，《蘇雪林文集》，北京：燕山出版社，一九九八。
李滌生，《國民黨下級軍官的日記——從江南到東北，一九四六—一九四八》，北京：華文出版社，二〇一二。
李慶祥，《評梅女士年譜長編》，北京：文津出版社，一九九〇。
杜潤秤，《杜潤秤戰時日記》（未刊稿）（民國歷史文化學社計畫出版中）。

汪熙主編，《輪船招商局——盛宣懷檔案資料選輯之八》，上海：上海人民出版社，二〇〇二。
沈自強主編，《浙江一師風潮》，杭州：浙江大學出版社，一九九〇。
林非主編，《魯迅著作全編》，北京：中國社會科學出版社，一九九九。
金雄白，《江山人物》，香港：青島出版社，一九八三。
金鐵寬主編，《中華人民共和國教育大事記》，濟南：山東人民出版社，一九九五。
阿英（錢杏邨），《晚清小說史》，上海：商務印書館，一九三七。
胡為真講述，汪士淳撰寫，《國運與天涯：我與父親胡宗南、母親葉霞翟的生命紀事》，臺北：時報文化，二〇一八。
胡適著，曹伯言整理，《胡適日記全編》第五冊，合肥：安徽教育出版社，二〇〇一。
徐枕亞，《玉梨魂、雪鴻淚史》，北京：燕山出版社，一九九四。
徐潤，《徐愚齋自敘年譜》，臺北：文海出版社，一九七八。
商金林編，《葉聖陶抗戰時期文集》第二卷，北京：人民教育出版社，二〇〇五。
康克清，〈三年來的華北婦女運動（一九四〇年七月）〉，收入中華全國婦女聯合會婦女運動歷史研究室編，《中國婦女運動歷史資料，一九三七—一九四五（一）》，北京：中國婦女出版社，一九九一。
張雪門治喪委員會編，《張雪門先生紀念專集》，臺北：編者自印，一九七四。
曹聚仁，《我與我的世界（上）》，臺北：龍文出版社，一九九〇。
曹聚仁，《我與我的世界，浮過了生命海：曹聚仁回憶錄（修訂版）》，北京：三聯書店，二〇一一。
許欽文，《欽文自傳》，北京：人民文學出版社，一九八六。

許欽文，《無妻之累》，上海：宇宙風，一九三七。
許廣平，《回望魯迅，十年攜手共艱危——許廣平憶魯迅》，石家莊：河北教育出版社，二〇〇二。
陳三井、朱浤源、吳美慧訪問，吳美慧紀錄，《女青年大隊訪問紀錄》，臺北：中央研究院近代史研究所，一九九五。
陳方正編，《陳克文日記，一九三七—一九五二》，臺北：中央研究院近代史研究所，二〇一二。
陳平原、夏曉虹編，《二十世紀中國小說理論資料，一八九七—一九一六》第一卷，北京：北京大學出版社，一九八九。
陳立文主編，《蔣夫人宋美齡女士行誼口述訪談錄》，臺北：國史館，二〇一四。
陳旭麓、顧廷龍、汪熙主編，《辛亥革命前後——盛宣懷檔案資料選輯之一》，上海：上海人民出版社，二〇〇二。
陳辟邪，《海外繽紛錄》，臺北：臺灣商務印書館，一九七二。
彭迪先，《我的回憶與思考》，重慶：四川人民出版社，一九九二。
惲代英，〈婦女解放運動的由來和其影響〉，收入中國婦女管理幹部學院編，《中國婦女運動文獻資料匯編》，冊二（一九四九—一九八三），北京：中國婦女出版社，一九八七。
游鑑明等訪問，林東璟等紀錄，《振興醫院五十週年口述歷史回顧》（上篇：歷任院長、副院長），臺北：中央研究院近代史研究所，二〇一七。
湯顯祖，《臨川四夢》，北京：中華書局，二〇一六。
費孝通，《鄉土中國》，北京：三聯書店，一九八五。

黃克武等訪問，周維朋等紀錄，《蔣中正總統侍從人員訪問紀錄》（下），臺北：中央研究院近代史研究所，二〇一二。
楊靜遠，《寫給戀人，一九四五—一九四八》，北京：商務印書館，二〇一五。
楊靜遠，《讓廬日記》，武昌：武漢大學出版社，二〇〇三。
楊靜遠編，《飛回的孔雀》，北京：人民文學出版社，二〇〇二。
葉聖陶，《我與四川》，重慶：四川人民出版社，一九八四。
董毅，《北平日記》，北京：人民出版社，二〇〇九。
齊邦媛，《巨流河》，台北：天下遠見，二〇〇九。
劉耀中輯，《國父、總統蔣公暨夫人宗教言論輯要》，臺北：中央文物供應社，一九七九。
劉鶚，《老殘遊記》，臺北：海天出版社，一九九六。
潘光旦，《中國之家庭問題》，上海：商務印書館，一九三四。
潘頌德、王效祖編，《陸晶清詩文集》，成都：四川大學出版社，一九九七。
蔡清富編，《蘇雪林散文選集》，天津：百花文藝出版社，一九八八。
蔡暢，〈中國共產黨與中國婦女〉（一九五一年六月二十七日），收入中國婦女管理幹部學院編，《中國婦女運動文獻資料匯編》，冊二（一九四九—一九八三），北京：中國婦女出版社，一九八七。
蔣夫人言論彙編編輯委員會，《蔣夫人言論彙編》（演講）卷二，臺北：正中書局，一九五六。
蔣永敬，《胡漢民先生年譜》，臺北：中國國民黨中央委員會黨史委員會，一九七八。
鄧穎超，〈陝甘寧邊區婦女運動概況〉（一九三八年五月十八日），收入中華全國婦女聯合會編，《蔡暢、鄧穎超、康克清婦女解放問題文選：（一九三八—一九八七）》，北京：人民出版社，一九八八。

鄧穎超，〈新中國婦女前進再前進——為紀念中華人民共和國成立三週年而作〉，收入中國婦女管理幹部學院編，《中國婦女運動文獻資料匯編》，冊二（一九四九—一九八三），北京：中國婦女出版社，一九八七。

鄧穎超，〈關於中華人民共和國婚姻法的報告——一九五〇年五月十四日在張家口擴大幹部會上的講演〉，收入中國婦女管理幹部學院編，《中國婦女運動文獻資料匯編》，冊二（一九四九—一九八三），北京：中國婦女出版社，一九八七。

鄭超麟，《史事與回憶——鄭超麟晚年文選》，卷一，香港：天地圖書有限公司，一九九八。

鄭毓秀著，賴婷婷譯，《玫瑰與槍：百年前一位中國奇女子衝擊傳統的革命史》，臺北：網路與書出版，二〇一三。

蕭軍，《延安日記》，香港：牛津大學出版社，二〇一三。

錢用和，《半世紀的追隨——錢用和回憶錄》，北京：東方出版社，二〇一一。

錢歌川，《錢歌川文集》第一卷，瀋陽：遼寧大學出版社，一九八八。

豐子愷，《豐子愷自述：我這一生》，北京：中國青年出版社，二〇一五。

魏紹昌編，《吳趼人研究資料》，上海：上海古籍出版社，一九八〇。

羅久蓉、游鑑明、瞿海源訪問，羅久蓉等紀錄，《烽火歲月下的中國婦女訪問紀錄》，臺北：中央研究院近代史研究所，二〇〇四。

羅久蓉訪問，丘慧君紀錄，《姜允中女士訪問紀錄》（中央研究院近代史研究所，口述歷史叢書八七），臺北：中央研究院近代史研究所，二〇〇五。
嚴中平，《中國近代經濟史統計資料選輯》，北京：科學出版社，一九五五。
蘇雪林，《浮生九四——雪林回憶錄》，台北：三民書局，一九九一。

（二）報章雜誌

〈女子承繼遺產問題〉，《申報》一九二八年八月二十九日，十五版。
〈女界新聞〉，《香艷雜誌》一九一四年四期。
〈外交團保護租界住戶〉，《申報》一九一二年三月二十八日，七版。
〈江蘇省政府特派員孟心史代理律師李時蕊關於愚齋義莊案之聲明〉，《申報》一九二八年十二月四日，十六版。
〈江蘇省政府辦理愚齋義莊案經過〉（續），《申報》一九二八年十一月十四日，十一版。
〈江蘇高等法院檢察處宣示書〉，《上海律師公會報告書》二十九期，一九三一年。
〈江蘇高等法院檢察處宣示書〉，《上海律師公會報告書》三十期，一九三二年。
〈老佛爺鄭毓秀〉，《一四七畫報》十七卷八期，一九四七年。
〈委員高友唐彈劾文〉，《監察院公報》十六期，一九三二年。
〈杭女生慘殺案開審〉，《申報》一九三二年四月三日，八版。
〈杭州〉（訊），《申報》一九三二年六月四日，十一版。

〈杭州〉，《申報》一九三三年十月九日，八版。
〈杭州藝專學生情殺案主角陶思瑾〉，《北洋畫報》十七卷八二〇期，一九三二年。
〈杭檢察官起訴許欽文〉，《申報》一九三二年四月十五日，九版。
〈社務紀要〉，《家庭研究》一卷一期，一九二〇年六月。
〈哄動遠近之大出喪〉，《申報》一九一七年十一月十八日，十版。
〈看出喪樂極生悲〉，《民國日報》一九一七年十一月二十一日，三版。
〈貞操問題〉，《新青年》五卷一號，一九一九年。
〈婦聯救護班結業，蔣夫人殷切勉勵〉，《中央日報》一九五〇年十一月九日，二版。
〈盛女士請重分遺產（附圖片）〉，《申報》一九二八年九月六日，十五版。
〈盛氏已失財產所有權〉，《申報》一九一二年四月十七日，六版。
〈盛氏回憶錄〉，《上海畫報》一九二七年二七八期。
〈盛氏析產上訴審理記〉，《申報》一九二八年十二月七日，十五版。
〈盛氏爭產上訴案判決書〉，《申報》一九二九年二月四日，十五版。
〈盛杏蓀出殯之盛況〉，《申報》一九一七年十一月十九日，十版。
〈盛杏蓀出喪之害人〉，《申報》一九一七年十一月二十三日，十版。
〈盛宣懷出殯紀盛：萬人空巷、觀者大悅〉，《民國日報》一九一七年十一月十九日，三版。
〈盛宣懷為銀行買辦〉，《申報》一九一二年一月七日，十版。
〈盛愛頤訴請承繼遺產案判決〉，《申報》一九二八年九月二十一日，十五版。

〈陶思瑾入監後生活〉，《法律雜誌》二—三期，一九三三年。
〈陶思瑾判無期徒刑〉，《申報》一九三三年八月十二日，九版。
〈陶思瑾案更審情形〉，《法治周報》一卷三十三期，一九三三年。
〈陶思瑾案定期宣判〉，《申報》一九三三年八月九日，十一版。
〈陶思瑾情殺案發回更審〉，《法律評論》十卷三十四期，一九三三年。
〈陶思瑾殺人案判決書〉，《法律彙刊》六期，一九三二年。
〈陶思瑾許欽文入共黨〉，《申報》一九三三年九月一日，十五版。
〈陶思瑾超度情仇〉，《星華》一卷一期，一九三六年。
〈陶思瑾獄中從事寫作〉，《橄欖月刊》二十六期，一九三二年。
〈傀儡王克敏之女王遵侗，不願作漢奸的女兒，毅然出走與乃父斷絕關係，已由港赴桂準備為國努力〉，《前線日報》一九三八年九月六日，四版。
〈愛黃復生而不得——鄭毓秀的苦悶時期〉《文飯》二十四期，一九四六年。
〈與鄰家女之艷史〉，《申報》一九三三年一月二十五日，十四版。
〈鄭毓秀女士自述〉，《生活》三卷十七期，一九二八年。
〈鄭毓秀女士自述〉，《生活》三卷一期，一九二七年。
〈鄭毓秀女士自述〉，《生活》三卷四期，一九二七年。
〈鄭毓秀女士自述〉，《生活》三卷九期，一九二八年。
〈鄭毓秀不忘舊交〉，《吉普叢書》一期，一九四六年。

〈鄭毓秀的御用麵包〉，《民法週刊》二卷十期，一九四七年。
〈鄭毓秀青春難獨守〉，《北洋畫報》十九卷九四七期，一九三三年。
〈鄭毓秀倒貼魏道明〉，《戲世界》四〇三四期，一九四四年，二版。
〈鄭毓秀案所得之教訓〉，《人民週報》六十期，一九三三年。
〈鄭毓秀博士的小名〉，《北京畫報》二卷五十四期，一九二九年。
〈鄭毓秀博士的御夫術〉，《內幕新聞》二期，一九四八年。
〈鄭毓秀與黃復生〉，《駱駝畫報》十三期，一九二八年。
〈積極發動婦女參加農業合作化運動〉（社論），《人民日報》一九五五年十一月五日，一版。
〈魏道明操守清廉，鄭毓秀生財有道〉，《珠江報》新二十九期，一九四八年。
〈蘇垣盛氏財產查封記〉，《申報》一九一一年十一月十六日，十一、十二版。
《女鐸》二十二卷二—三期，一九三三年。
《珞珈》一—一七〇期，一九七五年—二〇〇九年。
《新聞報》一九一二年一月十五日，四版。
王敉溪，〈我哭陶思瑾〉，《啼鵑集》一卷九期，一九三五年。
弘農，〈縫征衣瑣聞〉，《中華婦女》六卷四期，一九五五年。
田稻豐，〈非「非孝」〉，《廣益雜誌》三十四期，一九二二年。
旭，〈鄭毓秀舞弊案〉，《百年》三—四期，一九三三年。
朱綸，〈我們今年應做的工作〉，《中華婦女》三卷八期，一九五三年四月。

江石，〈鄭毓秀與黃復生〉，《駱駝畫報》十三期，一九二八年。

老夫，〈看出喪瑣聞〉，《民國日報》一九一七年十一月十九日，三版。

宋美齡著，張心漪譯，〈祈禱的力量〉，《中華婦女》六卷一期，一九五五年。

沈孝祥，〈同性慘殺案陶思瑾處死刑探討〉，《實業界專刊》三期，一九三二年。

沈慧蓮，〈一年來的征衣縫製工作〉，《中華婦女》三卷八期，一九五三年。

沈慧蓮，〈縫征衣工作六年來的回顧〉，《中華婦女》六卷九期，一九五六年。

易家鉞，〈中國的家庭問題〉，《家庭研究》一卷一期，一九二〇年六月。

社英，〈婚姻中之重婚與離婚問題〉，《婦女共鳴》二十三期，一九二九年。

金石音，〈新流行「同居」之弊害〉（續），《婦女共鳴》四十九期，一九三一年。

施存統，〈我寫「非孝」的原因和經過（二）〉，《展望》二卷二十三期，一九四八年十月。

施存統，〈非孝〉，《浙江新潮》二期，一九一九年十一月八日。

施復亮，〈回頭看二十二年來的我（續）〉，上海《民國日報》副刊《覺悟》一九二〇年九月二十一日。

炯炯，〈男女博士訂婚記〉，《上海畫報》九六期，一九二六年。

桀犬，〈文人對自己的認識〉，《現代》五卷一期，一九三四年五月一日。

茲九，〈回憶婦女大團結〉，《大眾生活》新五號，一九四一年六月十四日。

健民，〈非孝〉、〈非孝〉（續），《學匯》（北京）一一八－一二〇期，一九二三。

婉，〈『愛』的背景是這樣可怕！陶思瑾判處死刑，法律是沒有愛情的東西〉，《婦女生活》一卷十七期，一九三二年。

張紹良，〈對於非孝的感想〉，《浙江十中期刊》一期，一九二一年。
郭文亮，〈「文革」初期的血統論之爭〉，《中國青年研究》五期，一九九五年。
陳獨秀，〈「浙江新潮」——「少年」〉，《新青年》七卷二號，一九二〇年一月。
魚姍玲，〈從嬌姑娘到邊疆建設者〉，《中國青年》十一期，一九六四年六月。
皓翁，〈貪污瀆職的鄭毓秀〉，《禮拜天》五一八期，一九三三年。
閑吟，〈十月四日上海竹枝詞〉，《民國日報》一九一七年十一月二十一日，三版。
楚傖，〈不哭盛宣懷而哭民國〉，《民國日報》一九一七年十一月十九日，三版。
劉清揚，〈回憶新運婦女指導委員會訓練組〉，《文史資料選輯》八五輯，北京：中國文史出版社，一九九〇。
燕疆，〈疏散人口與住宅問題〉，《國是公論》一九三九年二十八期。

（三）專書

（美）費維愷著，虞和平譯，《中國早期工業化：盛宣懷（一八四四—一九一六）和官督商務企業》（Albert Feuerwerker, *China's Early Industrialization: Sheng Hsuan-huai*（*1844-1916*）*and Mandarin Enterprise*），北京：中國社會科學出版社，一九九〇。
Diana Lary 著，廖彥博譯，《流離歲月：抗戰中的中國人民》（*the Chinese People at War: Human Suffering and Social Transformatin, 1937-1945*），臺北：時報文化，二〇一五。
丁言昭，《驕傲的女神：林徽因》，上海：上海書店，二〇〇二。

中國人民政治協商會議西南地區文史資料協作會議編，《抗戰時期內遷西南的高等院校》，貴陽：貴州民族出版社，一九八八。

亓樂義，《蔣夫人與華興》，臺北：商訊文化，二〇一一。

方蒙，《范長江傳》，北京：中國新聞出版社，一九八九。

王孟梅，《抗戰時期的婦女工作》，東海大學歷史研究所碩士論文，一九八七年十二月。

王倫信，《陳鶴琴教育思想研究》，瀋陽：遼寧教育出版社，一九九五。

王偉，《晚清第一官商盛宣懷的正面與背面》，武漢：華中師範大學出版社，二〇一二。

王德威，《晚清小說新論：被壓抑的現代性》，臺北：麥田出版，二〇〇三。

申曉雲編，《動蕩轉型中的民國教育》，鄭州：河南人民出版社，一九九四。

白凱，《中國的婦女與財產：九六〇—一九四九年》，上海：上海書店，二〇〇三。

石之瑜，《宋美齡與中國》，臺北：商智文化，一九九八。

余偉雄，《王寵惠與近代中國》，臺北：文史哲出版社，一九八七。

吳貽穀主編，《武漢大學校史》，武昌：武漢大學出版社，一九九三。

呂芳上，《從學生運動到運動學生：民國八年至十八年》，臺北：中央研究院近代史研究所，二〇一五（一九九四年初版）。

呂晶，《我將再起：宋美齡的後半生》，北京：東方出版社，二〇一八。

宋亞文，《施復亮政治思想研究，一九一九—一九四九》，北京：人民出版社，二〇〇六。

宋路霞，《盛宣懷、盛康、盛毓度——百年家族》，石家莊：河北教育出版社，二〇〇二。

宋路霞，《盛宣懷家族》，上海：上海科學技術文獻出版社，二〇〇九。
李台珊（Laura Tyson Li）著，黃中憲譯，《宋美齡：走在蔣介石前頭的女人》（*Madame Chiang Kai-shek: China's Eternal First Lady*），臺北：五南圖書，二〇一〇。
李宜涯主編，《中原六〇恩典之路——中原大學六十週年校慶特刊》，中壢：中原大學發行，二〇一五。
李晉口述，秦嶺雲筆錄，蔡登山編，《民國政壇見聞錄》，臺北：獨立作家，二〇一四。
李靖波，《蔣夫人（宋美齡女士）與中華基督教婦女祈禱會之研究》，中華福音神學院神學科碩士論文，二〇〇四年。
周勇主編，《重慶抗戰史，一九三一—一九四五》，重慶：重慶出版社，二〇一三。
定宜莊，《中國知青史：初瀾（一九五三—一九六八）》，北京：中國社會科學出版社，一九九八。
岳南，《陳寅恪與傅斯年》，臺北：遠流出版公司，二〇〇九。
易社強，John Israel，著，饒佳榮譯，《戰爭與革命中的西南聯大》，北京：九州出版社，二〇一二。
政協西南地區文史資料協作會議編，《抗戰時期內遷西南的高等院校》，貴陽：貴州民族出版社，一九八八。
段渝主編，《抗戰時期的四川》，成都：四川出版集團巴蜀書社，二〇〇五。
洪宜嬪，《中國國民黨婦女工作之研究（一九二四—一九四九）》，臺北：國史館，二〇一〇。
洪國智，《中華婦女反共抗俄聯合會在臺慰勞工作之研究（一九五〇—一九五八）》，中央大學歷史研究所碩士論文，二〇〇三年。
唐小兵，《與民國相遇》，北京：三聯書店，二〇一七。

唐冬眉著，《穿越世紀蒼茫：鄭毓秀傳》，北京：中國社會出版社，二〇〇三。

夏東元，《盛宣懷傳》，上海：華東師範大學出版社，一九八一。

夏蓉，《婦女指導委員會與抗日戰爭》，北京：人民出版社，二〇一〇。

孫康宜著、李奭學譯，《陳子龍柳如是詩詞情緣》，臺北：允晨文化，一九九二。

孫慧敏，《制度移植：民初上海的中國律師（一九一二—一九三七）》，臺北：中央研究院近代史研究所，二〇一二。

時萌，《晚清小說》，上海：上海古籍出版社，一九八六。

海青，《「自殺時代」的來臨？：二十世紀早期中國知識群體的激烈行為和價值選擇》，北京：中國人民大學出版社，二〇一〇。

秦孝儀主編，《蔣夫人宋美齡女士與近代中國學術討論會》，臺北：中正文教基金會，二〇〇〇。

袁進，《中國小說的近代變革》，北京：中國社會科學出版社，一九九二。

郝明工，《抗戰時期的重慶文化》，北京：商務印書館，二〇一六。

張在軍，《西遷與東遷：抗戰時期武漢大學編年史稿》，臺北：秀威資訊科技，二〇一三。

張在軍，《苦難與輝煌：抗戰時期的武漢大學，一九三七—一九四六》，臺北：新銳文創，二〇一二。

張在軍，《堅守與薪傳：抗戰時期的武大教授》，臺北：新銳文創，二〇一三。

張戎、喬・哈利戴（Jung Chang, Jon Halliday）著，張戎譯，《毛澤東——鮮為人知的故事》，香港：開放出版社，二〇〇六。

曼素恩（Susan Mann）著，楊雅婷譯，《蘭閨寶錄：晚明至盛清時的中國婦女》（*Precious Records:*

Women in China's Long Eighteenth Century），臺北：左岸文化出版，二〇〇五。

許慧琦，《「娜拉」在中國：新女性形象的塑造及其演變（一九〇〇s—一九三〇S）》，臺北：國立政治大學歷史學系，二〇〇三。

郭強生，《何不認真來悲傷》，臺北：天下文化，二〇一五。

陳三井，《近代外交史論集》，臺北：學海出版社，一九七七。

傅葆石著，張霖譯，《灰色上海，一九三七—一九四五：中國文人的隱退、反抗與合作》（*Passivity, Resistance, and Collaboration Intellectual Choices in Occupied Shanghai, 1937-1945*），北京：三聯書店，二〇一二。

游勝冠、熊秉真編，《流離與歸屬：二戰後港臺文學與其他》，臺北：國立臺灣大學出版社，二〇一五。

黃克武，《言不褻不笑：近代中國男性世界中的諧謔、情慾與身體》，臺北：聯經出版社，二〇一六。

黃英哲，《「去日本化」、「再中國化」：戰後臺灣文化重建，一九四五—一九四七》，臺北：麥田出版社，二〇〇七。

廖彥博譯，《流離歲月：抗戰中的中國人民》，臺北：時報文化出版，二〇一五。

趙鳳喈，《中國婦女在法律上之地位》，臺北：稻鄉出版社，一九九五。

劉清波，《重婚與通姦之法律觀》，臺北：國立政治大學出版組，一九六四。

蔣俊、李興之，《中國近代的無政府主義思潮》，濟南：山東人民出版社，一九九一。

談社英，《婦運四十年》，臺北：自印本，一九五二。

鄭美里主編，《遇合：外省／女性書寫誌》，臺北：ＩＮＫ文學生活雜誌出版社，二〇〇八。

盧靜儀，《清末民初家產制度的演變——從分家析產到遺產繼承》，臺北：元照出版社，二〇一二。
賴芳伶，《清末小說與社會政治變遷，一八九五—一九一一》，臺北：大安出版社，一九九四。
駱鬱廷主編，《烽火西遷路》，武漢：武漢大學出版社，二〇〇八。
龍泉明、徐正榜主編，《走近武大》，重慶：四川人民出版社，二〇〇〇。
羅久蓉，《她的審判：近代中國國族與性別意義下的忠奸之辨》，臺北：中央研究院近代史研究所，二〇一三。
羅久蓉、呂妙芬主編，《無聲之聲III：近代中國的婦女與文化，一六〇〇—一九五〇》，臺北：中央研究院近代史研究所，二〇〇三。
嚴守珍，《蔣夫人和她的孩子們：打開華興的時光膠囊》，臺北：商周文化，二〇一一。

（四）期刊論文

（日）石川禎浩著，王士花譯，〈青年時期的施存統——「日本小組」與中共建黨的過程〉，《中共黨史研究》一九九五年三期，一九九五年五月。
〈另一組「偽組織」：抗戰時期婚姻與家庭問題初探〉，《近代中國婦女史研究》三期，一九九五年八月。
〈黨的八屆十中全會〉，《廣西黨史》二〇〇六年一期，二〇〇六年四月。
《中國青年研究》一九九五年五期，一九九五年九月。
丁士華整理，〈盛宣懷遺產分析史料〉，《近代史資料》總一一一號，北京：北京社會科學出版社，二〇〇五。

云研，〈盛宣懷家產及其結構——基於一九二〇年盛氏遺產清理結果的分析〉，《近代史研究》二〇一四年四期。
王志龍，〈愚齋義莊案中的政治與民間慈善組織〉，《南京社會科學》二〇一四年九期。
王奇生，〈從孤兒寡母到孤家寡人——蔣介石的早年成長經歷與個性特質〉，《民國研究》二〇一〇年五期。
王明德，〈常州學派學術譜系探論〉，《求索》二〇一四年三期。
王亮停，〈張之洞和盛宣懷關係評析〉，《邯鄲職業技術學院學報》二〇一〇年六月。
王新宇，〈近代女子財產繼承權的解讀與反思〉，《政治論壇》二九卷六期（二〇一一年十一月）。
王楊，〈南京國民政府對西方社會本位民事立法思想的繼承與改造〉，《中外法學》一九九九年二期。
王爾敏，〈盛宣懷與中國實業利權之維護〉，《近代史研究所集刊》二十七期，一九九七年六月。
仝群旺，〈青果巷與「中國商父」盛宣懷〉，《檔案建設》二〇一七年九月。
石建國，〈陸徵祥與巴黎和會〉，《歷史檔案》二〇〇三年一期。
朱滸，〈同治晚期直隸賑務與盛宣懷走向洋務之路〉，《歷史研究》二〇一七年六期。
朱滸，〈滾動交易：辛亥革命後盛宣懷的捐賑復產活動〉，《近代史研究》二〇〇九年四期。
呂芳上，〈抗戰時期的女權論辯〉，收於呂芳上，《民國史論》上，臺北：臺灣商務印書館，二〇一三。
呂芳上，〈兒女情短、英雄氣短？——辛亥革命時期的性別與革命〉，《民國史論》上，臺北：臺灣商務印書館，二〇一三。
呂芳上，〈革命與戀愛——一九二〇年代中國知識分子情愛問題的抉擇與討論〉，《民國史論》上，臺北：臺灣商務印書館，二〇一三。

呂芳上，〈痛定思痛——戰後中國國民黨改造的醞釀（一九四七—一九五〇）〉，《民國史論》下，臺北：臺灣商務印書館，二〇一三。
宋修鳴，〈民國女俠鄭毓秀的愛恨情仇〉，《名人傳記》（上半月）二〇一四年一期。
李江，〈百年漢治萍公司研究述評〉，《中國社會經濟史研究》二〇〇七年四期。
李朋，〈重婚與通姦之法律觀〉，《法律知識》二卷三、四期，一九四八年。
易惠莉，〈盛宣懷與辛亥革命時期之政治（一九〇九—一九一一）〉，上海中山學社主辦，《近代中國》二十一輯。
林桶法，〈蔣介石的親族關懷〉，收於呂芳上主編，《蔣介石的親情、愛情與友情》，臺北：時報文化出版，二〇一一。
俞辛焞，〈巴黎和會與五四運動〉，《歷史研究》一九七九年五期。
柯惠鈴，〈抗戰初期的知識女青年下鄉——以江西為例研究〉，《近代中國婦女史研究》十九期，二〇一一年。
柯惠鈴，〈戰爭中的性別及社會階層：「陪都婦女福利社」與抗戰救濟工作〉，《臺灣師大歷史學報》六十期，二〇一八年。
胡曉進，〈自傳之外的鄭毓秀〉，《書屋》二〇一七年四期。
夏冬，〈論洋務運動時期的電報局〉，《史學月刊》一九八二年六期。
徐友漁，〈異端思潮和紅衛兵的思想轉向〉，收入劉青峰編，《文化大革命：史實與研究》，香港：中文大學出版社，一九九六。
涂上飆，〈論民國時期武漢大學研究生教育的特點〉，《武漢大學學報》（哲學社會科學版）六十一卷四期。

荊世杰，〈洋務巨擘盛宣懷的生前身後——兼論歷史人物的評價問題〉，《南京林業大學學報》（人文社會科學版）十卷四期，二〇一〇年十二月。
張玉光，〈民國女傑——鄭毓秀〉，《文史月刊》二〇〇六年四期。
張玉光，〈刺客鄭毓秀〉，《人生與伴侶》（月末版）二〇一六年二期。
張瑞德，〈在轟炸的陰影下——抗戰時期重慶民眾對空襲的心理反應〉，收於李國祁教授八秩壽慶論文集編輯小組編，《近代國家的應變與圖新》，臺北：唐山出版社，二〇〇六。
梁義群、丁進軍，〈袁世凱統治時期的財政〉，《民國檔案》一九九一年一期。
陳俐，〈抗戰時期武漢大學教授群體的文化選擇〉，《郭沫若學刊》二〇〇五年四期。
陳純瑩，〈光復初期臺灣警政的接收與重建：以行政長官公署時期為中心的探討〉，收於賴澤涵主編，《臺灣光復初期的歷史》，臺北：中央研究院人文社會科學研究所，一九九七。
陳詩啟，〈盛宣懷的資本及其壟斷活動〉，《廈門大學學報》一九六二年三期。
彭曉飛，〈革命、法律與逆產：一九二八年南京協濟公典盛宣懷逆股案研究〉，《史林》二〇一八年一期。
游鑑明，〈是為黨國抑或是婦女？一九五〇年代的《婦友》月刊〉，收於游鑑明，《當二十世紀中國女性遇到媒體》，臺北：五南圖書，二〇一七。
楊紀，〈民國傳奇女子鄭毓秀〉，《檔案天地》二〇一五年一期。
楊紀，〈行刺袁世凱的傳奇女子〉，《文史博覽》二〇一五年九期。
楊樂生，〈王星拱與樂山「武大」〉，《武漢文史資料》二〇〇五年五月。
趙妍杰，〈近代中國非孝論反思〉，《社會科學研究》二〇一八年一期，二〇一八年一月。

劉典，〈民國奇女子鄭毓秀：從女俠到女律師〉，《記者觀察》二〇一八年二十二期。
劉詠聰，〈先秦時期「女禍」觀之發展〉，《中國歷史學會史學集刊》一九九一年七期。
蔡登山，〈胡適日記中的鄭毓秀——「讀人閱史」之三〉，《全國新書資訊月刊》二〇〇九年十二月。
黎澍，〈孫中山上書李鴻章事迹考辨〉，《歷史研究》一九八八年三期。
錢紫涵，〈對民國時期女子財產繼承權的解讀〉，《法制與社會》二〇一七年十月。

（五）英文專書論文

（專書）

Barlow, Tani E., *The Question of Women in Chinese Feminism*, Durham: Duke University Press, 2004.
Bernhard, Kathryn & Huang, Philip C. C. eds., *Civil Law in Qing and Republican Chian*, California: Stanford University Press, 1994.
Chow, Rey, *Women and Chinese Modernity: The Politics of Reading Between West and East*, Minneapolis: University of Minnesota Press, 1991.
Clark, Ida Clyde Gallagher, *American Women and the World War*, New York: D. Appleton and Company, 1998.
Davis, Blinda J., *Food, Politics, and Everday Life in World War I Berlin*, Chapel Hill: the University of North Carolina Press, 2000.
Fizgerald, John, *Awakening China: Politics, Culture, and Class in the Nationalist Revolution*, California:Stanford

University Press, 1966.

Glosser, Susan, *Chinese Visions of Family and State, 1915-1953*, California: University of California Press, 2003.

Hershatter, Gail, *The Gender of Memory: Rural Women and China's Collective Past*, Berkeley: University of California Press, 2011.

Higonner, Margaret Randolph, Jane Jenson, Sonya Michel, and Margaret Collins Weitz eds., *Behind the Lines: Gender and the Two World Wars*, New York: M. E. Sharpe, 1989.

Kay Ann, Johnson, *Women, the Family and Peasant Revolution in China*. Chicago: the University of Chicago Press, 1983.

Lary, Diana, *the Chinese People at War: Human Suffering and Social Transformation, 1937-1945*, New York: Cambridge University Press, 2010.

Lean, Eugenia, *Public Passions: the Trial of Shi Jianquio and the Rise of Popular Sympathy in Republican China*, Berkeley: University of California Press, 2007.

Lee, Haiyan, *Revolution of the Heart:A Genealogy of Love in China,1900-1950*, California:Stanford University Press, 2007.

Lee, Leo Ou-fan, *The Romantic Generation of Modern Writers*, Cambridge: Harvard University Press, 1973.

Levy, Marion J., *The Family Revolution in Modern China,* New York: Octagon Books. Inc,1971.

Li, Wai-yee, *Enchantment and Disenchantment: Love and Illusion in Chinese Literature*, Princeton: Princeton University Press, 1993.

Link, Perry, *Mandarin Ducks and Butterflies: Popular Fiction in Early Twentieth-Century Chinese Cities*, Berkeley:University of Clifornia Press, 1981.

Liu, Kwang-Ching ed., *Orthodoxy in Late Imperial China*, Berkeley: University of California Press, 1990.

Mann, Susan, *Precious Records: Women in China's Long Eighteenth Century*. Stanford: Stanford University Press, 1997.

Perry, Elizabeth J., *Challenging the Mandate of Heaven: Social Protest and State Power in China*, London: M. E. Sharpe, 2002.

Schoppa, R. Keith, *In a Sea of Bitterness: Refugees During the Sino-Japanese War*, Cambridge: Harvard University Press, 2011.

Singer, Irving, *Courtly and Romantic, The Nature of Love*, *Vol.2,* Chicago:University of Chicago Press, 1984.

Tcheng, Soumay, *My Revolutionary Years: the Autobiography of Madame Wei Tao-Ming*. New York: Charles Scribner's Sons, 1943.

Yeh, Wen Shin, *Provincial Passages: Culture, Space, and the Origins of Chinese Communism*. Berkeley: University of California Press, 1996.

Yellin, Emily, *Our Mother's War: American Women at Home and at the Front During the World War II,* New York: Free Press, 2004.

（論文）

Finnane, Antonia, “What Should Chinese Women Wear? A National Problem”, in Antonia Finaane and Anne McLaren, eds., *Dress, Sex and Text in Chinese Culture*, Clayton: Monash Asia Institute, 1999.

Glosser, Susan, “ ‘The Truth I Have Learned’: Nationalism, Family Reform, and Male Identity in China’s New Culture Movement, 1915-1923,” Susan Brownell and Jeffrey Wasserstrom eds., *Chinese Femininities, Chinese Masculinities: A Reader*, Berkeley: University of California Press, 2002.

He, Yinan, “Remembering and Forgetting the War: Elite Mythmaking , Mass Reaction, and Sino-Japanese Relations, 1950-2006”, *History and Moemory: Studies in Representation of the Past*, 19 : 2, 2007.

Hsiung, Ping-chen “Constructed Emotions: the Bond Between Mothers and Sons in Late Imperial China,” *Late Imperial China*, 15:1,June1994.

Isreal, John, “Reflections on the Modern Chinese Student Movement”, *Daedalus*, vol.97 no.1, Winter 1968.

Lee, McIsaac, “City as Nation: Creating a Wartime Capital in Chongqing,” in Joseph Esherick, ed., *Remaking the Chinese City: Modernity and National Ideentity, 1900-1950*, Honolulu: University of Hawaii Press, 2000.

Mann, Susan, “ The Male Bond in Chinese History and Culture”, *American Historical Review*, No.105, 2000.

Tran, Lisa, “ Sex and Equality in Republican China”, *Modern China*, Vol. 35 No.2, March 2009.

民國女力：近代女權歷史的挖掘、重構與新詮釋 /
柯惠鈴 著. -- 初版. -- 新北市：臺灣商務，2019.09

面 ； 公分（歷史．中國史）

ISBN 978-957-05-3222-7（平裝）

1. 女權 2. 中國史 3. 文集

544.59207 108011514

歷史 中國史

民國女力

近代女權歷史的挖掘、重構與新詮釋

作　　者—柯惠鈴
發 行 人—王春申
總 編 輯—李進文
主　　編—王育涵
責任編輯—徐平
校　　對—趙蓓芬
封面設計—吳郁嫻

營業組長—陳召祐
行銷組長—張傑凱
出版發行—臺灣商務印書館股份有限公司
23141 新北市新店區民權路 108-3 號 5 樓（同門市地址）
電話：(02)8667-3712　傳真：(02)8667-3709
讀者服務專線：0800056196
郵撥：0000165-1
E-mail：ecptw@cptw.com.tw
網路書店網址：www.cptw.com.tw
Facebook：facebook.com.tw/ecptw

局版北市業字第 993 號
初版：2019 年 9 月
印刷廠：沈氏藝術印刷股份有限公司
定價：新台幣 480 元
法律顧問：何一芃律師事務所